HET GOUDEN OOSTEN

Aan Etienne Scholliers,
zonder hem geen 'Gouden Oosten'

Hugo Van de Voorde

Het Gouden Oosten

Europa in de schaduw van Azië

(ca.500–heden)

PELCKMANS • KAPELLEN
KLEMENT • KAMPEN

NOOT: HET PINYIN | Sinds 1979 is het officiële transcriptiesysteem het pinyin. Decennialang zijn de mensen wereldwijd vertrouwd geweest met het Wade-Giles-systeem. In dit boek is het pinyin systematisch gevolgd. Dat zorgt allicht voor enige onwennigheid: namen als Mao Zedong en Zhou Enlai stellen allicht geen problemen. Maar wie herkent in Jiang Jieshi Chiang Kai-shek en in Guangzhou Canton? De eerste keer dat vervreemding dreigt bij het gebruik van dergelijke naam hebben we de Wade-Giles-transcriptie toegevoegd.

De kaarten op p.29 werden geïnspireerd op gelijkaardige kaarten uit Janet L.Abu-Lughod, *Before European Hegemony. The World System A.D. 1250–1350,* Oxford-New York, 1989. De kaarten op p.74, 79 en 81 werden geïnspireerd op gelijkaardige kaarten uit Andre Gunder Frank, *ReOrient: Global Economy in the Asian Age,* Berkeley - L.A. - London, 1998.

Voor meer info: www.pelckmans.be

© 2006, Uitgeverij Pelckmans, Kapelsestraat 222, 2950 Kapellen

Omslag en typografie: Studio Uitgeverij Pelckmans

D/2006/0055/93
ISBN 10: 90 289 3698 X (België)
ISBN 13: 978 90 289 3698 0 (België)
ISBN 10: 90 77070 94 X (Nederland)
ISBN 13: 978 90 77070 94 9 (Nederland)
NUR 692 / 694

Woord vooraf

In 2001 publiceerde Hugo Van de Voorde in *Hermes, Tijdschrift voor geschiedenis*, een opvallende bijdrage over *Het Tijdperk van Azië (ca.800–ca.1800)*. Daarin reageerde hij scherp tegen het voorbijgestreefde, maar in het onderwijs nog steeds verspreide verhaal over de onstuitbare opgang en dominantie van de Europese handels- en financiële centra in het wereldgebeuren. Westerse expansie en dominantie die nog versterkt werden door de industriële revolutie(s) tijdens de 19de en begin 20ste eeuw.

Met *Het Gouden Oosten. Europa in de schaduw van Azië (ca.500– heden)* rekent Hugo Van de Voorde niet alleen af met dit traditionele eurocentrisch gekleurde verhaal over de Europees-Aziatische verhoudingen tijdens de voorbije eeuwen. Met deze publicatie poogt hij een alternatief uit te werken voor de nog steeds verspreide 'tunnelvisie' waarin de westerse superioriteit zonder veel nuancering de hoofdrol krijgt toebedeeld in de ontwikkeling van het duizendjarige wereldbeeld. Hugo Van de Voorde ontkent uiteraard niet de basisgegevens van deze klassieke interpretatie, maar plaatst deze wel in een ruimer verband waarin ook aandacht wordt gevraagd voor de niet minder belangrijke rol van grote Aziatische mogendheden zoals China en Japan. Enigszins gewild provocatief besluit hij dat niet China en Japan, maar eerder Europa zich van circa 500 tot circa 1800 in de periferie van de wereldeconomie bevonden. De periode van industriële revolutie(s) tijdens de 19de en begin 20ste eeuw interpreteert Van de Voorde aldus niet zozeer als een bevestiging van eeuwenlange westerse superioriteit, maar eerder als een exceptionele periode. Een historische parenthesis die nu afgesloten wordt.

Als historicus van het heden schuwt Hugo Van de Voorde niet de confrontatie met het contemporaine wereldgebeuren. Vanuit zijn historische visie vormt de recente doorbraak van Japan en China op mondiaal vlak voor hem allerminst een verrassing. Integendeel, na een inzinking van twee eeuwen knopen de Aziaten weer aan bij de glorierijke tijd van het *Gouden Oosten*. Uit zijn analyse van het hedendaagse globaliseringsproces en de nieuwe internationale rolverdeling blijkt echter niet dat de cirkel zonder meer gesloten zou zijn. Nieuwe machtsverhoudingen kunnen immers tot nieuwe vormen van intra-Aziatische integratie leiden, maar ook tot nieuwe risico's en mogelijkheden tot confrontatie.

Hugo Van de Voorde biedt in *Het Gouden Oosten* niet alleen een alternatief historisch fresco van een duizendjarig verleden, maar ook – en niet het minst – het getuigenis van een geëngageerde *civis mundi.*

Paul van de Meerssche
Prof.em. Internationale betrekkingen
KU Leuven en Universiteit Antwerpen

Inhoud

China

Op termijn wordt China de grootste economische macht in de wereld. De aandacht voor China is dus geen modeverschijnsel dat wel overwaait. We beleven een overgangsperiode die de machtsverhoudingen in de wereld-economie grondig verstoort. Het halsbrekende groeitempo in China trekt echter dermate de aandacht, dat de immense problemen waar het land mee geconfronteerd wordt, toegedekt blijven. Niettemin, ze zijn zeer reëel.

Het kwetsbare China!? Midden januari 2005 telde de Volksrepubliek officieel 1,3 miljard inwoners. De demografische groei is alarmerend. De sociale stabiliteit wordt grondig verstoord. Want economisch lijkt die toename onmogelijk te verwerken. Geen nood, zou men zo denken. De steile economische groei zorgt immers voor 'irrationele uitbundigheid': het land kan àlles aan. Maar oververhitting dreigt. De topcenakels in Beijing trachten het verschroeiende groeitempo te vertragen; 8% of min-der zou mooi zijn. Een grote crisis is dan weinig waarschijnlijk. Illusies! Ondanks de remmende maatregelen groeide de Chinese economie in 2004 met 9,5% en de export met 30%. Om de uitdaging aan te kunnen is het essentieel dat de investeringen niet afzwakken. In 2003 was China de belangrijkste aantrekkingspool in de wereld: 57 miljard dollar directe investeringen. Het economische potentieel van het land is zo veelbelovend, dat het wereldwijd werkt als een enorme magneet.

China Superstar!? Allicht wel. Na Yang Liwei (2003) stuurt China in 2005 twee taikonauten[1] voor verschillende dagen de ruimte in. Is dat window-dressing? Allesbehalve. Op basis van koopkrachtpariteiten (*purchasing power parities*, PPP) stond China in 2001 wereldwijd op de tweede plaats na de VS. Eind 2003 kwam de zakenbank Goldman Sachs met een model naar buiten dat een beeld geeft van de wereldeconomie in 2050. In dat toekomstperspectief ruilen beide landen van plaats. Daaruit blijkt ook dat het gewicht van Brazilië, Rusland, India en China in de wereldeconomie fors zal groeien. Goldman Sachs spreekt over de BRICs. In dollartermen zal de economie van China in 2050 de VS voorafgaan. China zal dan ons huidig inkomen per hoofd, ongeveer 30.000 dollar, bereiken. Het Chinees zal dan dé handelstaal bij uitstek zijn.

Japan

De Chinese economische groei levert ook de drijfkracht voor heel Zuidoost-Azië én voor Japan. De Japanse export naar China is in 2003 met bijna 40% toegenomen. De Japanse economie is er in de voorbije jaren in geslaagd uit het moeras te klimmen waarin ze tijdens de jaren 1990 dreigde weg te zinken. Dat is in hoge mate te danken aan de grote continentale rivaal. Waar is de tijd van de Koude Oorlog? Toen stond Japan als trouwe bondgenoot van Washington lijnrecht tegenover de Volksrepubliek. China was toen een economische dwerg. Politiek behoorde het land tot de As van het Kwaad. De decennia van de Koude Oorlog waren voor Japan een gouden tijd. De oorlog in Korea wijzigde compleet de rol en de status van Japan. Het conflict was een enorme impuls voor de Japanse economie. De VS financierden die 'boom'. Dat gebeurde via een *war emergency system*, namelijk de *Special Procurements*. Dat liet het Pentagon toe de bevoorrading van de troepen ter plaatse aan te kopen, zonder zich te moeten storen aan het ingewikkelde aankoopsysteem dat binnen de VS zelf gold. In 1951 bedroegen de Special Procurements in Japan 592 miljoen dollar. Ze piekten in 1953 tot 809 miljoen dollar. Toyota zal het geweten hebben. Het leverde per maand 1500 vrachtwagens aan het Amerikaanse leger. De immense behoefte aan vrachtschepen legde evenmin windeieren. In 1956 bezat Japan de modernste scheepswerven in de wereld. Tijdens de Vietnamoorlog gebruikten de Amerikanen de Japanse bases om troepen en materieel in te zetten tegen Aziaten. Het Koreaverhaal herhaalde zich. De vijf jaren met de snelste groei in Japans Bruto Nationaal Product waren de fiscale jaren 1966–1970. Het waren de piekjaren van de oorlog. De Vietnamboom katapulteerde Japan tot een ongeëvenaarde positie in de wereldeconomie. In 1964 bedroeg Tokyo's aandeel in het mondiale BNP 5,7%. Het moest toen West-Duitsland, Groot-Brittannië en Frankrijk laten voorgaan. Tegen 1973 was dat aandeel gegroeid tot 12,9%, even groot als dat van Groot-Brittannië en Frankrijk samen. Of... het Japanse 'mirakel'.[2] Intussen kreunden de economie én de bevolking van China onder de ideologische verkramping van het maoïsme.

Oost-Azië

De wereld is gebiologeerd door China. De regio van Oost-Azië is het dus zeker. De impact van de opmars van Beijing is in heel Azië te voelen. Het gaat echter om veel meer dan economische macht. Geopolitiek en machtspolitiek is er ook heel wat aan de hand. Japan, Rusland, India en de staten in Zuidoost-Azië vrezen de machtsverschuiving en zoeken naar middelen om weerwerk te bieden.

De onderlinge relatie tussen Beijing en Tokyo is symptomatisch voor die angst. Herinneren we eraan dat de individuele behoefte van Japanners aan een mentor ook geldt voor Japan als natie. Japan heeft in zijn geschiedenis steeds een externe beschaving als model genomen. Eeuwenlang – tot en met de 18de eeuw – maakte het Chinese model de dienst uit. Van circa 1800 tot 1914 was de adoratie van Europa in Japan bon ton. In de 20ste eeuw waren de vs het gidsland.[3] Gesitueerd tegen de achtergrond van die Japanse traditie zit het Land van de Rijzende Zon ten aanzien van China momenteel in een schizofrene situatie. De eerste realiteit: de economische relaties kennen een periode van hoogconjunctuur. De drijfkracht voor de Japanse economie komt van het continent. De tweede realiteit: de politieke en militaire confrontatie. Sinds de relaties tussen Beijing en Tokyo in 1972 genormaliseerd werden, vormen déze jaren wel een absoluut dieptepunt. De verwijten vanuit het bedrijfsleven ten aanzien van de regering-Koizumi liegen er niet om: het beleid tegenover Beijing is slecht voor de economie. Voor de business-cenakels in Tokyo is China een vooraanstaande partij. China verdringt binnenkort de vs als Japans belangrijkste handelspartner. Voor de politieke cenakels is Beijing echter een rivaal, zelfs een regelrechte tegenstander. En er staat wat op het spel. Bijvoorbeeld in Oost-China waar plannen voor een netwerk van hogesnelheidstreinen concrete vormen aannemen. Het is één van de reusachtige projecten in China waar de Japanse bedrijven zich voor opmaken. De concurrentieslag zal hard zijn. Vlotte diplomatie tussen beide hoofdsteden zou een krachtige steun kunnen betekenen. Helaas.[4]

De onderlinge relatie tussen Moskou en Tokyo is een ander teken aan de wand. Sinds 1945 zijn de Russisch-Japanse relaties vergiftigd door het conflict om de Koerilen Eilanden. Momenteel zijn beide landen de nauwste militaire en economische relaties aan het uitbouwen die ze ooit gehad hebben. De bilaterale handel is met 50% gestegen. Japan is de grootste investeerder geworden in de olie- en gasprojecten in Sakhalin. En Toyota heeft de bouw van een autofabriek in Rusland aangekondigd. Jaarlijks zijn er wederzijdse vlootbezoeken. In Vladivostok meren regelmatig Japanse schepen aan, maar geen Chinese. China's streven naar suprematie in de regio zorgt voor deze toenadering. In een recente beleidsverklaring heeft Tokyo China en Noord-Korea voor het eerst als een militaire dreiging bestempeld. En een dreiging die niét meer bestaat – aldus een artikel in de *Yomiuri Shimbun* – is het scenario van een alomvattende invasie van Hokkaido door Russische grondtroepen. Zolang Japan en Rusland samenwerken, is China niet in staat om zich tegen ons te keren, zegt Toshiyuki Shikata, een defensieanalist van de Teikyo Universiteit. Het moge zijn dat een aantal aspecten van het Russische beleid nog voor irritatie zorgt, de vrees voor China overheerst. Het pacifistische artikel 9 van de Japanse grondwet staat onder druk.

Conservatieve modernisering

Opvallend is dat de toekomst van China en Japan gehypothekeerd wordt door problemen die een onmiskenbare gelijkenis vertonen. In de allereerste plaats het beleid van conservatieve modernisering. Zo'n beleid is in de hele wereld terug te vinden. Zowel linkse als rechtse regimes bezondigen er zich aan. Het is een tweeluik. Enerzijds stimuleert het zittende regime de modernisering van de economie. Anderzijds tracht het de sociale en politieke situatie te bevriezen. De ontwikkelingen in de samenleving worden waar mogelijk geblokkeerd. De bestaande machtsconcentratie is onaantastbaar.

In Japan is dat het beleid dat de Liberaal Democratische Partij (LPD) al decennia voert. Deze partij monopoliseert als het ware de politieke macht. Daarom is de democratisering na de Tweede Wereldoorlog zo dubbelzinnig. Na het idealisme van de aanvangsjaren – tijdens het 'sjogoenaat' van generaal Douglas MacArthur – zorgde de oorlog in Korea voor de breuk. De democratisering was niet langer de primordiale zorg. De forse uitbouw van een sterke economie kreeg absolute voorrang.[5] Daarenboven profiteerde Japan ook nog van de wet van de remmende vooruitgang.[6] Japan kon na de nederlaag in 1945 zijn economie op nationale schaal heropbouwen met uitrusting, machines, technologie... die op dat moment up-to-date waren. Geen verwaarloosbaar voordeel ten aanzien van andere concurrenten. Hoe ook, de Japanse democratie kreeg een Japans tintje. Ze werd 'klemgezet in het keurslijf van traditie en autoritarisme'. Daarbij houdt de LPD de samenleving in een houdgreep.[7]

Is het verhaal wezenlijk anders in de Chinese Volksrepubliek? Natuurlijk kent Beijing geen dubbelzinnige democratie maar een onvervalste partijdictatuur. Maar het beleid – van Deng Xiaoping over Jiang Zemin tot Hu Jintao – draagt hetzelfde label: conservatieve modernisering. Het opendeurbeleid, het aantrekken van rechtstreekse investeringen uit het buitenland, de inpassing van spitstechnologie in het productieproces... het kan allemaal. Op één voorwaarde: alle macht moet geconcentreerd blijven in Zhong Nan-hai.[8] De houdgreep van de CP-leiders is zeker zo strak als deze van de LPD-top.

Tweede voorbeeld. Zowel in Japan als in China heeft de economie lood in de vleugels door het bestaan van talloze onrendabele bedrijven. In Japan is die dualiteit in de economie een kanker. In China betreft het de logge staatsbedrijven die producten leveren waar niemand om vraagt. In beide landen is het de hoogste tijd dat alle ondernemingen zonder onderscheid zich voegen naar de wetten van de vrije markt. In beide landen is de schizofrenie van de politieke macht schrijnend. De politieke structuren en de machtsconcentratie leggen een hypotheek op de toekomst. In

Japan remt de LPD het totstandkomen van een échte democratie af.[9] In China doet de CP er alles aan om haar machtsmonopolie te handhaven. Censuur is regel: de internetgebruikers weten er alles van. Daardoor is een probleemloze ontwikkeling van de economie op termijn een groot vraagteken.

Om af te ronden: de machtspositie zowel van Japan als van China is vergelijkbaar. Hun economie heeft een mondiale impact. De Japanse economie is nog altijd groter dan de Chinese en vindt haar tweede adem. De zuigkracht van de Chinese economie vertaalt zich bijvoorbeeld in een steeds groeiende vraag naar grondstoffen en halfafgewerkte producten. Kijk er de prijscurve van het staal van het voorbije jaar maar eens op na. Politiek is de impact van beide landen beperkt tot de eigen regio van Azië en ten dele de Pacific. Japan zeult zijn verleden mee: door zijn agressie (de jaren 1930–1945) blijft het wantrouwen in de regio ten aanzien van Tokyo groot. China is militair niet eens in staat een invasie op Taiwan succesvol af te ronden.

De intra-Aziatische handel

De Aziatische Ontwikkelingsbank (ADB) publiceert rond het jaareinde telkens een rapport waarin zij de economische situatie van Azië analyseert en van daaruit verwachtingen formuleert voor de toekomst. In haar jaarrapport over 2003 toont de bank zich bezorgd over de ingrijpende veranderingen die in Azië volop bezig zijn. Vooral vestigt zij de aandacht op het feit dat de intra-Aziatische handel uitzonderlijk belangrijk is geworden. De ADB stelt dat indien deze trend zich doorzet, belangrijke verschuivingen kunnen plaatsgrijpen. Als de betrokken landen een beleid voeren dat aanstuurt op een versnelde toename van de binnenlandse vraag, aldus de redactie van het jaarrapport, zou het wel eens zover kunnen komen dat Azië minder afhankelijk wordt van de economische evolutie in de belangrijkste hoogontwikkelde landen.[10]

De samenstellers van *Outlook 2003* zijn uitermate deskundig inzake economische analyses. Maar historici zijn het natuurlijk niet. De historische background ontbreekt. Wat leert die? De conclusie is eenduidig: eeuwenlang is Azië het kerngebied geweest van de wereldeconomie. China en Indië waren de draaischijven. Met Zuidoost-Azië als niet te onderschatten derde. En met de Indische Oceaan als centrale ruimte voor de belangrijkste handelsstromen. De intra-Aziatische handel was toen – van circa 500 tot circa 1800 – van zo grote betekenis dat Jan Pieterszoon Coen in 1619 het bestuur van de Oost-Indische Compagnie voorstelde er zich vanuit Batavia in te integreren. Want de winsten die de intra-Aziatische handel genereerde, overtroffen ver deze die de Aziatisch-Europese handel opleverde.

Kortom, de ontwikkelingen die zich vandaag voordoen in Azië, hoeven helemaal niet te verbazen. Eeuwenlang is het niet anders geweest. Pas de Industriële Revolutie in Engeland circa 1800 – en nadien op het continent – heeft een technologische kloof geslagen die deze Aziatische dominantie heeft afgebroken. Wat toen volgde, is ons vertrouwd. De 'lange 19de eeuw' is de eeuw van Europa en de 'korte 20ste eeuw' die van Amerika geweest.[11] Bij het begin van de 21ste eeuw is de opmars van Azië spectaculair. Maar ze is niét nieuw. Het is géén aha-erlebnis.

Historische blindheid

In dit boek kiezen we voor het chronologische verhaal. Eerst geven we een overzicht van het tijdperk waarin Azië de lakens uitdeelde (ca.500–ca.1800). Vervolgens situeren we Japan en China in respectievelijk de Europese en de Amerikaanse eeuw. Ten slotte sluiten we de cirkel door een analyse te geven van de blijkbaar onstuitbare groei van China en het toenemende belang van de intra-Aziatische handel in het begin van de 21ste eeuw.

Akkoord, de chronologische benadering is een traditionele benadering. Niettemin wordt dit een allesbehalve orthodox verhaal. Om de eenvoudige reden dat het breekt met een hardnekkige historische blindheid. De vergelijking met de wereld van de Koude Oorlog lijkt vergezocht, maar is verhelderend. Sinds 1917, en zeker sedert 1945, heeft de mensheid geleefd in een bipolaire wereld. Geopolitiek stonden twee staten van continentale omvang tegenover elkaar. Vanaf 1917 heeft 'la frénésie idéologique' (Raymond Aron) de tegenstelling een manicheïstisch karakter gegeven. In de Koude Oorlog stond Goed tegenover Kwaad. De obsessie – 'the Empire of Evil' – werd diep ingeheid in de geesten van de mensen. Generaties lang. En dat simplisme bestond ook aan gene zijde van het IJzeren Gordijn.

Een vergelijkbaar simplisme bestaat echter tot op de dag van vandaag in de wijze waarop wij de geschiedenis benaderen. Ook de wereld van Clio is een bipolaire wereld. Het historische verhaal dat ons vertrouwd is, is – helaas – een erg vertekend verhaal: het Westen tegenover het Oosten. Of nog anders: er was en is het Westen en dan zijn er de 'anderen'. *The Rise of the West* heeft de charme van de vanzelfsprekendheid, maar is meteen ook van een ondraaglijke lichtheid. Zeg maar: simplisme. Eeuwenlang zou Noordwest-Europa, later het Westen, een ononderbroken progressie gekend hebben. En die vooruitgang lag in de natuur der dingen. Want het westerse mensentype is apart, ja uniek! En het is de lotsbestemming van het Westen zijn beschaving, normen en waarden uit te dragen in de wereld. 'The White Man's Burden'...[12]

Die overtuiging is de bron van een diepgeworteld eurocentrisme. Ze is ook een verborgen agenda. Onbewust stuurt ze ons historisch onderzoek, limiteert ze het referentiekader waarbinnen we interpreteren en syntheses uitschrijven. De geschiedenis die wij de jongeren op onze schoolbanken inlepelen, is getekend, heeft de stempel van collectief autisme. Welke informatie ons ook moge bereiken over de anderen, over andere beschavingen, we zijn er doof en blind voor. We registreren die informatie niet. Voor de impact van het Oosten op de westerse beschaving hebben we nooit oog gehad. Die uitstraling hebben we steeds veronachtzaamd en miskend. Die blinde vlek verstoort ook de historiografie. De meeste historici blijven blind voor de historiografie van de grote niet-westerse beschavingen. Fernand Braudel, Immanuel Wallerstein en anderen hebben de grote verdienste gehad het historische perspectief te verruimen en aandacht te vestigen op de mondiale dimensie van het verleden. Maar in hun visie bleef Noordwest-Europa, iets later het Westen, het kerngebied. Hun benadering is echter gedateerd. Al decennialang is historisch onderzoek verricht over de wederzijdse, interculturele beïnvloeding. En die heeft geleid tot spectaculaire vaststellingen, tot onthutsende nieuwe inzichten.[13] In Berkeley, Yale en Stanford, in New-Delhi, Parijs en Leiden hebben historici de voorbije jaren de resultaten van hun onderzoek in schitterende syntheses bekendgemaakt.[14] Hun conclusies zijn vergelijkbaar. Het eurocentrisme is passé. Maar het leidt een taai leven. De eurocentrische historiografie blijft pal overeind en domineert de vulgarisatie. Het geschiedenisonderricht volgt gedwee. De professionals op beide vlakken dragen als het ware oogkleppen: zij brengen een historisch verhaal dat vertrekt en eindigt met Europa, met het Westen. En de anderen verschijnen ten tonele op dié momenten in de geschiedenis dat Europeanen het initiatief nemen, hun continentale schiereiland verlaten en met hen in contact komen.

Wanneer verschijnt Japan in dat verhaal? In 1853, het moment waarop de zwarte schepen van commodore Matthew Perry voor anker gaan in de baai van Edo. Op dat moment start – onder westerse impuls – de moderne ontwikkeling van het Land van de Rijzende Zon. De transformatie van het land die de Tokugawa-sjogoens vanaf 1603 tot stand hebben gebracht, is van geen tel. Niettemin hebben zij de fundamenten gelegd voor de Meiji-revolutie van de tweede helft van de 19de eeuw, niet de westerse industriestaten. Volgens het klassieke verhaal zou het Westen Japan uit de stagnatie gehaald hebben. Ook al was er bijna driehonderd jaar geen stagnatie geweest! Ander voorbeeld: in hoeverre is het toevallig dat de interesse voor de pre-Columbiaanse culturen steeds gerelateerd wordt aan het epische verhaal van de conquistadores? De naamgeving alleen spreekt boekdelen.

Geschiedenis evolueert

Wijlen Fernand Braudel, de nestor van de Franse historiografie, duwt ons met de neus op de realiteit: 'L'histoire change, parce que les questions qu'on lui pose, changent.' Dan heeft hij het natuurlijk over het geschiedenis*verhaal*. Historici behoren tot een samenleving. En elke samenleving is een historische samenleving, met haar identiteit, met haar specifieke complexiteit, kenmerken en eigenaardigheden. En het is vanuit hun historisch-bepaalde samenleving dat historici het verleden bevragen. Elke generatie stelt dus nieuwe, afwijkende vragen. En het historisch onderzoek, geleid door die specifieke bevraging, richt zich steeds opnieuw op een originele wijze op dat verleden en reveleert er andere aspecten van. Het verleden onthult zo beetje bij beetje zijn caleidoscopische verscheidenheid. Ons beeld van het verleden groeit op die manier. Fragmenten worden aaneengevoegd. Puzzelstukken vallen ineen. Deelkennis krijgt zin. Inzicht in wat samenhoort, breekt door.

We leven in een tijd van globalisering, in het overtrokken triomfalisme van *e-commerce* en *e-government*. Het is allicht niet toevallig dat historici uitgerekend nu hun historisch onderzoek richten op de globale context, het verleden bevragen vanuit invalshoeken die de hele globe omvatten. Het is naar onze mening niet toevallig dat nu vraagtekens geplaatst worden bij het eenzijdige Europese succesverhaal. Evenmin dat veel aandacht gaat naar de verwevenheid van de beschavingskringen doorheen de eeuwen en de inbreng van de anderen in Europa's ontwikkeling. De mythe van Europa als gidsland wekt in onze tijd alleen maar twijfels, voedt dus kritisch onderzoek.

Dat hele pleidooi is suggestief genoeg: we pogen in dit boek dus een geïntegreerd verhaal te brengen. We streven ernaar de inbreng van andere samenlevingen te waarderen. Ook de juiste merites van Europa te duiden. Het was Ton Lemaire die er ooit op wees dat we door de omweg van de studie van andere beschavingen de identiteit van de eigen beschaving leren ontdekken en waarderen. De lezer mag gerust zijn: we waken er angstvallig over dat de slinger niet doorslaat naar het andere extreem, namelijk een historisch verhaal vanuit een anti-Europese inspiratie. De opzet van dit boek is ambitieus, namelijk aantonen dat de huidige opleving van het Gouden Oosten in het verlengde ligt van een situatie die eeuwenlang bestaan heeft. En van de gelegenheid gebruikmaken om de rol en het belang van Europa in dat lange historische verhaal correct te duiden. Toch kan het niet anders dan dat het verhaal binnen deze context fragmentair blijft. Fragmentair, maar boeiend.

DEEL 1

Het tijdperk van Azië

ca.500–ca.1800

1 Het Aziatische handelssysteem
6de–13de eeuw

De rechtlijnige progressie van Europa (ca.500–ca.1800) hangt samen met de traditionele visie op de middeleeuwen. Het verhaal gaat als volgt. Circa 500 startten de agrarische middeleeuwen. Feitelijk was de overgang al volop bezig in de laat-Romeinse tijd toen de mensen migreerden naar het platteland om daar een schijntje van bestaanszekerheid te zoeken. De steden verschrompelden toen tot castra.[1] Van de 5de tot de 10de eeuw beleefde Europa een 'dode tijd': de internationale handel ruimde baan voor regionale handel. Het stedelijk leven dat restte, had nog nauwelijks enig economisch draagvlak. Maar na de turbulentie van de 8ste, 9de en 10de eeuw zorgden de Europeanen voor een reveil van de internationale handel. De herleving van oude steden of de stichting van *villes neuves* vormde het signaal dat onmiskenbaar een periode van economische expansie was aangebroken.

De Europeanen zorgden voor een reveil van de internationale handel. Zij zouden van in de vroege 15de eeuw op hun elan doorgaan en via systematisch georganiseerde exploratietochten een expansie op gang brengen die onstuitbaar leek. Doorheen de 16de, 17de en 18de eeuw was *the West* onbetwistbaar het centrum van de wereldeconomie. *The Rest* was periferie. De Europeanen koloniseerden, verruimden het mondiale actieveld met de Amerika's en drongen door in Azië. Hun actieradius reikte van Potosí tot Manilla. Ondanks ups and downs – bijvoorbeeld de 17de eeuw – bleef de expansieve groei onaangetast. Meer zelfs: de Industriële Revolutie zorgde voor een nieuwe, enorme impuls. Door deze kwalitatieve sprong ontstond een definitieve kloof tussen *the West* en *the Rest*. De technologische knowhow was – mondiaal – van beslissende betekenis.

Tot daar het traditionele verhaal van de rechtlijnige vooruitgang. In zijn beknoptheid is dat een simpele voorstelling van een oneindig ingewikkeld proces dat zoveel meer nuancering en fijnstelling vergt. Binnen deze context niet haalbaar en evenmin de doelstelling. Het blijft een feit dat de verborgen agenda van het eurocentrisme verantwoordelijk is voor een verglijding naar simplisme en dus voor een vertekening.

2   De handel op verre afstand voor en na 476

De handel in Eurazië

Dat met het verval van de internationale handel in West-Europa meteen ook een punt zou zijn gezet achter de internationale handel in het algemeen is minstens een vreemde hersenkronkel. In de eeuwen voor de val van het West-Romeinse Rijk was de handel op verre afstand immers bijzonder intensief geweest. Dat was al zo ten tijde van het wereldrijk van Alexander de Grote (laatste kwart 4de eeuw v.C.). Dat rijk vormde een economische wereld[2] die Voor-Azië én de hele Middellandse Zeewereld omvatte.[3] De handel op verre afstand was binnen deze economische wereld erg belangrijk. Wat al te gemakkelijk buiten beschouwing blijft: het hellenistische Oosten, zeker in de tijd van de Diadochen, beperkte zijn horizon voor internationale handelsactiviteiten niét tot de Middellandse Zeewereld. Turkestan, de Indus en de Perzische Golf maakten er integraal deel van uit. Via de Indische Oceaan werden contacten gelegd met het Verre Oosten. Van daaruit vonden zijde, katoen, parfums en kruiden hun weg naar de havens van de Rode Zee, maar ook naar Milete en Ephese. In ruil hiervoor had de Middellandse Zeewereld niet zoveel te bieden. Er was weinig vraag in Indië en China naar producten die uit het Westen kwamen. Dat bleef ook later zo, in de periode van het Romeinse Rijk. En hier manifesteerde zich dus al een patroon dat eeuwenlang zou blijven bestaan: de handelsbalans met het Verre Oosten was negatief. Het deficit werd betaald met goud- en zilverexport. Het was de oost-westhandel die grote winsten genereerde. Niet omgekeerd. Het was het arme deel van Eurazië dat betaalde met edele metalen voor de producten uit het rijke oosten, waar bij de elite zo'n grote vraag naar was.[4] Andere constante op de lange termijn: de zeeroutes waren niet in handen van de Grieken maar van de Arabische en Egyptische zeelui. Opvallend is daarbij dat de Ptolemaeën en de Seleucieden met grote verbetenheid oorlogen hebben uitgevochten om de mediterrane eindpunten van die handel met het Verre Oosten te kunnen controleren.

Het feit dat in uitgestrekte gebieden interne vrede en een efficiënt bestuur bestonden, betekende een belangrijke impuls voor de internationale handel. Het Romeinse Rijk en China waren de extreme reisdoelen in die Euraziatische wereld. De export van China bestond voor 90% uit zijde. Indië produceerde vooral textiel (calico, linnen, katoen). Ook specerijen, ivoor en edelstenen kwamen uit het oosten. Vanuit het Romeinse Rijk werden zilver en goud oostwaarts versast, maar ook kleding, glas en metalen. De rijken van de Kushanas en de Parthen bevorderden deze handel, maar beletten tegelijkertijd dat de handelaars van de Levant en de mediterrane wereld langs de Centraal-Aziatische landroutes rechtstreekse contacten hadden met China. Talloze karavanserais markeerden de eindeloze landroutes. Palmyra was een bijzonder welvarende stad op de grote handelsroute van het Romeinse Rijk naar de Perzische Golf en Indië. De beroemde Zijderoute slingerde zich van Chang-an 4000 kilometer door Binnen-Azië naar de oostelijke kusten van de Middellandse Zee. Politieke stabiliteit was van levensbelang voor de landroutes. De ineenstorting van het Kushanarijk in de 3de eeuw bijvoorbeeld was een slag voor de Zijderoute.

Veel belangrijker nog waren de zeeroutes. De ontdekking van de cyclus van de moessonwinden in de Indische Oceaan betekende een revolutionaire impuls voor de internationale handel. Het was gedaan met de angstvallige kustvaart. De zeelui ondervonden dat ze tijdens de winter amper vier maanden nodig hadden om van de Indische Malabarkust en de monding van de Indus naar de havens van de Rode Zee te varen. De terugvaart tijdens de zomer ging even vlug. In de ruimte van de Indische Oceaan floreerden zeker zestien havensteden: zij namen sleutelposities in deze maritieme oost-westhandel in. Mediterrane (o.a. Byzantijnen) en Indische handelaars, Maleisische en Chinese kooplui doorkruisten de oceaan. De Chinezen kwamen tot in de Golf van Bengalen en bereikten Indië. Zij zeilden naar de Perzische Golf en de Rode Zee. Indische zeelui voeren naar China. Alexandrië was dé draaischijf voor de distributie van de oosterse waren in het Westen. De economische relaties bevorderden ook de culturele uitwisseling. De uitstraling van de Indische beschaving naar de landen van Zuidoost-Azië en de uitbouw daar van de eerste georganiseerde staten illustreren dat. Ook de grote zendingsreligies werden zo verspreid: het boeddhisme drong het Verre Oosten binnen en het christendom – in de variant van de nestorianen – kon wortel schieten in Zuid-Indië en in Centraal-Azië.

Waarom zou deze handel op verre afstand verdwenen zijn bij de val van het West-Romeinse Rijk? Waarom zou door de economische contractie in West-Europa Byzantium zijn internationale handelscontacten hebben stopgezet? Europa lag slechts in de periferie en zijn economische impact was niet erg groot. Zoveel belangrijker was het feit dat in die oneindige ruimte van Eurazië ook in cruciale economische regio's bij tijd en wijle politieke instabiliteit troef was. Denken we maar aan het einde van het Hanimperium in China (220), of aan het verdwijnen van het rijk van de Parthen (227) en dat van de Kushanas (ca.240) door de machtsontplooiing van de Sassanieden. Maar in de eurocentrische logica dacht men daar niet aan. De fixatie op Europa zorgde voor bewustzijnsvernauwing: het perspectief was niet mondiaal, maar Europees. Dat de wereld-buiten-Europa op zijn elan verderging, kreeg gewoon geen aandacht.

Rond 600 was de toestand in Eurazië fundamenteel veranderd. Niet alleen het West-Romeinse Rijk was verdwenen. Ook China beleefde een terugval en het Indië van de Guptadynastie werd in het midden van de 6de eeuw fataal ondermijnd door oorlog en vernieling.[5] Alleen het Perzië van de Sassanieden hield stand. Opmerkelijk is evenwel de veerkracht zowel van de Chinese als van de Indische beschaving. De overwinnaars moesten zich integreren in de veroverde samenleving. De rijke traditie van beide beschavingen bleef ongeschonden. In Europa was dat wel even anders: de klassieke traditie werd afgevoerd. Slechts Byzantium zorgde voor continuïteit.

De islam en de Arabieren

Niet alleen China en Indië toonden veerkracht, ook het Byzantijnse rijk bezat een opmerkelijke vitaliteit. Veel had het uiteraard te danken aan zijn bijzonder waardevolle ligging. Het beheerste het oostelijke bekken van de Middellandse Zee met landen als Griekenland en Egypte (haarden van een oude beschaving), Thracië, Klein-Azië en Syrië. Zo was Byzantium het scharnierpunt tussen het Oosten en het Westen en controleerde het belangrijke handelsroutes. Bedreigd door invasies in het westen en door de Perzische Sassanieden in het oosten heeft het de politieke, militaire en religieuze crisissen van rond 500 kunnen overleven dankzij zijn solide instellingen en een perfecte administratieve organisatie.

De opkomst en de expansie van de islam verstoorden deze primordiale betekenis van Byzantium. Het is allicht de belangrijkste ontwikkeling in de wereldgeschiedenis geweest tussen de val van Rome en de ontdekking van de Amerika's.[6] Die expansie is in niet geringe mate vergemakkelijkt door de oorlogen die Byzantium en het Perzië van de Sassanieden in de 6de en 7de eeuw tegen elkaar uitvochten. Het leidde tot de vernietiging van het imperium van de Sassanieden en de inpalming van zijn rijkdommen. De islam beroofde Byzantium van zijn rijkste provincies en rukte op naar China's grenzen in Centraal-Azië. De twee grote expansionistische machten in Eurazië vochten de veldslag bij Talas (751) uit.[7] Het is een van de grote data in de wereldgeschiedenis: de overwinning van de moslims betekende het begin van het verval van de T'angdynastie. Maar beide grootmachten beheersten vanaf dan heel Centraal-Azië. In de Middellandse Zee verstoorden de Arabieren dan weer de onbeduidende relaties die nog tussen Byzantium en West-Europa bestonden.

Kortom, de islamexpansie heeft de machtsverhoudingen in de oude wereld volledig doorkruist. Of nog anders: de machtsontplooiing van de Arabieren is niet alleen belangrijk geweest voor de mediterrane wereld en dus voor Europa, maar was ook een nieuwe machtsfactor die de bestaande orde in Azië grondig wijzigde. De islamwereld vormde een economische zone en een invloedssfeer van een nooit geziene omvang. Kerngebied ervan was de Levant en het tweestromenland van Tigris en Eufraat.

Maar de islamwereld was tevens een open handelssysteem, een netwerk dat haast elk deel van Eurazië overspande. In het oosten drongen de Arabische kooplui via de Indische Oceaan door in Zuidoost-Azië en China. Maar ze bereikten het Verre Oosten ook via de landroutes. De karavanen passeerden Iraanse steden als Tabriz, Hamadan en Nishapur en bereikten Bukhara en Samarkand in Transoxanië om dan hetzij naar Indië hetzij naar China door te stoten. In het zuiden kwamen ze via de Nijl in Soedan. Via de karavaanroutes drongen ze ook door in West- en Centraal-Afrika. Westwaarts bereikten ze de kusten van de Atlantische Oceaan (Noordwest-Europa) en noordelijk volgden ze de handelsroutes die langs de grote Russische rivieren liepen.[8] De expansie van de islam had nog een ander fall-outeffect. De Arabieren profiteerden van de vaardigheden en de ijver van miljoenen mensen. Zij verrijkten zich immers door de onderworpen volken te exploiteren. Zeer opmerkelijk was de groei van het aantal niet-Arabische moslims, de zogenoemde Mawali. In de mediterrane handel werd de inbreng van westerse moslimlanden als Kreta en Sicilië, Sardinië, Corsica en de Balearen erg belangrijk. De Byzantijnse handels- en oorlogsvloten verloren hun suprematie en werden teruggedrongen naar de Adriatische en Egeïsche Zee. Byzantium sloeg nog slechts een pover figuur in vergelijking met de moslimhandel. Wel profiteerde het van de algemene opbloei van de internationale handel: de Aziatische landroutes die uitkwamen aan de Zwarte Zee moesten noodzakelijkerwijze via Byzantium passeren. En de contacten met de volken van de Donau en van Oekraïne bleven interessant.

Welvarende steden als Damascus, Caïro en vooral Bagdad vormden het centrum van de islamwereld en tegelijk de basis van zijn internationale handel. Op zijn hoogtepunt was Bagdad vijfmaal zo groot als Byzantium en telde de stad 900.000 inwoners. Hierbij vergeleken waren de bevolkingscijfers van westerse 'grootsteden' ridicuul.[9] En net zoals de gouden *nomisma* een internationaal betaalmiddel was in de periode van de Byzantijnse hoogconjunctuur, domineerden toen de munten van de islamwereld de Euraziatische handel.[10] Je kan stellen dat de Arabische zeelui de scheepvaart in de Indische Oceaan beheersten. Door de oorlogen tussen Byzantium en Perzië was de maritieme route tussen Egypte en Indië via de Rode Zee, de zuidkust van Arabië en de Perzische Golf interessanter geworden. Bovenal valt op dat de Arabische zeelui belangrijke nieuwe navigatietechnieken hebben ingevoerd. Zo het wendbare Latijnse zeil waardoor de schepen bijzonder hanteerbaar waren. Door dat Latijnse zeil was het mogelijk tegen wind in te laveren, een uiterst belangrijke navigatietechniek die het de Perzische zeelui van in de 3de–4de eeuw mogelijk maakte naar Indië te varen én terug te keren. De Arabische scheepslui deden hen dat na vanaf het midden van de 7de eeuw: hun barken lagen voor anker in de havens van Zuid-Afrika en Indië. Ten tijde van Vasco da Gama maakte het Latijnse zeil in de Atlantische Oceaan de terugvaart naar de Europese havens mogelijk.[11]

De handelaars reisden meestal samen. In de Indische Oceaan bijvoorbeeld verliep de maritieme handel, alleen al omwille van het moessonregime, gesynchroniseerd. Allerlei problemen en tegenslagen konden de vaart immers bemoeilijken: schipbreuken, entering door zeerovers, stormweer… De konvooien ter zee waren het equivalent van de karavanen over land. De kamelen waren de woestijnschepen die onwaarschijnlijk grote vrachten konden torsen. De opslagplaatsen in de havens werden soms door branden platgelegd; tolgelden en douanerechten, betaling van paspoorten en visa konden de bloei van de handel nochtans niet afremmen. De handel op verre afstand werd daarenboven ondersteund door de ontwikkeling van nieuwe commerciële technieken. Zo werden boekhouding en kredietverlening geperfectioneerd. De handelaars gebruikten constant wisselbrieven en cheques. In de grote centra gebeurden de betalingen tussen handelaars door clearing. Bankverrichtingen waren een zaak van groothandelaars. De commenda, een contractuele overeenkomst waarbij een investeerder de reis van een handelaar financierde, was voor de handel op verre afstand van cruciaal belang.[12] Wisselagenten waren vooral actief in de kleinhandel: het ging dan om wisseloperaties van hand in hand. Wetten moesten leningen tegen woekerrentes verhinderen.

Kortom, in de periode na 600 was een proces van globalisering van de economie onmiskenbaar. De opkomst van een reeks imperia die onderling verbonden waren, zorgde voor een relatief vreedzame context, waarin de handel op verre afstand kon floreren. Denken we aan het China van de T'ang (618–907), het rijk van de Ummayaden en Abbasieden in het Midden-Oosten (661–1258) en de Fatimieden in Noord-Afrika (909–1171). China was een bijzonder aantrekkelijke markt voor de handelaars van de Perzische Golf en Bagdad. Aan beide zijden van de Indische Oceaan werden enorme winsten geboekt. In de oeverloze handel die zich uitstrekte tussen Irak en China, waren steden op het Maleisische schiereiland, op Sumatra en Java belangrijke knooppunten. De groeiende vraag in de Aziatische wereld zorgde voor een intensieve goederenstroom. De landen van Zuidoost-Azië namen een strategische positie in en waren ook nog bijzonder interessant omwille van hun overvloedig aanbod van specerijen en goud. Indiërs en Chinezen hadden er allang handelsposten gevestigd. Maar nu kwamen ook de Arabieren eropaf.

Bijzonder opvallend is het feit dat de handel in de ruimte van de Indische Oceaan in essentie vreedzaam was. Zeevaarders en handelaars van verschillende herkomst respecteerden er de schepen van anderen en het gebeurde dikwijls dat zij passagiers en goederen van elkaar vervoerden. De 'andere' was geen bedreiging. Eeuwenlang bestond er in de ruimte van de Indische Oceaan vrede en verdraagzaamheid. Men was er dan ook niet voorbereid op een indringer die de regels van het spel niet volgde. Later, vanaf het einde van de 15de eeuw, zouden de Portugezen wel gewelddadig optreden. Ze ontwikkelden er toen langzaam aan een complex dwangsysteem.

Maar terug naar de hier behandelde periode. In heel die Euraziatische ruimte werden niet alleen goederen uitgewisseld, maar ook ideeën en technieken, kapitalen en grondstoffen, opvattingen over kunst en geloof.[13] De moslims van Noord-Afrika en het Midden-Oosten waren de pioniers van die globale economie. De onderlinge verwevenheid binnen de Afro-Euraziatische landmassa was opvallend. De zeelui en handelaars gebruikten daarbij oceaangordels die West-Europa met China en Korea in het oosten en Afrika en Polynesië in het zuiden verbonden. Het Midden-Oosten was in die 'wereldeconomie' de centrale draaischijf, *a worldbridge*. Het Midden-Oosten en Noord-Afrika vormden toen een progressieve regio met unieke rationele instellingen. Het was een vreedzame wereld waarin steden floreerden en kapitalisten zich engageerden in een handel op verre afstand die het kapitalisme op globale schaal stimuleerde. Na 800 kwam het wetenschappelijk denken er tot bloei. Sa'id al-Andalusi, daarin later gesteund door Ibn Khaldûn, schreef dat de bevolking van Europa, aangezien ze in een gematigd koude zone leefde, onwetend was, nauwelijks wetenschappelijke interesse kon opbrengen en achterlijk zou blijven. Zo zie je maar.[14] Duizend jaar lang zou de islam de leidende beschaving van het westerse halfrond blijven. In vergelijking hiermee bleven zijn buren in Centraal-Azië, Afrika en Europa onderontwikkeld en verarmd. En toen hun intellectuele verwezenlijkingen vergelijkbaar werden, was veel ervan te danken aan de tradities en de inspiratie van de islamwereld.[15]

Europa in het internationale handelssysteem (ca.500–ca.1000)

De Europese economische wereld lag in de uiterst westelijke periferie van dat 'mondiale' handelssysteem. Eeuwenlang zou Europa marginaal blijven, niet alleen qua ligging, maar ook wat het soort handel betreft dat er gedreven werd en het niveau van de vigerende financiële technieken.

Na de grote Germaanse invallen bleef de handel in Merovingisch Gallië in een eerste fase op de Middellandse Zee gericht. Maar de export was gering. De handelsbalans was zwaar negatief. In het midden van de 7de eeuw betekende de islamexpansie een zware slag voor de weinige handel die nog bestond. Producten als papyrus en specerijen werden in de mediterrane havensteden nog slechts zelden aangevoerd en verdwenen ten slotte uit de circulatie. Enkel luxeproducten van geringe omvang voor een geprivilegieerd cliënteel bereikten nog Europa. Geleidelijk aan ontwikkelde zich toen een regionale economie. In een tweede fase, onder de Karolingen, herstelde de handel op verre afstand zich ten dele. Waar aanvankelijk vooral grondstoffen als wol en hout, vis en pelzen verhandeld werden, werden nu ook stilaan afgewerkte producten aangeboden. Maar dat aanbod bevatte weinig waar in de islamwereld vraag naar was. Het probleem bleef dus bestaan hoe de oosterse producten die in Europa zo gewild waren, betaald moesten worden. De negatieve handelsbalans bleef bestaan. Het kerngebied van de westerse economie verplaatste zich toen ook duidelijk naar het noorden. Ook dat was ten dele een gevolg van de islamexpansie. Maar het was een belangrijke verschuiving: de Europese handel ontwikkelde zich traag maar onmiskenbaar in nieuwe gebieden zoals Vlaanderen, Scandinavië, de Baltische regio en Rusland. Hoe destructief de Vikingtochten in West-Europa ook waren, de Zweden of Waregers waren de pioniers van merkwaardige handelscontacten over land. Het traject van de grote rivieren dicteerde de handelsroutes.[16] Via het Ladogameer bereikten ze Novgorod. Vandaar volgden ze de Dnjepr en reisden over Kiev naar de Zwarte Zee waar ze de economische wereld van Byzantium bereikten. Vanuit Novgorod kozen velen voor de route van de Wolga wat hen naar de Kaspische Zee bracht. Daar kwamen ze dan terecht in de economische wereld van het islamitische Oosten, voor hen zoveel belangrijker dan Byzantium. Via deze contacten kregen ze immers koopwaar uit Indië en China in handen.

Het reveil van Europa (ca.1000–ca.1300)

Op het moment dat de Europeanen vanaf circa 1000 opnieuw deelnamen aan het internationale handelsleven, zijn zij dus terechtgekomen in een bestaand 'wereldwijd' systeem dat zijn vitaliteit dankte aan de activiteiten van Arabieren en Chinezen. Na de val van het West-Romeinse Rijk had Europa afgehaakt. Een intensieve internationale handel bleef echter bestaan in Eurazië. Toen Europa na vijf eeuwen weer meedeed, kwam het terecht in een gewijzigde context: in het Euraziatische handelssysteem waren de Chinezen en Indiërs nog steeds uiterst belangrijke actoren, maar de vooraanstaande rol van de Byzantijnen was nu overgenomen door de Arabieren.

Het reveil van Europa verliep in twee fases. De periode van circa 1000 tot circa 1200 vormde de eerste fase. Ondanks de politieke fragmentatie ging Noordwest-Europa er in de 11de eeuw inzake economische integratie opmerkelijk op vooruit. De Europese samenleving slaagde erin een groter surplus te produceren: het was voortaan zinvol voor de handelaars om naar de internationale markten te trekken. Bestaande steden barstten uit hun wallen. Het aantal nieuwe steden groeide constant. In de 11de en 12de eeuw kon Noordwest-Europa pronken met een belangrijke urbanisatie en een aanzienlijke en snelle bevolkingsgroei. Uiteraard kan deze interne explosie niet los gezien worden van de externe: de middeleeuwers lieten zich niet langer opsluiten binnen de grenzen van de christenheid. Eens te meer heeft de islamexpansie de lont aan het kruitvat gelegd. De verovering door de moslims van de Vruchtbare Sikkel betekende dat de bevolking van het Heilig Land onder de bezetting leefde van ongelovige Saracenen. De kruistochten hadden een dubbel effect. Een: in Europa zelf hadden zij een onbedoelde impact, de toenadering namelijk tussen Noordwest-Europa en het welvarende Zuid-Europa. Zo werd de economische wereld-Europa realiteit. Twee: hoezeer de kruistochten ook een fiasco werden, ze hebben Europa gelinkt aan de landen van het oostelijke mediterrane bekken. Zo werd Europa opnieuw geïntegreerd in het bestaande internationale handelssysteem. Europa was een subsysteem van die Euraziatische economische wereld.[17] Drie sleutelregio's in dat subsysteem leverden de drijfkracht voor intense economische activiteit: de jaarmarktsteden van Champagne (Troyes, Provins, Lagny, Bar-sur-Aube), de Vlaamse handelsmetropolen Brugge en Gent met hun exportnijverheden en de Italiaanse zeehavens Venetië en Genua die Noordwest-Europa verbonden met de stapelplaatsen van het Midden-Oosten.

Een laatste overweging. Het reveil van Europa vanaf circa 1000 was in nietgeringe mate ook te danken aan de Italiaanse havensteden. Via die steden – in de eerste plaats dan Venetië – kwamen niet alleen oosterse producten, maar ook ideeën en technieken binnen die Europa veranderden. De *Levant connection* van Venetië was van cruciaal belang en dus de link met het Euraziatische handelssysteem. Fernand Braudel formuleert het ondubbelzinnig: 'Kan Venetiës leidende positie in Europa verklaard worden door haar geprefereerde en traditionele banden met het Oosten, daar waar de andere Italiaanse steden zich meer afstemden op de westerse wereld die stilaan vorm kreeg? De levensader van de Venetiaanse handel was de connectie met de Levant. Zo Venetië al een speciaal geval was, dan is het omdat haar hele handelsactiviteit van A tot Z gedicteerd werd door de Levant.'[18]

Tijdens deze eerste fase kon men er zich in de economische wereld-Europa wel over verheugen opnieuw te kunnen aanpikken bij het internationale gebeuren, maar een wezenlijke inbreng hadden de Europeanen nog niet. Het proces dat Europa in deze eeuwen doormaakte, heeft er echter voor gezorgd dat het daar in de tweede fase, vanaf de 13de eeuw, wel toe in staat was. In de 13de eeuw was de evolutie zover gevorderd dat tussen de Aziatische, Arabische en westerse vormen van kapitalisme duidelijke parallellen en gelijkenissen bestonden. Zo waren in elk van de genoemde economische werelden algemeen erkende en geldige munten in omloop. Kredietprocedures waren in het Midden-Oosten allang gangbaar, toen ze ook in Europa werden ingevoerd. De handel op verre afstand vergde aanzienlijk startkapitaal. De lange duur van de transit en de gevaren inherent aan het verre vervoer leidden ertoe om partnerships af te sluiten ten einde het nodige kapitaal bijeen te krijgen en de risico's te spreiden. In het Midden-Oosten was dat regel. Europa volgde het voorbeeld.

Ten slotte was de rijkdom van de groothandelaars in de drie economische werelden een belangrijke factor. In de 13de eeuw had Europa een niveau bereikt dat het in staat stelde zich ten volle te engageren. De commerciële scherpzinnigheid van de Europeanen moest niet meer onderdoen voor die van Arabieren en Joden, Chinezen en Indiërs. En dat was evenmin het geval voor de fundamentele economisch-institutionele context. Exemplarisch voor de nieuwe mentaliteit was het feit dat Europa streefde naar betrouwbare kennis over het Midden-Oosten. Toledo werd een befaamd centrum waar Arabische teksten vertaald werden, onder meer de Koran (1143): zo zorgde het voor de introductie in het Westen van moslimfilosofen als Al-Kindi, Al-Farabi, Avicenna en anderen. De Engelse filosoof Roger Bacon gaf de raad om levende oosterse talen te studeren. In brieven aan de paus onderstreepte hij dat het zoveel zinvoller was de mensen te onderrichten over het Midden-Oosten dan oorlogen te voeren en kruistochten te organiseren.[19]

Het Aziatische handelssysteem in de 13de eeuw

Het Aziatische 'wereldsysteem' bestond in de 13de eeuw uit acht onderling verbonden subsystemen, gedomineerd door kernsteden en met elkaar verbonden door zeevaartstroken, rivieren en grote landroutes. Havens en oases brachten mensen en handelswaar samen van over grote afstanden. Ze waren te vergelijken met de airterminals van onze tijd. Weinig of geen wereldsteden, gelegen aan de uiteinden van het systeem, hadden rechtstreeks contact met elkaar. Er waren wel talloze tussenliggende centra die als overslag- en uitwisselingsplaatsen dienden. Genoemde subsystemen waren gegroepeerd in drie omvangrijke circuits. Het meest westelijke circuit was een moslimregio. Het middelste circuit, van de Indische Malabarkust tot Java, was overwegend een hindoeregio. Het meest oostelijke, Chinese circuit was de ruimte van boeddhisme en confucianisme.

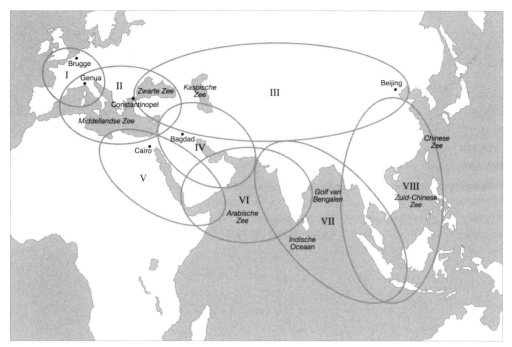

De acht subsystemen van de Euraziatische handel.

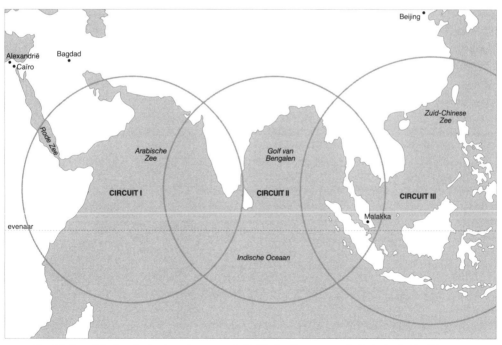

De drie handelscircuits in de ruimte van de Indische Oceaan en de Aziatische Pacific.

Het transmediterrane subsysteem verbond de Italiaanse steden met West-Azië. De Italianen hadden drie belangrijke bruggenhoofden in het Midden-Oosten: 1] aan de Zwarte Zee: daar begon een derde continentaal subsysteem dat Constantinopel verbond met China; 2] langsheen de kusten van Palestina met de tijdelijke inplanting van kruisvaarderskoninkrijkjes; 3] een poging tot de uitbouw van een bruggenhoofd op de Noord-Afrikaanse kust, in Egypte. In dat 'wereldsysteem' was West-Europa economisch allesbehalve superieur: naar westerse afgewerkte producten was er in het Midden-Oosten, in Indië of in China geen vraag.

Uiteraard betrof het geen echt wereldwijd handelssysteem, maar het overspande een betekenisvol gedeelte van de centrale landmassa van Europa en Azië en het bevatte het overgrote gedeelte van de wereldbevolking van die tijd. Het kende een hoogtepunt in het begin van de 14de eeuw. De internationale handel verliep in een organisch systeem: gebeurtenissen die de handel verstoorden in één onderdeel, hadden een ernstige weerslag op het geheel. Een cruciale schakel was China. Sinds de dynastie van de Zuidelijke Song (1132–1276) verkochten Chinese handelaars in de maritieme handelscentra in de ruimte van de Indische Oceaan, op het Arabische schiereiland en zelfs op de Afrikaanse oostkust porselein, zijde en textiel. Zelf waren ze gretige kopers van exotische luxeproducten en van alledaagse goederen die in China niet verkrijgbaar waren.[20]

De oostelijke mediterrane wereld vormde als het ware een landbrug van waaruit drie routes naar het Verre Oosten vertrokken. *De centrale route* had haar startpunt aan de mediterrane kust van Syrië-Palestina en liep via de woestijn en de Mesopotamische vlakte naar Bagdad. Daar kreeg je een opsplitsing. Vanuit Bagdad liep een landroute doorheen Perzië en zuidoostwaarts naar Noord-Indië of pal oostwaarts naar Samarkand en doorheen de woestijn naar China. Een zeeroute die steeds de belangrijkste is geweest, liep langs de Tigris naar de Perzische Golf (Basra) en dan langs de handelskoninkrijkjes Oman, Siraf, Ormuz of Qais naar de Indische Oceaan (de Arabische Zee). Deze zeeroute werd nog belangrijker tijdens de eeuwen van islamexpansie, toen Bagdad het voornaamste centrum was van handel, cultuur en religie. Eerder is het al gezegd, Bagdad was tussen de 8ste en de 10de eeuw een echte wereldstad.[21] Zij was het centrum van een multiraciale beschaving: de kaliefen waren de vooraanstaande beschermheren van wetenschappen en onderwijs. Bagdad werd de belangrijkste bewaarplaats van de klassieke cultuur. Religieuze teksten, in rijke kalligrafie en levendige kleuren, dienden als versiering van paleizen en moskeeën.[22]

De zeeroute tussen Bagdad en het Verre Oosten werd zorgvuldig in kaart gebracht door moslimzeelui en geografen. Zelfs na de kruistochten profiteerden de Europeanen van die handel door de meest westelijke havens te controleren.

Het bestaande handelssysteem werd aan zijn westelijke pool verstoord door de val van het kalifaat van de Abbasieden. In februari 1258 namen de Mongolen de stad Bagdad stormenderhand in. Deze politieke aardverschuiving zorgde voor een economische neergang. De ruimte van de Perzische Golf verloor haar belangrijke rol in de handel van de Arabische Zee. Egypte, onder zijn krachtdadige Mamelukkensultans, kreeg de controle in handen en de Arabische handelaars begonnen vanuit een herlevend Aden naar Calicut te varen. De stad kwam op het voorplan vanaf de tweede helft van de 13de eeuw.

De uiteindelijke neergang van de route kwam op het einde van de 13de eeuw. In 1291 leden de kruisvaarders immers een definitieve nederlaag ten aanzien van de Mamelukken uit Egypte. Het betekende meteen dat een verschuiving van de handelsstroom naar het zuiden doorzette, naar de zuidelijke route. De Rode Zee haalde het op de Perzische Golf.

Die *zuidelijke route* werd in het oostelijke Mediterraneum beheerst door het rijk van de Mamelukken. Caïro nam de plaats in van Bagdad als het belangrijkste centrum van de islamwereld. Vanaf circa 1260 was Egypte de mogendheid die deze zeeroute naar Azië controleerde en de handelsvoorwaarden bepaalde ten aanzien van de Europese wereld die in het defensief zat. Deze zuidelijke route had de Rode Zee als link tussen de twee zeeruimten die de centrale as van de toen bekende wereld vormden. In de 13de, 14de en vroege 15de eeuw was Caïro de wereldstad bij uitstek. De Italiaanse handelsrepublieken speelden een cruciale rol in de verbinding van Egypte met de Europese markten. Als prijs voor hun handelsrechten in Egypte leverden zij constant nieuwe militaire rekruten. De Italianen hielpen zo de macht in stand houden die hen een rechtstreeks contact met het Oosten belette.

Vanaf de 13de eeuw hadden de Europeanen dus nog slechts toegang tot Azië via twee routes, deze zuidelijke zeeroute en een landroute van aan de Zwarte Zee, de zogenaamde noordelijke route.

De *noordelijke landroute* liep door onherbergzame streken, ideaal voor plunderende benden of stammen op zoek naar grasland en tuk om het surplus dat vruchtbare oasen en handelssteden produceerden, af te romen of er mee van te profiteren. De Mongolen hebben eenheid gebracht in deze enorme Aziatische landmassa, die voorheen gefragmenteerd was en gevaarlijk om erin door te dringen en er te reizen. Daardoor kwam er meer veiligheid, niet alleen voor de moslim- en joodse kooplui maar ook voor de ondernemende Italianen. 'Op het hoogtepunt van hun macht waren de Mongolen aan elkaar gelinkt door een communicatienetwerk, bestaande uit boodschappers die in staat waren dagelijks honderd mijlen af te leggen gedurende weken. Karavanen, soldaten en postdiensten reden door de open graslanden. Zij creëerden *a territorial vast human web* dat het Mongoolse hoofdkwartier van Karakoroem verbond met Kazan en Astrakan aan de Wolga, met Caffa op de Krim, met Khanbalik in China en met andere karavaanserais daartussen. Van een epidemiologisch standpunt uit had de noordelijke uitbreiding van dit karavanennet een heel belangrijk gevolg: de bewoners van de steppen kwamen in contact met de dragers van ziektekiemen, waaronder de builenpest.'[23] Een van de belangrijkste knooppunten van karavaanroutes was Samarkand.[24]

Europeanen in Azië (13de eeuw)

Azië is gevaarlijk! Het feit dat de Europeanen Azië als een dreiging gingen zien, is waarschijnlijk terug te voeren tot de Mongoolse invasies. Dzjenghis-Khan werd de grondlegger van een machtig Mongools imperium. In het begin van de 13de eeuw kregen de Seldsjoeken te maken met de Mongoolse horden. En voor Europa was de Mongoolse expansie een regelrechte dreiging. De bevolking van Europa was voor eeuwen geobsedeerd door het spookbeeld van het Gele Gevaar.[25]

Er ging echter ook een bekoring van uit. De Europeanen werden nog steeds gedreven door een kruisvaardersideaal. En ze hoopten met de Mongolen een alliantie te kunnen sluiten tegen de islam. Vandaar een aantal pogingen om contacten te leggen. Ze koesterden de flagrante hoop de islam in de tang te nemen. De christelijke legers in het westen en de Mongoolse horden in het oosten zouden de klus wel klaren. In 1253 zond Lodewijk IX de Heilige de Vlaamse franciscaan Willem van Rubroek naar Karakoroem als zijn ambassadeur. In ruim twee jaar tijd legde Van Rubroek meer dan 16.000 km af. Bij zijn vertrek had hij een tweevoudig doel voor ogen. Gedreven door proselitisme wou hij het christendom prediken bij de Mongolen. In tweede instantie was er de ijdele hoop een bondgenootschap te kunnen sluiten. Willem van Rubroek schreef een vlot en persoonlijk reisverslag aan de Franse koning.[26] Blijkt dat de franciscaan een scherpe waarnemer was die heel wat geregistreerd had. Hij merkte de verwantschap tussen de Slavische talen op en gaf nauwkeurige details over het Chinese schrift. Hij had ook heel wat respect voor de kennis van de Chinese artsen.

Van alle Europese reizigers naar de 'buitenwereld' is Marco Polo (reis: 1275–1295) ongetwijfeld de bekendste geworden. De reis naar Khanbalik duurde maanden. Het reisverslag van Marco Polo kan als prototype gelden van de verslagen die voor de Europeanen het beeld van het 13de-eeuwse wereldsysteem hebben verstoord. Venetiës betrokkenheid bij dat systeem was compleet eurocentrisch en dat blijkt ook uit Marco Polo's reisverslag. Hij geeft geen overzicht van zijn ervaringen, maar van wat hij verkoos te noteren. Het is een selectief verslag van wat hem interesseerde. Wat hem niet interesseerde, noteerde hij niet. Zo beschreef Marco Polo alleen die sectoren van de landbouw en de industrie van het Verre Oosten, die van rechtstreeks belang waren voor de Europese handel. Zo vernoemt hij in de verschillende havensteden van China, Maleisië, Indonesië, Indië... de aanwezigheid van buitenlandse handelaars. Maar wie zijn het? Welke goederen verhandelen ze? Verblijven ze echt in de havens? Wat is hun relatie met het gastland? Van welke uitvals- of thuishavens komen zij? Dat interesseert Marco Polo niet. We krijgen van hem dus geen enkele informatie over de actieve handel tussen het Midden- en het Verre Oosten. Voor de historicus is het reisverslag van Marco Polo een kwelling: de vermenging van realiteit en fantasie is zo groot dat hij de fantast niet van de ooggetuige kan onderscheiden.

Globaal genomen zijn de reisverslagen van de Europese reizigers echter van onschatbare waarde geweest. Akkoord, ze zaten nog vast aan tradities, conventies en fantastische voorstellingen. Maar kon dat wel anders? Intussen had bijvoorbeeld Marco Polo dan toch een beeld opgehangen van de Mongools-Chinese wereld die in Europa verbijstering wekte: die mensen leefden in immense steden; de grootkhan regeerde over een enorm rijk en beschikte over ambtenaren en een koeriersdienst. 'Naarmate de verbijstering week en de vertrouwdheid met de buitenwereld groter werd, slaagden de reizigers erin hun waarnemingen beter te objectiveren. ... Naast de onvermijdelijke versterking van misvattingen leidde dit niettemin tot een versterking van de nieuwsgierigheid naar de buiten-Europese wereld.'[27]

3 Het Aziatische handelssysteem in crisis
14de eeuw

De Zwarte Dood

Het bestaande 'wereldsysteem' kreeg in de 14de eeuw rake klappen. Perspectief en toekomst lagen volgens de Europeanen nog steeds in het Gouden Oosten. Maar de aantrekkingskracht van de traditionele routes oostwaarts was grotendeels vervluchtigd. De Europeanen kregen steeds meer interesse voor de Atlantische Oceaan. Rond het midden van de 14de eeuw decimeerde de Zwarte Dood de steden langsheen de handelsroutes. De builenpest stak de kop op, waarschijnlijk in de Chinese provincie Yunnan, in het begin van de 14de eeuw. De wijze waarop en de snelheid waarmee de pandemie zich doorheen Eurazië verspreidde, illustreert de dichtheid en de intensiteit van het Euraziatische handelsnetwerk. De eerste uithaal van de plaag in China kwam in 1331. In 1338 werd de pandemie gesignaleerd in Issyk Kul (Centraal-Azië). De Mongoolse horden zorgden voor de transit naar Caffa op de Krim, een handelspost waar de Genuezen de plak zwaaiden. Via Byzantium, Egypte en Sicilië bereikte de pest Europa waar ze zich in een golfbeweging verspreidde vanuit Zuid-Frankrijk tot in Ierland, Schotland en Scandinavië (1347–1351). Zelfs Groenland en Moskou (december 1350) bleven niet gespaard. Naar schatting werd in Europa en in delen van West-Azië een derde van de bevolking er het slachtoffer van. De Zwarte Dood was helaas geen eenmalige beproeving. In Europa was er in 1316 al een grote sterfte geweest als gevolg van pest. En nadien werd de bevolking opnieuw beproefd tussen 1360 en 1370 en in de jaren 1400–1401. In China werd de Zwarte Dood gevolgd door pestpandemieën in het laatste kwart van de 16de eeuw, rond 1640 en 1750 en door cholera in het begin van de 19de eeuw. De gevolgen waren catastrofaal: de omvang van de bevolking van Azië stond in 1400 opnieuw ongeveer op het niveau van rond 1100; ook Europa kende een opvallende bevolkingsterugval.[28]

De 14de eeuw was voor heel Eurazië inderdaad een waanzinnige eeuw: naast de pandemieën waren er hongersnoden en een verstrenging van het klimaat. Ten slotte verstoorde constante oorlogvoering de handel op verre afstand. In Europa waren er de ravages van de Honderdjarige Oorlog (1339–1453) en in Perzië en Mesopotamië van de Mongoolse invasies. In China waren er massale boerenopstanden die in het midden van de jaren 1340 een piek bereikten en resulteerden in het einde van de Mongoolse overheersing (1368). Die politieke aardverschuiving werd psychologisch voorbereid door een opeenvolging van natuurrampen: een verschuiving van de bedding van de Hoang-ho in 1300 maakte miljoenen slachtoffers; in 1334 en 1342 werd het land getroffen door hongersnoden. In 1352 brak een serie revoltes los in de steden van de Jangtzevallei en in Guanzhou (Kanton). Het betrof tegelijkertijd een nationale revolutie tegen de vreemde – Mongoolse – bezetter én sociale opstanden van de boeren en de arme bevolkingslagen in de steden tegen Mongoolse en Chinese feodale heren.

China: de mythe van de ban

Traditioneel wordt de dalende interesse in Europa voor de oostelijke routes van de internationale handel ook toegeschreven enerzijds aan het feit dat China zich onder de Ming isoleerde, anderzijds aan de expansie van het Osmaans-Turkse rijk. Het China-argument blijkt waardeloos te zijn. Oorsprong van de mythe is de Mingproclamatie in 1434 van een keizerlijke ban op buitenlandse handel. Die zou pas in 1567 opgeheven worden. De Mingdynastie zou haar schepen uit de ruimte van de Indische Oceaan teruggetrokken hebben. Daardoor is een vacuüm ontstaan waar in een volgende fase vooral de Portugezen van zouden hebben geprofiteerd. Blijkt dat het om een louter formalistische ban ging: zowel de interne als de externe handel van China bleef op een hoog niveau. De officiële proclamaties die de Mingdynastie bij herhaling uitvaardigde om private scheepvaart en zeehandel te beteugelen, bewijzen alleen maar dat de overheid niet in staat was die handel onder controle te houden. En dat kon ze al evenmin met de Chinese migranten die zich in het buitenland engageerden in grootschalige ondernemingen. Al van in de 15de eeuw hebben Chinese kooplui zich gevestigd op het Maleisische schiereiland, op Java, Sumatra en Borneo, op de Suluarchipel en op de Filippijnen. In de 16de eeuw waren duizenden Chinezen gevestigd in Ayutthaya, de hoofdstad van Siam. Het betreft een ontwikkeling die niet hoeft te verbazen: na de instorting van het Mongolenrijk in 1368 werden de maritieme handelsroutes immers uitermate belangrijk, aangezien een aantal goederen China niet meer langs de landroutes konden bereiken.[29]

Hét opvallende kenmerk van China tot de late 16de eeuw was de stabiliteit en de welvaart in het hele land. De aangroei van de bevolking was er het resultaat van: in 1400 telde China circa 80 miljoen mensen; in 1600 waren er ongeveer 160 miljoen Chinezen! In 1567 telde Beijing 672.000 inwoners en was daarmee waarschijnlijk de grootste stad in de wereld. Nog drie van de zeven grootste wereldsteden lagen in China: Hangzhou (375.000), Nanjing (285.000) en Guangzhou (Kanton/250.000). Slechts twee steden in Europa behoorden mondiaal tot de top-20: Parijs telde

225.000 inwoners en Londen nauwelijks 50.000. Na de waanzinnige 14de eeuw werd onder de Mingdynastie geleidelijk aan een volwaardige geldeconomie uitgebouwd. Het gedeprecieerde papiergeld werd uit de omloop gehaald en vervangen door een zilvermunt. In de late 15de eeuw draaide de Chinese economie op een zilverstandaard.[30]

De steppen verdrongen de oceanen! Deze slogan typeert de traditionele visie op het buitenlandse beleid van de Mingdynastie. Toenemend isolement zou regel geweest zijn. De concentratie van mensen en middelen op de noordgrens ter afschrikking van de barbaren heeft echter niet belet dat talrijke diplomatieke en handelsmissies in de regio werden opgezet, zo onder meer met Korea, Japan, Vietnam en Sampa. Ook het Khmerkoninkrijk, Thailand en Malaya werden erbij betrokken. In 1390 arriveerden gezanten van de Indische Coromandelkust. In 1441 kwamen vertegenwoordigers van de Mamelukken uit Egypte toe in Beijing. De Mingkeizers voerden ook een bijzonder ondernemende maritieme politiek. De zeven zee-expedities die onder de regering van keizer Yung-lo tussen 1403 en 1433 werden ondernomen zijn onlangs wereldwijd onder de aandacht gebracht.[31] De leiding ervan berustte bij admiraal Zheng-he, een eunuch

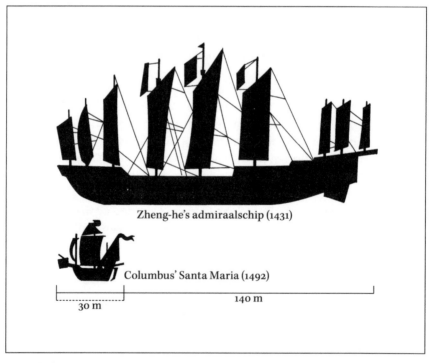

Zheng-he's admiraalschip (1431)

Columbus' Santa Maria (1492)

30 m

140 m

Zheng-he's admiraalschip (1431) en Colombus' Santa Maria (1492). Het illustreert China's maritieme superioriteit en hoogontwikkelde scheepsbouw.

en moslim. Omheen Zuidoost-Azië bereikten de Chinese schepen de Indische Oceaan en zo de Perzische Golf, Aden aan de Rode Zee en de oostkust van Afrika. De oudste voorraden Chinese muntstukken, gevonden in Oost-Afrika, dateren van 620 en Chinees porselein uit de 10de eeuw is teruggevonden op plaatsen langsheen de Tanzaniaanse kust. Details over de haven Malindi en de rest van de Keniaanse kust komen voor in een Chinees boek uit 1060. Een Chinese landkaart uit 1402 geeft een correcte weergave van Zuid-Afrika. De Chinezen beschikten ook over veel informatie die ze kregen van moslimhandelaars die de havensteden van Zuid-China aandeden. 'De expedities van Zheng-he waren dan ook geen exploratietochten van een onbekende wereld, maar reizen langs regelmatig gebruikte en al eeuwenlang gekende routes die al meer dan duizend jaar deel uitmaakten van één onderling verweven handelsnetwerk.' Op een tentoonstelling in Singapore verklaarde Gavin Menzies: 'Colombus beschikte over een kaart van Amerika, Da Gama over een kaart van Indië en Cook over een kaart van Australië. Dat is geen bewering van mij, maar van de ontdekkingsreizigers. Geen enkele van de grote Europese ontdekkingsreizigers heeft iets nieuws ontdekt. De hele wereld was al in kaart gebracht op het moment dat ze afreisden. Het is duidelijk dat iemand voor hen dat had gedaan. En dat was het uitgangspunt voor mijn boek.'[32] Clive Ponting merkt op dat de verschillen met de Europese ontdekkingstochten van de vroege 16de eeuw wel heel opmerkelijk zijn. Hij doelt dan op het feit dat de Chinezen op geen enkele wijze getracht hebben om volkeren te onderwerpen of te bekeren. Evenmin streefden de Chinezen ernaar hun cultuur op te dringen of mensen tot slavernij te 'verdingen'. Die attitude van de Chinezen contrasteert scherp met de agressiviteit van de Europeanen.

Ook de situatie in de Middellandse Zee in de voorafgaande periode wees daar al op: de staat van oorlog was er permanent en de handelsschepen voeren er ook steeds in militair omkaderde konvooien. We hebben er eerder al op gewezen dat de Indische Oceaan een ruimte vormde waarin vrede en verdraagzaamheid heersten. Een ander contrast: de maritieme superioriteit van de Chinezen. Zheng-he ondernam zijn expedities met grote vloten van meer dan 60 massieve zeejonken van circa 1500 ton. Ieder schip had een bemanning van 500 man en was in staat het nodige proviand en water te vervoeren – *le poids moteur* – en daarenboven een lading handelswaren. De omvang van de Europese schepen die een eeuw later de Indische Oceaan bereikten, bedroeg 300 ton. De Chinese vloot omvatte toen ongeveer 6.500 schepen.

De auteurs van de klassieke verhalen contrasteren deze reizen van Zheng-he en de gegevens over de maritieme superioriteit van China graag met de al gesignaleerde keizerlijke ban op buitenlandse handel (1434).

Die zou vervangen zijn door het repressieve tribuutsysteem. Daardoor ontstond er een machtsvacuüm in de Indische Oceaan en werd China afgesneden van de hoofdstroom van de internationale handel. De mythe leeft voort tot op de dag van vandaag: China verzonk in isolationisme. De wereld ging eraan voorbij. Zelden wordt er op gewezen dat het tribuutsysteem ook een handelssysteem was. Bovendien steunde het op voluntarisme en niet op dwang. Het was noch min noch meer een toegangsticket tot de Chinese markt en dus tot contact met zijn winstgevende economie. De Chinezen en hun handelspartners ontwikkelden allerlei methoden om de officiële ban te omzeilen. Het opmerkelijkst was de handelspraktijk in Guangzhou (Kanton), waar ballast aan boord van tribuutschepen regel was. De ballast – allerlei handelsproducten – was zoveel belangrijker dan het tribuut dat ze aanvoerden. Ondanks de ban bleven de Chinese handelaars tot in de 19de eeuw de Zuid-Chinese Zee – die commercieel van strategisch belang was – domineren: van Indochina, Maleisië en Siam tot Sumatra en de Filippijnen. Daarnaast was er een bloeiende smokkelhandel, waar niet zelden ook overheidsambtenaren bij betrokken waren. Dat ging zover dat de belangrijkste smokkelhaven (Moon) door de Mingregering gelegaliseerd werd. De ban was niet af te dwingen. Opmerkelijk was dat in drie havens, Macao, Changzhou en Suzhou, ook een officiële buitenlandse handel bleef bestaan. Later, onder de Qing, werden Amoy, Ningbo en Shanghai daar nog aan toegevoegd. Hun handelaars hadden de officiële toelating om handel te drijven buiten de grenzen van het keizerrijk. In heel dat netwerk van het globale handelssysteem speelde Manilla een cruciale rol als entrepot. Niet het minst opvallend was het feit dat de landbouw in China zich na de Zwarte Dood flink herstelde. In die mate dat een surplus aan landbouwproducten kon worden uitgevoerd. De Chinese landbouw was dus niet louter op zelfvoorziening afgestemd. De commercialisering, onder andere met het oog op de internationale handel, was onloochenbaar.

Tweede zwaarwegend argument tegen de banmythe is van politieke aard. De ban was een zaak van politieke keuze en niet van economische noodwendigheid. De Mingkeizer Hung-hsi zag in het tribuutsysteem – en de kowtow[33] die er inherent aan was – een middel om het gezag van zijn dynastie en van de staat te legitimeren. De kowtow was het symbool van het Mandaat van de Hemel dat de keizer bezat. Daarmee werd voor de bevolking aangetoond dat de keizer kon rekenen op de trouw van de wereld van de barbaren. En de buitenlandse regeringen waren bereid het spel mee te spelen omdat ze wel beseften dat hun commerciële belangen erbij gebaat waren. China trok zich niet terug uit de globale economie, maar onthield zich wel van een imperialistische buitenlandse politiek. 'China's *manifest destiny* werd nooit werkelijkheid en de wereldheerschappij die het enige tijd voor het grijpen leek te hebben, werd overgelaten aan andere kandidaten uit het Westen. China's onthouding blijft een van de opmerkelijkste voorbeelden van collectieve terughoudendheid in de geschiedenis.'[34]

De expansie van de Osmanen

De expansie van het Osmaans-Turkse rijk was een spectaculaire ont-wikkeling in West-Azië met grote gevolgen voor de Levanthandel van de Italiaanse stadsrepublieken. De oorsprong ervan was terug te voe-ren tot een van de vele onbeduidende Turkse vorstendommen die op het einde van de 13de eeuw in Anatolië bestonden. De verzwakking van het Byzantijnse rijk gaf de Osmanen een uitgelezen kans: de infiltratie op de Balkan en de insluiting van Byzantium waren het rechtstreekse gevolg. Op het einde van de 14de eeuw werden Bulgarije en Servië veroverd en ook de onafhankelijke emiraten in Anatolië moesten eraan geloven. De agressiviteit van Timoer Lenk zorgde in het begin van de 15de eeuw voor een tijdelijke inzinking. Maar het herstel zette al in met Mohammed I (1413–1421). Onder Mohammed II de Veroveraar (1451–1481) werd Byzan-tium ingenomen (1453): het Osmaanse rijk promoveerde tot een wereld-macht. In 1517 werd zelfs Caïro veroverd. Het betekende het einde van het Mamelukkensultanaat in Egypte. Ook Syrië werd aangehecht. In 1520 strekte het Osmaanse rijk zich uit van de Rode Zee tot de Krim en van Koerdistan tot Bosnië.

Voor ons verhaal is essentieel dat Genua en Venetië, die een cruciale rol speelden in de verbinding van Europa met de wereldeconomie van het Oosten, door de Osmaanse expansie in de verdrukking kwamen. Beide hadden een invloedssfeer uitgebouwd in de Levant: concessies in de ruim-te van de Zwarte Zee, langsheen de Syrisch-Palestijnse gang en in Egypte, dat de poort was naar Indië en verder naar het Oosten. De teloorgang van de Kruisvaardersstaatjes in Palestina op het einde van de 13de eeuw was al een tegenvaller. De Osmaanse expansie doorkruiste nog sterker de belangen van de Italiaanse havensteden.

Genua had twee invloedssferen. Haar natuurlijke dominantiezone was het westelijke bekken van de Middellandse Zee en later de Atlantische Oceaan. Herinneren we eraan dat Genua zorgde voor de eerste recht-streekse maritieme verbinding met Brugge (1277). Dat was onmiskenbaar een gevolg van het verval van de jaarmarkten van Champagne. Tegelij-kertijd werd Genua geconfronteerd met het feit dat Venetië zijn relaties met het Egypte van de Mamelukken consolideerde. Dergelijke wijzigin-gen in het Europese subsysteem hebben Genua ertoe gebracht om zich naar de Atlantische Oceaan te richten. De Portugezen en Castillianen konden echter door hun ideale ligging Genua's hegemonie in de Noord-zee ondergraven. De andere zone betrof de noordelijke regio van Klein-Azië met Byzantium en de ruimte van de Zwarte Zee. Daar sloot dan de noordelijke handelsroute doorheen Azië op aan. Die route werd in eerste instantie echter zwaar verstoord door het uiteenvallen van het Mongoolse rijk. Daarna moest Genua door de Osmaanse expansie het verlies van Caffa, zijn bruggenhoofd op de Krim, verwerken. Voorts slaagde de bevolking van Genua er ook niet in zich echt te herstellen van de Zwarte Dood. Ten slotte moest Genua nederlagen ter zee incasseren vanwege de grote rivaal Venetië (1378–1384 en opnieuw in 1400). De Europese rivalen en de gebeurtenissen in Centraal-Azië deden Genua de das om.

Dat Venetië voor de zuidelijke handelsroute opteerde, was een goede zet. Niettemin slaagde Venetië er nooit in om de tussenpersonen in het Midden-Oosten uit te schakelen en rechtstreekse handelscontacten met het Gouden Oosten te ontwikkelen. Het sultanaat van de Mamelukken was te sterk en blokte een eventuele expansie van Venetië via de Rode Zee naar de Indische Oceaan af. Met de expansie van de Osmanen werd de aftakeling van de invloedssfeer van Venetië in de Levant onomkeerbaar. De talrijke voordelen die Venetië op de traditionele oostelijke handelsroute genoot, gingen verloren.

Een Atlantische Middellandse Zee

In die omstandigheden is het niet verwonderlijk dat de Europeanen de Atlantische kant van hun continent opkeken. De rechtstreekse maritieme verbinding tussen Genua en Brugge was een teken aan de wand. Blijkt dat er al op het einde van de 13de eeuw pogingen waren om een westelijke zeeweg naar China te vinden. Dick de Boer vermeldt de tocht van de gebroeders Vivaldi in 1291. Velen in Europa beseften toen al dat de aarde rond was. Niettemin ging de voorkeur uiteindelijk naar de verkenning van een route om Afrika. Zo ontstond in het begin van de 14de eeuw een Atlantische Middellandse Zee tussen de Azoren, de Canarische Eilanden en de Afrikaanse en Zuidwest-Europese kusten. Veel oosterse waren, zelfs specerijen uit Azië, bereikten in deze tijd Europa via een West-Afrikaanse route, nadat zij langs de karavaanwegen ten zuiden van de Sahara naar het westen waren gevoerd.[35]

De verovering van Ceuta (1415) op de Noord-Afrikaanse kust kan als de start van de Europese expansie beschouwd worden. Vanaf die datum organiseerde prins Hendrik de Zeevaarder – die in 1419 koning van Portugal werd – vanuit zijn maritieme academie in Sagres de systematische verkenning van de Afrikaanse westkust. Op die wijze streefden de Portugezen er ook naar rechtstreeks contacten tot stand te brengen met de winstgevende trans-Saharische karavaanroutes en dus met het goud van West-Afrika.

Daarmee is meteen duidelijk gewezen op twee opmerkelijke aspecten van die prille expansie. Eerst en vooral is er het feit dat die expansie stap voor stap is uitgebouwd en gespreid over een lange periode. In tweede instantie is opvallend dat financiële overwegingen de gedrevenheid van de pioniers verklaren. De onmiddellijke, gemakkelijke profijten en winsten stonden voorop. Clive Ponting voegt daaraan toe dat de Portugezen dus helemaal niet gedreven werden door een langetermijnplanning om de islamcontrole over het oostelijke bekken van de Middellandse Zee en over de routes in de Indische Oceaan te ontwijken. En dat het al helemaal niet zo is dat die expansie het resultaat zou zijn geweest van een mythische Europese dynamiek of exploratiezucht. De systematiek vanuit Sagres is niettemin onmiskenbaar aanwezig geweest. En de moslimgreep op het Midden-Oosten was al even reëel.

De zoektocht naar alternatieve routes illustreert dat het streven om rechtstreekse contacten met het Gouden Oosten te leggen absoluut prioritair was. Daartoe was het ook nodig navigatietechnieken te verwerven die in de moslimwereld allang bestonden. In de eerste plaats ging het dan om het tegen wind in laveren. Dat had alles te maken met de zeestromingen, zo bijvoorbeeld de Canarische stroming die langsheen de Saharakust constant noord-zuid loopt en die ervoor zorgde dat Kaap Bojador, net ten zuiden van de Canarische Eilanden, het point-of-no-return vormde. De eerste Portugees die erin slaagde Kaap Bojador voorbij te varen en terug te keren, was Gil Eannes in 1434. Het zou nog 50 jaar duren vooraleer Kaap de Goede Hoop werd omzeild en opnieuw tien jaar vooraleer Vasco da Gama de Malabarkust van Indië bereikte (1498). In heel dat proces was de techniek van het laveren van primordiaal belang en speelden de Atlantische eilandengroepen een sleutelrol.[36]

De wijze waarop de Europeanen tekeergingen bij de exploratie en vooral de exploitatie van de eilanden in de Atlantische Oceaan contrasteerde wel bijzonder scherp met de gewoonten die eeuwenlang in de Indische Oceaan gangbaar waren. Op de verschillende eilandengroepen – behalve dan de Azoren – was de suikerproductie kern van de exploitatie. Die productie startte op Madeira in 1455. In 1480 waren er in Antwerpen 70 schepen betrokken bij de Madeirasuikerhandel. De Europeanen ontwikkelden er een plantage-economie die draaide op slavenarbeid. De slaven werden aangevoerd vanuit Afrika. Die mensenhandel werd daarenboven gelegitimeerd door de paus, want – oh ironie! – het was een manier om die mensen tot het christendom te bekeren. Het onderliggende attitudepatroon was complex, maar herkenbaar: het misprijzen voor 'zwarthuiden', het eigen superioriteitsgevoel, de afkeer van de islam en de zelfingenomenheid met het christendom. In de jaren 1480 richtte de Portugese regering de Casa dos Escravos op om de slavenhandel met Afrika te organiseren. In Lissabon werden publieke slavenmarkten ingericht. Op al de genoemde Atlantische eilandengroepen was er een populatie van 10.000 slaven. Ogenschijnlijk een beperkt aantal. Maar dat impliceerde wel dat van 1440 tot het einde van de 15de eeuw 140.000 slaven verhandeld werden. 'Nog voor de ontdekking van Amerika was het patroon van de Atlantische wereld dus al aanwezig dat de Europeanen nadien zouden uitbouwen. De essentiële kenmerken ervan waren de verovering en uitroeiing van inlandse volken, de slavenhandel vanuit Afrika en de ontwikkeling van een commerciële plantagelandbouw om producten aan Europa te leveren. In de volgende eeuwen zou dit systeem op gigantische schaal gekopieerd worden.'[37] De drang naar rechtstreekse contacten met het Gouden Oosten heeft dus onrechtstreeks geleid tot een herstructurering en een uitdijing van het Westen, waarbij generaties lang inlandse samenlevingen aan beide zijden van de Atlantische Oceaan grondig werden verstoord en sommige gedecimeerd.

Aardrijkskundige kennis

De Atlantische interesse van de Europeanen kan niet los worden gezien van de aardrijkskundige kennis die goed opgeleide mensen in Europa verworven hadden. Die inzichten contrasteerden scherp met de geografische opvattingen die aan de Bijbel ontleend waren en door de meeste mensen nog als reëel aanvaard werden. Over de doorbraak van dat nieuwe wereldbeeld heeft onder meer Margriet Hoogvliet verhelderende bladzijden geschreven. Deze auteur wijst op de betekenis van Toledo als vertaalcentrum: vanaf circa 1150 werd de kennis van de Oudheid via deze vertalingen uit het Arabisch in Europa geïntroduceerd. Steeds meer middeleeuwers hadden weet van de bolvorm van de aarde, van het bestaan van klimaatgordels en planetenbanen. Blijkt ook dat opvallend veel middeleeuwse wetenschappers en filosofen geschreven hebben over een bolvormige aarde. Margriet Hoogvliet verwijst naar de geschriften van Sacrobosco, Jean de Mandeville, Roger Bacon en onze eigen Maerlant.[38]

In zijn *Boek der Kennis* (*Libro del Conoscimiento*) bracht een anonieme franciscaan kort voor 1350 ook een nauwkeurig verslag van zijn reis langs de Afrikaanse kust naar het zuiden. Hij reisde in een *panfilo*, een soort van kleine, gezeilde galei met twee masten. Hij geeft niet alleen precieze aanwijzingen over zijn bezoek aan de Canarische Eilanden, maar uit een aantal passages blijkt ook dat hij zich aan de oostkust van Afrika bevindt, ter hoogte van Ethiopië. 'Als dit verhaal op waarheid berust, zou het zelfs een aanwijzing kunnen zijn dat de gebroeders Vivaldi (als zij het waren) of anderen al om Afrika heen waren gevaren en dat dus de reizen van Bartholomeo Diaz en Vasco da Gama niet meer waren dan gedocumenteerde herhalingen van eerdere, in de vergetelheid geraakte reizen.'[39] Keerzijde van dezelfde medaille: het is algemeen geweten dat Vasco da Gama het traject van de oostkust van Afrika tot de Malabarkust succesrijk heeft kunnen afleggen dankzij de adviezen van een Arabische gids. Maar dat is slechts een deel van de waarheid: even onbetwistbaar is immers dat Vasco da Gama gebruik heeft gemaakt van Arabische handboeken: 'Dit was nauwelijks een ontdekkingsreis te noemen. In Arabische navigatie-handboeken waren deze zeeën immers allang voordien in kaart gebracht. En de kustlijn – zij het in omgekeerde orde van oost naar west – was zo gedetailleerd beschreven dat men er niet aan kan twijfelen dat Arabische en Perzische zeelui reeds voorheen omheen Afrika waren gevaren.'[40]

4 'The Rise of the West'

ca.1400–ca.1800

Ging 'the Fall of the East' vooraf aan 'the Rise of the West'?

Recent historisch onderzoek in verband met de wereldeconomie tussen circa 1400 en circa 1800 heeft een omvangrijke literatuur opgeleverd. Deze historici zijn tot een fundamenteel afwijkende visie gekomen: het traditionele beeld is het resultaat van een onmiskenbaar eurocentrische benadering van de wereldgeschiedenis. De betrokken historici leggen sterk de klemtoon op het feit dat er één wereldeconomie was en één wereldeconomisch systeem dat zijn eigen structuur en dynamiek had. Daarbinnen waren er wel een aantal subsystemen. Herinneren we in dit verband aan de voorstelling van Janet Abu-Lughod. Zij argumenteerde dat er acht onderling verbonden regio's bestonden, telkens gecentreerd op een grootstad die als een soort draaischijf fungeerde. Zij waren op hun beurt gegroepeerd in drie subsystemen. Er was het Europese subsysteem in de westelijke periferie met de jaarmarkten van Champagne, de Vlaamse steden met hun exportnijverheden, de Italiaanse handelsrepublieken Genua en Venetië in het zuiden en de noordelijke ruimte van Oost- en Noordzee gedomineerd door de Duitse Hanze. Het tweede subsysteem omvatte dan het hartland van het Midden-Oosten met zijn oost-westroutes respectievelijk door Centraal-Azië, via Bagdad en de Perzische Golf en langs Caïro en de Rode Zee. Het derde subsysteem was dat van de ruimte van de Indische Oceaan en Oost-Azië met Indië, Zuidoost-Azië en China. Dat alles onder de koepel van het ene Afro-Euraziatische wereldsysteem. Want kenmerkend voor dat complexe geheel was de interactie en onderlinge verwevenheid. Het Midden-Oosten en Noord-Afrika hadden een brugfunctie tussen Europa en Zuid- en Oost-Azië. Hetzelfde kan gezegd worden van de brugfunctie van Zuidoost-Azië tussen de Indische Oceaan en de Zuid-Chinese Zee.

Dat de economische wereld-Europa een significante voorsprong zou hebben gehad op de economie van China, Indië en het Ottomaanse rijk is een mythe. P.H.H. Vries wijst erop dat de opbrengsten per hectare in de landbouw in Azië ongetwijfeld hoger waren dan in Europa. De bevolking van China en Indië kon in de vroegmoderne tijd dus groeien zonder dat dit tot malthusiaanse situaties leidde. Indië produceerde de beste textiel ter wereld. En China exporteerde naar het Westen hoogwaardige nijverheidsproducten. De handelsbalans van het Oosten met het Westen bleef tot in de 19de eeuw positief![41]

Janet Abu-Lughod verdedigde de stelling als zou *the Fall of the East* aan *the Rise of the West* voorafgegaan zijn. De aftakeling van het vroeger bestaande (Aziatische) systeem zou de opmerkelijke opmars van Europa vergemakkelijkt hebben. Het recente historische onderzoek laat van deze conclusie geen spaander heel.[42] Van een *Fall of the East* was geen sprake! Blijkt dat de wereldeconomie, met Azië als kerngebied, in de 14de eeuw een tijd van contractie en crisis – een B-cyclus – heeft gekend. Maar in de vroege 15de eeuw herpakte het systeem zich en startte een lange fase van economische expansie die zou voortduren tot circa 1800. Deze lange A-cyclus begon in de vroege 15de eeuw, eens te meer in Oost- en Zuid-Azië. Al vrij vlug waren Centraal- en Zuid- en Zuidwest-Azië erbij betrokken en in de tweede helft van de 15de eeuw ook Afrika en Europa. Ook de economische initiatieven en successen van Venetië en Genua waren geënt op Azië. Hun handel met de westelijke terminus van de Aziatische handel in West-Azië, van de Zwarte Zee over de Levant tot Egypte, was de voorloper van de Europese expansie in de ruimte van de Atlantische Oceaan, zuidwaarts rond Afrika naar Indië en westwaarts tot de Amerika's. En dat alles op zoek naar Azië. De successen van Colombus (1492) en Vasco da Gama (1498) waren allesbehalve accidenteel! Colombus was op zoek naar de markten en het goud van Oost-Azië. En dat in een periode dat het tekort aan ongemunt goud en zilver steeds maar aangroeide. Daardoor steeg de prijs van het goud op de Euraziatische markten, wat een onderneming als die van Colombus aantrekkelijk maakte. De mogelijkheid zat er dus in dat Colombus' reis ook winstgevend zou zijn. De rivaliteit tussen Genua en Venetië in het oostelijke bekken van de Middellandse Zee was inherent aan die ontwikkelingen. De Venetiaanse link met Egypte was voor Genua een uitdaging. Genua keerde zich westwaarts om zijn belangen te vrijwaren. Herinneren we eraan dat Colombus een Genuees was die eerst zijn diensten aanbood aan Portugal om een nieuwe route naar Indië te zoeken. Pas nadien aanvaardde hij de patronage van Spanje. In heel dit verhaal past de uitspraak van de Portugees Tome Pires: 'Wie ook heer van Malakka is, heeft zijn handen om de keel van Venetië.'[43]

Van deze expansie van de lange 16de eeuw vormde Azië de basis, maar ze werd zeker geolied door de nieuwe voorraden zilver en goud die door de Europeanen vanuit Amerika werden aangevoerd.[44] Blijkt dat deze expansie in Azië een globaal fenomeen is geweest dat zowel economische als politieke aspecten vertoonde. Economisch bleek het uit een snelle groei van de bevolking, van de productie en de handel (import én export), van inkomen en consumptie. Deze groei deed zich zowel voor in China, Japan en Zuidoost-Azië als in Centraal-Azië, Indië, Perzië en de Ottomaanse gebieden. Politiek vertaalde die zich in een bloeiperiode voor de regimes van de Chinese Ming en Qing, de Japanse Tokugawa's, de Indische Moguls, de Perzische Safavieden en de Turkse Osmanen. 'Hoewel de economische output van het vroegmoderne Azië bijzonder moeilijk te meten is, bevestigt elk stukje informatie dat ter beschikking komt, dat de omvang van de ondernemingen én van de winsten in het Oosten zoveel groter was dan in het Westen. Zo was Japan in de tweede helft van de 16de eeuw 's werelds leidende exporteur van zilver en koper. Zijn 55.000 mijnwerkers overtroffen de output van zilver door Peru en van koper door Zweden. Hoewel westerse bronnen de neiging hebben de betekenis te onderstrepen van het achttal Hollandse schepen dat jaarlijks aanmeerde in Japan, waren de 80 of meer schepen vanuit China in werkelijkheid heel wat belangrijker. Hetzelfde deed zich voor in Zuidoost-Azië: de Europeanen en hun schepen werden in verhouding van tien tot één overtroffen door de Chinese jonken. De lading van de Europese karvelen bestond hoofdzakelijk, niet uit westerse goederen, maar uit Chinees porselein en zijde.

De productie van beide goederen was overweldigend. In Nanjing alleen produceerden de aardewerkfabrieken jaarlijks een miljoen stuks fijne geglazuurde keramiek, veel ervan speciaal ontworpen voor de export. Keramiek voor Europa had dynastieke motieven, daar waar het aardewerk voor de islamlanden getooid was met smaakvolle abstracte patronen. In Indië produceerde de stad Kasimbazar in Bengalen in de jaren 1680 jaarlijks meer dan 2 miljoen pond ruwe zijde, terwijl de katoenwevers van Gujarat in het westen, alleen al voor de export, jaarlijks haast 3 miljoen stuks produceerden. Ter vergelijking: de jaarlijkse export van zijde door Messina, Europa's belangrijkste zijdeproducent, bedroeg ongeveer 250.000 pond, terwijl de grootste textielfabriek in Europa, de Leiden Nieuwe Draperie, jaarlijks minder dan 100.000 stuks kleding produceerde.

Azië, niet Europa, was het industriële centrum van de wereld tijdens de vroegmoderne tijden. Het was bovendien het continent met de grootste staten. De machtigste monarchen van die tijd waren niet Lodewijk XIV of Peter de Grote, maar de Mandsjoe-keizer K'ang-hsi (1662–1722) en de grootmogol Aurangzeb (1658–1707).'[45]

De periode van circa 1400 tot circa 1800 sloot mondiaal, en zeker voor Afro-Azië, naadloos aan bij de eraan voorafgaande periode. Er was continuïteit! De inlijving, de integratie van de Amerika's en later van Australazië in dat voortgaande historische proces en in dit wereldwijde economische systeem, was een element van discontinuïteit.

De Atlantische expansie (16de–18de eeuw)

DIVERSITEIT | In ons verhaal hebben we het voortdurend over Europa, Azië, Centraal-Azië, het Midden-Oosten en Afrika. Het is toch opvallend hoe we de neiging hebben om te veralgemenen. En hoe we ons dus vergalopperen door te weinig de verscheidenheid in het oog te houden. Beschavingen, continenten, rijken, staten en samenlevingen zijn geen monolieten, maar integendeel complex en gelaagd. Zeker in de periode dat de Europeanen hun continent verlieten en in de hele wereld actief werden, zijn zij zowel in Azië als in de Amerika's in contact gekomen met samenlevingen die op zeer verschillende beschavingsniveaus leefden. Succes en mislukking in die vreemde continenten hielden daar rechtstreeks verband mee. De Europeanen hadden het kunnen weten, gezien de verscheidenheid in hun eigen contreien. Er was minstens sprake van twee Europa's. Enerzijds was er het Europa van de kustzones, van de hoge bevolkingsdichtheid, van de kosmopolitische steden, van de internationale handel en de exportnijverheden. Anderzijds was er het Europa van de continentale binnenlanden, van de geringe bevolkingsdichtheid, van de landbouw ook. Maar in het chronologische verhaal stond eerst Zuid-Europa centraal met Italië, Spanje en Portugal. Pas daarna kwam Noordwest-Europa aan bod met Frankrijk, Engeland, de Nederlanden en het westen van Duitsland. Die veelvormigheid zowel in Europa als daarbuiten zou ons moeten aanzetten tot nuanceren. Voor de behandeling van de Nieuwe Tijd zal ons dat van pas komen.

Een andere val betreft de mythen die halsstarrig van generatie op generatie worden doorgegeven en in het collectieve geheugen van de mensen onuitroeibaar aanwezig zijn. Voorbeeld: de ontdekking van Amerika door Colombus. Het ware historisch allicht accurater te spreken over de herontdekking van het Amerikaanse continent. Gunstige klimatologische omstandigheden hadden immers eeuwen vroeger (circa 1000) de Vikingtochten via Groenland naar Vinland mogelijk gemaakt. De verstrenging van het klimaat had die routes verstoord en leidde er ten slotte toe dat ze in de vergetelheid raakten. Er is ook het verhaal van Gavin Menzies: *1421. Het jaar waarin China de Nieuwe Wereld ontdekte.* Dat een afgesplitst deel van admiraal Zheng-he's vloot, ten tijde van de regering van keizer Zhu-di, de Atlantische Oceaan zou hebben doorkruist en Zuid-Amerika zou hebben bereikt, is door de bestseller van Menzies een item geworden dat schreeuwt om doorgedreven historische research.

Ander voorbeeld: de ontdekking van Kaap de Goede Hoop door Diego Can en van de zeeweg naar Indië door Vasco da Gama. Dat er sinds eeuwen een bloeiende internationale handel bestond in de Indische Oceaan wordt dan gemakshalve vergeten. Dat moslimzeevaarders voordien van oost naar west omheen de Kaap zijn gevaren en die zeeweg gedetailleerd in maritieme handboeken hebben beschreven, doet dan niet terzake. Dat de vloot van Zheng-he in het begin van de 15de eeuw dezelfde prestatie had neergezet, is helemaal onbekend!

Laatste bedenking ter inleiding van dit gedeelte over de Atlantische expansie. Europa heeft in deze periode van zijn geschiedenis twee uiterst

belangrijke kantelmomenten gekend. In de eerste plaats was er de ontdekking van het Ultramar[46], waardoor Europa's positie in de wereld fundamenteel gewijzigd werd. De tweede kanteling betreft de contrarenais-
sance van de 17de eeuw, toen Europa onder impuls van Descartes koos
voor een strakke rationaliteit. De impact van dat cartesiaanse paradigma
was diep en blijvend. De Europese beschaving werd als het ware op nieuwe
sporen gezet, wat nog doorwerkt tot op de dag van vandaag. De machtsverhoudingen op wereldvlak en de relaties tussen de grote beschavingskringen werden er grondig door bepaald.

De eerste kanteling: Europa en de Ultramar

STAAT EN ECONOMIE | De verwevenheid van de economie en de politiek
speelde in het vroegmoderne Europa een grote rol. Moderne staten met
sterke centrale regeringen waren belangrijke actoren in de economische
verhoudingen. Zij zorgden voor een efficiënt gebruik van de beschikbare
bronnen en rijkdom, voor de opbouw van een aanzienlijke maritieme en
militaire macht. Dat is te verklaren door het feit dat zij in staat waren om
belastingen te innen, bevoorrading te verzekeren en troepen te rekruteren.
De overheidsorganisatie was er zichtbaar op vooruitgegaan. Maar ook hier
is het zaak om te nuanceren. Wat we hier stellen gold bijvoorbeeld zoveel
meer voor Portugal dan voor Spanje en Frankrijk. In dat verhaal dwingt
ook de chronologie tot nuance. 'De moderne staat met een doorgevoerde
bureaucratisering en *direct rule* dateert in het overgrote deel van Europa
pas van na 1800.'[47] De staat was in de vroegmoderne tijd alleszins perfor-
manter geworden: centralisering van politieke macht kwam in de plaats
van versnippering; de concentratie op het vlak van besluitvorming is ook
opvallend. De opkomst van bureaucratie kan tenslotte niet los gezien worden van de invoering van een nationaal belastingstelsel. De rechtspraak
was voortaan gebaseerd op een gecodificeerde wetgeving. Dat alles had
een positieve impact op de ontwikkeling van de economie. De overheid
gaf immers aanzetten tot de ontwikkeling van een geïntegreerde markt.
Met grote verschillen binnen de Europese context: Engeland bevrijdde
zich zoveel vroeger dan Frankrijk van interne douanes en péages. Het had
één centrum, Londen, daar waar Parijs wel het bestuurscentrum was in
Frankrijk maar zeker niet het economische centrum van het land. Dat was
Lyon. Grosso modo zorgde die hele evolutie voor het totstandkomen van
een goed ondernemingsklimaat. Onderdanen die geld en macht hadden
en zin voor initiatief toonden, konden zich in Europa relatief veilig voelen
binnen de staten. 'Overheden hadden belang bij een goed functionerende
economie, ondernemers bij een goed functionerende overheid. Staat en
economie konden elkaar wederzijds versterken.'[48] Zo bereikten de Ver-

enigde Provinciën in de 17de eeuw een opmerkelijk economisch niveau en financiële maturiteit. Commercieel was de Republiek bijzonder competitief. Maar dat gold dus evenzeer voor Engeland dat een duurzame economische ontwikkeling kende. Het contrast met Spanje bijvoorbeeld kon haast niet scherper zijn. Dat land teerde op de koloniale rijkdommen en verkeek de kans om te investeren in zijn economie. In niet-geringe mate had dat dus allemaal te maken met de wijze waarop de staat de rol van de overheid in het economische leven invulde. De negotianten van de handel op verre afstand – ook wel Fernhandel genoemd – lieten zich niet gelegen aan nationale grenzen, maar voelden zich wat graag gesteund door de nationale overheid.[49] In Frankrijk was er het colbertisme, in Engeland het maritieme mercantilisme (de Act of Navigation, 1651).[50]

Militaire innovatie en 'the Rise of the West'

EEN MILITAIRE REVOLUTIE | Uiteraard is de ontwikkeling van de moderne staat een geleidelijk proces van eeuwen geweest. Territoriale eenmaking en bestuurlijke centralisatie vormden een tweeluik. Een en ander ging ook samen met de opkomst van de moderne monarchie, een monarchie die sterk stond omdat ze waakte over een sterke overheidsorganisatie: het vermogen om belastingen te innen, om een staand leger te rekruteren en te onderhouden, een performante marine uit te bouwen, de economische vitaliteit te ondersteunen, een rationele logistieke capaciteit te realiseren, wet en orde te garanderen... Voorwaar een proces van eeuwen, maar consequent en doelgericht ontvouwd. Het is zacht gezegd wanneer we stellen dat bijvoorbeeld de realiteit in het Spanje van die dagen (16de–17de eeuw) niet bepaald conform het beeld was dat we zonet geschetst hebben. De territoriale eenmaking werd gerealiseerd, maar veel cohesie vertoonde het land niet. De hybris, respectievelijk de onbekwaamheid van de Habsburgers stond zeker niet model voor een moderne monarchie. De kentering werd pas gerealiseerd nadat de dynastie van de Bourbons het roer had overgenomen (1700). In het perspectief van de verovering en de kolonisatie van de Ultramar is dit ongetwijfeld een diagnose met verstrekkende consequenties.

Een essentiële voorwaarde voor het creëren, het controleren en bevoorraden van grotere en beter uitgeruste legers was inderdaad de groei van een efficiënte bureaucratie. Die was dan weer een onderdeel van de belangrijke reorganisatie van de overheidsdiensten in de meeste West-Europese staten.[51] Het resultaat was een militaire revolutie die verregaande gevolgen had voor de machtsverhoudingen, zowel in Europa zelf als in de wereld daarbuiten. Kort gezegd kwam die revolutie neer op een massale groei in mankracht, een grondige verandering in tactiek en strategie en een intensievere impact van oorlog op de samenleving. Het ligt voor de hand dat deze omwenteling een grote weerslag had op de oorlogvoering. De wijze waarop de meeste oorlogen in het vroegmoderne Europa – de periode voor de Franse Revolutie – werden afgesloten, wees niet op een strategie van uitroeiing (verdelging), maar op een uitputtingsstrategie. Meer bepaald was dat een proces waarbij kleine overwinningen werden aaneengeregen en de langzame uitholling van de economische basis van de vijand werd nagestreefd. De klassieke conflicten in het tijdperk van de militaire revolutie waren lange oorlogen die bestonden uit talloze aparte campagnes en acties. Herinneren we aan de Italiaanse oorlogen (1494–1559), de Franse godsdienstoorlogen (1562–1598), de Dertigjarige Oorlog (1618–1648) en de Tachtigjarige Oorlog in de Nederlanden (1572–1648). Soms wordt gesuggereerd dat de oorlogen in de 17de en 18de eeuw korter en beslissender werden. Maar Breitenfeld, Lützen en Nördlingen, Rocroi en Lens, Blenheim en Ramillies, Oudenaarde en Malplaquet behoorden allemaal tot oorlogen 'which eternalised themselves'. Parker stelt dat de latere oorlogen alleen maar uitgevochten werden door grotere en almaar duurdere legers dan de vroegere. Het strategische denken zat gekneld tussen de constante groei van de omvang van de legers en het relatieve tekort aan geld, uitrusting en proviand.[52] De regeringen slaagden er dan ook meestal niet in hun politieke objectieven te realiseren. 'As before, most decisive wars were not big and most big wars were not decisive.' Parker stelt dat de meeste staten in het vroegmoderne Europa uiteindelijk wel geleerd hebben hoe ze hun legers moesten proviandieren, maar niet hoe ze hen naar de overwinning moesten leiden. Ander fall-outeffect van deze situatie was dat de oorlogvoering te land dikwijls uitliep op een patstelling. En dus streefden de leidende staten ernaar een beslissing af te dwingen via oorlogvoering ter zee. Vanaf circa 1650 werd er nauwelijks een oorlog uitgevochten die niet uitliep op een oorlog om de zeeën. En in de 17de eeuw beschikte Frankrijk duidelijk over de succesvolste en machtigste vloot in West-Europa.[53]

In het vroegmoderne Europa was dat nog geen strijd om complete maritieme dominantie, zoals dat later het geval zou zijn. Niettemin was de periode tussen de ontdekking van Amerika (1492) en de proliferatie van spoorwegen in de jaren 1840 een gouden tijd voor macht ter zee. Des te meer omdat parallel aan de militaire revolutie te land ook een revolutie in de oorlogvoering ter zee zich doorzette. Voor de onderlinge machtsverhoudingen in Europa zelf was dat cruciaal, maar des te meer voor de rivaliteit tussen de Europese staten op de oceanen overal ter wereld. In een tijd van ontdekkingsreizen, verovering en kolonisatie op overzeese continenten, was het een halszaak over een machtige vloot te beschikken. Centraal in die maritieme militaire revolutie was de integratie van het kanon. De doeltreffende, performante scheepsartillerie werd de beslissende factor. Tussen de Atlantische staten van Europa bestond een scherpe maritieme rivaliteit. In de eeuw na 1588 leidde dat tot de bouw van oorlogsvloten die in staat waren om strategische doelstellingen na te streven aan de andere kant van de aardbol. De Atlantische expansie berustte op stevige fundamenten.

De intolerantie van de christenheid

NIET ALLEEN SPANJE | Spanje verdreef in 1492 de Joden. Inclusief de wreedheden die inherent zijn aan zulke operaties: vervolgingen, uitwijzingen, gedwongen bekeringen en uitmoording. Nadien waren er de vervolging van vele conversos en de woede-uitbarstingen tegen de Moriscos in de jaren 1609–1614. Ook zij werden uiteindelijk uitgedreven (1614). Hier was – niet het minst vanwege het volk – een intolerantie aan het werk, een christelijk weerwerk ten aanzien van ongewenste godsdiensten. In Spanje, de kampioen van de contrareformatie, heeft intolerantie voor eenheid gezorgd en naar buiten toe voor vervreemding. Was dit typisch Spaans? Of was dit een symptoom van een algemene kwaal in het toenmalige Europa? Wat de houding ten aanzien van de joden betreft waren meedogenloze maatregelen een Europees fenomeen. Hier was een beschavingscomponent aan het werk die zomaar niet is terug te voeren tot oppervlaktegebeurtenissen. De intolerantie van het christendom contrasteerde wel scherp met bijvoorbeeld de openheid waarmee Turkije de uitgedreven Joden heeft opgevangen. Het feit dat ook vanuit Italië en de Nederlanden talloze Joden emigreerden naar de Levant is een signaal dat Spanje niet alleen stond. Europa – niet alleen een elite, zeker ook de volksmassa's – weerde andersdenkenden of vervolgde hen. Onverdraagzaamheid en repressie waren kenmerkend voor de tijdgeest in de hele christenheid en vormden een teken aan de wand in een tijd van Atlantische expansie en dus van contacten met vreemde volken en beschavingen.

De Ultramar, periferie

EXPLORATIE, VEROVERING EN KOLONISATIE | Het verhaal van de Atlantische expansie bestaat uit een oeverloos aantal feiten, gebeurtenissen en data. De chronologie is voor deze saga van wezenlijk belang. De mensen van vlees en bloed, die door hun initiatieven, daden en verwezenlijkingen een belangrijke episode in de geschiedenis van Afrika, de Amerika's en West-Europa een episch karakter hebben gegeven, zijn de onmisbare acteurs van dit verhaal.

Er is eerst en vooral het epos van de exploratie. Denk maar aan de ontdekkingsreizen van de Portugezen die ijverig zochten naar een zeeweg om Afrika. Figuren als Hendrik de Zeevaarder, die op Kaap Vicente zijn marineacademie oprichtte, Diego Cam (1484) en Bartolomeo Diaz (1487). Of Vasco da Gama die dankzij de hulp van Ibn Majid in 1498 Calicut op de Malabarkust bereikte. In Spaanse dienst waren er de exploten van Christoffel Colombus, een Genuees (1492), Balboa (1513) en Magelhaes (1519–1522). Of hoe James Cook tijdens drie reizen de Stille Oceaan verkende (1768–1780).[54]

Vervolgens is er de saga van de verovering. Portugal beperkte zich in Afrika en Azië tot de kustgebieden, waar de veroveraars handelsposten installeerden, in combinatie met militaire bolwerken. Dit had te maken zowel met de zeer beperkte mankracht waarover dit kleine land beschikte, als met de bestaande machtsverhoudingen in Azië. Tegen de Aziatische grootmachten was Portugal niet opgewassen, des te meer omdat de Europeanen in die tijd nog niet over een superieure wapentechnologie beschikten (cf. infra). Portugal telde slechts 1,5 miljoen inwoners. Velen vertrokken met de schepen en een deel van hen bleef in de kolonies. Toen bleek dat de Atlantische eilanden geschikt waren voor de suikerrietcultuur, waren er ook nog eens supplementaire werkkrachten nodig voor deze teelt. Dat gebrek aan mankracht leidde tot de inschakeling van Afrikaanse slaven. Van dan af werd de slavenhandel en de inzet van slaven een systeem. C.R. Boxer schat het aantal slaven dat de Portugezen gevangennamen tussen 1450 en 1500 op 150.000. Eind 16de eeuw overspande de driehoekshandel de ruimte van de Atlantische Oceaan: Afrika werd uitsluitend beschouwd als een reservoir van werkkrachten voor de suikerrietplantages op de Atlantische eilanden, in Brazilië en Spaans Amerika, terwijl Europa de afgewerkte producten leverde.

Spanje, dat een grotere bevolking had, kon grotere gebieden beheersen. Het werd daarenboven in de Amerika's niet geconfronteerd met staten die de vergelijking met de Aziatische konden doorstaan. De Spaanse conquistadores Hernando Cortez (1521) en Francisco Pizarro (1532) veroverden de indiaanse rijken in Mexico en Peru, richtten massale moordpartijen aan en vernietigden hun beschavingen. Het puin en de ruïnes van Tenochtitlan en zusterstad Tlatelolco leverden de bouwstenen voor Mexico-Stad. Omstreeks 1600 controleerde Spanje 36 gebieden, waarin we vier complexen kunnen onderscheiden: de huidige staat Mexico met het gelijknamige aartsbisdom als kern; Centraal-Amerika met de huidige staat Guatemala en Chiapas als kern; het gebied van de staten Ecuador en Colombia met Quito als kern; Peru, Bolivia en Noord-Argentinië met Lima en Los Charcas (Bolivia) als kernen.

En dan is er de kolonisatie van Noord-Amerika. Met hun Mayflower landden de Pilgrim Fathers in november 1620 in de Cape Cod Bay. Zij stichtten er Plymouth. Het was de start voor een epische pionierstijd. Na de overtocht van het Appalachengebergte was de westwaartse verkenning van het continent niet meer te stoppen. In 1805 bereikten zij de Pacifickust. In 1682 vaarde La Salle de Mississippi af en ontdekte zo de noord-zuidroute doorheen het continent. De Fransen stichtten Quebec (1608), Montreal (1642), Detroit (1701) en Nouvelle Orléans (1718). De Engelsen hebben aan de Amerikaanse Atlantische kust de Hollanders, de Zweden en de Duitsers uitgeschakeld. Na voortdurende grensconflicten vochten zij een koloniale oorlog uit met de Fransen (1756–1763). De indiaanse weerstand werden zij definitief de baas in 1794. En in 1803 verwierven de VS Louisiana en Florida. Zo werd Noord-Amerika Angelsaksisch!

De tragedie van de autochtonen

EEN BRUTALE INBRAAK | Abya Yala is de naam waarmee de autochtone bevolking van Latijns-Amerika de eigen leefruimte aanduidde in de pre-Colombiaanse periode. Die term stond voor de visie van die mensen op het leven en de wereld. Ze huldigden het beeld van een wereld die één is met de aarde, er als het ware uit voortvloeit. En zoals de wereld één is met de aarde, is elk individu één met de gemeenschap waarin het leeft. De indiaan voelde zich integraal deel uitmaken van de gemeenschap, van de natuur, van de aarde. Tegelijkertijd beschermde hij haar, voelde hij er zich verantwoordelijk voor. Als hij uit die osmose werd weggerukt, voelde hij zich als een levende dode.[55] De inbraak van de peninsulares uit Iberië in deze pre-Colombiaanse wereld heeft van de Abya Yala niet veel heel gelaten. De botsing der beschavingen heeft zich in alle scherpte en brutaliteit voorgedaan in het vrij vroege stadium van de conquista-dores. Het verhaal van Cortez en het Aztekenrijk van Montechuzoma en van Pizarro en het Incarijk is alom bekend. Net zo meedogenloos als de Spanjaarden zijn opgetreden tegen de moslimbeschaving in eigen land, hebben ze huisgehouden in de Ultramar. Maar hier beperkte de Casti-liaanse staat zich tot de rol van toeschouwer en kwam hij slechts af en toe scheidsrechterlijk tussen bij conflicten. De Spaanse verovering van Latijns-Amerika was dus veeleer een privéonderneming. Echte benden – cabalgada's – vestigden een permanente, georganiseerde en vaak bru-tale overheersing. Wereldhistorisch vrij uniek was de brutale vernietiging van deze beschavingen: 'Deze cultuur (te weten *de Azteekse*) is het enige voorbeeld van een gewelddadige dood. Ze kwijnde niet weg, ze werd niet onderdrukt of tegengewerkt, maar in de volle pracht van haar ontplooi-ing vermoord, vernield als een zonnebloem, waarvan een voorbijganger het hoofd afhakt' (Oswald Spengler).[56] Een getuigenis a contrario voor die wreedaardigheid was het optreden van de jezuïeten. Tussen Parana en Paraguay christianiseerden zij duizenden Guarani en beschermden hen tegen slavenrazzia's. De jezuïeten vestigden er een christelijke republiek, waarin sociale gelijkheid en de verdediging van de inlandse cultuur vooropstonden.[57] De koloniale exploitatie door Spanje en Portugal kende echter een expansie die zich ook aan de christelijke republiek niet gelegen liet. In 1759 was er al een eerste uitdrijving van jezuïeten. In 1767 volgde een tweede en beslissende.

ENCOMIENDA EN MITA | Aanvankelijk leverden de reizen van Colombus niet de verhoopte economische resultaten op. Met de verovering van het rijk van de Azteken en het rijk van de Inca's kwam hierin verandering. Zilver en goud werden naar Europa verscheept. De Spanjaarden beschouwden hun koloniën als wingewesten. Sluitstuk van hun koloniale systeem was de verdeling van de bewoners – encomienda – onder de conquistadores. De encomienda was dus in theorie de toekenning door de Kroon van één of meer groepen inboorlingen aan een Spanjaard. De man in kwestie verwierf, met het oog op de economische uitbating van het gebied, het recht om van de hem toegewezen inwoners schattingen te eisen onder de vorm van verplichte arbeid. Juridisch bleven de indianen vrij en behielden zij hun land. In de praktijk leidde dit systeem echter tot grove dwangarbeid. De Spanjaard aan wie de indianen toegewezen werden, had wel de plicht die inwoners te kerstenen. Voor de exploitatie van de zilvermijnen en van de plantages voerden de Spanjaarden een systeem van dwangarbeid in, het mita- of repartimiento-systeem. Het economische leven van de indianen werd volkomen ontwricht.[58]

Het systeem was verwant aan de gebruiken in de reconquista en de feodaliteit. Het lag in het verlengde van een Spaanse middeleeuwse traditie. De Spanjaarden zagen in de kolonisatie in de eerste plaats een voortzetting, maar dit keer overzee, van de in Europa met succes afgesloten reconquista. De verdeling van grond en bewoners (encomienda) werd gezien als de feodale beloning voor de gewapende diensten van ontdekkers en veroveraars.

Het stelsel zou tot het einde van het koloniale regime in het begin van de 19de eeuw blijven bestaan. Een ver gevolg ervan was ook dat, al is heden het feitelijke eigendomsrecht op de bewoners verdwenen, het grondbezit in Latijns-Amerika in handen van een minderheid is gebleven (de latifundia of het grootgrondbezit). De introductie van plantage-economie heeft deze trend nog versterkt.

De exploitatie van het Amerikaanse bezit overschreed al vlug het stadium van de plunderingen om een georganiseerde roofeconomie (roofbouw) te worden, gelegitimeerd door de Kroon. Voor Spanje was de Nieuwe Wereld – ook West-Indië genoemd – een uitbuitingskolonie in dienst van het moederland. Spanje roofde de grondstoffen (mijn- en plantagepro-

Slavenarbeid van de indianen in de zilvermijnen. De inlandse tradities en cultuur interesseerden de Spanjaarden niet. Na 1577 was het niet langer toegelaten 'het bijgeloof en de gewoonten' van de indianen te bestuderen.

ducten) uit zijn overzeese bezittingen. Het beschouwde de koloniën als afzetgebied voor de nationale economie – in de koloniën mocht geen nijverheid worden opgezet – en als leverancier van goedkope grondstoffen. In de Spaans-Amerikaanse export naar Europa vertegenwoordigden de edele metalen aanvankelijk de grootste waarde: goud uit Colombia, zilver uit Mexico en vooral uit Peru. In volume namen huiden en suiker veruit de belangrijkste plaats in. De huiden waren afkomstig van de door de Spanjaarden in de uitgestrekte Amerikaanse vlakten ingevoerde veestapel. Ook suikerriet, voorheen onbekend in pre-Colombiaans Amerika, werd er door Spanje ingevoerd. Namen eveneens een belangrijke plaats in: de verfstoffen cochenille (het scharlakenrood) en indigo (donkerblauw) en medicinale planten. De Spaanse uitvoer naar Amerika bestond in hoofdzaak uit producten bestemd voor de kolonisten: voedsel (wijn, olie), stoffen, wapens, munitie, huishoudartikelen, luxeartikelen (boeken, glas, papier), kortom afgewerkte producten.

GENOCIDE | De koloniale exploitatie was verweven met de driehoekshandel en dus met de traite. Al moet onmiddellijk gezegd worden dat de Spaanse koloniën voor slechts een tiental procent deelhadden aan de slavenhandel. Zij hadden veel minder geïnvesteerd in de cyclus plantage-economie-slavenarbeid. Slechts op Cuba, Porto-Rico en San Domingo waren naast de veeteelthaciënda's ook de suikerplantages erg belangrijk. Maar in Nieuw-Spanje, Nieuw-Granada en Peru overheersten de uitgestrekte haciënda's waar men een beroep deed op zowel slaven als loonarbeiders.

De hele tragedie vond haar oorsprong in een rapport dat Bartolomeo de las Casas schreef aan Karel I, 'onze' keizer Karel V: *Kort relaas van de verwoesting van de West-Indische landen*, om de Spaanse koning ervan te overtuigen zijn conquistadores in te tomen en de indianen menselijk te behandelen. Hij was de grote voorvechter van de rechten van de indianen. In de beroemde debatten van Valladolid (1547–1550) voor een commissie van juristen voerde hij scherpe polemieken over de rechten van de indianen met Juan Gines de Sepulveda, die de kolonisatie verdedigde. Las Casas klaagde de genocide aan. De dominicaan Diego Duran klaagt in zijn *Historia de las Indias de Nueva Espana* (1581) dat er een grote fout is gemaakt door hen die met veel godsvrucht maar weinig inzicht, in het begin oude codices van de Azteken verbrand en vernietigd hebben. Hij voelde zich verplicht 'naast de heldhaftige daden van Cortez, ook diens afschuwelijke, brute wreedheden en totaal onmenselijke daden' te beschrijven.[59] Bartolomeo de las Casas klaagde de misbruiken aan, waarvan hij 22 jaar lang getuige was geweest: 'Ik zweer tegelijk bij God en mijn geweten, dat ik nog niet het tienduizendste deel van alle verwoestingen, alle schade toegebracht aan het land, alle moorden, gewelddaden en andere gruwelen en gemeenheden aangehaald en beschreven heb, die in al deze landen bedreven werden en op de dag van vandaag nog bedreven worden.' Het is niet overdreven te zeggen dat het om een genocide van de indianen ging.

SLAVENHANDEL: DE TRAITE | Heel negatief, maar niet door Bartolomeo de las Casas bedoeld, was dat zijn pleidooi leidde tot de invoer van slaven uit Afrika. In het Afrikaanse binnenland werden systematische razzia's georganiseerd. Tussen 1500 en 1800 werden miljoenen zwarten naar Amerika verscheept (de traite).[60]

Historici zijn het niet eens over hoeveel miljoenen Afrikanen het juist gaat. In het vijfde deel van de *Histoire générale de l'Afrique* komen de auteurs tot het imposante aantal van 15.400.000! Daar moet men dan nog 14 miljoen bijtellen voor de verschillende moslimtraites.[61] Zo werd de vitaliteit van de Afrikaanse bevolking zwaar aangetast. De traite heeft zich voorgedaan tijdens vier eeuwen en heeft dus al de tijd gehad om de sociale, politieke, economische en culturele organisatie van de betrokken landen te transformeren. Maar vooral de normale ontwikkeling van de Afrikaanse samenlevingen werd er bijzonder zwaar door aangetast en doorkruist. Volgens een aantal auteurs hebben de Afrikaanse samenlevingen op die wijze hun vitale weerbaarheid verloren. Het resultaat was een zwakheid en afhankelijkheid die de poorten hebben opengegooid voor de Europese penetratie van het koloniale imperialisme.[62]

In de Amerika's zelf kwamen de slaven terecht in de gebieden langsheen de Atlantische Oceaan: in Venezuela en Brazilië, op de eilanden van de Caribische Zee en aan de oostkust van de zuidelijke koloniën in Noord-Amerika (later de zuidelijke deelstaten van de VS). Op die wijze werden ook daar de samenlevingen door de Europeanen volledig verstoord.[63]

NAAR EEN MULTIRACIALE SAMENLEVING | De slavenhandel van de Nieuwe Tijd maakte deel uit van een Atlantische driehoekshandel Europa-Afrika-Amerika-Europa. In Afrika werden negerslaven gekocht met Europese ruilgoederen als textiel, wapens, sterke drank en gebruiksvoorwerpen. Na hun overbrenging naar Amerika werden de meeste slaven voor plantagewerk ingezet, meer bepaald in de suiker, tabak, koffie- en katoenteelt. Met de opbrengst van de slavenverkoop kochten de Europese handelaars vervolgens de in het thuisland zeer gewaardeerde West-Indische producten als suiker, tabak en dergelijke meer. Na verkoop ervan op de Europese beurzen konden ze zich opnieuw voorzien van de nodige goederen voor een nieuwe reis naar Afrika.

In de verschillende koloniën in Latijns-Amerika is dus doorheen de generaties een zeer specifieke gemeenschap gegroeid, aangezien er naast de klassenverschillen in dit continent ook meerdere rassen naast elkaar leefden (en leven). In deze multiraciale samenlevingen kwam rassenvermenging op grote schaal voor. Vermits aanvankelijk slechts één tiende van de Spaanse emigranten naar de koloniën uit vrouwen bestond, ligt het voor de hand dat in de jaren onmiddellijk na de verovering de Spanjaarden meestal indiaansen tot vrouwen namen. 'Door de toevoer van duizenden en duizenden negerslaven werd aan de vermenging van blank en indiaan een nieuw bestanddeel toegevoegd en kwamen er allerlei nieuwe vermengingen: tussen negers en blanken, negers en indianen, negers en mestiezen, mulatten – uit de eerdere vermenging van blanken en negers – met alle andere groeperingen. In totaal een gamma van rassen en mengrassen, zoals men die nergens elders aantreft! Toen eenmaal een multiraciale gemeenschap was ontstaan, voerden de Spanjaarden een heel kastenstelsel in, waarin was vastgelegd wat de verschillende groepen kleurlingen wél en niét mochten doen.'[64]

Je kan inderdaad stellen dat de Spanjaarden de mestiezen exploiteerden, die dat op hun beurt deden met de indianen. Ten andere, elke rasgroep had en heeft nog zijn specifieke beroepen. De huidskleur vormt dus een sociale barrière. De indiaan kon niet hoger opklimmen dan tot handarbeider; een mesties kon alleen dan verwachten een gezaghebbende positie te bekleden, wanneer hij door de blanken werd aanvaard. De blanke, ook de creool, was op grond van zijn afkomst superieur. Beide realiteiten, ras en klasse, dekten elkaar dus meestal: de plaats die een individu op de maatschappelijke ladder bekleedde, was meestal afhankelijk van het ras waartoe hij behoorde.

De culturele impact

MENGCULTUREN | Hier zijn we eens te meer getuige van de verwevenheid van de *paliers* van de geschiedenis. De genocide van de indiaanse samenlevingen in de Ultramar is een zaak geweest die zich op de korte en de middellange termijn heeft voorgedaan. De traite die er het gevolg van geweest is, gaf dan weer aanleiding tot een grondige verstoring van samenlevingen en de groei van nieuwe mengculturen, wat implicaties en consequenties zijn geweest op de lange termijn. Verwijzen we naar de Afro-Braziliaanse cultuur: volk, cultuur en taal van Brazilië hebben er een opvallende specificiteit door. 'De negers waren zo dynamisch en oefenden zo'n daadwerkelijke Afrikaniserende invloed uit dat zij, ook al waren zij als slaven naar Brazilië gekomen, dit deel van Amerika in zekere zin samen met de Europeanen hebben gekoloniseerd,' aldus Gilberto Freyre in zijn lofzang op de Afro-Braziliaanse cultuur. 'De culturele zelfstandigheid van Brazilië is niét het resultaat van de plotselinge dekolonisatie, maar... de vrucht van een reeds vroeg ingetreden zelfkolonisatie (*een begrip uit de Braziliaanse sociologie*). Deze zelfkolonisatie is voortgekomen uit de tegenstelling met een Europees moederland (Portugal) dat zwakker was en de kolonie minder sterk in zijn greep had dan andere Europese landen. Het was minder in staat om aan de kolonisten zijn wil en zijn voorbeeld op te leggen, was meer geneigd hen te ontzien en had de wijsheid de kolonisatie van het land aan henzelf over te laten en de Afrikaan daarbij als medekolonist te betrekken... De wordingsgeschiedenis van het Braziliaanse volk is dus duidelijk anders dan die van andere volken, die van kolonie onmiddellijk zelfstandig werden. Brazilië kon zich al een buiten-Europese identiteit scheppen toen het nog geheel onder Portugees bestuur stond.'[65] Ronden we af met de vaststelling dat de penetratie van het Spaans en het Portugees in Latijns-Amerika integraal deel uitmaakte van dat diepgravende en wijdvertakte culturele proces.

DE STEDENSTICHTINGEN | De mate waarin de Iberische culturen in Latijns-Amerika zijn doorgedrongen is ook ten dele af te lezen uit de stedenstichtingen. Tegen 1776 waren er in Spaans Amerika vier vicekoninkrijken of administratieve districten. En elk district had zijn hoofdstad. Natuurlijk zijn de stichtingen zelf te situeren op de korte termijn. Maar de groei en de ontwikkeling van deze stichtingen tot echte steden is een zaak van decennia geweest. In het vicekoninkrijk Nieuw-Spanje ontstonden de steden Mexico-Stad, Vera Cruz, Acapulco, Guadalajara (1551), Guatemala (1524), Puerto Bello en Panama (1519). In het vicekoninkrijk Nieuw-Granada (1718) ging het om Caracas (1567), Cartagena, Bogota (1538), Guayaquil en Quito (1534). In het vicekoninkrijk Peru noemen we Lima (1535), Cuzco (1533), La Paz, Valparaiso en Santiago. In het vicekoninkrijk La Plata (1718) was er Buenos-Aires (1535–1580). In het Portugese Brazilië werden de volgende steden gesticht: Joao Pessoa (Parhiba, 1584), Bahia (1546), Rio de Janeiro (1566) en Sao Paulo (1554). Het proces op lange termijn van de verstedelijking in Latijns-Amerika vindt hier zijn oorsprong: een hedendaagse stedenkaart illustreert dat perfect. Tijdens de koloniale periode groeiden deze metropolen als vanzelfsprekend langsheen de Atlantische kusten: de steden groeiden er als waterhoofden en zogen als het ware de binnenlanden leeg, trokken de economische activiteit en dus de economisch actieven naar zich toe. Louis Baeck beweerde dat deze metropolen het verschijnsel vertoonden van systeemverlengende enclaveontwikkeling: het systeem van de Europese metropolen vond er een verlengstuk, maar slechts in een beperkt gebied – een enclave – die voor het overige volledig omringd werd door de binnenlanden die economisch uitgebuit werden en afhankelijk waren. Een Chileense economist, A. Pinto, is wel bijzonder ironisch als hij naar de afhankelijkheid van Latijns-Amerika verwijst als naar 'un caso de desarollo frustrado', een geval van gefrustreerde ontwikkeling.[66]

DE VERWEVENHEID | Een laatste fenomeen waarop we de aandacht willen vestigen is dat mondiaal de onderscheiden 'ruimten' met elkaar verweven waren. De driehoekshandel illustreert dat: de Europese ruimte, de Afrikaanse ruimte en de Caribisch-Zuid-Amerikaanse ruimte werden door die handel op elkaar betrokken. Zij maakten ten slotte deel uit van de Atlantische 'économie-monde' die de Europeanen door exploratie, verovering en kolonisatie gecreëerd hadden. Afrikanen werden door Europeanen op Latijns-Amerikaanse plantages tewerkgesteld. Later, in de 19de eeuw, zou dat ook met Chinese koelies gebeuren. Diezelfde verwevenheid was ook mondiaal een realiteit. De traite was immers niet alleen een transatlantische zaak, ook oostwaarts vanuit Centraal- en Oost-Afrika werden slaven vervoerd over de Indische Oceaan naar Indië en Zuidoost-Azië. De zilverstroom was ook een mondiale aangelegenheid en stopte niet in Europa. Door de negatieve handelsbalans met het Gouden Oosten verliet een aanzienlijk deel ervan onmiddellijk de Europese financieel-economische centra. Er bestond zelfs een belangrijke rechtstreekse zilverstroom tussen Midden-Amerika en Azië via de Manilla galleons.[67] Hét kenmerk van de relatie tussen metropolen en satellieten binnen de Atlantische economische wereld en tussen de verschillende 'économie-mondes' van de wereldeconomie was de integratie. Uitgerekend deze integratie was ook verantwoordelijk voor de exploitatie en dus voor de onderontwikkeling van de buiten-Europese gebieden in de Atlantische 'économie-monde'. Opvallend is dat in dié periodes van de geschiedenis dat een metropool de relatie met zijn satellieten moest verwaarlozen of verbreken, telkens een zelfstandige economische ontwikkeling in de betreffende satelliet op gang is gekomen. André Gunder Frank, indertijd onderzoeker van de UNESCO, heeft dit spectaculair aangetoond voor Brazilië. In eerste instantie was er interesse van de metropool voor de Nordeste en kwam die streek tot ontwikkeling. Toen later de interesse verschoof naar Goias en Minas Gerais, bleef de Nordeste verwaarloosd achter. Het is nu nog een van de meest armoedige streken in Latijns-Amerika.[68]

Oceanen en continenten

DE VERSCHUIVING ZUID- NAAR NOORDWEST-EUROPA | In de eerste driekwart van de 16de eeuw was het politieke en economische machtscentrum verschoven van Mediterraan- en Centraal-Europa naar het Iberische schiereiland. Op het einde van de 16de eeuw was er een nieuwe verschuiving van Iberië naar Noordwest-Europa. Deze machtsstrijd had ook alles te maken met het gevecht om de dominantie over de Atlantische Oceaan, dat in de jaren na 1580 werd uitgevochten. Door exploratie en kolonisatie was er een nieuwe economische wereld tot stand gekomen. Van die Atlantische economische wereld was Europa het kerngebied. Bij dat proces hadden de Iberische staten het voortouw genomen. Na 1580 werd hun pilootpositie openlijk bestreden. In de kern ging het dus om de heerschappij over de Atlantische Oceaan, dé cruciale verbindingsweg binnen die nieuwe economische wereld. De staten van Noordwest-Europa toonden daarbij een grote vitaliteit. De grote welvaart van havens als Bordeaux, Antwerpen, Londen, Glasgow en Hamburg was een onmiskenbaar signaal. Zij waren ook belangrijke centra voor het uitrusten en bevrachten van schepen. De toestand in Spanje daarentegen was miserabel. Militair én economisch moest het land het laten afweten. Madrid was bankroet maar bleef toch een hoofdrol opeisen in de internationale politiek. Een prachtig voorbeeld van wat men in de eigentijdse geschiedenis 'imperial overstretch' noemt.

DE EUROPESE RIVALITEIT | Het machtsmonopolie van Spanje en Portugal bleef dus niet lang overeind. Engeland en Frankrijk herstelden van hun interne spanningen. Nieuwkomer was de Republiek van de Verenigde Provincies die in de 17de eeuw een Europese grootmacht werd met handelsrelaties in Oost- en West-Indië. Amsterdam werd een wereldhaven en verwierf zijn statig uitzicht met de indrukwekkende burgerhuizen langs de grachten. Economisch en cultureel beleefde het zijn Gouden Eeuw. Het veroverde koloniale gebieden: vooral Nederlands Indië (Indonesië), de Kaap (Zuid-Afrika) en kleinere gebieden in Amerika (o.m. Guyana). Eerder hebben we al de rol van de moderne staten in het economische leven in Europa belicht.[69] De overheid van de Verenigde Provinciën koos voor *a minimal approach*, een minimale interventie in het economische leven en een openlijke sympathie voor de zakenmilieus. Dat minimalisme gold ook *the public demand*, met andere woorden de belastingdruk op bevolking en bedrijfsleven. Eens te meer frappeert het contrast met de situatie in Spanje. Resultaat: de Verenigde Provinciën en Amsterdam verdrongen Spanje en Sevilla als de grote distributeurs van tropische goederen. In 1602 werd de Oost-Indische Compagnie opgericht en in 1621 de West-Indische. Tussen 1670 en 1680 hadden de Hollanders zes factorijen op de Malabaren de Coromandelkust, Colombo en Jaffna op de kusten van Ceylon, en op het eiland Mauritius. In Malakka controleerden ze de passage naar de Chinese Zee en dus de trafiek van specerijen. Ze waren aanwezig op Formosa en in Nagasaki. Ze controleerden een tiende van Java en op de Molukken hielden ze de jaarlijkse zeeverbinding in de gaten. De macht van de Verenigde Oost-Indische Compagnie is constant gegroeid.[70]

Daar waar Spanje de behoeften van de kolonies niet gebruikte als stimulans voor eigen nijverheden, sprongen Engeland en de Verenigde Provinciën in dat vacuüm en waren het hun vrachtvoerders die de klus klaarden.[71] Zij hadden de grootste koopvaardijvloten en ontwikkelden in steil tempo hun scheepsbouw en metaalnijverheid. De leveranciers op de koloniale markten waren steeds minder de Spanjaarden.[72] Paul Bairoch wijst erop dat zich in Sevilla bijvoorbeeld steeds meer Italiaanse, Hollandse, Franse, Duitse en Engelse kooplui vestigden, aangetrokken door de trafiek van de zilveren piasters die noodzakelijk waren voor de internationale handel. Sevilla bleef wel tot in de 18de eeuw het Europese centrum van de piastertrafiek uit Amerika, maar de commerciële en banktransacties verplaatsten zich naar Noordwest-Europa.[73] Als je een kaart van West-Europa raadpleegt waarop de weginfrastructuur of de vlootsterkte in beeld gebracht wordt, dan is het opvallend hoeveel langzamer het Iberische schiereiland zich ontwikkeld heeft dan de landen van Noordwest-Europa. Het is een bevestiging van de kanteling van het economische machtscentrum.[74] De Atlantische Oceaan en zijn uitlopers (het Kanaal, de Noordzee en de Baltische Zee) overtroffen definitief de Middellandse Zee. Twee vloten overklasten alle andere, namelijk de Engelse en de Franse (circa 1 miljoen ton). Het betrof een buitengewone maritieme concentratie. Spelbreker waren eens te meer de Verenigde Provinciën: de Republiek vocht tweemaal een zeeoorlog tegen Engeland uit (1652–1654 en 1665–1667) en kwam een derde maal in oorlog met Engeland in 1672–1674.

Hoewel het Spaanse wereldrijk in de 18de eeuw behouden bleef, werden Groot-Brittannië en Frankrijk de tenoren. Ze voerden een onderlinge strijd met een dubbel opzet: overwicht in Europa én daarbuiten. Buiten Europa speelde de strijd zich af in Noord-Amerika en in Indië. De Vrede van Parijs (1763) was voor Frankrijk een zware nederlaag. Nadien moest Londen zijn kolonies aan de oostkust van Noord-Amerika prijsgeven: in 1776 werden de VS onafhankelijk. Maar het had de basis gelegd voor zijn macht op zee en in drie continenten: Amerika, Azië en Australië. Om het in cijfers uit te drukken: in 1715 bezat Groot-Brittannië circa 800.000 km^2 buiten-Europese gebieden, in 1763 circa 2.500.000 km^2 en in 1800 circa 10 miljoen km^2.

DE CONTROLE OVER OCEANEN EN CONTINENTEN | Epische verhalen over exploratietochten, veroveringen, conflicten met autochtonen en tussen koloniale mogendheden onderling maskeren meestal het immense probleem van de controle over oceanen en continenten. En dat betrof niet alleen de Atlantische Oceaan, maar ook de Indische Oceaan en de Pacific. Koloniaal imperialisme was ten gronde maar uit te bouwen en te handhaven indien de betrokken mogendheid de hegemonie over de oceanen kon garanderen. Dat dit een enorm probleem was, blijkt uit het feit dat de 'moderne' imperialistische mogendheden Spanje en Portugal middeleeuwse opvattingen en regels trachtten toe te passen in een totaal gewijzigde historische context. Beide verdedigden het principe van de *mare clausum*, de gesloten zee. Net zoals grondgebied afgebakend kan worden en door grenzen omschreven kan worden, zo kunnen we ook invloedssferen op zee vastleggen en legitiem beveiligen, zo luidde de redenering. In deze context moeten de bekende door de paus gesanctioneerde verdragen van Tordesillas (1494) en Saragossa (1529) gesitueerd worden. Hoeft het gezegd dat het met zoveel kapers op de kust (de Verenigde Provinciën, Frankrijk, Engeland), een ijdele hoop was dat deze verdragen nageleefd zouden worden? Wishful thinking! De Hollandse jurist Hugo de Groot (1583–1645) riposteerde met een studie, *De mare libero*, die internationaal grote bijval kende. Ook de kritiek bleef niet uit, want in de praktijk achtten de Hollanders bijvoorbeeld in de 'Britse' wateren het principe van de mare liberum van toepassing, terwijl ze in Oost-Indië de mare clausum toepasten.

Die hele commotie wordt begrijpelijk indien we aandacht geven aan de omvang van de oceanen die de koloniale mogendheden wilden controleren. We denken ook nauwelijks aan de immense afstanden die overbrugd moesten worden in een tijdperk dat de zeevaart gebeurde met zeilschepen. En dus werden schepen en konvooien steeds weer geconfronteerd met tijdsdimensies, noodzakelijk voor zulke reizen, die enorme problemen stelden, al was het bijvoorbeeld maar voor de proviandering van de bemanning. De Franse historicus Pierre Chaunu verduidelijkt de zaak: 'Voor de koloniale rijken was er een immens probleem van oceanen, continenten en mensen. Het ging vooreerst over onmetelijke oceanen. Dat deel van de Atlantische Oceaan dat regelmatig bevaren werd tussen Sevilla en Lissabon enerzijds en de Caraïben en Brazilië anderzijds omvatte 30 miljoen km^2, hetzij een ruimte vijftienmaal zo groot als de Middellandse Zee. De Stille en de Indische Oceaan bevatten 150 tot 200 miljoen km^2. De vloten van Spanje en Portugal beperkten zich dan ook tot enkele brede oceaangordels, een wateroppervlakte van slechts 70 miljoen km^2. Het betekende dat tussen 1500 en 1650 de imperiale oceanen werden bewaakt door één schip per 1.200.000 km^2. Een absurd gemiddelde!'[75] Op zich was dat een onmogelijke opdracht, zelfs voor een maritieme grootmacht. Des te meer was dat een hopeloze zaak omwille van de Europese rivaliteit. De problemen waren nog groter. Zelfs het totale maritieme potentieel van de Europese staten volstond niet. In de Indische Oceaan en in de Pacific bestond immers al eeuwen een drukke scheepvaart. Indië, China, Japan en de landen van Zuidoost-Azië gebruikten deze oceanen voor hun handelsrelaties en toonden daarbij een grote maturiteit. Wederzijdse conflicten waren uitzonderlijk. De expertise inzake oceaanvaart bracht hen er niet toe te streven naar verovering of de afbakening van invloedssferen. 'Dit systeem van laisser-faire en multi-etnische scheepvaart, tot stand gebracht doorheen lange eeuwen van relatieve vrede en verdraagzaamheid, was duidelijk niet voorbereid op de inval van een andere "speler" die andere spelregels volgde. Toen eind december 1500 de Portugese kapitein Cabral dan ook besliste twee moslimschepen, geladen met peper, in Calicut aan te vallen en te veroveren, zondigde hij tegen een ongeschreven wet. ... De Arabische kooplui van Calicut waren ervan overtuigd dat de Portugezen geen handelaars waren maar piraten.'[76]

In de 18de eeuw werden deze problemen nog uitvergroot. Rond 1740–1750 werd een oceaanoppervlakte van naar schatting 80 miljoen km^2 dagelijks bevaren door gemiddeld 180 à 200 schepen. Tussen 1750 en 1780–1790 is die oppervlakte met meer dan de helft vergroot: het ging dan om ongeveer 120 à 130 miljoen km^2. Het aantal schepen dat dagelijks de oceanen bevoer, is toen vertienvoudigd! Die fundamentele ruimtelijke mutatie werd gedragen door de technologische vooruitgang: precisiechronometers maakten het mogelijk om tijdens een maandenlange zeevaart op een referentie-uur te kunnen blijven steunen. Aan de exploratie van de Stille Oceaan zijn onlosmakelijk de namen verbonden van Bougainville, Cook en anderen. Weinigen denken eraan dat de exploratie van de Stille Oceaan is mogelijk gemaakt door de chronometer.[77]

Pierre Chaunu wijst op nog een ander probleem. 'Rond 1600 omvatte het Spaanse koloniale rijk iets meer dan 2 miljoen km² in Amerika en 200.000 km² op de Filippijnen. In Brazilië en langs de Afrikaanse kusten controleerden de Portugezen zeker niet meer dan 100.000 km². Het *India Portuguesa* was niet veel meer dan een invloedssfeer. In vele duizenden km² in Amerika zijn Spanjaarden en Portugezen nooit doorgedrongen. De conquistadores lieten de bossen en de prairies over aan hun oorspronkelijke bewoners. Het demografische vermogen stelde ook een probleem. Rond 1600 leefden circa 200.000 Europeanen buiten Europa: de autochtonen waren vijftig- tot honderdmaal zo talrijk.'[78]

AFSTANDEN EN REISDUUR | Ook inzake afstanden en tijdsduur gaat het om fabuleuze cijfers. Gemiddeld bedroeg de reisduur tussen Sevilla en Manilla, te weten een reis heen en terug tussen Spanje en de Filippijnen, vijf jaar! Dit was wel de grootste denkbare dimensie binnen het universum dat tijdens de lange mutatie van de 15de–16de eeuw ontstond. Cruciaal was niet de heenreis naar Amerika of naar de Filippijnen, maar de terugreis: erin slagen terug te keren! De kansen om de heen- en terugreis effectief waar te maken waren klein: 25 à 30%. Op zijn meest uitgestrekte assen had de Europese expansie zijn absolute limieten bereikt: een muur vergelijkbaar met deze van de lichtsnelheid in de fysica van de 20ste eeuw. Vijf jaar voor een heen- en terugreis en één kans op twee om levend terug te keren voor ieder die zich aan het avontuur waagde. Toegevoegde afstanden die deze limieten overschreden, wogen dermate zwaar dat het feitelijk nonsens was om zich verder te wagen. Slechts de technische verbeteringen van de tweede helft van de 18de eeuw zouden de mogelijkheid bieden deze muur te doorbreken: pas vanaf dat moment ontstond een situatie waarbij het universum van de Europese expansie de hele globe omspande. Karvelen of galjoenen in de 16de eeuw gaven die mogelijkheid nog niet. Het breekpunt was feitelijk de overgang van exploratie naar exploitatie, want vanaf dat moment speelde de norm van het rendement.

Een fundamenteel probleem vormde het proviand en het water dat opgeslagen moest worden voor de bemanning: in het Frans spreekt men over *le poids moteur*. De omvang ervan stond in functie van de reisduur. De marge tussen de korte en de lange reisduur groeide naargelang de afstand toenam. Voor een reis naar Amerika was de verhouding één tot twee. En de lange reisduur bepaalde de hoeveelheid proviand die men moest opslaan. Een en ander leidde tot een rigoureus ascetisch regime aan boord van deze schepen.

'In de Europese scheepvaart nam men voor vier maanden proviand aan boord en voor één maand water, hetzij een gewicht per persoon van 500 kg. Voor de reizen naar Amerika in de 16de eeuw was dat respectievelijk acht maanden proviand en wijn, alles inbegrepen gemiddeld 850 kg per persoon. Op zijn ontdekkingsreizen heeft Colombus een gewicht van 1300 kg bereikt en Vasco da Gama 2600 kg. Een schip van 60 ton, uitgerust voor een ontdekkingsreis van twee jaar, met 35 bemanningsleden, had een vracht van 10 tot 70 ton aan boord en had verder geen ruimte meer voor andere vracht, alleszins niet tijdens de heenreis.'[79]

Natuurlijk is er in de scheepsbouw een evolutie naar gigantisme geweest. En de bemanning is niet in verhouding toegenomen. Een schip van 300 ton telde doorgaans 50 à 60 bemanningsleden en een schip van 700 ton 80 à 90. De *poids moteur* van een schip van 300 ton, uitgerust voor een reis naar Amerika, bedroeg 13 tot 15% van zijn transportruimte.

In de Spaanse Atlantische ruimte voer 85% van de schepen in konvooi. Dat is het equivalent van 90% van de tonnenmaat en 95% van de getransporteerde waarde. In de Indische Oceaan was het percentage nog groter. Scheepvaart in konvooi gebeurde zeker vanuit veiligheidsoverwegingen. Toch is het konvooivaren niet alleen tot stand gekomen omwille van de gevaren die concurrenten en kapers opleverden. Zeker vanaf bepaalde afstanden was het ingegeven door de moeilijkheden van de zeevaart, de zeldzaamheid van goede gidsen en de bescherming in geval van schipbreuk, want dan bestond de mogelijkheid om mensen en goederen op te vangen. Vandaar dat het konvooivaren zich opdrong aan zowel Spanje en Portugal als aan het Holland van de grote compagnieën in het begin van de 17de eeuw, vanaf het moment dat men de barrière overschreed van een heen- en terugreis in één jaar tijd. Het konvooivaren had heel wat nadelen. De snelle schepen moesten zich aanpassen aan de trage. De tijd nodig om aan te meren, om te laden en te lossen, hypothekeerde de snelheid. De noodzaak om in konvooi te varen vergrootte nog de afstand naar de verre landen en verkleinde die naar het nabije Overzee. De kloof tussen het nabije Overzee (bijvoorbeeld de Antillen en de Nordeste van Brazilië) en het verre Overzee (Mexico, Peru, La Plata, Portugees Indië) werd enorm groot. Vandaar ook de evolutie naar gigantisme in de scheepsbouw. Naar het *India portugueza* verging 15% van de schepen in verhouding tot het totaal aantal gerecenseerde reizen: 12% daarvan was te wijten aan zeeaverij, 3% aan conflicten (oorlogsomstandigheden). 'C'est dire que les éléments sont quatre fois plus à redouter que la méchanceté des hommes' (Pierre Chaunu). Van de bemanningsleden die aan boord gingen, stierf 15 à 20% in de loop van een reis van twee jaar, 20 à 35% wanneer de heenen terugreis drie jaar duurde. Het percentage van de verliezen situeerde zich in het *India Portugueza* op een niveau van 40%.

Een essentieel structureel aspect van de toenmalige scheepvaart was de dode tijd. Toen bedroeg de dode tijd voor een reis tussen Andalusië en Mexico op twee jaar gemiddeld 18,5 maanden tegen 5,5 maanden effectieve vaart. De alternantie van de winden dicteerde het ritme van aankomst en vertrek.

Dit verhaal onderstreept nog maar eens de bijzonder spectaculaire en zelfs onthutsende verwezenlijkingen van de Chinese admiraals en hun scheepslui. Herinneren we aan de zeven zee-expedities (1403–1433) onder de leiding van admiraal Zheng-he. Tijdens de derde reis bereikten zij de Perzische Golf en Aden. Chinese schepen deden de oostkust van Afrika aan! Deze feiten zijn een weldadig antidotum voor het eurocentrisme dat meestal ook het verhaal van de Europese expansie kleurt.

EEN GEZAGSPROBLEEM | De onmetelijkheid van oceanen en continenten stelde uiteraard ook een gezagsprobleem. Symptomatisch was de uitspraak van Peninsulares in de koloniën: 'Obedezco, pero no cumplo' (ik gehoorzaam [aan Madrid], maar voer de bevelen niet uit)! Omwille van de uitgestrektheid zagen de Spanjaarden zich verplicht de binnenlanden quasi onaangeroerd te laten: het was onbegonnen werk er echt controle te willen uitoefenen. In de zones langs de kusten waar dat wél kon, kon de gezagsgetrouwheid van de ambtenaren terecht in vraag gesteld worden. Eer nieuwe door Madrid genomen maatregelen in de Ultramar bekend raakten, gingen er maanden overheen. Dat communicatieprobleem bevorderde evenmin de getrouwe uitvoering van de beslissingen. Madrid en Lissabon stonden voor een muur van ruimte en afstand. De taak werd helemaal onhaalbaar vanaf 1580, toen Portugal werd aangehecht en Madrid dus plots ook de andere wereldzeeën onder zijn gezag kreeg.

HET ECOLOGISCHE IMPERIALISME | Niels Steensgaard heeft beweerd dat het voornaamste exportartikel van het pre-industriële Europa naar de rest van de wereld geweld is geweest. Dat moge zijn, maar hij heeft allicht niet gedacht aan de ziektekiemen. André Gunder Frank gaat zelfs zover de ziektekiemen het voornaamste wapen te noemen van de conquistadores. Allicht kunnen we stellen dat geweldpleging een doelbewust door mensen gepleegde agressie is geweest en de verspreiding van ziektekiemen een ongewilde inbraak in andere samenlevingen.

Drie belangrijke opmerkingen. 1] Deze ecologische vloedgolf heeft niet alleen de pre-Colombiaanse samenlevingen overspoeld. Ook hier speelde de verwevenheid van de continenten. Van eenrichtingsverkeer was geen sprake.

2] Deze problematiek confronteert ons met de massale effecten van de Atlantische expansie, wat scherp contrasteert met de traditionele aandacht voor de 'histoire-batailles', voor de politiek-militaire peripetieën van dat epos. Het gaat om een van de meest desastreuze effecten van de Europese agressie op het dagelijkse leven van miljoenen mensen en op de vitaliteit van eeuwenoude samenlevingen. Alleen het verhaal over de traite – een slaventransport dat miljoenen slachtoffers heeft geëist – komt in de nabijheid van deze massale ramp.

3] Ten slotte gaat het om een interactie tussen de korte en de lange termijn. Enerzijds waren er de spectaculaire ontdekkingen en de veroveringen door de cabalgadas, de benden van de conquistadores. Anderzijds werden de fysieke integriteit en de levenswijze van samenlevingen die sinds generaties in een besloten wereld leefden, opengebroken en was die inbraak zo diep ingrijpend dat het eeuwenlange ecologische en fysieke evenwicht definitief verstoord werd. Resultaat: samenlevingen uit balans en dit voor vele generaties.

Als we die problematiek inderdaad in de lange termijn situeren, is het basisgegeven dat de samenlevingen, respectievelijk in Amerika en Eurazië, zich eeuwenlang totaal onafhankelijk van elkaar ontwikkeld hebben. Die sociaal-economische en politieke eigenheid ging ook gepaard met zeer eigen ziekten. Die situatie was het resultaat van een evolutie van miljoenen jaren en had alles te maken met het feit dat beide werelden totaal verschillende dieren gedomesticeerd hadden en hun specifieke planten hadden geteeld. Die gesloten werelden – ook binnen Eurazië – werden in de geschiedenis tweemaal op grote schaal doorbroken. De eerste keer gebeurde dat door de vorming van de islamwereld in de zevende eeuw. Die resulteerde in een grote verspreiding van gewassen in heel Eurazië.[80] De tweede keer gebeurde dat op globale schaal door de vorming van de Atlantische economische wereld, die André Gunde Frank 'the Columbian exchange' noemt. Ze ging gepaard met de grootste spreiding van dieren en gewassen ooit. Zo werden meteen de fundamenten gelegd voor een wereldwijde en ongeziene bevolkingsgroei vanaf circa 1700.

Op zijn tweede reis (1493) nam Colombus zowat de hele reeks getemde dieren mee die Europa toen kende. De paarden maakten het meest indruk en hadden ook de grootste invloed. De massale veeteelt in Latijns-Amerika zou ondenkbaar zijn geweest zonder paarden om de kudden onder controle te houden. Al vrij vlug waren er ook wilde paarden die zich in Zuid-Amerika verspreidden van Peru over de Andes tot de pampas en tot de Great Plains in Noord-Amerika. Veeteelt werd enorm belangrijk in Spaans Amerika en was ook onafscheidelijk verbonden met de pionierstijd in Noord-Amerika. 'De Europese dieren waren de eerste in de Amerika's om gras om te zetten in vlees, melk en wol. De laatste twee waren voor de samenlevingen in Centraal-Amerika totaal nieuwe producten.'[81] Tegen het einde van de 16de eeuw werden in de Amerika's de belangrijkste Europese voedingsgewassen en dieren geteeld.

Nog belangrijker waren de planten die in tegengestelde richting gingen. Zij bleven niet beperkt tot West-Europa, maar werden in heel Eurazië verspreid. Clive Ponting merkt op dat het om twee soorten ging: planten die basisbestanddeel werden in de landbouw en dit op mondiale schaal (maïs, aardappelen, bonen, maniok) en degene die zorgden voor een grotere variatie in het voedingspakket (tomaten, pompoenen, papaya, avocado en ananas). Het belangrijkst was de maïs die eerst buiten Europa verspreid werd (West-Afrika en Egypte, de Levant en het Tweestromenland), aangezien het klimaat in Europa in de 16de en 17de eeuw te streng was om maïs succesvol te telen. Het gewas met de grootste impact in Europa was de aardappel. Hij is lange tijd het voedingsmiddel van de armen geweest. De regio die de gewassen uit de Amerika's het snelst en op enorme schaal heeft ingevoerd, was China. Aardappelen en maïs lagen er mede aan de basis van een bijzonder snelle bevolkingstoename in de 18de eeuw. In de vroege 17de eeuw werden ook cacao en tabak op grote schaal verspreid in Europa.

De intense handelscontacten doorheen Eurazië hadden tevens een verspreiding van ziektekiemen voor gevolg. Geleidelijk, doorheen de generaties, bouwden de mensen echter een zekere graad van immuniteit op. De samenlevingen in de Ultramar zaten in een totaal andere situatie. Door het ontbreken van gedomesticeerde dieren – de belangrijkste bron van ziektekiemen – bleven zij gespaard van de verspreiding van ziekten. Slechts in kleine, geïsoleerde gebieden bestond een dichte bevolking. Zelfs tussen de regio's met relatief grote steden in de Andes, Midden-Amerika en in het zuidwesten van Noord-Amerika is er nooit een intensief handelsverkeer geweest. Het waren vrij besloten gemeenschappen, zij werden nooit blootgesteld aan de ziekten van Eurazië, en hadden er dus ook geen immuniteit tegen.[82] Dat verklaart waarom de contactname met de Europeanen voor hen zo catastrofaal is geweest. Die is een ongewild, maar zeer effectief wapen geweest bij de conquista. De eerste ziekte waar ze het slachtoffer van werden, waren de pokken. Van de Antillen (1519) verspreidde de kwaal zich naar Yucatan. In Tenochtitlan groeiden de pokken uit tot een epidemie die een groot aantal slachtoffers maakte. Nog voor Pizarro Peru bereikte, waren de ziektekiemen hem al voor geweest en zorgden voor een massale verstoring van de Inca-samenleving. Waar de invallers er zelf redelijk immuun tegen waren, was de overmacht te groot. Andere ziekten volgden: mazelen (1530–1531) en tyfus (1546) en vanuit Afrika malaria (1650) in het Amazone-gebied en gele koorts in Yucatan en op Cuba (1648). Andere ziekten volgden hetzelfde traject: griep, pest, tuberculose... Dat alles had een demografische ramp tot gevolg. In Mexico daalde de bevolking binnen de 16de eeuw van circa 20 miljoen (1500) tot ongeveer 1 miljoen. De bevolking van het Andes-gebied werd gedecimeerd van 11 miljoen (1500) tot minder dan 1 miljoen (1600). Het Caribische gebied – circa 6 miljoen in 1500 – werd zo goed als ontvolkt. Naar schatting telden de Amerika's rond 1500 in totaal zo'n 70 miljoen mensen op een wereldbevolking van rond de 425 miljoen. In 1600 ging het nog om circa 8 miljoen op 545 miljoen. Het is wereldhistorisch gezien een unieke ravage geweest: 'The Europeans did not find a wilderness to colonize in the Americas though within a century of their arrival they had created one.'[83]

In omgekeerde richting werd syfilis in Eurazië ingevoerd. De snelheid waarmee hij zich verspreidde van Spanje en Italië (1493–1494) over de Nederlanden (1496) tot Hongarije en Rusland (1499) illustreert hoe geïntegreerd de Euraziatische wereld wel was. Hetzelfde verhaal is ook hier valabel: aangezien syfilis er voorheen onbekend was, hadden de mensen er geen immuniteit tegen ontwikkeld. Ook nu was de demografische impact afschrikwekkend.[84]

Tijdens de Russische expansie werd de opmars van de legers doorheen Siberië eveneens voorafgegaan en vergemakkelijkt door oprukkende ziektekiemen.

De tweede kanteling: het cartesiaanse paradigma

De eerste kanteling had te maken met de verruiming van de economische wereld-Europa tot een Atlantische economische wereld. De ontdekking, verovering en kolonisatie van de Ultramar was wereldhistorisch gezien van primordiaal belang omdat de Europeanen op die manier de internationale handel ruimtelijk mondialiseerden. Het was de eerste globalisering: de internationale economie werd toen voor het eerst een wereldeconomie. Deze eerste kanteling was ook karakteristiek voor de Europese beschaving. Een van de grondtrekken van de Europese mens is immers zijn doorgedreven aandacht voor de buitenwereld. Het gaat om meer dan aandacht. Het is existentiële interesse, behoefte aan inzichtelijke kennis die de Europese samenlevingen en individuen heeft voortgestuwd naar exploratie en onderzoek. De ontdekkingsreizen zijn daar het gevolg van geweest: zij vormen een rode draad doorheen eeuwen Europese geschiedenis.

De contacten met andere beschavingen zijn voor de Europeanen een aha-erlebnis geweest. Al vlug bleek dat de Arabische en Aziatische beschavingen uitzonderlijk rijk waren en op tal van domeinen een bijzonder hoog niveau kenden. De Europeanen hebben alleen al op het vlak van de techniek een aantal verworvenheden van die samenlevingen overgenomen. Vanuit een hedendaags perspectief gezien waren de Europeanen 'de Japanners van het Westen'. Ze hebben tal van vaardigheden en technische kennis van de 'anderen' overgenomen, en geïntegreerd, verfijnd en er vindingrijke toepassingen voor ontwikkeld. Dat is één kant van de medaille.[85]

Wetenschappelijke research was een andere consequentie van die fundamentele attitude. Dat streven naar kennis heeft de Europeanen aangezet zowel tot het onderzoek van hun leefwereld als tot laboratoriumonderzoek.

Kortom, de Europeanen wilden de wereld kennen en beheersen. Maar dit tweede aspect heeft alles te maken met de tweede kanteling.

De tweede kanteling heeft zich voorgedaan op een heel ander vlak, namelijk binnen de grenzen van Europa en binnen de Europese culturele identiteit. Meer bepaald heeft zich in de 17de eeuw een kanteling voorgedaan die tot in de 21ste eeuw een stempel heeft geslagen op de wijze waarop wij mens en wereld benaderen. De Amerikaanse cultuurfilosoof Stephen Toulmin heeft daarover een magistraal boek geschreven.[86] Die kanteling was toe te schrijven aan de 17de-eeuwse filosofen en wetenschappers die een heel eigen opvatting hadden over rationaliteit. Die opvatting betekende een breuk met het fundamentele denken van de humanisten uit de 16de eeuw. Stephen Toulmin beschouwt die ommekeer in Europa tussen de 16de en de 17de eeuw als een keerpunt in de hele Europese en wereldgeschiedenis. Uit wat volgt mag blijken dat die kanteling wel bijzonder relevant is voor het verhaal dat we in dit boek brengen. Immers, 'Europa koos als doeleinde van moderniteit een intellectuele en praktische agenda waarop de tolerante, sceptische houding van de 16de-eeuwse humanisten volledig aan de kant werd gezet en waarop het 17de-eeuwse streven naar wiskundige exactheid, logische strengheid, intellectuele zekerheid en morele zuiverheid centraal begonnen te staan. Daarmee begaf Europa zich op een culturele en politieke weg die geleid heeft zowel tot haar meest opvallende technische successen als tot haar diepste menselijke mislukkingen.'[87]

Toulmin kent de moderne wereld en cultuur waarin wij nu leven een dubbele oorsprong toe. Hij ziet twee fasen in de moderniteit. Eerst was er een literaire, humanistische fase in de 16de eeuw. Desiderius Erasmus, François Rabelais en Michel de Montaigne waren er de vaandeldragers van. In de 17de eeuw volgde de tweede, een wetenschappelijke en filosofische fase. Ze werd gedragen door René Descartes en Isaac Newton. De lekencultuur van Europa in de 16de eeuw was duidelijk humanistisch: openheid van geest en sceptische verdraagzaamheid vormden er het waarmerk van. Zij lieten zich leiden door – menselijke en theologische –

bescheidenheid. Zij hadden een rijk perspectief zowel op de natuurlijke wereld als op de menselijke aangelegenheden zoals zij die in hun werkelijke ervaringen tegenkwamen. 'Nadenken over de details en omstandigheden van concrete menselijke handelingen ... stond even hoog genoteerd als abstracte problemen uit de theorie van de ethiek, als universele kwesties uit de filosofische theorie.' Kortom, vanuit de diversiteit van de menselijke ervaring en vanuit de diversiteit van de wereld kwamen zij tot de conclusie dat het in verband met menselijke aangelegenheden en problemen aangewezen was steeds opnieuw rekening te houden met de contextualiteit. De nieuwe wereld die de ontdekkingsreizen hadden opgeleverd, heeft die benadering zeker versterkt. Las Casas bepleitte de menselijkheid van de indianen in de Ultramar. Matteo Ricci aanvaardde de andere levenswijze en de andere gebruiken van de Chinezen en was bereid het christendom aan te passen aan de Chinese context. Voor de humanisten waren die alternatieve levenswijzen een test, een uitdaging voor de authenticiteit van hun opvattingen. Die illustreerden de diversiteit aan menselijkheid en menselijk leven in deze wereld. Ze waren niet primitief en wreed, heidens en nauwelijks menselijk. Ze waren anders. En ze moesten bekeken worden in hun context. De 16de-eeuwse humanisten hadden respect voor complexiteit en diversiteit. In de natuurfilosofie leidde die houding tot scepticisme met betrekking tot de mogelijkheden van de wetenschap. 'Montaigne beschouwde pogingen om een theoretische overeenstemming te bereiken over de natuur als het resultaat van menselijke aanmatiging of zelfbedrog.' De humanistische sceptici waren van mening dat het verkeerd is mensen die er een ander standpunt op nahouden, tot hun inzichten te bekeren. Ze waren van oordeel dat ze ermee moesten leven als een signaal, een getuigenis van de diversiteit van het menselijke leven. Zij moesten 'de diversiteit aan standpunten aanvaarden in een geest van verdraagzaamheid. Tolerantie voor de pluraliteit of het gebrek aan zekerheid' die er het gevolg van is, 'is geen fout, laat staan zonde'. Wij zijn mensen, geen goden![88]

Toen kwam de kanteling. In de 17de eeuw gingen deze humanistische inzichten verloren. In de eeuw van crisis kwam de omslag. Het was de eeuw van godsdienstoorlogen, van economische crisissen, van sociale neergang en polarisering, van geweld en ontmenselijking. En er ontstond – de humanisten zouden gezegd hebben dat de context dat onvermijdelijk maakte – existentiële hunker naar orde en stabiliteit, naar hiërarchie en zekerheid. De 17de eeuw was de eeuw van de soevereine nationale staten. En binnen die staten moest sociale stabiliteit bestaan. Die sociale orde berustte op horizontale lagen en verticale hiërarchie: er bestond een samenleving van meerderen en ondergeschikten, lagere en bevoorrechte standen, mannen en vrouwen. Die discriminatiepatronen werden ook geëxporteerd naar de koloniën en gemondialiseerd: tussen rassen en volkeren waren er minderen en meerderen, onderworpenen en herenvolken. Deze hiërarchie was door God gewild en een essentieel onderdeel van Zijn plan voor natuur en samenleving.

En dus ruilden de filosofen van de 17de eeuw argumentatie in voor bewijzen, contextuele tolerantie voor formele logica, openheid van geest voor tijdloze en universele principes, concrete diversiteit voor abstracte axioma's, tijdgebonden kennis voor tijdloze kennis, praktische voor theoretische filosofie, tolerantie voor andersdenkenden voor dogma's en verwerping van wat afwijkt, van wat niet conform is. Het was de omslag van humanisme naar (een bepaald soort, want eenzijdig) rationalisme, van Montaigne naar Descartes. Stephen Toulmin, Gibson Winter, Freeman Dyson, Konrad Lorenz en Max Wildiers hebben in hun geschriften scherp gewaarschuwd voor de eenzijdigheid van dat nieuwe paradigma. Dat nieuwe allesomvattende cultuurmodel heeft een stempel gedrukt op de westerse samenlevingen en is verantwoordelijk voor de scheiding tussen mens- en natuurwetenschappen. De complementariteit werd uit het oog verloren en ruimde plaats voor eenzijdigheid en overwaardering van natuurwetenschappen en technologie. Daardoor werd het mogelijk te spreken over de natuurwetenschappelijke armoede. De triomf van de newtoniaanse natuurkunde zou dat nieuwe paradigma een aureool van onaantastbaarheid geven. De opmars van de natuurwetenschappen viel niet te stuiten. Tegelijk werd de dualiteit lichaam en geest, mens en natuur, een wezenskenmerk van de westerse cultuur. Relevant voor de nieuwe benadering van mens en wereld was de opvatting van René Descartes dat de mens 'le maître et le possesseur de la nature' is. De westerse mens stelde zich op buiten en tegenover de natuur. Hij greep in, vormde de natuur om, deed alles om de natuur te beheersen, te onderwerpen. Hij legde zich erop toe de werkelijkheid – de natuur – te fragmenteren en tot in haar infinitesimaal kleinste partikels te herleiden en te doorgronden (het reductionisme). Zo slaagde de westerse mens erin de geheimen van de natuur te ontraadselen. De toepassing van de nieuwe wetenschappelijke inzichten was de motor voor de technische vooruitgang die zelf aan de basis lag van economische en maatschappelijke revoluties. Max Wildiers spreekt over het paradigma van de macht. De mens is erin geslaagd machten te creëren die zijn voortbestaan bedreigen. Heel de geschiedenis lang hebben wij geleefd met het besef van de sterfelijkheid van de mens als individu. Nu leven we met het besef van de sterfelijkheid van de mens als soort.[89] Dat is het spectaculaire, maar deprimerende resultaat van de evolutie sinds de omslag van de 17de eeuw. Konrad Lorenz heeft ooit onze technomorfische manier van denken aan de kaak gesteld. Anders geformuleerd is dat 'de ziekelijke neiging om alle heil van de techniek te verwachten'. Die heeft geleid tot 'een blinde en ongelooflijk domme levenswijze', omdat ze leidt 'tot de geleidelijke afbraak van al de eigenschappen en vermogens die in het verleden onze superioriteit hebben gewaarborgd'.[90]

Voor ons verhaal is van cruciaal belang dat deze kanteling van de 17de eeuw mede aan de basis ligt van een wetenschappelijke en technologische ontwikkeling in de westerse wereld die rechtstreeks te maken heeft met de latere Industriële Revolutie. Waar eeuwenlang de Europese technologische voorsprong ten aanzien van Azië een Europese mythe was geweest, werd in de 17de eeuw een evolutie ingezet waardoor de mythe uiteindelijk realiteit werd. In de 17de–18de eeuw is er een soort schaarbeweging geweest tussen West-Europa en Azië. West-Europa begon aan een merkwaardige opgang. Azië kende een langzame neergang. Het resultaat rond 1800 was een positiewissel of machtsverschuiving. De tweede kanteling (17de eeuw) was daar de aanzet toe.

5 Het Gouden Oosten
ca.1400–ca.1800

Continuïteit: Europa in Eurazië

De Atlantische expansie heeft gezorgd voor de vorming van een nieuwe
'économie-monde' waar het Iberisch schiereiland en later Noordwest-
Europa de metropool van was. Door die expansie hebben de Europeanen
gezorgd voor een breuk met het verleden. Zij hebben op die wijze immers
gezorgd voor een mondialisering van de wereldeconomie. Waar die voorheen beperkt bleef tot Eurazië en Afrika, werden de Atlantische Oceaan
en de Amerika's toegevoegd: de kaart van de wereldeconomie kreeg zo een
echt mondiale dimensie. De Atlantische economische wereld werd geïntegreerd in de wereldeconomie. Dat was het aspect van discontinuïteit!
   Blijft de plaatsbepaling van de Atlantische economische wereld. In hoeverre was die nieuwe 'économie monde' relevant? Hoe is het economische

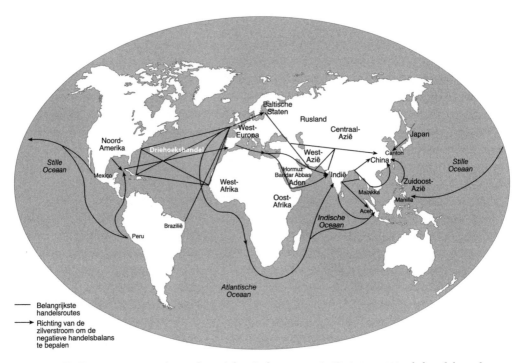

De Europese economie werd een Atlantische economie. De internationale handel werd
een wereldhandel (16de eeuw).

gewicht ervan te evalueren? Zoals mag blijken uit wat volgt, kunnen we er niet omheen vast te stellen dat die globalisering niettemin een grote continuïteit te zien geeft. De Aziatische subsystemen van de wereldeconomie bleven ook dan primordiaal: China, Indië en Zuidoost-Azië vormden het kerngebied. Europa, zelfs als kerngebied van de Atlantische economische wereld, bleef in de periferie liggen. Maar zijn economische relevantie groeide overduidelijk: het zilver van de Ultramar was niet alleen voor Europa zelf, maar ook voor de economische vitaliteit van Azië van cruciaal belang. Niettemin bekleedde het Atlantische subsysteem mondiaal gezien de tweede plaats. Azië bleef het kerngebied. Dus inderdaad: continuïteit.

De oostwaartse traite

AFRIKA ALS LEVERANCIER | De eenzijdige aandacht voor de transatlantische traite heeft eens te meer te maken met de eurocentrische visie op het verleden. Dat maakt dat we nauwelijks iets weten over het oorsprongsgebied Afrika. De transsahara-traite bijvoorbeeld heeft een bijzonder lange geschiedenis gekend van de 7de tot de 19de eeuw. Al in de pre-islamitische periode waren er contacten tussen Arabieren en Afrikanen uit de Hoorn van Afrika. Vooral Ethiopiërs verplaatsten zich in het Arabische schiereiland en in het gebied rond de Perzische Golf om naast allerlei koopwaar ook slaven te leveren. Er bestond slavenhandel. Daarnaast leverden oorlogen ook slaven op. Na de opkomst van de islam zijn de Arabieren doorgedrongen in een vrij groot deel van Afrika ten westen van Ethiopië en ten zuiden van de Sahara. Zij noemden dat gebied *Bilad al-Sudan*, het gebied van de Zwarten. Slaven mochten zij volgens hun islamregels niet gevangennemen in *Dar al-Islam*, het land van de islam, maar uitsluitend in *Dar al-Harb*, in de gebieden van de oorlog. Daarmee verwezen ze feitelijk naar alle niet-islamitische gebieden. De slavenhandel gebeurde via twee verschillende trajecten. Aan de ene kant werden slaven gevangengenomen in de vallei van de boven-Nijl (Nubië) en in de Hoorn van Afrika en werden ze naar de Rode Zee vervoerd. Na lange dagmarsen bereikten zij Asyut of Aswan in Egypte, vanwaar ze ofwel in het hele Midden-Oosten – vooral het Arabische schiereiland en de Perzische Golf – verhandeld werden ofwel werden verscheept naar Indië en China. Andere slaven werden gevat in razzia's of als oorlogsbuit. Ze werden te koop aangeboden door handelaars op de markten van Timboektoe (Mali) en Darfoer (Soedan). De slaventrafiek verliep dan met kamelen via de grote karavaanroutes naar Noord-Afrika. Via het rijk van Mali, dat een grote welvaart kende tussen de 13de en de 16de eeuw, en dat van Songhaï liep de meest westelijke transsahara-route naar Marokkaanse steden als Fès

Timboektoe was een van de steden, die bloeiden dank zij de trans- Saharische karavaan-routes. Opvallend is de mix van traditionele Afrikaanse hutten, de Arabische gebouwen met etage, de moskeeën en de karavaanserais (Gravure 19de eeuw).

en vooral Sigilmassa. Algiers, Tunis, Caïro, Tripoli en Sawakan waren de grote steden waar de slaven toekwamen. Vandaar werd het grootste deel verscheept naar de oostelijke mediterrane wereld, het Arabische schier-eiland, de Perzische Golf en Indië. Vooral vanaf de 14de eeuw werden ook talrijke slaven versast naar Europese landen: Italië, Spanje en Portugal. Afrika is vooral een reservoir van slaven geworden vanaf het moment dat de aanvoer vanuit Centraal- en Noord-Europa stokte. Slaven waren uitgelezen koopwaar, net zoals ivoor, goud en zout, waar in het oosten grote vraag naar bestond. Omgekeerd werden dan Indische katoentjes, parfums, specerijen en paarden aangevoerd. Voor een evaluatie van de slavenhandel moet men zich behelpen met schattingen: vanaf circa 1500 tot het einde van de 18de eeuw zouden 4 miljoen slaven verhandeld zijn via de transsahara-routes en 2 miljoen via het traject naar de Rode Zee. Anderen houden het op respectievelijk 9 en 4 miljoen. Het zijn schattingen, want over documenten beschikt men niet en naar de hoge mortaliteit tijdens de trafiek heeft men het raden. Daarenboven betreft het een handel, gespreid over een eeuwenlange periode.

In 1446 zijn de Portugezen dan verschenen op de kusten van Gambia. Vanaf dat moment is het koninkrijk Mali opengesteld voor een nieuwe wereld en is West-Afrika geïntegreerd in de transatlantische driehoekshandel. Wat niét betekende dat vanaf dat moment de slavenroutes doorheen de Sahara en naar het gebied van de Rode Zee niet langer zouden zijn gebruikt. Want Spanje bijvoorbeeld toonde een groeiende belangstelling voor de slavenaanvoer op de Noord-Afrikaanse kust. En vanuit Tripoli bleven Istanboel, het gebied van de Egeïsche Zee met Smyrna, Scio, Kreta, Athene, Saloniki en andere plaatsen, van een belangrijke toevoer aan slaven genieten.

Meer bepaald bestond de oostwaartse traite via de Indische Oceaan al van in de Oudheid. De slaventrafiek was er vroeg in de handen van Arabieren die kleinschalig werkten: het ging telkens om minder dan honderd slaven per sambuk en de vracht bestond meestal nog uit ivoor, specerijen en huiden. Vanaf de 7de eeuw werden ook talrijke slaven verscheept vanuit de havens van de Oost-Afrikaanse kust, van Somalië tot Mozambique en een aantal eilanden zoals Madagaskar en de Comoren. Vanuit de binnenlanden werden slaven en allerlei goederen aangevoerd via de stromen. Zo waren er meerdere handelsposten bedrijvig langsheen de Zambesi. Zanzibar en Pemba groeiden uit tot belangrijke slavenmarkten. Mombasa werd het voornaamste commerciële centrum op de oostkust. Moslimsteden als Lamu en Pate, Merka en Mogadiscio waren bijzonder welvarend. Op die oostwaartse routes bestonden de vrachten vooral uit ivoor, goud, slaven, palmolie, hoorns en schilden. De vrachten gingen richting Irak, Perzië, het Arabische schiereiland, Indië, China en Indonesië. Vanuit het oosten werden vooral luxeproducten aangevoerd: specerijen, zijde, textieltjes, kleding, metalen en porselein. Vanuit Zanzibar en Pemba alleen al werden jaarlijks 15 à 20.000 slaven verscheept. Een schatting van het totaal is onmogelijk, ook al omdat die oostwaartse traite zoveel eeuwen langer heeft bestaan dan de transatlantische. Deze Arabische handel in de Indische Oceaan is dus mettertijd weggedrukt door Portugezen en Hollanders. De Portugezen zetten in Oost-Afrika een structurele samenwerking op poten met inlandse gezaghebbers, waarbij ze hen een vrij grote autonomie lieten. Het ging om *prazos*, een soort verhuurpercelen of gronden, voor drie generaties toegewezen aan *prazeros*. Die prazeros hebben een belangrijke rol gespeeld in het instandhouden van de oostwaartse traite. De Hollanders hebben het Portugese voorbeeld gevolgd en hebben op de eilanden van de Indische Oceaan een plantageeconomie geïntroduceerd die draaide op slavenarbeid. Tussen de 17de en de 19de eeuw bereikte deze slaventrafiek een hoogtepunt. De Hollanders zelf werden in de 18de eeuw echter geconfronteerd met een groeiende rivaliteit vanwege de Engelsen en de Fransen, waardoor ze de controle op die handelsroutes uiteindelijk kwijtspeelden. Maar de slavenhandel bleef bestaan. De bestemmingen wijzigden enigszins: naast de bestaande zoals de eilanden van de Indische Oceaan, werden Mauritius, La Réunion, Pondichéry en de Seychellen belangrijk. In de 18de eeuw kwamen de slaven uit een uitgestrekt gebied tussen het Nyassa Meer en het noorden van Mozambique. Zanzibar was toen het centrum bij uitstek. Ook in die tijd werden de slaven nog vervoerd naar Indië en tot in Maleisië.[91]

De wereldwijde zilverstroom

EEN ZILVEREN STANDAARD | Het wereldwijde handelssysteem steunde op een zilveren standaard. Ook in China was de Mingdynastie door de ontwaarding van het papieren geld uit de Yuanperiode vanaf het midden van de 15de eeuw overgeschakeld op een zilveren munt. In de late 15de eeuw was de Chinese economie volledig gebaseerd op zilver. Het zilver werd gewonnen in de Amerika's en ook in Japan. De wereldvoorraad aan zilver bedroeg in 1500 ongeveer 35.000 ton, in 1800 circa 168.000 ton. Het ging dus om ongeveer een vervijfvoudiging. De zilverstroom in de wereld bewoog zich hoofdzakelijk in oostwaartse richting, via de Atlantische en de Indische Oceaan. Het was het gevolg van de eeuwenlange negatieve handelsbalans die Europa had ten aanzien van Azië. In de 17de eeuw bedroeg de zilverimport in Europa 27.000 ton. Daarvan stroomde 13.000 ton naar Azië. In de 18de eeuw gaat het om respectievelijk 54.000 en 26.000 ton. In zijn *Wealth of Nations* schrijft Adam Smith hierover: 'Oost-Indië (d.i. Azië) is een andere markt voor het zilver van de Amerikaanse mijnen, waarvan de productie steeds maar is toegenomen. Iedereen is het erover eens dat het uitermate voordelig is de edele metalen van Europa naar Indië te brengen. ... Het zilver van de Nieuwe Wereld schijnt wel een van de voornaamste middelen te zijn waarmee de handel tussen de twee extreme gebieden van de Oude Wereld gevoerd wordt.'[92]

Het hele verhaal toont aan dat de lamp in Azië brandde. Het hoeft nauwelijks te verbazen dat de Europeanen in het verleden te allen prijze een rechtstreekse route trachtten te vinden naar het Gouden Oosten. Na de ontdekkingsreizen kwam daar dus geen verandering in.

Er was ook een westwaartse zilverstroom vanuit de Amerika's over de Pacific en vanuit Japan. Meer bepaald betreft het dan de zogenoemde Manillagaljoenen die het zilver vervoerden op het traject Acapulco-Manilla. In het Verre Oosten was Japan een belangrijke wereldleverancier van zilver van 1560 tot 1640. Het leverde toen zo'n 30% van het totaal en bleef

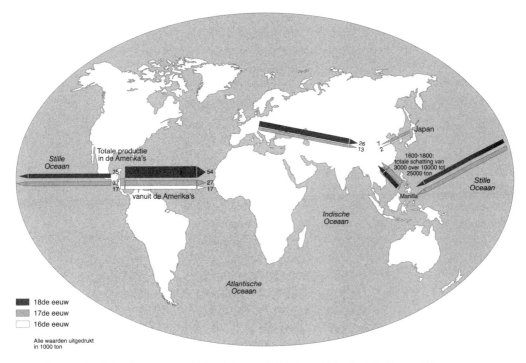

De wereldwijde zilverstroom (16de–18de eeuw). Azië was inderdaad het kerngebied van de wereldeconomie.

op dat vlak actief tot het midden van de 18de eeuw. Ten slotte belandde de grootste hoeveelheid zilver in China. Door zijn grotere productiviteit en competitievermogen was China als een magneet. De handelsroutes convergeerden vanuit de meest verscheiden richtingen in China. Daar en elders verhoogde deze toevoer de vraag, stimuleerde een verhoging van de productie en consumptie en ondersteunde een bevolkingstoename.[93]

Europa's nadelige positie in de wereldeconomie werd dus ten dele gecompenseerd door zijn bevoorrechte toegang tot Amerika's edele metalen. Hoofdzakelijk daardoor kon Europa zijn aandeel in de wereldmarkt opdrijven: 'Europe used its American money to buy itself a ticket on the Asian economic train.'[94] Hun eigen producten waren niet gegeerd op de Aziatische markten en speelden dus nauwelijks een rol in hun export.

Opmerkelijk was dat de Europeanen zich engageerden in de intra-Aziatische handel. Dat hoeft nauwelijks te verbazen: de winsten die de Europeanen konden boeken in deze handel waren zoveel groter dan deze in de Aziatisch-Europese handel.[95]

Geoffrey Parker merkt op dat los van de officiële staatsgecontroleerde handelsrelaties, particuliere Portugezen eigen initiatieven ontwikkelden en zich integreerden in de intra-Aziatische handel. Zij opereerden in het

Verre Oosten in twee tamelijk onafhankelijk van elkaar functionerende handelssystemen. Het eerste was officieel en was gebaseerd op de controle door een beperkt aantal grote militaire bolwerken langsheen de kusten en de rechtstreekse handel tussen Azië en Europa. Het tweede was een onofficieel netwerk waarin privépersonen met hun eigen schepen, pakhuizen en contacten actief waren. Die contacten hadden zij meestal in havens die door onafhankelijke heersers gecontroleerd werden. Hij spreekt in verband hiermee over het 'shadow empire' van de Portugezen: het genereerde hoge winsten.[96] De Hollanders volgden hun voorbeeld. Jan Pieterszoon Coen bijvoorbeeld, gouverneur-generaal van de Oost-Indische Compagnie van 1618 tot 1623 en van 1627 tot 1629, heeft een heel netwerk van intra-Aziatische handel uitgebouwd vanuit Batavia. Het patroon van de activiteiten van de Verenigde Oost-Indische Compagnie (VOC) spreekt boekdelen. Uit Europa voerden de Hollanders edele metalen aan. Maar in het Japanse zilver waren zij ook ten zeerste geïnteresseerd. Zo waren ze in staat zijde en porselein in China aan te kopen, en andere koopwaar in Taiwan, peper in Indonesië en vooral textiel in Indië. Die textieltjes werden verhandeld in Indonesië, maar gingen evengoed naar Europa en naar verschillende Aziatische factorijen. Het grootste deel van de peper en andere specerijen werd geëxporteerd naar Europa. Een aanzienlijk deel werd echter aan de man gebracht in Aziatische factorijen, onder meer in Indië, Perzië, Taiwan en Japan. Japan was voor de VOIC in de 17de eeuw de belangrijkste Aziatische leverancier van edele metalen. In een uiteenzetting voor de bestuurders van de VOC beschreef Jan Pieterszoon Coen in 1619 de Hollandse handel in Azië. Hij verwees naar handelsrelaties met Gujarat, Sumatra, de Coromandelkust en Surat, met China en Japan, Perzië en het Arabische schiereiland. 'En dat alles kan gebeuren zonder geld uit de Nederlanden, en alleen met schepen... We beschikken al over de belangrijkste specerijen. Wat hebben we dan nog nodig? Niets anders dan schepen en een beetje water om de pomp op gang te brengen. Hiermee bedoel ik voldoende middelen (geld) zodat de rijke Aziatische handel kan worden uitgebouwd. Derhalve, heren en goede beheerders, is er niets dat de Compagnie ervan kan weerhouden de rijkste handel ter wereld te verwerven.'[97]

De Europeanen konden uiteraard ook hun voordeel doen met de driehoekshandel: zij investeerden hun overzeese winsten in het eigen continent. Dat alles resulteerde in kapitaalaccumulatie in Europa. Vanuit het perspectief van de wereldeconomie was de inbreng van Azië niettemin zoveel groter. En wel om twee redenen: 1] minstens tot circa 1750 beschikte Azië over een productiviteit, productie en accumulatie die groter waren dan waar ook in de wereld. Dat geldt evenzeer voor Aziatische regio's als China, Indië en Zuidoost-Azië; 2] de aangroei van Europa's aandeel in

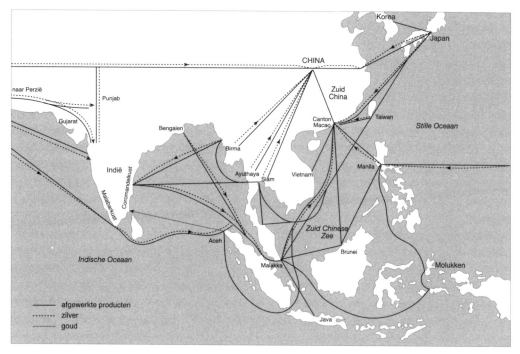

De intra-Aziatische handel (ca.1400–ca.1800). In Azië 'brandde de lamp': de intra-Aziatische handel genereerde zoveel meer winsten dan de oost-westhandel.

de groeiende accumulatie dankte het hoofdzakelijk aan deze Aziatische accumulatie. Uit historisch onderzoek blijkt immers dat zonder deze Aziatische dynamiek Europa in de context van de wereldeconomie van secundair belang zou zijn gebleven. De Atlantische driehoekshandel op zich was zoveel kleiner en armer dan de Aziatische economieën.

Kortom, de zilverstroom is als het ware het smeermiddel geweest waarmee de machine van de wereldeconomie steeds opnieuw zuurstof heeft gekregen. Het verklaart dat de A-cyclus van economische expansie[98] zich heeft doorgezet tot en met de 18de eeuw. Die zilvertoevoer maakte het ook mogelijk dat de Europeanen een steeds belangrijker rol hebben gespeeld in de expansie van de Aziatische economieën tussen 1500 en 1800. De invloed van de winning van edele metalen is dus niet alleen voor Europa belangrijk geweest. Hij heeft ook in het kerngebied van de wereldeconomie – Azië – voor een lange expansiefase gezorgd.

Wat in verband met de traite al opviel, wordt in verband met de zilverstroom bevestigd: de extreme verwevenheid van de verschillende subsystemen in de mondiale economie. De verruiming van de economische wereld-Europa tot een Atlantische économie-monde had een enorme impact op de Afrikaanse en Amerikaanse samenlevingen. Maar ook op de Aziatische samenlevingen was de impact enorm. De negatieve handels-balans van Europa met Azië toont de attractiviteit aan van het Gouden Oosten, het kerngebied van de wereldeconomie, en dus van de economische werelden van Zuid-Azië en het Verre Oosten. Tegelijk illustreert ze de wisselende impact van elk onderdeel op het geheel. Benieuwd of het verhaal over het technologische niveau eenzelfde patroon vertoont.

Het technologische niveau

GEEN TECHNOLOGISCHE SUPERIORITEIT | De onderzoekers wijzen op de intensieve uitwisseling van technologische knowhow in het ene wereld-economische systeem. Geen enkele staat of regio – ook Europa niet – was er in de Nieuwe Tijden toe in staat technologische superioriteit te verwerven. Ook Paul Bairoch wijst erop dat er circa 1800 geen wezenlijk verschil in technologisch niveau bestond tussen Europa en de ontwikkeldste Aziatische samenlevingen. 'Wij hebben de aandacht gevestigd op het geringe verschil dat bestond op het technologische vlak voor de Industriële Revolutie en zelfs tijdens de eerste decennia hiervan. ... Er waren geen belangrijke technische innovaties in Europa tussen 1500 en 1700, niets dat de vergelijking kan doorstaan met de twee volgende eeuwen. ... Niettemin, zo er in de 18de eeuw al een vooruitgang in Europa is geweest in vergelijking met de andere ontwikkelde samenlevingen, dan was deze niet groot, en vooral kan men ervan uitgaan – en dat is erg belangrijk – dat technisch gezien die andere samenlevingen een potentieel hadden – werkkracht en technische kennis – dat hen in staat stelde, naar het voorbeeld van de andere landen in Europa, om het Engelse model na te volgen.'[99] Daarmee is hij in eenklank met de stelling van Joseph Needham dat er bij het einde van de Mingdynastie (1644) geen merkbaar verschil in technologisch niveau bestond tussen het Westen en China. Er was niet zoiets als Europese technologie. Technologische vooruitgang was een mondiaal proces en de verspreiding van wetenschappelijke en technologische kennis was nooit eenrichtingsverkeer. Het is dus onzin – een andere eurocentrische mythe – te beweren dat West-Europa, respectievelijk het Westen, het oorsprongsgebied zou zijn geweest van wetenschappelijke en technologische vooruitgang. De inbreng van China en Indië is bijzonder waardevol geweest. En ook de ontwikkeling en verspreiding van de islamitische wetenschap en technologie is niet te onderschatten.

DE WAPENTECHNOLOGIE | Het technologische niveau van samenlevingen vertaalt zich ook in het niveau van hun wapentechnologie. Niels Steensgaard heeft erop gewezen dat 'het voornaamste exportartikel van het pre-industriële Europa naar de rest van de wereld geweld is geweest'. 'De fidalgos, de conquistadores, de vrijburgers en de nabobs waren inderdaad krijgersnomaden die weinig verschilden van de Mongolen en Mogols.'[100]

Eerder was al sprake van de zeeoorlogen tussen Engeland en de Verenigde Provinciën. Ze hadden rechtstreeks te maken met het technologische niveau van hun scheepsbouw. Deze maritieme rivaliteit leverde de drijfkracht voor technische vooruitgang en de zeeoorlogen waren sterke impulsen om steeds betere schepen te bouwen en machtiger vloten samen te stellen, te innoveren in de bewapening van de schepen en de tactische efficiëntie tijdens zeeslagen op te voeren. De Verenigde Provinciën hadden op al deze vlakken lange tijd de leiding: zij beschikten als eersten over een oceaanvloot (*a fleet for the high seas*, te weten voor buiten de territoriale driemijlszone). Dat bleek onder meer uit het feit dat de Spaanse Armada niet opgewassen was tegen de Hollandse vloot. In Hoorn (Noord-Holland) werden ook de eerste fregatten gebouwd. Deze snelle schepen (300 ton) met geringe diepgang en uitgerust met 40 kanonnen, vernietigden een Spaanse vloot voor de kust van Kent (oktober 1639). Het was ook tijdens deze zeeslag dat Maarten Tromp de aanval in lijn voor het eerst toepaste. Rond het midden van de 17de eeuw werd de rivaliteit met de Engelsen echter een bijzonder harde dobber: zij aarzelden niet de nieuwe in-lijn-tactiek van de Hollanders te imiteren en bouwden een vloot van 157 oorlogsfregatten. Londen beschikte toen over een vloot die in staat was op lange termijn en permanent operatief te zijn op de oceanen. De Engelse marine kon over belastinggeld beschikken én een beroep doen op kapitaal van negotianten. Cruciaal was echter de overschakeling op het nieuwe scheepstype, het fregat. De maritieme wedloop stopte niet. Waar Tromp in 1653 (zeeslag van Terheyden) beschikte over twee schepen met meer dan 40 kanonnen, had Michiel de Ruyter 20 jaar later al 62 dergelijke schepen onder zijn commando. In de zeeslag van Kijkduin (1673) droeg de Hollandse vloot 4.233 kanonnen. Een eeuw vroeger, in de zeeslag bij Lepanto (1571), beschikte de vloot van don Juan over 1.815 stuks en de Spaanse Armada (1588) over 2.431. De omvang van de Engelse vloot steeg tussen 1660 en 1688 van 173 schepen (met 6.930 kanonnen) tot 323 schepen (met 9.912 kanonnen).

SCHEEPSBOUW | Deze brutale maritieme rivaliteit had uiteraard mondiale consequenties. De Atlantische staten van Noordwest-Europa konden voortaan oorlogsvloten inzetten die in staat waren strategische doelstellingen aan de andere kant van de wereld na te jagen. Zij konden operatief én succesvol zijn in de Caribische Zee, maar evengoed in de Indische Oceaan en in de Pacific. Dat zegt niet zoveel over de scheepsbouwkundige technologie dan wel over de wapentechnologie waarover respectievelijk Noordwest-Europa en Azië beschikten. Want inzake scheepsbouw hadden de Chinezen en Indiërs weinig van de Europeanen te leren. Beide landen konden bogen op een eeuwenlange traditie en bezaten ook lange tijd een verpletterende superioriteit inzake scheepsbouw ten aanzien van Europa. Herinneren we aan de indrukwekkende schepen van de vloten van admiraal Zheng-he (begin 15de eeuw). Tot in de 18de eeuw bestelden Europese landen schepen in China, op de Filippijnen en in Indië. De Britse East India Company behield scheepswerven in Bombay tot diep in de 18de eeuw.[101] 'Het is opvallend hoe Indiërs en Europeanen eropuit waren om van elkaar te leren. De afhankelijkheid van de Europeanen ten aanzien van Indische en Filippijnse scheepsbouwers maakt zo deel uit van een patroon waarbij westerlingen gebruikmaakten van Aziatische kennis en vaardigheden.'[102] Hierboven stelden we dat niet de scheepbouwkundige technologie primeerde, maar de wapentechnologie. Aanvankelijk kwamen de Europeanen wat dat betreft in een vacuüm terecht, aangezien op de schepen in de Indische Oceaan geen bewapening aanwezig was. Eeuwenlang was de scheepvaart in deze ruimte vreedzaam, was er geen sprake van imperialisme (territoriale expansie of invloedssferen). Voor de Aziaten was de Portugese inbraak dan ook als een blikseminslag bij heldere hemel. De Egyptenaren boden als eersten weerwerk vanuit de Rode Zee. Nadien zouden de drie islamrijken die in West-Azië aan de Indische Oceaan lagen – de Perzische Safavieden, de Ottomanen en de Mogols van Indië – grote oorlogsschepen bouwen om de Portugezen te bekampen. Ze werden daarin gesteund door de moslimstaten van Indonesië (o.a. Aceh). In de jaren 1560–1570 waren er al furieuze zeeslagen, respectievelijk in de Rode Zee en ter hoogte van Singapore tussen Portugese galjoenen en Aceh-schepen, uitgerust met Turkse kanonnen en troepen. Het is juist dat de Europeanen toen al meestal aan de winnende hand bleven, maar dan wel ten koste van ernstige verliezen. Geconfronteerd met de groeiende moslimzeemacht én met de rivaliteit van Europese vijanden, zagen de Portugezen zich uiteindelijk verplicht in te binden. Een typevoorbeeld van *imperial overstretch*! Een en ander stimuleerde de machtsgroei van de Hollanders en Engelsen in de Indische Oceaan. Die groeiende maritieme slagkracht van de Europeanen leidde tot een bizarre situatie. De Indische Mogols bijvoorbeeld kozen voor een bijzonder praktische aanpak. Zij hadden geen oorlogsvloot en scheepsbewapening van doen. Zij vonden het heel wat goedkoper en efficiënter om de Europeanen te betalen voor de bescherming van hun koopvaardijvloot. Meteen was het overbodig om zwaar te investeren in de bouw van nieuwe scheepstypen en massieve bewapening. En zo de Europeanen het contract al met de voeten traden, waren de Mogols in staat om hen te straffen en te schaden door hun factorijen aan te vallen.

De Japanse shoguns hebben dat voorbeeld gevolgd. Japan bouwde een koopvaardijvloot van grote onbewapende schepen (gemiddeld 300 ton), de zogenoemde Red-seal ships; ze droegen de shuinjo of rode zegel van de shogun als paspoort. En ze betaalden de Europeanen beschermingsgeld. Ook in dit geval dezelfde attitude: zo de Europeanen hun verplichtingen met de voeten traden, volgde er ogenblikkelijk een zware vergelding tegen de Europese landbases. Toen een Red-seal schip in 1610 Manilla bereikte te midden van een zeeslag tussen Spanjaarden en Hollanders, staakten beide partijen de vijandelijkheden even om het neutrale schip de kans te geven de haven binnen te varen! In de gevallen dat meestal Hollandse schepen toch Red-seal schepen plunderden, verdedigden de Japanners zich niet, maar brachten bij hun terugkeer in Nagasaki verslag uit bij de betreffende magistraten. Onmiddellijk werd dan beslag gelegd op al de Hollandse schepen die zich in de haven bevonden tot de geleden schade volledig was vergoed. Andere Aziatische staten hebben die strategie niét toegepast en hebben wel geopteerd voor de bouw van oorlogsvloten.[103]

In de late 17de eeuw was de Europese hegemonie over de oceanen in Amerika, Afrika en Zuid-Azië een feit, maar niet in het Verre Oosten. Rond 1650 had Europa zijn militaire suprematie gevestigd in vier onderscheiden gebieden: Centraal- en Noordoost-Amerika, Siberië, bepaalde kustzones in het sub-Sahara Afrika en op de eilanden van Zuidoost-Azië. In 1800 oefenden de Europeanen controle uit over 35% van de aarde. In 1914 was dat al 84%. Die overweldigende expansie tijdens de lange 19de eeuw is perfect verklaarbaar, maar is hier niet aan de orde. Het blijft een raadsel hoe Europa tegen 1800 al aan die 35% is gekomen.

DE MILITAIRE KRACHTSVERHOUDINGEN | Het hele verhaal dat we tot nog toe gebracht hebben, laat toch toe enkele significante conclusies te trekken. Vooreerst toont het aan dat de Europese ontwikkelingen op het vlak van militaire technologie voor de tweede helft van de 18de eeuw op geen enkel moment van die aard waren dat ze de machtsverhoudingen in continentaal Azië op de helling konden zetten. De Mogols en de shoguns waren perfect in staat strafexpedities te organiseren tegen Europeanen die de spelregels overtraden. De Europeanen waren niet in staat om vanuit een beperkt aantal havens binnen te dringen in de binnenlanden en het op te nemen tegen de militaire slagkracht van de grote Aziatische mogendheden.

Dat brengt ons tot een tweede conclusie. Het is absoluut nodig te nuanceren. In de eerste plaats was er de etnische en culturele verscheidenheid. De volkeren in de wereld buiten Europa bevonden zich op heel uiteenlopende beschavingsniveaus. Het weerwerk dat zij konden bieden was dan ook erg verschillend. In de tweede plaats moet je het onderscheid goed voor ogen houden tussen de machtspositie die de Europese staten konden verwerven over de oceanen, respectievelijk de penetratie op de continenten. De militaire krachtsverhoudingen moeten dus erg contextueel ingeschat worden.

De Mandsjoes vormden elite-regimenten naar Chinees model om het Chinese rijk te veroveren (1644). In het begin van de 19de eeuw waren ze niet opgewassen tegen de westerse legers.

DE WALK-OVER IN DE ULTRAMAR | Het eerste besluit is schitterend te illustreren met de veroveringen en kolonisatie in de Nieuwe Wereld. In de Ultramar werden de Europeanen geconfronteerd met inlandse – dikwijls indiaanse – samenlevingen die nog op een neolithisch niveau leefden: de Algonkiniërs, de Tupi-Guarani, de Maya's. De Azteken kenden echter een beschaving uit de Kopertijd, daar waar de Inca's een beschaving uit de Bronstijd hadden. Daarenboven was het niet onbelangrijk dat die samenlevingen bij hun contactname met de Europeanen weinig talrijk waren. De bevolking van het hele Amerikaanse continent telde tussen de 30 en 50 miljoen mensen die daarenboven zeer ongelijk gespreid waren. In Mexico en Peru bestonden echte staten met een dichte bevolking die leefden van de landbouw en steden kenden. Maar ten oosten van de Andes en ten noorden van de Rio Lerma in Mexico leefden stammen van jagers, vruchtenplukkers en vissers – nomaden en seminomaden – die soms aan rudimentaire landbouw deden en alleszins gering in aantal waren. Naar schatting leefden in heel Noord-Amerika ten noorden van de Rio Grande nauwelijks 500.000 mensen. Het technische vermogen van die samenlevingen was sterk inferieur ten aanzien van de Europeanen en zij waren ook niet in staat om zich aan te passen: ze leverden een wilde, maar ook

James Cook en zijn mannen werden tijdens hun tweede reis (1772–1775) ontvangen door de raad van een stam op de Sandwich Eilanden (Hawaii).

uitzichtloze tegenstand. Op de Antillen en ten oosten van de Andes werden zij gedecimeerd en vluchtten weg in de diepe wouden. Het tragische lot van de indianen in Noord-Amerika is algemeen bekend: hun lijdensweg is lang geweest. Ze werden meedogenloos uitgeroeid. Met dergelijke enorme niveauverschillen werden de Europeanen ook geconfronteerd in sub-Sahara Afrika en op een aantal eilanden van Zuidoost-Azië.

Destructief oorlogvoeren

TEGENGESTELDE CONFLICTPATRONEN | Andere opmerkelijke vaststelling is dat de verovering van Latijns-Amerika het werk is geweest van cabalgadas. Francisco Pizzaro slaagde erin met een legertje van 168 man, dat beschikte over 4 kanonnen en 67 paarden, het Incarijk in te nemen (1531–1533). Hernan Cortes had het hem in 1519–1521 voorgedaan toen hij met 500 Spanjaarden (met 14 kanonnen en 16 paarden) het Aztekenrijk veroverde. Zulke onwaarschijnlijke walk-overs waren dan weer ondenkbaar in Azië in de confrontatie met staten en rijken als deze van de Safavieden, de Mogols en de Mingkeizers. Die overrompelende overwinningen en veroveringen in Amerika, Afrika en Zuidoost-Azië hadden niet alleen te maken met de technische kloof tussen beide opponenten. Over heel de wereld waren de ervaringen met de Europese indringers identiek: de blanken vochten om te doden. De Narragansett-indianen in New England bijvoorbeeld konden zeven jaar oorlog voeren en niet eens zeven vijanden doden. Ook aan de andere kant van de wereld, bijvoorbeeld de inwoners van Indonesië, waren de samenlevingen verbijsterd door de destructieve wijze van oorlogvoering van de Europeanen. Inlanders voerden steeds oorlog om vijanden tot slaaf te maken, nooit om hen uit te roeien. Dat conflictpatroon bestond bijvoorbeeld al eeuwen op de Goudkust: oorlogen werden gevoerd om arbeidskracht, niet om grondgebied te verwerven, om mensen gevangen te nemen, niet om land te veroveren. Dat was de algemene regel. Het betekent dat ook op die regel uitzonderingen waren: zo de Algonkiniërs of de Zoeloes, of de Igorots op Centraal-Luzon (Filippijnen). Tweede zwak punt betrof het feit dat de inlandse samenlevingen zich nooit hebben bekommerd om defensieve bases waarop ze zich konden terugtrekken. Initieel was dat voor de verovering een goede zaak. Maar het bemoeilijkte de consolidatie van de verovering in niet-geringe mate. De volgende getuigenis uit New England (1675) spreekt boekdelen: 'Every swamp is a castle to them, knowing where to find us; but we know not where to find them'! De indianen trokken ook lessen uit hun nederlagen: aangezien zij geen partij waren voor de Europeanen in georganiseerde veldslagen, wachtten zij er zich wel voor zich nog tot dergelijke confrontaties te laten verleiden. Zij zochten hun heil in guerrillamethoden en waren zo ongrijpbaar: 'They do acts of hostility without proclaiming war; they don't appeare openly in the field to bid us battle' (1675).[104]

De ontwikkeldste Aziatische samenlevingen

OUR BUSINESS IS TRADE, NOT WAR | De rijken en staten in West- en Zuid-Azië en in het Verre Oosten waren van een ander kaliber. In hun reactie op de Europese indringers was het opvallend dat zij er doorgaans naar streefden Europese technieken en tactiek te integreren. In Zuid-Azië lieten machthebbers – inclusief de Mogols in Indië – zich niet zelden adviseren door Europese experts. Al in 1499 zijn twee Portugezen uit de vloot van Vasco da Gama gedeserteerd om meer geld te gaan rapen bij inlandse leiders. En dat voorbeeld is tijdens de 16de eeuw in toenemende mate nagevolgd. Geoffrey Parker verwijst naar twee Milanese wapensmeden die in 1503 naar Calicut trokken. Vier Venetianen trokken in 1505 naar de Malabarkust. Toen de rivaliserende Europese staten in de 17de eeuw in het gebied actief werden, nam dat fenomeen echter nog enorm toe. De Europeanen schrokken er toen ook niet voor terug om artillerie, munitie en kanonniers te leveren aan de inlandse regeringen. Tegelijk is opvallend dat de Aziaten er zelden in slaagden die nieuwe offensieve en defensieve tactieken te integreren of de wapens op een efficiënte manier te gebruiken. Het resultaat was een soort patstelling: de Europeanen hebben hun forten in de kustzones, zowel in Afrika als in Zuid-Azië steeds kunnen behouden ondanks de talrijke inheemse belegeringen. Omgekeerd zijn zij er zelden of nooit in geslaagd de stevige Indische vestingen in te nemen. Daartoe zouden ze tot een militaire investering bereid moeten zijn geweest, die niet strookte met het initiële doel. Althans niet in deze vroegmoderne periode. De Europeanen waren immers naar het Gouden Oosten gekomen om handel te drijven en niet om territoriale expansie na te jagen. De militaire uitgaven die ze dan wel deden, waren er enkel op gericht om onwillige handelspartners onder druk te zetten of om zich te verdedigen tegen de agressiviteit van Europese rivalen. De handelswinsten moesten gevrijwaard blijven en mochten niet opgaan aan zinloze militaire investeringen. Geoffrey Parker merkt op dat de Engelsen er bijvoorbeeld de voorkeur aan gaven – ook al geleerd door vroegere fiasco's – om hun handel te concentreren in gebieden waar de Indische staten relatief klein waren en zwak stonden en waar de Europese concurrenten nog niet stevig gevestigd waren. Hij noemt Golconda, Udisa en Bengalen. In 1681 lieten de beheerders van de East India Company aan hun vertegenwoordigers op de Coromandelkust weten: 'Oorlog is zo tegengesteld aan onze instelling en aan onze belangen, dat we u niet genoeg kunnen voorhouden dat u daar een aversie tegen moet hebben. Our business is trade, not war.' Zij mochten zich niet gedragen als militaire gezanten, maar moesten zich opstellen als vertegenwoordigers en agenten van een handelsgemeenschap. 'Zo we al zouden ingaan op uw plannen tot het bouwen van vestingen, dan zou de helft van ons kapitaal verdwijnen in stenen wallen.' Het was al erg genoeg dat ze moesten optornen tegen de Fransen die zich 'naast de deur' kwamen vestigen, in Pondichéry nabij Madras (1674), in Chandernagor nabij Calcutta (1686). Als we bedenken dat de Britten rond 1740 nauwelijks over tweeduizend man beschikten, sterk gespreid over het hele subcontinent en in vervallen, slecht verdedigde forten, dan wordt het duidelijk dat ze er niet op uit waren conflicten uit te lokken met sterke inlandse regimes als die van de Mogols en van de Marathen.

In de loop van de 18de eeuw hebben de Britten hun beleid aangepast en de dreiging, zowel van de inlandse staten als van de Fransen, ernstig genomen. Na de overwinning van Robert Clive bij Plassey (1757) op de nabob[105] van Bengalen verwierf de East India Company het recht alle staatsinkomsten in de provincies van Bihar, Orissa en Bengalen te innen. Waar ze dergelijke inkomsten voor 1757 niet hadden, bedroegen ze in de jaren 1761–1764 2 miljoen pond en bijna 7,5 miljoen pond in 1766–1769. Dat was een keerpunt: voortaan konden de Britten het zich permitteren om stevige forten te bouwen en er legers op na te houden waarmee ze in Dekan en in Mysore en om het even waar op het subcontinent konden interveniëren. Parallel hiermee was er echter ook een evolutie aan de gang aan de kant van de inlandse staten: zij leerden – en met succes – om westerse militaire technieken te gebruiken en slaagden erin de Britten af te stoppen. Een zekere majoor Thorne, die de veldslagen in Assaye (1803) en in Laswari (1805) had overleefd, getuigt in zijn memoires: 'De veranderingen die bij de oorlogszuchtige stammen van Indië hebben plaatsgevonden, door de invoering van Europese tactieken en discipline, gecombineerd met hun natuurlijke moed die dikwijls grenst aan enthousiaste razernij, en hun numerieke overwicht, maken dat onze gevechten met hen extreem bloedig zijn geworden.' Nochtans, de aanpassingen aan Europese militaire innovaties gebeurde te laat en waren te miniem. Eens Indië onder controle was, beschikten de Britten over een voldoende sterke uitvalsbasis voor de confrontatie met Oost-Azië. Maar dat was pas in de eerste helft van de 19de eeuw. Maar tot dan waren China en Japan perfect in staat om de dreiging te keren. Het Japan van de Tokugawa's was bereid om westerse bewapening en militaire opvattingen te integreren. En het moderne China moest van het Westen geen lessen krijgen in het bouwen van militaire bolwerken: zij kenden al eeuwenlang vuurwapens en bouwden onder de Mingdynastie onneembare vestingen. Geoffrey Parker merkt op dat de grote staten van Oost-Azië meer aandacht hadden voor de militaire innovaties van de Europeanen dan voor om het even welk ander aspect van de westerse cultuur. Toch heeft dat hen er niet toe gebracht de Europese militaire revolutie in eigen land door te voeren. Ook al omdat ze zich in de 18de eeuw niet echt bedreigd voelden door de Europeanen. De Hollanders hadden het moeten laten afweten en de Iberische staten hadden het overgrote deel van hun handelsimperia in het Gouden Oosten verloren. De Britse East India Company ten slotte focuste vooral op Zuid-Azië en de handel op het Verre Oosten bleef voor haar in de 18de eeuw nog vrij beperkt. Stabiliteit troef dus in deze regio: de patstelling zou pas nadien doorbroken worden.[106]

De ontwikkelingen in de 19de eeuw tonen inderdaad een heel ander beeld. In 1853 kon commodore Matthew Perry het Japan van de Tokugawa's wél dwingen zijn isolement op te geven. De Opiumoorlogen waren het voorspel voor 'the break-up of China'. Beide landen werden toen gedwongen tot het afsluiten van ongelijke verdragen, inclusief het toestaan van extra-territorialiteit[107] aan de westerse imperialistische mogendheden. Decennia van nationale vernedering volgden: de Aziatische grootmachten-van-weleer beschikten toen niet over het technologische niveau om het tij te keren.

6   Azië in een interdependente wereld
ca.1500–ca.1800

Als we de plaats en betekenis van Azië in de wereldgeschiedenis tussen circa 1500 en het begin van de 21ste eeuw trachten te bepalen, zijn er duidelijk drie periodes te onderscheiden. De eerste periode (ca.1500–ca.1800) valt samen met wat we in de Europese geschiedenis de Nieuwe Tijden noemen. Het was een bijzonder lange periode van economische expansie en welvaart. In tweede instantie is er de lange 19de eeuw geweest, de tijd namelijk tussen circa 1800 en de Eerste Wereldoorlog. Azië kende toen een B-cyclus van contractie. Ten slotte zijn er de ontwikkelingen geweest tussen 1919 en de tijd rond 2000. Uitgerekend in onze tijd zijn we getuige van de demarrage van een nieuwe A-cyclus: voor Japan viel de take-off op het einde van de jaren 1950, voor de Aziatische tijgers een decennium later, voor China vanaf circa 1980 en voor India nog iets later.

CONTINUÏTEIT | Voor Azië is de periode tussen circa 1500 en circa 1800 van uitzonderlijk belang geweest. In de eerste plaats valt de continuïteit met het verleden ten zeerste op. Dat blijkt uit de lange periode van economische welvaart waar we daarnet al naar verwezen. Na de 14de eeuw, een eeuw van contractie en crisis, heeft de Aziatische economische wereld zich immers herpakt. Illustratief is de groei van de grootste steden in de wereld: tot circa 1650 waren die te vinden in Azië. Pas rond 1825 zouden de ontwikkelingscurven van de Aziatische en de Europese steden elkaar snijden. Circa 1850 verdrong Londen Beijing als grootste stad ter wereld.

Tweede punt van continuïteit: Azië omvatte circa 1500 een aantal hoogstaande beschavingen die sinds eeuwen een stempel hadden geslagen op dit continent. Zo was er in West-Azië de islam. In Zuid-Azië overheerste de hindoebeschaving. Zuidoost-Azië was een regio waarin het boeddhisme dominant was. Ten slotte was er het confucianistische Oost-Azië. De Aziatische samenlevingen waren in deze tijd onbetwistbaar dynamisch en innoverend. Maar geen enkele slaagde erin de doorbraak te realiseren naar een volgehouden economische groei.

Ander element van continuïteit was het feit dat de directe impact van de Europeanen in Azië marginaal bleef. Rond 1800 waren er hooguit 75.000 Europeanen in Azië. In de Indische Oceaan groeide hun machtspositie zienderogen, maar op het Aziatische continent bleven de machtsverhoudingen lang onaangetast. Slechts de Britten maakten hierop een uitzondering. Zij zouden in de 18de eeuw profiteren van de verzwakking van het Mogolrijk (Indië). In een eerste fase verleenden de Mogols steeds meer handelsconcessies. Nadien bouwde de East India Company een machtsbasis uit in Bengalen, die in het begin van de 19de eeuw de uitvalsbasis werd voor de overheersing van het hele subcontinent. Met de Government of India Act (1858) werd dat voldongen feit ook geïnstitutionaliseerd. Globaal bekeken kon handeldrijven in deze periode slechts op Aziatische voorwaarden. Het waren ook de Aziaten die voor het overgrote deel instonden voor het goederenvervoer.

DISCONTINUÏTEIT | Vanuit wereldhistorisch perspectief waren het echter de Europeanen die voor een onomkeerbare breuk met het verleden zorgden. Voor het eerst in de wereldgeschiedenis omvatte de wereldeconomie immers de hele globe. Met de ontdekking en de kolonisatie van de Amerika's hebben de Europeanen immers niet alleen gezorgd voor een verruiming van de Europese economische wereld tot een Atlantische. Ze hebben tegelijkertijd de Ultramar geïntegreerd in de wereldeconomie, waardoor deze laatste ruimtelijk inderdaad wereldomvattend werd. Het gaat hierbij in de eerste plaats maar niet uitsluitend om de ruimtelijke dimensie. Tweede karakteristiek was ongetwijfeld de integratie. De verwevenheid van de subsystemen, van de verschillende economische werelden, was opvallend. Illustratief hiervoor was de oostwaartse en westwaartse traite. Maar bindmiddel bij uitstek was de zilverstroom vanuit Mexico en Peru. Om het even welke richting die uitging, oost- of westwaarts, de bestemming was het Gouden Oosten en dan vooral China. Hiermee hebben de Europeanen gezorgd voor hét smeermiddel dat de lange A-fase van economische expansie (tot minstens circa 1750) heeft gevoed en instandgehouden. Die performante economie dankte Azië dus niet uitsluitend aan zijn eigen dynamisme en inventiviteit, maar evenzeer aan de inbreng van de Atlantische economische wereld met Europa als kerngebied. De impact van Europa op de wereldeconomie was nog nooit zo groot geweest. En zou nog groeien.

Wat was in deze periode de plaats van respectievelijk China en Japan in deze interdependente wereld? En in hoeverre hadden ontwikkelingen in de noordelijke ruimte van Eurazië een wereldhistorische impact?

Het China van de Qing (1644–ca.1800)

ECONOMISCHE CRISIS EN REGIMEWISSEL | Eurazië werd in de 17de eeuw getroffen door een zware crisis die grosso modo tussen 1560 en 1660 huishield. Het kernprobleem waar het continent vanaf het midden van de 16de eeuw mee geconfronteerd werd was de snel aangroeiende bevolking. De balans was weg, het precaire evenwicht was verstoord: de landbouw had het steeds moeilijker om de toenemende aantallen te voeden. Daar bovenop was er het feit dat het klimaat strenger werd. Europa beleefde tot het midden van de 19de eeuw zijn 'Little Ice Age'. Maar ook Indië en China werden door dat strenge klimaat geteisterd. Resultaat: zowel in Europa als het Osmaanse rijk en China was er een vervijfvoudiging van de voedselprijzen. Europa werd gegeseld door oorlogen, burgeroorlogen, hongersnood en talrijke boerenrevoltes. Ook in China werd de samenleving grondig verstoord. De snelle bevolkingsgroei, een vrij algemeen tekort aan voedsel en een zeer ongelijke belastingdruk veroorzaakte zowel op het platteland als in de steden revoltes. Die leidden tot de val van de Mingdynastie in 1644. Ze ruimde baan voor een vreemde dynastie, namelijk de Qing, die Mandsjoes waren en tot 1911 aan de macht zouden blijven. Het duurde nog enkele decennia vooraleer de nieuwe dynastie de broodrevoltes onder controle had en de golf van Japanse piraterij had afgewend. Maar in de jaren 1680 startte voor China dan toch een lange periode van interne stabiliteit en welvaart die tot in de 19de eeuw zou voortduren.

A SUCCESS STORY | Trachten we toch een beperkt aantal factoren te profileren die de *success story* van de Mandsjoes kunnen verklaren. Ten eerste vormde een strenge militaire organisatie de basis. Vervolgens zijn de Qing erin geslaagd het niveau van de stammenpolitiek te overstijgen: ten bewijze het feit dat zij er – parallel met de genoemde militaire organisatie – ook op bedacht waren een territoriale administratie uit te bouwen. Tegelijkertijd lukte het hun het land op een Chinese wijze te besturen en toch hun identiteit als Mandsjoes te bewaren. Aan de ene kant namen zij niet alleen de terminologie, maar ook de vormen en ideeën van het confucianisme over. Aan de andere kant hebben zij hun thuisland afgesloten voor Chinese immigratie. Ten vierde heeft deze Mandsjoedynastie twee keizers gekend die niet alleen beroemd gebleven zijn om hun uitzonderlijk lange regeringsperiode maar wellicht nog meer om hun bijzonder energiek leiderschap, met name K'ang-hsi (1662–1723) en Qianlong (1736–1796). Als vijfde factor verwijzen we naar het feit dat de Qingkeizers met veel bravoure het culturele leven patroneerden, maar er tezelfdertijd gebruik van maakten om het te controleren. Ze stimuleerden het literaire leven, maar hebben ook 2.320 boeken verboden: 'this was thought control on the largest scale'. Ten slotte zijn de Qing zich steeds hun eigen herkomst en machtsgroei blijven herinneren: het besef is levendig gebleven dat ontwikkelingen in de steppen van kapitaal belang kunnen zijn voor regerende dynastieën in China.

Dit bewustzijn is bepalend geweest. Het heeft er de Qing voor behoed in dezelfde val te lopen als de Ming en het heeft hen ertoe aangezet voor een energieke, ja agressieve politiek ten aanzien van de steppevolken te opteren.

STABILITEIT EN WELVAART | Maar vooraleer ons te richten op hun buitenlandse beleid, is het aangewezen de fundamenten van de stabiliteit en welvaart tijdens deze eeuwen verder te profileren. Voor een agrarische samenleving is het dan zaak allereerst te focussen op de bevolking en de landbouw. Op het moment dat de Qing aan de macht kwamen, telde China ongeveer 160 miljoen inwoners. In de 18de eeuw was er een verdubbeling tot meer dan 330 miljoen. In 1850 waren er al 420 miljoen Chinezen! Dergelijke bevolkingsgroei is slechts verteerbaar mits een zeer productieve landbouw. Essentieel was dat tussen 1650 en 1800 het areaal bouwland in China zeker verdubbeld is. Daarbij was een regelrechte kolonisatie van nieuwe gebieden in Xinjiang, Guizhou, Yunnan en Guangxi opvallend. De productiviteit nam ook snel toe en gewassen die ingevoerd waren vanuit Latijns-Amerika, zoals maïs en aardappelen, werden ook steeds meer geteeld. Twee factoren hebben die hele ontwikkeling sterk ondersteund. Eén: belangrijk was het feit dat de overheid de belastingen laag hield. Twee: het grootgrondbezit bleef beperkt zodat de boerenfamilies de gemoedsrust hadden dat hun eigendomsrecht niet in het gedrang kwam. Daarenboven werkten zij in een zeer gecommercialiseerde landbouw en konden zij hun producten kwijt dankzij een goed ontwikkeld transportnetwerk. In een regio als de Beneden-Yangtze bestonden dan weer graan- en theeplantages waar een beroep werd gedaan op loonarbeid.

In deze tijd werd ook het fenomeen van de overzeese Chinezen steeds belangrijker. Talrijke Chinezen emigreerden naar de landen in heel Zuidoost-Azië. Op het einde van de 18de eeuw leefden bijvoorbeeld zowat 200.000 Chinezen in Borneo. Zij integreerden zich in een drukke intraAziatische handel, waar China een belangrijk knooppunt van was. Zo was er bijvoorbeeld de aanzienlijke import van rijst vanuit Zuidoost-Azië in China. De East India Company verzorgde dan weer de thee-export naar Europa, die in de 18de eeuw met 50% toenam.

DE NIJVERHEID | Belangrijke factor was uiteraard de nijverheid. In de 17de eeuw heeft zich een aanzienlijke regionale specialisatie doorgezet. Zo was Sungjiang, ten zuidwesten van Shanghai, een belangrijk centrum van katoenindustrie waar meer dan 200.000 arbeiders permanent werkten en daarnaast nog talrijke tijdelijke werkkrachten. Plaatselijke producten werden in het hele land verspreid: de interne markt was immers groot en breidde constant uit. Grondstoffen en levensmiddelen werden vooral langs de Jangtze en het Grote Kanaal naar het binnenland en naar Beijing vervoerd. Met een bevolking van ongeveer 1 miljoen inwoners was Beijing rond 1800 de grootste stad ter wereld. Guangzhou (Canton) had meer dan 800.000 inwoners en was met de export van thee, zijde, fijne katoen, porselein en lakwerk een uiterst belangrijke havenstad. De meeste steden werden bestuurd door rijke handelaars en industriëlen. Het bankwezen was sterk uitgebouwd om via allerlei financiële technieken de economie en de welvaart te ondersteunen. Kortom, China was in de 17de–18de eeuw een welvarende samenleving met een grote sociale mobiliteit. De economie deed het bijzonder goed. En de nieuwe rijken konden zich sociaal opwerken en een hogere status verwerven.

Op het einde van de 18de eeuw waren er echter al onmiskenbare signalen voor de problemen die zich in de volgende eeuw zouden stellen. De bevolkingsgroei zat aan zijn plafond en zette de landbouw onder druk: tussen 1800 en 1850 zou de situatie echt kritiek worden. De ontevredenheid op het platteland stak de kop op. Er waren opnieuw boerenrevoltes. De 19de eeuw werd uiteindelijk een turbulente eeuw.[108]

HEGEMONIE OVER CENTRAAL-AZIË | Eerder hebben we al vermeld dat de Qing een agressieve politiek voerden ten aanzien van de steppevolken. De resultaten waren – althans vanuit het Chinese standpunt bekeken – verbluffend. De bedoeling was het rijk te beschermen met een krans van bufferzones. K'ang-hsi leidde zelf een campagne tegen de al te machtig wordende West-Mongolen, meer bepaald de Djoengaren. Qianlong zou zijn werk voltooien en dit volk in twee veldtochten (1755–1759) praktisch uitroeien. Maken we het kort: de Qing vestigden protectoraten over Mongolië en Tibet en voerden regelrechte koloniale oorlogen in het Ili-gebied, in Birma en opnieuw in Tibet (1791–1792). In de vroege jaren 1760 bereikte China zijn grootste omvang. Het controleerde een gebied dat een derde groter was dan dat van het huidige China. Het strekte zich uit van Kasjmir in het westen tot Taiwan in het oosten en van Mongolië in het noorden tot de Tonkin-regio (Vietnam). Daarenboven werd het nog omringd door een krans van tribuutstaten: Nepal, Birma, Vietnam, de Ryukyu Eilanden en Korea. Kortom, voor het eerst sinds de regeringsperiode van de vroege T'ang was het Chinese gezag over Centraal-Azië opnieuw hersteld. Het keizerlijke China heeft inderdaad steeds groot belang gehecht aan de hegemonie over Centraal-Azië. In de jaren tachtig van de 16de eeuw hadden de Russen echter de Oeral overschreden, die zij steeds als de gordel van de aarde hadden beschouwd. Een onvoorstelbaar uitgestrekt gebied lag voor hen open, dat reikte tot de kusten van de Stille Oceaan. In 1639 bereikten zij de Zee van Ochotsk. Louter aardrijkskundig bekeken was het dus zo goed als onvermijdelijk dat de tsaren bij deze expansie in conflict kwamen met China: de aandacht van beide grootmachten ging binnen hetzelfde continent een tegengestelde richting uit. Het was normaal dat beider invloedssferen elkaar zouden hinderen. De Russische kozakken stuitten het eerst op Chinees verzet in het dal van de Amoer. Door het verdrag van Nertsjinsk (1689) konden de Chinezen de Russen nog de toegang tot het dal beletten. Het was de eerste formele diplomatieke overeenkomst tussen China en een Europese mogendheid. Door het verdrag van Kiakhta (1727) zorgden beide partijen voor de verdere grensafbakening westwaarts.

CONFLICTEN MET HET WESTEN | China maakte deel uit van een interdependente wereld. De impact van de Europeanen in Azië groeide constant: niet alleen de Russen in de Noord-Aziatische ruimte, ook de Hollanders, Fransen en Engelsen in Zuid-Azië waren 'incontournable'. De problematiek die hier aan de orde is, is niet gering. In deze contacten tussen twee zo verschillende werelden waren politiek, economie, religie en cultuur intens met elkaar verweven. In het platte vlak van het papier moeten we elk facet afzonderlijk behandelen en als het ware losmaken uit zijn globale context. Daar kan men gewoon niet omheen. Het is goed constant aan de verwevenheid van de verschillende maatschappelijke domeinen te denken.

– De Europese expansie is slechts te verklaren tegen de achtergrond van de nieuwe politieke situatie in Europa. De nationale gecentraliseerde eenheidsstaat was dé innovatie van de Nieuwe Tijden. Bij hun expansie werden de Europeanen in Afrika, Latijns-Amerika en bepaalde delen van Zuid-Azië geconfronteerd met samenlevingen, waarvan het beschavingsniveau en de machtsmiddelen beduidend beneden het westerse peil lagen. In Azië stonden zij evenwel oog in oog met een sterk gecentraliseerd Chinees imperium. Het was een continentale mogendheid die in de 17de–18de eeuw nog een indrukwekkende expansie kende. Voor beide antagonisten was dit een onthutsende ervaring.

De Europese staten zouden derhalve hun wil pas dan kunnen opleggen wanneer de brute machtsverhoudingen duidelijk in hun voordeel verschoven waren, met andere woorden in een periode van interne moeilijkheden in China en na de Industriële Revolutie in het Westen (19de eeuw). Tevoren waren de Europeanen daar nog niet aan toe en dienden zij zich te schikken naar de beleidsopties van de Chinese keizer.

– In die omstandigheden bood de handel het ideale kader voor de Chinees-Europese relaties. Die commercie diende wel volgens Chinese voorwaarden te verlopen, binnen de beperkingen en voorschriften opgelegd door Beijing. Het westerse handelskapitalisme vond in China dus geen terrein voor ongeremde initiatieven. Wel integendeel, het tribuutstelsel bleek een wegbereider voor handel te zijn. De redenering in Beijing was de volgende: indien de regering van om het even welk land geïnteresseerd is in de promotie van zijn handel met China, dan kon zij altijd tribuut aanbieden. Zo eenvoudig was dat. Daarenboven legde Beijing het erop toe de buitenlandse handelaars slechts in een beperkt aantal havens toe te laten.

Uiteindelijk concentreerden zij deze activiteiten in Guangzhou (Canton), dus ver van de hoofdstad en van de vitale Yangtzevallei. Portugezen, Hollanders en Engelsen volgden elkaar op. De Cantonhandel beleefde zijn hoogdagen van circa 1760 tot 1840. Het was de periode van de Britse East India Company, die de Chinese thee betrok in een wereldwijde driehoekshandel – Indië, China en Engeland – en de Engelse handel op Guangzhou ook monopoliseerde. Aan Chinese zijde bestond een vergelijkbaar monopolie: handel drijven met het buitenland was inderdaad slechts toegelaten aan een soort corporatie bestaande uit een twaalftal firma's of hongs. De East India Company heeft haar positie echter niet kunnen behouden: vanaf 1784 werd de invloed van de Kroon in het bestuur van Brits-Indië groter; iets later verspeelde de compagnie ook haar monopolie voor de handel met Indië en met China (1834). Juist deze monopoliepositie had het haar echter mogelijk gemaakt vrij gemakkelijk te beantwoorden aan de vereisten van de tribuutverhouding. Juist binnen de beperkingen van de twee bestaande handelsreglementeringen – de Chinese en de Britse – was de ontwikkeling van een bijzonder winstgevende trafiek mogelijk gebleken. Beide partijen wisten binnen die context waar ze aan toe waren. De aftakeling van de positie van de East India Company doorkruiste de gegevens. Want dat betekende dat de compagnie plaats moest maken voor vrijhandel. Aangezien eenzelfde beleidsverschuiving zich in China niét voordeed, lagen moeilijkheden voor de hand. In de relaties met China bleek 'free trade' al vlug een ondoeltreffende handelspolitiek te zijn.

– De Europese expansie stond niet alleen in het teken van het beleid van de nationale staten en van het handelskapitalisme, ook het christendom onder de vorm van missionering was er nauw bij betrokken. Met de start van de katholieke evangelisatie in Japan en China zijn de namen verbonden van Franciscus Xaverius en Matteo Ricci. Zeggen we meteen dat het energieke proselitisme en het religieuze enthousiasme, waarmee de zendelingen hun taak opnamen, volledig vreemd waren aan de traditionele confucianistische mentaliteit. Vooral de Societas Jesu heeft zich met de evangelisatie van China bemoeid. De jezuïeten hebben getracht hun doel te bereiken door hun werking prioritair te richten op de top van de Chinese maatschappij, namelijk het keizerlijke Hof en de geletterden. Daarenboven legden zij zich toe op de Chinese taal en letterkunde, opvattingen en gewoonten en bereikten op dat vlak schitterende resultaten.

Niet alleen hierdoor maakten zij indruk op de Chinezen, ook door hun oeverloze kennis van de moderne natuurwetenschappen en hun bedrevenheid om die kennis ook naar de praktijk te vertalen (onder meer sterrenkunde, tijdrekenkunde, cartografie en mechanica), wisten zij hun invloed constant te versterken. Matteo Ricci (gestorven in 1610 in Beijing) genoot een benijdenswaardige faam: getuige zijn Chinese naam Li Ma-tou.

De Keulenaar Adam Schall had een onmiskenbare invloed op de eerste Qingkeizer Shun-zhi. De Vlaming Ferdinand Verbiest was de vertrouweling van keizer K'ang-hsi. De jezuïeten speelden zelfs een belangrijke rol bij het afsluiten van de verdragen van Nertsjinsk en Kiathka met Rusland! Ogenschijnlijk spectaculaire resultaten die evenwel niet zo direct veel te maken hadden met hun missionering. Want al waren er ten tijde van Ferdinand Verbiest (1623–1688) 20 missionarissen en naar schatting 100.000 christenen, verspreid over elf provincies, juist op het vlak van de geloofsverkondiging zouden de jezuïeten uiteindelijk hun mislukking moeten erkennen.

De ritestrijd – van circa 1640 tot 1724 – is niet zozeer oorzaak dan wel aanleiding geweest tot de definitieve breuk. Waar ging het om? Vooreerst is het belangrijk aan te stippen dat paus Paulus V in 1615 de toestemming had gegeven om de Bijbel in het mandarijn-Chinees te vertalen en in de liturgie het Chinees te gebruiken. Jammer genoeg werd dit niet onmiddellijk uitgevoerd: deze nalatigheid bleek later de gemiste kans bij uitstek te zijn geweest voor het christendom in China. Bij het einde van de eeuw scheen de barometer nochtans op mooi weer te staan: in 1692 verleende de keizer immers officieel bescherming aan de katholieke kerken en de openbare prediking. Het was als de traditionele stilte voor de storm. Weldra ontstond er immers steile heibel rond de interpretatie van de verering van Confucius en de offers aan de voorouders. Ricci en de jezuïeten zagen hierin niets meer dan civiele handelingen; de dominicanen beweerden dat het in feite afgodische praktijken waren van het gewone volk. Meerdere pausen hebben inzake de Chinese riten tegenstrijdige decreten uitgevaardigd. Noemen we Innocentius X, Alexander VII, Clemens IX, Clemens XI. Deze laatste verbood in 1707 rituele handelingen ter ere van Confucius evenals de verering van de voorouders. K'ang-hsi – die net godsdienstvrijheid had gegarandeerd (1692) – was verbolgen over de inmenging van een buitenlandse vorst. In 1724 verbood Yong-zheng de prediking van het christendom.[109]

Trachten we de rol gespeeld door de jezuïeten te evalueren. Vooreerst beseften de Mandsjoekeizers door het optreden van de jezuïeten de kracht van de westerse wetenschap en techniek en vreesden zij van dan af voortdurend een invasiepoging van de westerse mogendheden. Gelukkig waren die toen nog niet bij machte een eenheidsrijk als het Chinese aan te vallen. De Chinezen hebben echter weinig geleerd van de aanwezigheid van de jezuïeten. De keizer en de hofkringen waardeerden de technische en wetenschappelijke kennis van de jezuïeten wel, maar hun onderdanen hebben nooit geleerd deze kennis zelf te beheersen en ermee te werken. Professor C.P. FitzGerald heeft uitstekend verklaard waarom het christendom in China werd afgewezen. 'De West-Europeanen beschouwden religie als geopenbaarde waarheid, daarbij ongeloof, ketterijen en "valse goden" bestrijdend. Het was tweeduizend jaar lang zo geweest. Een compromis was ondenkbaar: er bestond Waarheid en Dwaling. Deze opvattingen waren wereldvreemd voor de Chinezen. Voor hen was er niet één geopenbaarde religieuze waarheid: er was boeddhisme, ook confucianisme en taoïsme. Deze Drie Wegen, zoals ze werden genoemd, leiden tot één doel. Dat doel was niet de Hemel of Zaligmaking, maar het rechtvaardige leven op aarde. Onbekommerd om het zoeken naar een uitleg voor de ultieme zin van het leven, hebben de Chinezen steeds hun overwegingen afgestemd op de ordening van de menselijke verhoudingen... De christelijke religie bleef ... volkomen vreemd aan China.'[110] Hier zitten we bij de kern van de zaak. Daarom ook noemden we de ritestrijd slechts een aanleiding tot de breuk.

WEDERZIJDSE BEELDVORMING | Het is eveneens interessant na te gaan welk beeld de Chinezen in deze periode van Europa hadden en hoe omgekeerd de Europeanen tegen China aankeken. De conceptie die de Chinezen van Europa hadden, was ronduit karikaturaal. Ondanks het feit dat de jezuïeten de Chinezen de beginselen van de cartografie hadden bijgebracht, bleven Chinese kaarten bijzonder onnauwkeurig tot diep in de 19de eeuw. De beschrijving van Europa was niet alleen vaag, maar ook komisch.[111] Naast het exotisme dat overheerste, vallen nog de volgende kenmerken op: vooreerst het feit dat nergens enig teken van een echte belangstelling voor Europa is vast te stellen; vervolgens het compleet ontbreken van ernstige analyse. Het zijn de twee kanten van eenzelfde medaille. Dit laatste aspect – geen zin voor analyse – was ten andere karakteristiek voor de wetenschapsbeoefening in de hele Qingperiode: de klemtoon lag toen exclusief op volumineus compilatiewerk.[112] Nochtans mogen we niet verhelen dat het contact met het Westen in de moderne tijden voor China een opzienbarende ervaring is geweest. Het is niet zozeer de militaire macht van de Europeanen geweest die hen heeft verrast. Doorheen zijn geschiedenis is China immers gewend geraakt aan de dreiging van machtige invallers. Wat op dit vlak wel revolutionair werkte, was het feit dat de vreemdelingen het land deze keer niet bedreigden aan de noordgrens, maar aan de kusten. Het blanke gevaar heeft de Chinese overheid ertoe gedwongen zijn defensieve strategie volledig om te werpen: de zee nam nu de plaats in van de steppe.

Veel meer dan de militaire kracht heeft evenwel de culturele bagage van de Europeanen op het Chinese volk een onuitwisbare indruk gemaakt. Tot nog toe bleken de militair sterke vreemdelingen steeds opnieuw culturele barbaren te zijn. Nu voor het eerst werd met deze traditie gebroken en de jezuïeten hebben er dus voor gezorgd dat zelfs tot in de hofkringen en in de persoon van de keizer zelf ontzag en bewondering doordrongen voor het culturele niveau en het technische kunnen van de Europese samenlevingen. Deze aha-erlebnis bestond wederzijds. Ook in het Westen keek men verbaasd op over de realisaties van de Chinese maatschappij. Kort en duidelijk: voor het Westen was het een revelatie vast te stellen dat de Kerk en Europa niet het monopolie van Deugd en Beschaving hadden. De Duitse filosoof Leibniz suggereerde zelfs dat de keizer van China er goed aan zou doen missionarissen naar Europa te zenden om ons te onderrichten op het stuk van menselijke verhoudingen: een uitspraak die getuigt van een merkwaardig scherp inzicht niet alleen in de Europese maatschappelijke verhoudingen, maar tevens in het fundamentele karakter van de Chinese samenleving.

Het bruggen leggen op intellectueel vlak was vooral het werk geweest van de jezuïeten. 'Sedert de 17de eeuw verspreidden de geleerde geschriften van de missionarissen voor het eerst een degelijke kennis over China. Ze gaven in het algemeen een zeer gunstig beeld van het Chinese rijk: machtig en welvarend, bestuurd door ambtenaren die uitsluitend om kennis en deugd waren geselecteerd, en geregeerd door een vaderlijke en wijze keizer. Hij en zijn dienaren werden geïnspireerd door een hoogstaande zedenleer die wel de hemel vereerde maar geen persoonlijke God.'[113] De jezuïeten hadden er zelf belang bij uitgerekend deze klemtonen te leggen, maar zij leverden hiermee tegelijk argumenten voor de filosofen van de Verlichting. Het deïsme; de mogelijkheid van een naar christelijke normen deugdzaam leven zonder de steun van een geopenbaarde religie; de natuurwet als onderbouw van de menselijke instellingen ook bij de afwezigheid van religie... voor hun hele mens- en maatschappijvisie vonden de rationalisten van de Aufklärung argumenten in de Chinese cultuurwereld. In 1756 publiceerde Voltaire zijn bijzonder invloedrijke *Essai sur les moeurs et l'esprit des nations*: hij prees hierin de realisatie van wet en zedelijk gedrag als de meest bewonderenswaardige prestatie van de Chinese cultuurkring.

In 1767 publiceerde François Quesnay *Le despotisme en Chine*. In volkomen overeenstemming met Voltaire roemde hij het despotisme van de Chinese keizer, wiens regering steunde op wijze wetten die hij ook zelf naleefde. Een erfelijke adel bestond niet. Het privébezit was er gewaarborgd en belastingen werden vastgelegd door de keizer. De Chinezen verdedigden daarenboven de opvatting dat de landbouw de enige productieve factor was in het economische leven en dat de handel louter zorgde voor de distributie van de goederen. De opvattingen van Quesnay's fysiocratische school zijn goed herkenbaar.

Ongetwijfeld berustte de bewondering voor China van deze filosofen op een degelijke kennis van de Chinese maatschappij en cultuur. Niettemin is evenmin loochenbaar dat zij over China schreven vanuit een scherp ongenoegen over toestanden in de eigen samenleving: noemen we de religieuze intolerantie in het 16de–17de–18de-eeuwse Europa, de willekeur van het theocratische absolutisme en dus het miskennen van de elementairste rechten van de 'onderdanen', het staatsmercantilisme dat de landbouw volkomen ten dienste stelde van nijverheid en handel. John King Fairbank sprak zelfs over 'thinkers who found in the example of China certain things they wanted to find'.

Niet alleen op het stuk van filosofie is de invloed van China merkwaardig geweest. Ook de kunst – het rococo – en het artisanaat in Europa zijn er in deze periode diepgaand door beïnvloed. Het heeft eveneens aanleiding gegeven tot een niet altijd smaakvolle mode, namelijk de bekende chinoiseries. K.M. Panikkar zegt hierover: 'Silks, embroideries, porcelain (Sèvres and Delft), lacquer, furniture, wall paper, gardening, the rococo style which dominated France, and through France Europe for nearly half a century were evidence of a Chinese tide.'[114]

Noteren we evenwel dat nauwelijks een eeuw later de verering van China in Europa zou plaatsmaken voor spot en misprijzen. Europa had een enorme vooruitgang geboekt op het vlak van exacte wetenschappen en techniek. Dankzij de Industriële Revolutie zat de Europese samenleving in de lift van de exponentiële vooruitgang. China leek hen toen achterlijk en corrupt. De economische eendimensionaliteit had het Europese bewustzijn versmald.

Het Japan van de Tokugawa's (1600–ca.1800)

EEN EENZIJDIG BEELD | De traditionele historische beeldvorming in verband met Japan is bijna zo eenzijdig als de eurocentrische beeldvorming in verband met Europa. Tijdens de Tokugawaperiode was Japan een klein land dat in isolement leefde. Het werd bestuurd door een despotische en onderdrukkende feodale vorst, de shogun. Zijn volledige naam betekende 'barbaren onderwerpende generaal', wat de militaire oorsprong van zijn functie aangeeft. Ook de naam van zijn regeringscentrum – bakufu, tentregering of hoofdkwartier – wijst daar op. De maatschappij was opgedeeld in vier afgesloten klassen, namelijk de samoerai, de boeren, de handwerklui en de handelaars. Japan reageerde op de kanonneerbootdiplomatie van Commode Matthew Perry (1853) door te kiezen voor de vlucht vooruit: de modernisering zorgde voor de ontwikkeling van een sterke en welvarende natiestaat. Laten we vijf mythen doorprikken en zo de eenzijdigheid illustreren.[115]

EEN KLEIN LAND | Japan is inderdaad een klein land als je het vergelijkt met de drie gigantische buren die in zijn geschiedenis een primordiale rol hebben gespeeld, namelijk China, Rusland en de vs. Maar als je het vergelijkt met Korea of met de Europese natiestaten, is Japan een 'normaal' land: zijn omvang is twee derde van die van Frankrijk, drievierde die van Spanje en het land is een kwart groter dan Italië of Groot-Brittannië. Als beweerd wordt dat Japan klein is, bedoelt men meestal *semai*, dichtbevolkt (850 inwoners per km^2). Een groot deel van Japan bestaat immers uit bergachtig gebied. Zelfs in wat wij de Nieuwe Tijden noemen was Japan in vergelijking met zijn Aziatische buren een dichtbevolkt land. Rond 1700 was de bevolking tweemaal zo groot als die van Frankrijk of van Groot-Brittannië. Met zijn 30 miljoen inwoners was het groter dan om het even welk Europees land, ook dan Frankrijk (22 miljoen) en Rusland (20 miljoen). Op wereldschaal was Japan toen alleen maar kleiner dan zijn immense buur China.[116]

EEN FEODALE STAAT | De term feodaal impliceert ouderwets, autoritair en hiërarchisch. Historisch gezien was het feodalisme op zijn hoogtepunt in de periode van de late 15de en het begin van de 16de eeuw. Het centrale gezag was toen minimaal. Het land was verdeeld in territoriale eenheden (vorstendommen) – han – onder de leiding van krijgsheren, de daimyo. Het gezag en de macht van elke daimyo steunde op de loyaliteit van benden militaire vazallen. In ruil kregen deze samoerai grondgebied in leen. Voor 1600 was de centrale macht van de shogun inderdaad beperkt. Hij was toen een primus inter pares in een feodaal land. De daimyo regeerden, zeker in de jaren 1573–1603 toen er zelfs geen shogun aan het bewind was.

De kentering kwam met drie historische figuren, namelijk Oda Nobunaga (1534–1582), zijn vazal Toyotomi Hideyoshi (1536–1598) en Tokugawa Ieyasu (1542–1616). Terecht historisch genoemd omdat zij de lotsbestemming van Japan voor de volgende eeuwen hebben bepaald. Zij waren de *founding fathers* van het vroegmoderne Japan. In 1603 werd Tokugawa Ieyasu shogun. Het Tokugawa-shogunaat bleef bestaan tot 1868. Deze shoguns hebben een centraal regime gevestigd. Maar een echte eenmaking hebben ze niet tot stand kunnen brengen. Een driehonderdtal krijgsheren bleven rechtstreeks hun lenen besturen. De macht van die daimyo bleef streng beperkt. Dat bleek uit het strikt gereglementeerde sankin-kotai systeem: de daimyo waren verplicht een residentie te onderhouden in Edo (de verblijfplaats van de shogun) en er de helft van het jaar te komen wonen. Familieleden of verwanten van de daimyo moesten permanent in Edo verblijven en werden dus gebruikt als een soort garantie voor de loyaliteit ten aanzien van de shogun. Ze werden er feitelijk gegijzeld. Het regime kan men dan ook het best omschrijven als gecentraliseerd feoda-lisme. De centrale controle over de daimyo was performant en consistent. De Tokugawa zijn erin geslaagd een opmerkelijke uniformiteit te creëren in fiscaliteit, administratie en rechtspraak tussen de verschillende domei-nen of han. In het begin van de 19de eeuw vertoonde het Tokugawa-Japan veel kenmerken van een Europese staat. Ook opmerkelijke verschillen: er was geen nationaal leger, geen nationale munt, geen staatsadministratie die tot op het lokale niveau was doorgedrongen. Wat het geweldsmono-polie betreft was de gelijkenis met Europese staten echter opvallend. In contrast met de Europese staten voerde Japan echter geen oorlogen. Het verschilde dus niet omdat het feodaal was, maar veeleer omdat het vreed-zaam was. In die zin was het zoveel meer Aziatisch dan Europees.[117]

EEN POLITIESTAAT | Dat de Tokugawa's in Japan een politiestaat geves-tigd zouden hebben is ook een taaie mythe. Ongetwijfeld was het land een autocratie en deden de Tokugawa's er alles aan opdat de beambten zowel in de han als in de bakufu zich conformeerden naar hun beleid. De rechtspleging was streng maar wel correct en misbruiken kwamen uit-zonderlijk voor. De Japanners leefden zeker niet onder een dwangregime. De Tokugawa's hadden integendeel 'checks and balances' ingebouwd om dat te voorkomen. Twee voorbeelden. Voor veel functies werden tandems voorzien: twee ambtenaren vervulden zo'n functie dan in beurtrol. Doel-stelling was om corruptie geen kans te geven. Groepsverantwoordelijk-heid was een andere garantie; de bestraffing van individuele misbruiken raakte steeds de hele groep. Collectieve verantwoordelijkheid is natuur-lijk vrij ongewoon naar Europese normen, ook in de 17de–18de eeuw. Kortom, in Japan werden 'law and order' ongetwijfeld met harde hand verzekerd. Maar dat gebeurde onpartijdig en het had zelden of nooit een despotisch karakter. De evaluatie ervan is afhankelijk van het standpunt dat je inneemt ten aanzien van de spanning tussen enkeling en gemeen-schap. Maar nogmaals: als je de plaats- en tijdgebondenheid in acht neemt – Japan als Aziatisch land in de 17de–18de eeuw – is er geen reden om van een politiestaat te gewagen.

VIER AFZONDERLIJKE KLASSEN | In de eerste plaats weze opgemerkt dat het veeleer om standen ging dan om sociaal-economisch bepaalde klassen. In tweede instantie was het een ideaaltype, dat aan het Chinese neocon-fucianisme was ontleend, maar nooit echt aansloot bij de Japanse prak-tijk. De fundamentele maatschappelijke breuklijn was veeleer die tussen samoerai en niet-samoerai. Daarbij blijft het zaak voldoende te nuanceren. Willekeur van samoerai ten aanzien van gewone mensen was *not done* en werd bestraft. Dat de scheidingslijnen veel minder scherp waren dan traditioneel wordt voorgehouden, blijkt ook uit de mobiliteit tussen steden en platteland die tijdens de Tokugawaperiode constant is toegenomen. Dat belet niet dat het om een duidelijke geleding ging, zoals die in alle premoderne samenlevingen kon worden aangetroffen.

Maar ook dan duiken misverstanden op. Zo de hiërarchie tussen de standen met voorop de samoerai, gevolgd door de boeren en op de bodem van de sociale ladder de handelaars. Maar let op! Henry Smith laat er geen twijfel over bestaan: in Japan betrof de sociale waardering beroepen en niét mensen. Boeren werden niet hoger aangeslagen dan handelaars, wél landbouw hoger dan handel. De Tokugawa's hadden een hoge pet op over de landbouw, niét over de landbouwers. Ander voorbeeld: zo beseften de samoerai en de handelaars dat ze van elkaar afhankelijk waren, elkaar nodig hadden. Smith verwijst ook naar de startperiode van het Meiji-regime, toen het standenonderscheid werd opgeheven en nauwelijks enkele samoerai daartegen in het verweer gingen.

HET ISOLEMENT | De meest hardnekkige mythe is ongetwijfeld het zelf opgelegde isolement, dat Japan meer dan twee eeuwen van de buitenwereld heeft afgesloten. De Japanse term *sakoku* staat voor gesloten land. *Sakoku* verwijst naar de reeks edicten, uitgevaardigd tussen 1633 en 1639, waarmee katholieke landen als Spanje en Portugal werden uitgesloten voor handel met Japan en het de Japanners zelf verboden werd naar het buitenland te reizen. De daimyo konden niet langer beslissen over contacten met het buitenland. Voortaan was het fiat van Edo vereist. In diezelfde jaren 1630 werd het christendom als religie grotendeels geëlimineerd uit Japan. In de Angelsaksische wetenschappelijke wereld is het Ronald Toby geweest die de mythe van het isolement compleet heeft onderuitgehaald. Hij heeft aangetoond dat het isolement hoofdzakelijk was terug te voeren tot een herstel van normale relaties met China en Korea. 'Deel van het proces was alleszins ook de uitsluiting van katholieke landen uit het Westen. Maar dat was grotendeels een politieke maatregel die erop gericht was de dreiging van agressieve en ontwrichtende westerlingen onder controle te houden.'[118] Het concept isolement of afsluiting was alleszins niet aanwezig in de geest van de toenmalige Tokugawa-shogun.[119] De vraag moet dan ook gesteld worden of Japan inderdaad wel zo geïsoleerd was als altijd wordt beweerd. Men kan er niet omheen vast te stellen dat de Japanse buitenlandse handel nog wat groeide in het zog van de sakoku en tot het einde van de 17de eeuw zelfs een bloeiperiode kende. De daimyo van Tsushima, Satsuma en Matsumae dreven handel met Japanse schepen met het fiat van de Edo-regering. De belangrijkste handelsroutes liepen door Korea en de Ryukyu Eilanden naar China. De Chinezen kochten grote hoeveelheden zilver in Japan: jaarlijks werden meer dan 5.000 ton geëxporteerd.

De omvang van die handel was dermate groot dat die zorgde voor de circulatie van haast 10% van het in Japan gemunte zilver. Japan was dus zeker niet afgesloten van de buitenwereld. Het was in die tijd wél sterk genoeg om zelf te beslissen onder welke voorwaarden de buitenlandse handel moest verlopen en om elke oorlog met andere landen te vermijden. Zo is algemeen bekend dat de Japanners uitsluitend handelscontacten met het Westen onderhielden via de Hollanders, die slechts toegang kregen tot Deshima, een eiland voor de kust van Nagasaki.[120] Wat Toby hier bepleit, is ook door andere historici bevestigd en onder meer ook voor China aangetoond. In beide gevallen gaat het om papieren edicten: de fundamentele attitude ten aanzien van het buitenland was in de late 17de en in de 18de eeuw allesbehalve passief en defensief. De opstelling van de bakufu was ontegensprekelijk strikter, strenger dan die van Beijing: aan het verbod voor Japanners om naar het buitenland te reizen, werd de hand gehouden. Maar – zo merkt Henry Smith op – Japan participeerde volwaardig aan de Oost-Aziatische wereldorde, en die kan slechts als isolationistisch bestempeld worden in vergelijking met het agressieve expansionisme van West-Europa: 'De aanvaarding van ordelijke hiërarchische relaties tussen de staten van Oost-Azië was ten gronde veeleer een beleid van vreedzame co-existentie dan wel van isolement. Het was een situatie die Europa allicht beter had benijd dan wel uitgedaagd.'[121]

EVENMIN STAGNATIE | De edicten van de jaren 1630 waren politiek en niét economisch geïnspireerd: te allen prijze vermijden dat daimyo met steun – lees: wapens – uit het buitenland een bedreiging zouden gaan vormen voor de machtspositie van de shogun. Die zorg wettigt niet dat we de Tokugawa-periode als een tijd van stagnatie zouden karakteriseren. Tot het midden van de 19de eeuw hebben zich immers enorme veranderingen voorgedaan. Sociaal gezien kwam er heel wat in beweging: de samoerai verarmden en de handelaars werden bijzonder welvarend. De kleine boeren moesten dan weer plaatsmaken voor grootgrondbezitters en pachters. Ook de regionale ontwikkelingen waren erg ongelijk. De zuidwestelijke han deden het economisch bijzonder goed en hebben hun rijkdom ook militair vertaald: Satsuma werd het Pruisen van Japan; Choshu, Hizen en Tosa waren niet te onderschatten. Ze beschikten uiteindelijk over westers getrainde en uitgeruste troepen, waarin zij boeren en paria's opnamen. Uit die hoek kwam dan ook de beweging die in het midden van de 19de eeuw een einde heeft gemaakt aan het shogunaat. Sociaal-economisch kunnen we Japan in deze eeuwen het best bestempelen als een feodale markteconomie. De nationale eenheid – het feodale centralisme – die de Tokugawa's tot stand hebben gebracht, bewerkte tevens de economische eenheid van het land. Er ontwikkelde zich een commerciële economie die zorgde voor een ongekende welvaart.

Eerder hebben we al gesignaleerd dat er zich ook sociale verschuivingen hebben voorgedaan. De bevriezing van de sociale verhoudingen heeft ongeveer een eeuw standgehouden. Daarna gingen sociale mobiliteit en meritocratische opvattingen hand in hand. Familiale banden moesten plaatsmaken voor contractuele, afstamming en traditie voor rijkdom en bekwaamheid. De grote aantrekkingskracht van de steden hebben we al vermeld. Via het sakin-kotai systeem hebben de shoguns doelbewust de financiële uitputting van de daimyo nagestreefd. Met succes! Hun schulden ten aanzien van kooplui en financiers rezen de pan uit. De samoerai werden dan weer omgeturnd van brute krijgers in belezen, geciviliseerde ambtenaren. Ze steunden hun maatschappelijke aanzien dan ook niet langer op hun afkomst, maar op hun bekwaamheid en kennis. Een groeiend aantal onder hen werd gesalarieerden. Andere samoerai toonden heel wat ondernemingsgeest en hebben gepoogd een industrialisering op gang te brengen en de traditionele nijverheid achter zich te laten. Zij trachtten via kennis van westerse technologie de sprong te maken naar een moderne industrie. De grootgrondbezitters toonden eveneens veel initiatief maar beperkten zich tot de oprichting van manufacturen op het platteland, die nog aansloten bij het traditionele handwerk van de huisnijverheid. Niettemin toonden zij een dynamische ondernemersgeest en hebben zij zo gezorgd voor een proto-industrialisering van het platteland.[122]

HET MENS- EN WERELDBEELD | Bob de Graaff verdedigt de stelling dat in de 18de eeuw in Japan een industriële mentaliteit gegroeid is. Hij somt de mentaal-culturele veranderingen op die dat mogelijk hebben gemaakt: aanvaarding van sociale mobiliteit, individuele creativiteit, een streven naar het eigen geluk, het feit dat rationalisme en empirisme belangrijker worden, de spreiding van onderwijs en dus alfabetisering. Los daarvan wijst De Graaff op het grote belang van het ontstaan van een nationaal bewustzijn, waar de keizer de centrale figuur van werd en niet de shogun. Hij wijst erop dat het hele wereldbeeld veranderde: 'In mentaal opzicht werd reeds voor 1868 afscheid genomen van de feodale orde. In plaats van het tot dan toe bestaande neoconfucianistisch getinte synthetische wereldbeeld kwam een analytisch wereldbeeld. Men leerde de maatschappelijke realiteiten en belangen en de sociale tegenstellingen kennen. Het harmoniemodel maakte in het denken plaats voor het conflictmodel.'[123]

De onderwijsspreiding was primordiaal. Op het einde van de 18de eeuw rezen scholen als paddenstoelen uit de grond. 'Liefst vijftigduizend scholen werden opgericht in de eeuw die voorafging aan de Meiji-hervorming in 1868.'[124] Naast de shijukuscholen voor zonen van samoerai, speelden de terakoyascholen – geseculariseerde particuliere dorpsscholen – paradoxaal genoeg tempelscholen genoemd – een grote rol in de alfabetisering. Lezen, schrijven en rekenen waren voor de modernisering van groot belang. In de tweede helft van de Tokugawatijd besteedden de Japanners een groot deel van hun inkomensstijging aan onderwijs. En zij deden de ervaring op dat onderwijs een positieve impact had op hun eigen leven. Dat was een grote verdienste van het regime en dat werkte massaal door bij het volk tijdens de Meiji-periode (1868–1912). Ander facet van de zaak was de alfabetisering die de sociale mobiliteit stimuleerde. 'Leerlingen werden gewaardeerd om hun schoolprestaties, niet om hun stand.'[125] De alfabetisering was belangrijk, maar mag zeker niet overdreven worden. Die vormde ook niet direct de hoofdbekommernis van de overheid. Het bijbrengen van morele normen stond voorop. De ontwikkeling van het individu stond ten dienste van de gemeenschap – meestal het dorp – waartoe het behoorde. Respect voor de hiërarchie was een andere doelstelling die nauw samenhing met het handhaven van de status-quo. 'Onbewust werd hierdoor de weg geplaveid voor een inkapseling van het individu in de opbouw van de nieuwe natiestaat in de moderne periode na 1868.'[126]

Parallel met deze hele ontwikkeling groeide er ook een nieuw historisch besef. Sinds eeuwen hebben de Japanners een vreemde cultuur tot model genomen. De fundamentele karaktertrek van elke Japanner is zijn verlangen, zijn behoefte om geliefd te worden (amae) door een gerespecteerde verwante of grote broer.[127] Dat concept van de rol van het amae geldt ook voor Japan als natie. De Japanse traditie en het Chinese model maakten eeuwenlang de dienst uit.[128] De kokugaku, een nationalistische beweging, keerde zich daar van af en stelde Japan centraal in haar wereldbeeld. Zij zocht inspiratie in het verleden, maar niet langer in het verleden van China maar wel dat van eigen land. Dat was een spectaculaire breuk! Eeuwenlang waren de woorden beschaving en China in de Japanse ervaring haast synoniemen. Alle bestanddelen van de Japanse samenleving waren van Chinese herkomst: religie, politiek, urbanisatie, kunst, het Chinese schrift... Die Chinese beschavingscomponenten werden echter dermate doordrongen van de Japanse geest dat de Japanse eigenheid – de nationale identiteit – toch de kern bleef. De kokugaku heeft die zoektocht naar de eigen roots nog versterkt. Het pleidooi van de beweging was ondubbelzinnig: Japan was uniek en die overtuiging werd massaal gepropageerd. De Japanners gebruikten in dat verband het woord kokutai, 'alles wat het wezen van Japan omvat'.

RANGAKU | Aan China ontleende kennis geraakte dus in de verdrukking. Voor westerse kennis groeide waardering. Teken aan de wand was het feit dat in 1721 het importverbod op Chinese vertalingen van westerse boeken werd opgeheven, op voorwaarde dat ze niet handelden over het christendom. De betekenis van Deshima in deze hele ontwikkeling kan

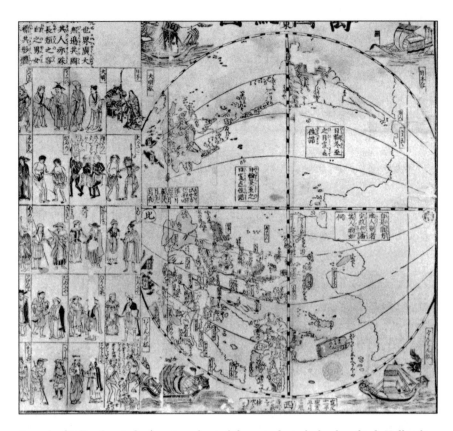

Rangaku (Hollandse studies): wetenschappelijke en technische boeken die de Hollanders in Deshima invoerden, werden aandachtig bestudeerd. Hier een planisfeer (inclusief rassentypologie), gedrukt in Kyoto in 1671.

nauwelijks overschat worden. Dit eiland in de baai van Nagasaki, dat slechts met een vrij nauwe dam met het hinterland verbonden was, was de enige haven waar de Hollanders sinds 1641 terechtkonden. De Tokugawa's hielden de deur dus op een kier. Deze situatie had twee voordelen: de controle op de va-et-vient van de Hollanders was perfect mogelijk; op deze manier konden de Japanners toch nauwlettend volgen welke ontwikkelingen en vooruitgang in West-Europa geboekt werden. Ze waren dermate geïntrigeerd dat mettertijd een beweging is ontstaan die rangaku werd genoemd, 'de Hollandse studies'.

De studie van het Nederlands begon in de tweede helft van de 17de eeuw. Vanaf 1670 waren er tolken in Nagasaki. Rond 1740 legden twee eminente geleerden zich toe op de studie van het Nederlands teneinde de wetenschappelijke studies uit het Westen te kunnen vertalen. Vanaf dat moment ging de studie van de westerse wetenschappen er snel op vooruit. Het resultaat: op het einde van de 18de eeuw was Japan, ondanks zijn relatieve isolement, in de wereld buiten Europa het best geïnformeerd over de Europese beschaving. En dus kon het Japanse volk zijn grote kwaliteit verder doen renderen, namelijk zijn vermogen om tijdig van andere culturen te leren en toch zijn eigenheid te bewaren. Het is dus niet toevallig dat de interesse van de Japanners zich toespitste op de wetenschappen, de economie en de techniek die in die periode in het Westen met rasse schreden vooruitgang boekten. Het was dat vermogen dat Japan eeuwenlang ten aanzien van de Chinese beschaving in de praktijk had gebracht. Deshima speelde echter voor breekijzer: de Japanse gemoedsrust was weg. Het besef brak door dat China niet de enige haard van beschaving was noch het confucianisme de enige bron van alle wijsheid. De erkenning van de waarde van de westerse beschaving ondermijnde het Chinese model. De Japanse geesten werden rijp om over te schakelen op een nieuw model, namelijk het Europese. Herhalen we nogmaals dat deze merkwaardige ontwikkeling plaatsvond tijdens het Tokugawa-shogunaat. De diplomatie (sic) van Commodore Matthew Perry (1853–1854) had daar niets mee te maken. Zijn kanonneerboten lagen voor anker in de baai van Edo, centrum van een land in volle ontwikkeling.[129]

De expansie van Rusland (ca.1500–ca.1800)

De geschiedenis van Rusland komt traditioneel slechts aan bod in functie van de geschiedenis van (West)-Europa. Aandacht kreeg Rusland in die episoden dat Europa bijvoorbeeld vanuit het oosten bedreigd werd (de Mongolen) of wanneer de Romanovs met Peter de Grote een moderniseringsbeleid – lees: verwesterlijking – voerden of door een zoektocht naar ijsvrije havens het machtsevenwicht en bestaande grenzen in Europa bedreigden. Of wanneer Rusland als bondgenoot tot de coalitie tegen het revolutionaire Frankrijk toetrad. Of wanneer de Russen mee zorgden voor de nederlaag van de dominante Europese grootmacht (Napoleons 'France-Europe', Wilhelm-Duitsland, Hitlers Dritte Reich).

EEN AZIATISCHE GROOTMACHT | De geschiedenis van Rusland als Aziatische grootmacht kreeg zelden aandacht. Hoe Rusland zich tot een Aziatische grootmacht had opgewerkt, al helemaal niet. Nochtans was de expansie van Rusland een onderdeel van de geschiedenis van de Europese expansie, van de Europese kolonisatie. Maar kolonisatie werd wat simpel gereduceerd tot overzeese gebiedsuitbreiding en dito exploitatie (roofbouw). Deze stereotiepe opvatting had diepe wortels, ook in Rusland zelf. In Moskou is het steeds *bon ton* geweest te beweren dat Rusland zich nooit aan het vermaledijde koloniale imperialisme schuldig had gemaakt, zoals West-Europa en de VS dat wél hadden gedaan.

Met deze simplificatie en met die wat gemakkelijke traditie kunnen we rustig breken. Zonder in een ander simplisme te vervallen. De historiek van de Russische expansie is als een medaille en heeft dus twee kanten. Enerzijds is er de epische heroïek van de pioniers: deze expansie dreef op een ongelooflijk vitaal elan. Vanaf de 15de eeuw vestigden de vorsten van Moskou zich over het grootste deel van het huidige Europese Rusland. Ze deden dat ten koste van de Mongoolse overheersers en de naburige volken. Onder Ivan III de Grote (1440–1505) werd Moskovië definitief onafhankelijk in 1480. Ivan III breidde de invloed van Moskovië uit naar het oosten en zuidoosten. En Ivan IV de Verschrikkelijke (1533–1584) zette dat beleid voort. Toen de Russen in de jaren 1580 het kanaat Kazan veroverden en de Oeral overschreden, lag een onmetelijk continent voor hen open. Na de verovering van het kanaat Astrachan (1556) kregen zij het Wolgagebied tot aan de Kaspische Zee in handen. De zeer winstgevende bonthandel lokte ondernemende Russen steeds dieper Siberië binnen. Exploratie, verovering en kolonisatie volgden elkaar op. In 1639 bereikten zij de kust van de Stille Oceaan. Heel Noord-Azië was toen in Russische handen.

IJSVRIJE HAVENS | Door de noordelijke ligging waren ijsvrije havens een grote zorg voor Rusland. Toen Ivan IV de haven Archangel aanlegde in 1584, was die slechts tijdens het korte zomerseizoen bruikbaar. De eerste Romanovs slaagden erin West-Rusland op Polen te heroveren (17de eeuw). Tsaar Peter de Grote (1689–1725) forceerde een doorgang naar de Oostzee. Hij stichtte er Sint-Petersburg (1703). Het werd het Parijs van Oost-Europa. In 1721 verwierf hij het Litouwse Riga. In het zuiden veroverde Catharina II de Grote (1762–1796) een machtspositie langs de noordkust van de Zwarte Zee, op de Krim zelf, en rond de Zee van Azov. In 1794 stichtte ze Odessa. Het werd dé Russische uitvoerhaven aan de Zwarte Zee.

Maar ook de oostelijke expansie behield haar elan. Een kleine vloot onder de leiding van de kozak Dezjnew bereikte de zee-engte tussen Azië en Amerika in 1699. In 1724 gaf Peter de Grote de Deen Vitus Bering de opdracht aan het hoofd van een expeditie deze zeestraat te verkennen. In 1781 installeerden de Russen zich in Alaska, openden er handelsposten voor de pelsenhandel en vestigden zich iets later ook op de Aleoeten Eilanden.

EEN RUSSISCHE ZEE | Alaska werd de enige overzeese kolonie die Rusland ooit heeft gehad. Gregor Schelikow en Alexander Baranow trokken zuidwaarts naar Californië toe en stichtten Fort Ross op nauwelijks 75 km ten noorden van San Francisco (1811). Zoals ze de noordelijke oostkust van Azië controleerden, wilden de Russen ook de noordelijke westkust van Amerika controleren. Omdat ze zich ook nog de toegang verschaften tot vier havens van de Hawaï Eilanden (1820), geleek de ruimte van de noordelijke Stille Oceaan wel een Russische Zee.

In een betrekkelijk korte tijd werd een onmetelijk gebied, pakweg tussen Moskou en San Francisco, dus geëxploreerd en in bezit genomen. Een verwezenlijking van eerste orde. Zij het dat ook de Russen met een vergelijkbaar probleem werden geconfronteerd als dat waarmee de Europeanen in hun overzeese gebieden opgezadeld zaten, namelijk de onmetelijke ruimte – in dit geval: Siberië – in scherp contrast met de beperkte beschikbaarheid aan mensen. De West-Europese staten zaten daarenboven nog met de oeverloze oceanen. Het verzwakt in niets het enorme probleem van de Russen: zij konden zeker niet beweren dat zij in die eeuwen Siberië tot in zijn uithoeken onder controle hadden. Zij moesten zich tevreden stellen met de globale hegemonie in dat enorme gebied. Dat was al heel wat! De verdere uitbouw en greep op het hele imperium tot in de kleinste dorpen en verst afgelegen regio's was een werk voor later en dus voor een tijd met andere technische middelen, meer bepaald verkeers- en communicatiemiddelen.

EEN EVENEMENT | Blijft niettemin de aha-erlebnis. De Russen circa 1820 doorgedrongen tot iets ten noorden van San Francisco. De Russen op Hawaï! De noordelijke Pacific een Russische Zee! Nauwelijks voorstelbaar, zeker voor tijdgenoten van de Koude Oorlog en dus van de bipolaire wereld. En dan te bedenken dat heel wat gerespecteerde leden van het Amerikaanse Congres in 1867 smalend over 'Seward's Icebox' spraken toen de VS, op voorstel van de toenmalige minister van Buitenlandse Zaken Seward, Alaska van de tsaar kochten voor de som van 7,2 miljoen dollar. In 1913 hadden de bonthandel en de goudwinning er al 81 miljoen dollar winst opgeleverd.

Zeker vanuit het perspectief van de tweede helft van de 20ste eeuw lijkt het verhaal van de Russische expansie natuurlijk onwaarschijnlijk. We zijn al vlug geneigd de redenering van W.H. Parker te volgen. Stel dat de Russische expansie haar dynamiek had behouden. Stel dat haar vitaliteit niet was ondergraven door het systeem van de lijfeigenschap en de beperking van de migratie. Stel dat Seward zich had laten beïnvloeden door zijn critici en Alaska niet was gekocht van de tsaar. En al die veronderstellingen dan geprojecteerd tegen de achtergrond van de bipolariteit die geopolitiek al voor 1917 een feit was. Het zijn alleszins waardevolle denkoefeningen.[130] Het is bijvoorbeeld een schitterende illustratie van de stelling van Fernand Braudel dat de interactie tussen de 'paliers' van de geschiedenis – respectievelijk de lange, de middellange en de korte termijn – essentieel is voor een goed begrip van de historische ontwikkelingen. Zo kan bijvoorbeeld niemand de ontwikkelingen in Noord-Amerika tot en sinds het midden van de vorige eeuw – de lange termijn – juist inschatten, zonder de beslissing tot de aankoop van Alaska ten tijde van Seward – de korte termijn – in zijn evaluatie te betrekken.

Tweede aspect van dezelfde problematiek. Het derde 'palier', de structurele geschiedenis, noemde Fernand Braudel zelf wel eens 'le temps géographique'.[131] Als vaste, stabiele gegevenheden voor een eindeloze reeks generaties zijn de structuren ook hinderpalen (obstacles), limieten als het ware voor de mens die er zich in zijn handelen niet kan van losmaken. Braudel verwijst naar de aardrijkskundige kaders, bepaalde biologische realiteiten, de plafonds van de productiviteit bij een gegeven technologisch niveau. Dat kan zelden zo schitterend geïllustreerd en toegepast worden als in het verhaal van deze Russische expansie. Het dictaat van de geografische gegevenheid leidde de Romanovs in het buitenlandse beleid tot de zoektocht naar ijsvrije havens. De realiteit van de geopolitiek: de totstandkoming van twee staten van continentale omvang, respectievelijk doorheen Siberië en het Noord-Amerikaanse continent richting Pacific, was de voorbode – zoals De Tocqueville al in 1835 scherp inschatte – van de bipolariteit: 'Ze zijn voorbestemd om het lot van de halve wereld te bepalen,' aldus De Tocqueville.[132] Ze was ook de voorbode van de verschuiving van het epicentrum van de wereldpolitiek van de Atlantische naar de Stille Oceaan.

Een laatste bedenking. Fernand Braudel heeft ooit gezegd: 'L'histoire change, parce que les questions qu'on lui pose, changent.' Deze stelling wordt hier mooi geïllustreerd met de redenering die W.H. Parker volgt. Hij is een tijdgenoot van de Koude Oorlog, en dus bevraagt hij het verleden vanuit die eigentijdse ideologische en machtstegenstelling. Derhalve gaat zijn aandacht naar het feit dat Rusland in een niet zo ver verleden Alaska beheerste en naar wat mogelijk de gevolgen hadden kunnen zijn, mochten de Russen op hun expansie-elan zijn doorgegaan en verder in het Noord-Amerikaanse continent zijn doorgedrongen. Vanuit die eigentijdse bevraging van het verleden werden aspecten van de Russische expansie geprofileerd, die anders allicht nauwelijks aandacht zouden hebben gekregen.

DEEL 2

De lange 19de eeuw

ca.1800–1914

China en Japan in de eeuw van Europa

1   Europa, een geval apart?

Een schaarbeweging

In de 16de, 17de en 18de eeuw heeft zich in de machtsverhouding tussen Noordwest-Europa en Azië als het ware een schaarbeweging voorgedaan. Paul Bairoch heeft erop gewezen dat Noordwest-Europa die eeuwen heeft gebruikt voor een geleidelijke machtsopbouw.[1] Op economisch vlak was er een constante progressie: een groter technisch vermogen ondersteunde een pre-industriële dynamiek. Citeren we een Nederlandse expert: 'De stelling blijft overeind dat in de vroegmoderne wereld in het Westen – het duidelijkst in Engeland – langzaam maar gestaag een productie- en distributiestructuur gestalte kreeg die een proces van industrialisering daar minder onwaarschijnlijk en moeizaam maakte dan in Azië. ... De pre-industriële dynamiek kwam in een stroomversnelling terecht toen in Engeland een aantal fundamenteel nieuwe technieken werd ingepast in een al grotendeels kapitalistische productie- en distributiestructuur.'[2]

Dat was een spectaculaire ommekeer! Vanaf circa 1400 had Azië immers een lange expansiefase gekend en een indrukwekkende economische kracht gemanifesteerd. In het begin van de 16de eeuw hadden de grote beschavingen van Azië een voorsprong op Europa. Hoewel we in die zin moeten nuanceren dat die voorsprong niet zo groot was als hij twee, drie eeuwen vroeger was geweest. Azië is er in heel deze periode in geslaagd zonder veel problemen een omvangrijke bevolkingsgroei te verwerken. Het feit dat de 17de eeuw een bloeiperiode is geweest van machtige dynastieën als de Osmanen, de Safavieden, de Mogols, de Qing en de Tokugawa's, was een krachtig signaal. De politieke instabiliteit van de 18de eeuw was dat evenzeer. Na 1700 kun je niet echt meer spreken van een superioriteit van de ontwikkelde Aziatische samenlevingen. De grote beschavingen buiten Europa – de islam, Indië, China – hebben in de 16de–17de eeuw hetzij pas op de plaats gemaakt hetzij achteruit geboerd. In het Aziatische centrum van de wereldeconomie heeft zich eerst een periode van stagnatie voorgedaan. Productie en productiviteit kenden een terugval. Die stagnatie is daarna uitgemond in een crisis.[3] De gelijktijdige val – of het verval – van belangrijke en machtige dynastieën in Azië – van de Osmanen, de Mogols, de Safavieden en de Qing – was het begeleidende fenomeen van deze crisis of B-cyclus.

The Decline of the East

Dat verval van het Gouden Oosten had veel te maken met de economische sterkte van Azië in de voorbije lange A-cyclus (sinds circa 1400). De aanzienlijke productietoename in de belangrijkste economieën van Azië had immers een omvangrijke bevolkingstoename mogelijk gemaakt. Dat was vooral opmerkelijk sinds het midden van de 17de eeuw. En dat effect was aanzienlijk groter dan in Europa, dat in de 17de eeuw nog een crisis beleefde. Zo raakte Azië verstrikt in 'a high equilibrium trap'. Door de omvangrijke bevolking was de beschikbare menselijke arbeid erg goedkoop: de loonkosten lagen bijzonder laag. Er waren dan ook geen stimulansen om kapitaal te investeren in arbeidsbesparende noch in energieopwekkende productietechnieken. De technische instrumenten werden steeds maar verfijnd, maar binnen de limieten van het bestaande technologieniveau. Een kwalitatieve sprong bleef uit.[4] Even valabel kunnen we hier de werking in zien van 'the law of the retarding lead', de wet van de remmende vooruitgang, die indertijd door Jan Romein en Wim Wertheim werd geformuleerd. Azië heeft in de wereldeconomie eeuwenlang de koppositie gehouden, maar riskeerde tegelijkertijd ter plaatse te worden gelaten door economische werelden die op een later moment in de geschiedenis op kruissnelheid zijn gekomen. Het breekpunt van de Industriële Revolutie was in deze context spectaculair, omdat het in de wereldgeschiedenis ook een cruciaal golfmoment is geweest, de omslag van de tweede golf, namelijk van agrarische naar industriële samenlevingen (Alvin Toffler).

De ontwikkelde Aziatische samenlevingen bleven vastzitten in een agrarisch-stedelijke fase die Noordwest-Europa nu net achter zich liet. En in dergelijke agrarische samenlevingen is het ook een algemeen geldend fenomeen dat bevolkingsaangroei voor effect heeft dat een concentratie van inkomen en rijkdom optreedt en de lonen en de effectieve vraag dalen. Dat was wat in de 17de en 18de eeuw in Azië gebeurde: het heeft de economische vitaliteit en de politieke stabiliteit ondermijnd.[5]

Demografische en micro- en macro-economische analyses hebben uitgewezen dat de Azië-Europa-wissel in de wereldeconomie tussen 1750 en 1800 dus ten dele te verklaren is door een demografische inflectie en een terugval in het groeiritme van de economische productiviteit in Azië.

De Industriële Revolutie in Europa

De kanteling van circa 1800 was de kroon op een evolutie die al enkele eeuwen bezig was. Klap op de vuurpijl én beslissende factor was echter de Industriële Revolutie in Noordwest-Europa. Het spel van vraag en aanbod op wereldvlak heeft in Europa uitvindingen gestimuleerd, uitgerekend op het vlak van arbeidsbesparende en energieproducerende methoden.

Amerikaanse auteurs zoals André Gunder Frank en James Blaut verdedigen, veralgemenend, de stelling dat Aziës economische kracht geleid heeft tot zijn verval na circa 1750. Europa's zwakke positie in de wereldeconomie zou dan zijn opgang na circa 1800 hebben mogelijk gemaakt. Daarbij hebben zij de neiging om de ontwikkelingen die Europa sinds de vroege 16de eeuw heeft doorgemaakt te verwaarlozen.

Europese auteurs zoals Paul Bairoch en Peer Vries verdedigen daarentegen opvattingen die heel wat genuanceerder zijn. Paul Bairoch wijst expliciet op de geleidelijke progressie van Europa tussen 1500 en 1700 inzake technisch kunnen en op de aanzienlijke vooruitgang inzake wetenschappelijk onderzoek. Er zou dus wel degelijk een geleidelijke groei voorafgegaan zijn aan de kwalitatieve sprong, de Industriële Revolutie: 'Er bestond blijkbaar toch zoiets als een gedeelde West-Europese basis voor industrialisering.'[6] In het geciteerde artikel onderzoekt Vries nauwgezet hoe het te verklaren is dat de Industriële Revolutie zich in Noordwest-Europa heeft voorgedaan en bijvoorbeeld niet in China. Peer Vries bevestigt wel dat de crisis in Azië een belangrijke verklaringsgrond vormt: *the Rise of the West* kan niet worden begrepen zonder *the Decline of the East*. Het Westen heeft onmiskenbaar kunnen profiteren van het feit dat de Aziatische imperia in de 18de en zeker in de 19de eeuw herhaaldelijk in een politieke crisis verkeerden en de grenzen van het eigen groeipotentieel begonnen te bereiken.[7] Hij verwijst hiermee overduidelijk naar de interpretatie van Mark Elvin – *the high equilibrium trap* – die we eerder al hebben toegelicht.

Maar ook hij wijst op de eraan voorafgaande periode toen zich in Noordwest-Europa een al grotendeels kapitalistische productie- en distributiestructuur had ontwikkeld. En die structuur was een ideale humus voor fundamenteel nieuwe technieken.

Staten en imperia

In zijn zoektocht tast Peer Vries ook een aantal facetten af van de politieke ordening, die meer dan waarschijnlijk ook van invloed zijn geweest. Een voor de hand liggend uitgangspunt, gezien de extreme verwevenheid van de verschillende domeinen van de socialiteit (politiek, economie, samenleving en cultuur). Hier frappeert het contrast tussen de middelgrote staten in Europa en de imperiums in Azië. In Europa zelf was de tijd van de imperia voorbij. De territoriale omvang heeft zeker een rol gespeeld in de mate waarin de overheid gebeurtenissen en ontwikkelingen in de hand had en een performant beleid kon voeren. Zo was er in de imperiums in

Azië, in tegenstelling tot het imago van *oriental despotism*, vaker sprake van *undergovernment* dan van totalitair bestuur, aldus Vries. Tweede aandachtspunt: het economische beleid van de overheden in Azië was veel sterker ondergeschikt aan hun specifieke politieke en fiscale belangen. De Engelse overheid na 1688 kon daarentegen zonder gevaar voor overdrijving 'een uitvoerend comité van de ondernemersklasse' genoemd worden. 'In West-Europa ging de Staat steeds meer fungeren als garant voor privé-eigendom. Een aantal gerenommeerde auteurs ziet hierin een fundamenteel verschil tussen de Europese wereld en die buiten Europa, en een meetlat voor progressiviteit binnen Europa. In de hoogstontwikkelde westerse economieën kwam het erop neer dat doorgaans overheid en kapitaal tot een wederzijds voordelige deal kwamen. Staat en intermediaire instellingen leverden in nauwe samenwerking via wetgeving en andere afdwingbare afspraken en door het creëren van bepaalde instellingen ook verder een bijdrage aan een goed ondernemingsklimaat.' En verder stelt Vries: 'Overheden hadden belang bij een goed functionerende economie, ondernemers bij een goed functionerende overheid. Staat en economie konden elkaar wederzijds versterken.'[8] Ook Fernand Braudel heeft indertijd de cruciale rol onderstreept van de Staat in de ontwikkeling van de westerse economie en van het kapitalisme.[9]

Peer Vries stelt ook dat 'de kracht van de *civil society* in een samenleving' van groot belang was. Onder *civil society* verstaat hij het geheel van (semi)autonome, intermediaire instituties tussen individu en overheid: 'Europa was verdeeld in talloze kleine staten met een ontwikkelde *civil society* en werd het rijkste gebied ter wereld. De imperia in Azië waren veel groter en hadden een veel minder goed ontwikkelde *civil society*. Zij bleven achter... Het waren niet de grote imperia ... die in het negentiende-eeuwse industrialisatieproces de toon aangaven, maar middelgrote, nationale staten.'[10]

Wetenschap, techniek en bedrijfsleven

Peer Vries zoekt ook verklaringselementen op het culturele vlak. Traditioneel wordt Europa's ontwikkeling tot rijkste gebied in de wereld in verband gebracht met de westerse wetenschap en techniek, of ruimer geformuleerd, met de westerse cultuur. De auteur bevestigt het standpunt van Paul Bairoch: 'Zeker tot in de 15de eeuw bestaat er geen enkele indicatie dat Europa technisch geavanceerder zou zijn geweest dan China... Van een *overall* voorsprong van Europa was hoe dan ook geen sprake. Die is er pas, maar mijns inziens dan ook onmiskenbaar, in de 18de eeuw.'[11] Peer Vries wijst er ook op dat er in Europa verbindingslijnen ontstonden tussen wetenschap, techniek en bedrijfsleven. Ten slotte geeft hij aandacht aan de opvatting van de maakbaarheid van de wereld: 'De obsessie van de moderne mens met organisatie, discipline, rationeel en systematisch handelen zonder welke moderne economische groei – en moderne oorlogvoering! – niet denkbaar is.'[12] We zijn hier wel heel dicht bij het concept van het Algemeen Menselijk Patroon (AMP) dat Jan Romein geformuleerd heeft.[13] Peer Vries rondt zijn essay af door te verwijzen naar de gelaagdheid van de geschiedenis en naar de onderlinge wisselwerking tussen de korte (evenementen), de middellange (conjuncturen) en de lange termijn (structuren). Fernand Braudel is dus evenmin ver weg.

2   De eeuw van Europa

De wapentechnologie

In februari 1841 op weg naar Guangzou (Kanton) tijdens de eerste Opiumoorlog, vernietigde het pantserstoomschip Nemesis met zijn twee .32 kanonnen op één dag negen oorlogsjonken, vijf vestingen, twee militaire depots en één kustbatterij. In 1854 forceerden Russische pantserkruisers bij Sinop, na de vernietiging van de Turkse vloot, de opening van het Osmaanse rijk voor westerse exploitatie. In 1863 was Japan het slachtoffer. De Tokugawaregering trachtte westerse oorlogsbodems uit de territoriale wateren te bannen. Die poging werd een regelrechte ramp. De Royal Navy sloot de Japanse schepen in nabij Kagoshima en kelderde ze zonder verpinken. Ook de meeste huizen werden vernield. Tegelijkertijd slaagden Franse, Hollandse, Amerikaanse en Engelse oorlogsschepen erin om de moderne kanonnen in de Zeestraat van Shimonoseki uit te schakelen. Het lijstje met dergelijke voorbeelden kan naar willekeur uitgebreid worden. De westerse industriestaten waren er voor het eerst in de geschiedenis in geslaagd een globale hegemonie te vestigen. Ook op het vlak van de wapentechnologie was er, als gevolg van de Industriële Revolutie, een beslissende kloof geslagen tussen het Westen en het Oosten.

De schaarbeweging

Het verhaal van de wapentechnologische machtsverhouding tussen de westerse industriestaten en de Aziatische imperia is de spectaculaire concretisering van de schaarbeweging die beider beschavingen vanaf de 16de eeuw hadden doorgemaakt. In het geval van de westerse industriestaten vinden we ook in dit wapentechnologische verhaal een samengaan van kwantitatieve progressie en kwalitatieve sprong. Herinneren we er toch nog maar eens aan dat de militaire krachtsverhouding tussen 1550 en 1750 niet echt verschilde. Wat tot gevolg had dat de staten uit Noordwest-Europa er niet in slaagden om in te grijpen in de machtsverhoudingen op het Aziatische continent. De sprong voorwaarts is gemaakt in de tweede helft van de 18de eeuw. Op het moment dat Frederik II de Grote stierf (1786), was het militaire bedrijf in Europa duidelijk aan het veranderen. Drie transformaties zijn van wezenlijk belang geweest. In de eerste plaats betrof het een innovatie in de reguliere legers, met name de lichte cavalerie en de lichte infanterie. Geoffrey Parker stipt aan dat tussen 1750 en 1800 wel 50 boeken verschenen over de beperkte oorlogvoering, waarin de inzet van lichte troepen onveranderlijk geprezen werd. De tweede innovatie, namelijk de opdeling van grote legers in een aantal zelfstandige eenheden of divisies, werd geïntroduceerd tijdens de Oostenrijkse Successieoorlog (1740–1748), maar kreeg heel wat tegenwind van het militaire establishment. In 1787–1788 was de divisie in het Franse leger echter al de administratieve basisunit. Die bestond uit 12.000 man infanterie, cavalerie en artillerie samen met ingenieurs en andere logistieke ondersteuning. Dat alles onder de leiding van één bevelhebber met zijn staf. De mobiliteit van de troepen ging er ten zeerste op vooruit. In derde instantie was er de creatie van een snelle en krachtige veldartillerie. De standaardisering van kalibers, affuiten en uitrusting heeft hierin een grote rol gespeeld.

Na 1793 zouden deze ophefmakende innovaties nog versterkt worden door een revolutionaire toename van het aantal manschappen. Een realistische inschatting van de omvang van het leger van de Franse Republiek in 1794, dus na de 'levée en masse', komt uit op 730.000 man. Het is ook realistisch te stellen dat tussen 1792 en 1815 allicht 3 miljoen soldaten gediend hebben in de Franse legers. La Grande Armée was bijgevolg een onvoorstelbaar machtig instrument. De trace italienne[14] was in die omstandigheden compleet achterhaald. Oorlog werd voortaan op een voorheen ongekende schaal gevoerd. Zonder gevaar op tegenspraak kan op het einde van de 18de eeuw van een nieuwe militaire revolutie gesproken worden. Geoffrey Parker merkt op dat dezelfde ontwikkelingen zich hebben voorgedaan op maritiem vlak. Hier was het de Royal Navy die uitgroeide tot een onweerstaanbare machtsfactor. Britannia ruled the waves![15]

We hoeven er ons dus nauwelijks over te verbazen dat het ontwikkelen en onderhouden van dergelijke militaire molochs de economische draagkracht van een staat in hoge mate onder druk zette. La Grande Nation kon het nog wel aan succesvolle campagnes in Italië en Duitsland op te zetten. Maar de inspanning nog verder opdrijven om ook Spanje en Rusland op de knieën te krijgen, was er te veel aan.[16] Slechts de Industriële Revolutie zou de West-Europese staten in staat stellen die kwalitatieve drempel te overschrijden. De aanwending van de nieuwe technologie in het militaire bedrijf zou de staten van de Noord-Atlantische ruimte ongekende mogelijkheden in handen spelen. Ze vormde de garantie voor een werkelijk mondiale hegemonie.

La guerre nouvelle

Klap op de vuurpijl – bovenop de innovaties en de industrialisering – was een fundamentele omslag in het oorlogsconcept. Door het almaar groeiende raffinement van de bewapening kreeg de oorlog een absoluut en totaal karakter. Strakke vijandbeelden leidden steeds opnieuw tot hetzelfde mechanisme, te weten overperceptie (een overdreven waarneming van de dreiging), overreactie (een overdreven reageren op de dreiging) en overproductie (van wapens). De nieuwe oorlog was geboren, 'la vraie guerre, celle qui vise la destruction des armées ennemies, la guerre courte et rapide d'anéantissement'.[17] Tijdens de Revolutiejaren werd de overstap van theorie naar praktijk gezet. Napoleon Bonaparte bezat het militaire genie dat daartoe nodig was. De vernietiging van de vijand vormde voortaan het doel. De conflicten waren kort en hevig, want er werd gemikt op een vlugge beslissing.

In de take-offfase van de Industriële Revolutie heeft vooral de Krimoorlog (1854–1856) de transformatie van de wapenproductie sterk gestimuleerd. Tijdens deze oorlogsjaren kwamen ook de tekorten in de traditionele methoden van bevoorrading en proviandering pijnlijk tot uiting. Resultaat was dat de Britten en de Fransen de civiele ingenieurskunde zijn gaan toepassen op militaire problemen van alle soort. Het veranderingsproces in de bewapening en het militaire management kwam in de daaropvolgende decennia in zulke spiraal terecht dat in de jaren 1880 de militaire ingenieurskunde een pilootfunctie innam ten aanzien van de civiele. De industrialisering van het militaire bedrijf viel niet meer te stoppen. De invoering van nieuwe wapens was al niet te onderschatten, opmerkelijk was niettemin dat spectaculaire innovaties in het transport zoveel belangrijker zijn geweest. Voor het cruciale probleem van de bevoorrading en de ontplooiing van legers leverden stoomschepen en treinen de ideale instrumenten om troepen, wapens en voorraden te transporteren op een voorheen onvoorstelbaar grote schaal. De nieuwe vervoermiddelen boden een ronduit revolutionaire oplossing voor een eeuwenoud probleem. Het hoeft nauwelijks te worden gezegd dat het transport ook voor de mondiale expansie van de Europese industriestaten van beslissende betekenis is geweest.

De tweede Industriële Revolutie en het militaire bedrijf

Daar waar tijdens het Ancien Régime het demografische potentieel van een land van beslissende invloed was voor de militaire machtsverhoudingen, werd het nu zonneklaar dat de economische en industriële macht van een staat voortaan de basisvoorwaarde zou zijn voor succesvolle oorlogvoering. In geen enkele andere oorlog in de 19de eeuw is dit zo spectaculair geïllustreerd als in de Amerikaanse Secessieoorlog (1861–1865): het agrarische Zuiden was geen partij voor het industriële Noorden. En in het Verre Oosten kunnen de spectaculaire successen van Japan op het volkrijke China (1895–1896) en op tsaristisch Rusland (1904–1905) slechts verklaard worden tegen de achtergrond van modernisering en industrialisering die tijdens de Meiji-tijd (1867–1912) werden doorgevoerd. Een en ander komt verder nog uitvoerig aan bod.

Oorsprong en drijfkracht van de constante technische vooruitgang was het wetenschappelijke onderzoek: de tijd dat de praktische intelligentie van individuele ambachtslui aan de basis lag van uitvindingen was voorbij. Continue en systematische wetenschappelijke research kwam er voor in de plaats. Het was het basisgegeven van de tweede Industriële Revolutie. De samenlevingen van de Noord-Atlantische ruimte kwamen zo in een kolkende spiraal van constante innovatie en versnelling. Oorlog en oorlogsvoorbereiding werden een onlosmakelijk onderdeel van de westerse economie en maatschappij, en dus in hun essentiële krachtlijnen en patronen inherent aan de cultuur die eraan ten grondslag lag. De technologische spiraal die in de 19de eeuw een enorme acceleratie vertoonde, vertaalde zich dus sowieso in de mefistospiraal van militarisering op basis van wetenschappelijk onderzoek en technologische innovatie.

3   Het militaire bedrijf
in de wereld buiten Europa

Eén grote wereld

De trein, het stoomschip, de telegraaf, onderzeese kabels, interoceanische kanalen en transcontinentale spoorwegen, gedetailleerde kaarten van de binnenlanden, die om militaire doeleinden werden ontworpen, een intensieve handel die de hele wereld omspande. Eén grote wereld. Scheepslijnen verbonden de werelddelen als vormden ze een bloedsomloop die voedsel en grondstoffen naar het Europese hart bracht in ruil voor kapitaal en eindproducten.

Vergeten we niet dat ook de geografische ontdekkingsreizen zich hebben doorgezet. De 19de-eeuwers richtten zich vooral op de exploratie van de binnenlanden van Azië en Afrika en van de poolgebieden. De competitie was bikkelhard. Machtige wetenschappelijke genootschappen stelden kapitalen ter beschikking van wetenschapsmensen en ontdekkingsreizigers.

Als gevolg van de industriële revoluties was in het noordelijke halfrond een industriële gordel ontstaan: een miljard mensen maakten nu deel uit van de industriële beschaving. Zij zwermden ook uit over de andere continenten. De revolutie in het verkeer bevorderde immers in hoge mate de mobiliteit van de mensen. Miljoenen migreerden van de kusten naar de binnenlanden, van het platteland naar de steden en van de dichte bevolkingskernen Europa en China naar de 'nieuwe landen'.

Rond 1900 maakten de Aziaten circa 55% uit van de wereldbevolking. Het tweede grootste bevolkingsblok vormde Europa. In 1800 telde Europa circa 200 miljoen inwoners, in 1900 ongeveer 430 miljoen. Het demografische vermogen van Europa bleek op het einde van de 19de eeuw uit de miljoenenemigratie. Ze was verantwoordelijk voor de meest dramatische demografische verandering op wereldvlak, namelijk de aangroei van de bevolking van het Amerikaanse continent tussen 1800 en 1900 van 30 tot ongeveer 160 miljoen inwoners. Vanuit Europees Rusland migreerden tussen 1892 en 1914 ongeveer 6 miljoen Russen naar de Kaukasus en Siberië. In de VS werd de trek naar de Mid- en de Far-West voltooid. De trek naar de binnenlanden verliep parallel met de spoorwegenaanleg.

De periode 1850–1875 heeft in deze mondialisering voor de beslissende acceleratie gezorgd. Het uitbouwen van echte spoorwegnetten en de aanleg van transcontinentale spoorwegen waren een echte rage: erg aantrekkelijk voor enorme kapitaalsinvesteringen en bijzonder stimulerend voor de zware metaalnijverheid en de steenkoolsector.

De militaire betekenis van de spoorwegenboom is voor iedereen duidelijk. Het snelle transport en de omvangrijke troepenverplaatsingen, de planning en uitvoering van de proviandering van hele legers was nog nauwelijks een probleem. De logistieke ondersteuning ontwikkelde zich tot een wetenschap, kon steunen op de moderne technologie en vergde tegelijk veel expertise. Met de stoomscheepvaart hadden de Europeanen een uniek, gloednieuw dwanginstrument ter beschikking voor de onderwerping van het zuidelijke halfrond. Het tijdperk van de kanonneerboot-diplomatie in het Verre Oosten was er de exponent van. De transcontinentale spoorwegen, de interoceanische kanalen... alles droeg bij tot de inkrimping van de wereld tot een *global village*. Het elan van deze evolutie was niet te stoppen.[18]

Het moderne imperialisme

De onvolprezen Britse historicus Eric J. Hobsbawm heeft zijn boek over het tijdvak 1875–1914 de titel *The Age of Empire* gegeven. Tijdens deze decennia heeft een tweede kolonisatiegolf immers het hele zuidelijke halfrond overspoeld. Koloniale imperia kwamen tot stand, georganiseerd, bestuurd, geadministreerd en geëxploiteerd door blanken. En dus grotendeels vanuit Europa, een onooglijk schiereiland van de enorme Euraziatische landmassa, maar kerngebied van een moderne kapitalistische economie die op basis van industriële technologie een elan en een expansie zonder voorgaande kende. Noordwest-Europa was toen een mondiale regio vol technologische inventiviteit, ondernemingszin, daadkracht en dynamische initiatieven, die de andere economische werelden overvleugelde. Zijn invloed dijde als het ware verder uit in concentrische cirkels en bereikte de uithoeken van de wereld en de meest verborgen plekken van de immense binnenlanden van andere continenten. Spoorwegen, stoomscheepvaart en telegrafie waren de instrumenten die deze mondialisering ondersteunden. De moderne wapentechnologie was het dwanginstrument bij uitstek. Koloniale imperia waren het resultaat. Waar het imperialisme informeel bleef, was economische dominantie en *political arm-twisting* regel.[19] Er waren nauwelijks gebieden in de wereld die eraan ontsnapten. China en Japan konden nog het langst weerstand bieden: de ongelijke verdragen, afgedwongen door de westerse industriestaten vanaf circa 1850, waren echter een signaal dat ook die weerstand stilaan gebroken werd. De intensiteit waarmee en de omvang waarin dat integratieproces van de mondiale periferie plaatsgreep, was in zoverre uniek dat terecht gesproken wordt over het tijdvak van het moderne imperialisme.

4 De groei van een continentale staat: de VS
tweede helft 19de eeuw

Mondiaal gezien cruciale decennia

Professor Jan Dhondt heeft de geboorte van de VS gekwalificeerd als 'de laatste definitieve uitbreiding van het blanke ras'. Dat is in zoverre correct dat de tweede expansiegolf van Europa, bekend gebleven als het moderne imperialisme van de periode 1870–1914, inderdaad zou leiden tot een gebiedsuitbreiding die – dat zou achteraf blijken – slechts van tijdelijke aard zou zijn. In de dekolonisatie na 1945 hebben de volken van het zuidelijke halfrond hun soevereiniteit hersteld. Althans politiek. De evaluatie van professor Dhondt was in zoverre ongenuanceerd dat de VS zich vanuit het oorspronkelijke territorium van dertien deelstaten hebben ontwikkeld tot een federatie van continentale omvang. Uitgerekend die expansie doorheen het eigen continent naar respectievelijk de Mid-West en de Far-West hebben de blanke 'Amerikanen' gerealiseerd ten koste van de oorspronkelijke indiaanse bevolking: de laatste definitieve uitbreiding, waarover Jan Dhondt het had, is dus minstens te zien als een expansie in twee fasen: de vestiging van de nieuwe staat en vervolgens zijn expansie tot de omvang van de huidige VS.

Het is alleszins zo dat door de oprichting van de VS (én van Canada) een nieuwe geopolitieke realiteit is ontstaan. We doelen op de Noord-Atlantische ruimte die we ook aanduiden als *Eerste Wereld*, bakermat van een in oorsprong Europese cultuur, die we nu gemeenzaam westers noemen. Het is het kerngebied van de beschaving van de moderniteit, die stoelt op een ongeremd elan van technologische kennis en postindustrieel management en telematica, een beschaving die wereldwijd uitdijt en de identiteit van de andere grote beschavingen in de verdrukking brengt (de globalisering).[20] Kerngebied ook van het kapitalisme en de daaraan inherente maatschappijorde.

Uitgerekend de tweede helft van de 19de eeuw is in de geschiedenis van de VS van cruciale betekenis geweest. In de eerste plaats werd het voortbestaan van de federale Unie toen zwaar bedreigd, vooral door de Secessieoorlog (1861–1865). Juist de afwending van deze dreiging heeft de weg vrijgemaakt voor de ruimtelijke expansie tot een continentale staat, voor een periode ook van reconstructie en voor de uitbouw van een moderne industrie, grondslag voor zijn economische machtspositie op wereldvlak. Slechts vanuit deze achtergrondkennis wordt de primordiale rol verklaarbaar die de VS in het Verre Oosten hebben gespeeld, vooreerst rond het midden van de 19de eeuw in Japan en daarna rond 1900 samen met Japan ten aanzien van China (het Opendeurbeleid).

De oplossing van rassenkwesties

Het betreft een erg paradoxale situatie. Opmerkelijk is immers dat deze hele ontwikkeling in Noord-Amerika slechts vrije vaart heeft gekregen nadat tijdens deze decennia enkele netelige rassenkwesties waren 'opgelost'. In eerste instantie was er het probleem van de slavernij. In de ruimtelijke expansie van de VS was aan dat probleem niet te ontsnappen. Bij de opname van elke nieuwe lidstaat laaiden de discussies hoog op: was dit nu *a free state* of *a slave state*? In verband met het enorme gebied dat met de *Louisiana Purchase* (1803) was aangekocht, stond het evenwicht tussen slavenhoudende en slavenvrije staten al in vraag. In 1819 werd Missouri een testcase. Het *Missouri Compromise* spaarde de kool en de geit. Maar bij de aanhechting van Californië, Texas en de andere gebieden ten koste van Mexico was het zeer de vraag of de scheidingslijn tussen beide soorten lidstaten zomaar kon worden doorgetrokken tot aan de Pacific. De tegenstellingen hebben uiteindelijk een climax bereikt: een vier jaar lange, gruwelijke burgeroorlog was het resultaat.

In tweede instantie is er in de westwaartse expansie doorheen het continent de brutale, want erg ongelijke machtsstrijd geweest tussen de blanke pioniers en de oorspronkelijke bevolking, de Plain Indians. Een paradoxale situatie was het. De Burgeroorlog werd uitgevochten omdat de slavernij voor het Noorden onaanvaardbaar was. Maar bij de ruimtelijke expansie westwaarts werd de decimering, de verdringing van de indianen, nooit in vraag gesteld. De meeste Amerikanen waren ervan overtuigd dat het hele continent hun rechtens toekwam, omdat zij er zich het eerst hadden gevestigd. De rechten van de indianen, die toch de oorspronkelijke bewoners waren, werden volledig over het hoofd gezien.

De machtsstrijd was inderdaad brutaal ongelijk: het technologische overwicht van de blanken uitte zich zowel in de spoorwegenaanleg als in de bewapening. Beide waren van cruciaal belang in het openbreken van de binnenlanden, in de uitroeiing van de bizon, in de decimering van de indiaanse bevolking.

Het Noord-Amerikaanse continent is zo als het ware uitgegroeid tot het exercitieterrein voor de blanken in hun contactname met andere rassen op wereldvlak. De overwinning van het industriële Noorden op het agrarische Zuiden had een signaalfunctie: industriestaten zouden in de nabije toekomst wereldwijd hun wil dicteren. De denigrerende toewijzing van reservaten aan de indianen was ook een teken aan de wand: het hanteren door de blanken van twee maten en twee gewichten zou weldra wereldwijd regel worden. De regels van de rechtsstaat, die golden binnen de westerse democratieën, zouden zonder verpinken met de voeten worden getreden in gekoloniseerde gebieden. Tijdens de interne kolonisatie in het Noord-Amerikaanse continent had Washington het hen voorgedaan. Voor de zelfvoldaanheid van het economische en technologische dynamisme moest alles wijken.

De draagwijdte van de Secessieoorlog

Ten slotte hadden de ontwikkelingen in Noord-Amerika tijdens deze decennia nog een andere signaalfunctie. Nog voor de Europese industriestaten de rest van de wereld onder de voet liepen en zo een historisch gezien unieke machtspositie uitbouwden, waren tegenkrachten op gang gekomen die de Europese hegemonie ondergroeven. De overwinning van het Noorden op de Zuidelijke Confederatie in de Burgeroorlog betekende in se ook dat deze lidstaten economisch uit de Britse invloedssfeer, uit het Britse wereldrijk, werden losgemaakt en definitief werden opgenomen in de economie van het Noorden. De cotton belt ging zo voor Manchester verloren: Londen zou soelaas zoeken door de landbouw in Egypte en Indië om te turnen tot katoenteelt, om zo de aanvoer van de grondstoffen voor zijn textielindustrie veilig te stellen.

De betekenis van de Secessieoorlog blijkt ook uit het feit dat de nederlaag van de zuidelijke slavenhoudende staten kaderde in de algemene trend van die tijd. Niet één slavenmaatschappij overleefde immers de periode van 1848 tot 1890. Voordien waren ze al geïsoleerd door het verbod op de Afrikaanse slavenhandel, verbod waarvan de uitwerking zich al in de jaren 1850 duidelijk liet voelen.[21]

Stippen we ook aan dat de Burgeroorlog het proces van de Industriële Revolutie, dat al bezig was, onnoemlijk heeft versneld. Het productievermogen van de Amerikaanse industrie groeide fenomenaal. In zijn bestseller *De Derde Golf* gaat Alvin Toffler zover in de Burgeroorlog de bloedige eindstrijd te zien tussen de verdedigers van het agrarische verleden, van de blanke agrarische Eerste Golfbeschaving (het Zuiden) en de stoottroepen van de industriële toekomst (de Tweede Golfsamenleving van het Noordoosten). In de kern ging het in de Burgeroorlog volgens Toffler om de lotsbestemming van de Amerikaanse samenleving: zou die agrarisch (Eerste Golf) of industrieel (Tweede Golf) zijn? De overwinning van de Noordelijken stond meteen gelijk aan een versnelde industrialisatie.[22] 'Tussen 1860 en 1890 hebben de vs een gedaanteverwisseling ondergaan van een natie die over het algemeen nog primitieve landbouwmethoden toepaste en het merendeel van de afgewerkte producten invoerde, naar een geïndustrialiseerd land met een exporthandel van landbouw- en industrieproducten die tot in de uithoeken van de wereld van de hand werden gedaan.'[23] De reusachtige economische ontwikkeling gebeurde wel schoksgewijs, namelijk afgeremd door de crisisperiodes van 1873 tot 1878, van 1884 tot 1887 en van 1893 tot 1898. De cijfers zijn alleszins indrukwekkend. De industriële productie vervijfvoudigde tussen 1860 en 1890. De staalproductie groeide in die jaren zelfs aan in een verhouding van 1 tot 125. De spoorwegenaanleg, de machinebouw en de constructie van locomotieven waren hier niet vreemd aan. Evenmin de inventiviteit en de creativiteit van de Amerikanen: voor 1860 werden 36.000 brevetten geregistreerd, tussen 1860 en 1900 niet minder dan 640.000! Ook het aanleggen van spoorwegen bleef oeverloos doorgaan. In 1884 waren er al vier transcontinentale lijnen. Nadien ging de aandacht vooral naar de aanleg van regionale en lokale lijnen. De densiteit van het spoorwegnet groeide spectaculair: in 1860 beschikten de VS over 48.000 km spoor, in 1900 over 384.000 km!

The Gilded Age

Het vertrouwen in de onbegrensde mogelijkheden van de Amerikaanse industrie wordt het best weerspiegeld in het feit dat het in deze industrie geïnvesteerde kapitaal tussen 1860 en 1890 vernegentienvoudigde. De waarde van de industriële productie vertwaalfvoudigde in dezelfde periode. Geen wonder dat men toen sprak over *the Gilded Age*, het Gouden Tijdperk. Het tijdperk van de *Big Business* was begonnen. De filosofie van het zakendoen werd een ideaal dat het Amerikaanse maatschappelijke leven volledig ging beheersen. De *captains of industry* genoten een enorm prestige. In een minimum van tijd vergaarden ze fabelachtige fortuinen. Andrew Carnegie, John D. Rockefeller, Guggenheim, Vanderbilt II, J.P. Morgan, Jay Gould, E.H. Harriman, Stanford, Huntington, Stewart, Swift, Armour, Duke... waren de incarnatie van de *personal achievement*. Het vertrouwen in de onbegrensde mogelijkheden van het individu werd een mythe. De spectaculaire levensverhalen van deze *captains of industry* bevestigden dat het geen mythe was, maar realiteit. Zo leek het althans. Business werd sacrosanct, een heilige koe. Dat regering en wetgevende macht onder druk werden gezet door het bedrijfsleven en de grote fortuinen, werd aanvaard. Dat de regering en de wetgevende macht in de eerste plaats met hun belangen rekening hielden bij de uitstippeling van het beleid en bij de stemming van wetten, was vanzelfsprekend. De zakenwereld kon haar rol maar spelen in een sfeer van ongeremde vrijheid, niet gehinderd door een betuttelende overheid. Het economische liberalisme vierde hoogtij. Over hun maatschappelijke verantwoordelijkheid en hun

specifieke verplichtingen maakten de *captains of industry* zich nauwelijks zorgen. De vrees groeide dat de scheiding tussen rijkdom en verantwoordelijkheid, die zich aan het voltrekken was, zou kunnen leiden tot de
vorming van een industrieel feodalisme, een plutocratie, die uiteindelijk
in staat zou zijn het Amerikaanse leven volkomen te domineren. Reeds
in 1871 schreef Henry Ward Beecher: 'We worden heden bedreigd door
een groter gevaar vanwege de wildgroei van financiële belangen – meer
bepaald uit de hoek van de georganiseerde financiële kringen – dan we
ooit in het verleden bedreigd zijn geweest omwille van de slavernij.'[24]

Het expansionisme

De overwinning van het Noorden in de Burgeroorlog en de reconstructie en continentale expansie die erop volgden, waren van fundamentele
betekenis voor de toekomst van het hele Amerikaanse continent. Londen
oefende in de 19de eeuw immers een informeel imperialisme uit over heel
Latijns-Amerika. De uitkomst van de Secessieoorlog was beslissend voor
de kanteling van de economische afhankelijkheid van het hele subcontinent: Washington zou voortaan de teugels in handen hebben. De hele crisis rond het Panamakanaal (1903) zou slechts de bevestiging brengen van
een feitelijke toestand: Europa moest wijken. Het Big Stick-imperialisme
van Teddy Roosevelt loog er niet om: het pan-Amerikanisme was slechts de
façade waarachter het protectoratenhuis werd opgetrokken. Het volstaat
om *het Corrolarium van Roosevelt* (1904) – een document dat de Monroeleer aanvulde – te lezen: 'In flagrante gevallen van onrecht of onmacht
kunnen de vs ertoe gedwongen zijn een internationaal politiegezag uit
te oefenen,' aldus Roosevelt.[25] De vs als politieagent in Latijns-Amerika.
De eerste stap was gezet van het isolationisme naar een mondiaal engagement. De opendeurpolitiek die via de nota's van Secretary of State John
Hay (1899–1900) ten aanzien van China werd gevoerd, bevestigde deze
trend. De expansie van de kapitalistische economie impliceerde uiteraard een volledige deelname aan de wereldhandel (free trade) en vrije
toegang tot de wereldmarkten, liefst met zo weinig mogelijk conflicten.
Dus dollar-imperialisme (William Howard Taft) als het maar even kon,
big stick-imperialisme als er geen andere uitweg was.[26] Toch mogen we
zeker niet de indruk wekken dat iedereen in de vs het eens was met de
nieuwe agressieve buitenlandse politiek. De Amerikaanse politici zijn
hierover steeds erg verdeeld geweest: zowel voorstanders van interven-
tionisme als aanhangers van isolationisme zijn voortdurend in de weer
geweest om hun zienswijze door te drukken. Senator Albert J. Beveridge
was in die tijd een overtuigde voorstander van het Amerikaanse imperialisme. Na de oorlog met Spanje (1898) en de annexatie van de Filippijnen,

hield hij een historisch geworden redevoering in het Congres. Hieruit het volgend citaat: 'De Filippijnen zijn voorgoed van ons, "territorium dat behoort tot de Verenigde Staten" zoals de grondwet dat noemt. En vlak achter de Filippijnen liggen de grenzeloze markten van China. Wij zullen ons uit geen van beide terugtrekken. ... Onze grootste handel in de toekomst zal met Azië zijn. De Stille Oceaan is onze oceaan... China is onze natuurlijke afnemer.' Beveridge en zijn tijdgenoten zagen de Filippijnen als een springplank naar de afzetmarkten van Oost-Azië, van het Gouden Oosten. Het was alleen maar jammer dat China op dat ogenblik al als een taart was opgedeeld door de Europese industriestaten. De Amerikaanse belangen waren in het gedrang. Het is in die context dat de eerder vermelde opendeurpolitiek van Secretary of State John Hay gesitueerd moet worden. China's integriteit was zogezegd de zorg van Washington. In feite was John Hay de spreekbuis van de Amerikaanse belangengroepen uit de handelswereld. En China's integriteit was een façade waarachter Washington een beleid voerde dat eropuit was om andere mogendheden ervan te weerhouden zich in Chinese gebieden te nestelen.

5   China als semikolonie

De 19de eeuw is in de geschiedenis van China ongemeen turbulent geweest. Zeker ook wat betreft de plaats van China op wereldvlak. Een onomkeerbaar proces werd toen op gang gebracht, waarvan de volgende twee aspecten volgens ons fundamenteel zijn. Enerzijds werden de machtsverhoudingen tussen China en de buitenwereld brutaal gewijzigd: de allesomvattende superioriteit van het Westen schokte de Chinese traditionele orde tot in haar fundamenten. Anderzijds was er het moeizame streven om deze voor China wereldschokkende ervaring te verwerken. Dat impliceerde de noodzaak om opnieuw China's plaats te definiëren in de nieuwe wereldorde. In de verwerking van deze ervaring kun je verschillende fases zien. In een eerste etappe heeft de regerende Qingdynastie getracht de brand te blussen door te veinzen dat er geen brand was. Nadien verwachtte ze alle heil van modern brandweermateriaal zonder een beroep te kunnen doen op daartoe opgeleid en getraind personeel. Of nog anders: een struisvogelpolitiek, gevolgd door halfslachtige maatregelen. De Mandsjoekeizers hebben hiermee zelf de poten van onder hun troon gezaagd.

Ook de tweede etappe eindigde op een fiasco. Geconfronteerd met Aziatische toestanden en problemen bleek de westerse democratie een onding te zijn: ook het Guomindangdespotisme ontbeerde de nodige volksverbondenheid.

De Volksrepubliek, sinds 1949 (derde etappe), zou erin slagen een sterke machtsconcentratie te combineren met een zorg om de elementaire noden van de volksmassa's. 'La frénésie idéologique'[27] van de militanten onder leiding van Mao zorgde evenwel voor een rampzalige ontsporing, waar uitgerekend de modale Chinezen een heel zware prijs voor betaalden.

Slechts de genoemde eerste fase behoort tot de 19de eeuw. Of nog: de twee krachtlijnen, zo-even geschetst, vormen het grondpatroon van een ontwikkeling die de 19de en 20ste eeuw voor China tot één onlosmakelijk geheel verweeft.

Basisgegeven bij dit alles blijft de diametraal tegengestelde evolutie die China en de staten van de Noord-Atlantische ruimte vanaf om en rond 1800 hebben gekend. Verandering en innovatie werden de maatschappelijke dominanten in het Westen. Hiermee contrasteerde de uitermate vertraagde evolutie in China die wel stagnatie leek. Daarbij hebben de maatschappelijke bovenlagen in China zich onvoldoende gerealiseerd dat de technische superioriteit, waarover de westerse samenlevingen sedert de Industriële Revolutie beschikten, het logische gevolg was van een filosofisch-wetenschappelijk niveau, dat in een algemeen maatschappijklimaat had kunnen gedijen. Elke beschaving is immers een ondeelbaar geheel, waarin alle onderdelen samenhangen en met elkaar verbonden zijn. Vanaf de 16de eeuw had de westerse beschaving zich in China vooral gepresenteerd als een vreemde religie en werd afgewezen. Wat toen mogelijk was, werd in de 19de eeuw ondoenlijk. De westerse beschaving vertoonde zich toen vooral als een vreemde techniek en wekte in China de waan dat de overname hiervan mogelijk was zonder de eigen identiteit te schenden. De Qingdynastie voelde zich bovenal bedreigd door de superieure westerse wapentechnologie: de beschikking over deze wapens leek een garantie voor de instandhouding van hun regime te zijn. Deze beleidsoptie – de aanwending van westerse middelen ter beveiliging van de Chinese identiteit en waarden – heeft tot een fiasco geleid. Het reveil van de Chinese samenleving was onmogelijk te realiseren via dergelijk halfslachtig beleid. Dit was even zinloos als van wrakhout tankers van 100.000 ton te willen bouwen en van panlatten sluizen voor diezelfde tankers.

China's verval: interne oorzaken

BINNENLANDSE PROBLEMEN | Toch is nuanceren de boodschap. De kans is niet-gering dat we de lezer met de duiding van de ontwikkelingen in de 19de eeuw, die we zojuist hebben uitgeschreven, op het verkeerde been zetten. Het zou beslist verkeerd zijn te suggereren dat China's lotsbestemming in de 19de eeuw louter een kwestie was van impact vanwege het Westen en de respons hierop. In feite werd China het slachtoffer van een tweekoppige draak, namelijk een interne rebellie en een externe invasie. Een accumulatie van binnenlandse problemen heeft de positie van de Qingdynastie ontegensprekelijk verzwakt. Een aantal ervan hebben we al eerder vermeld: dat China in 1850 430 miljoen inwoners telde (circa 100 miljoen in de 17de eeuw) was zeker van cruciaal belang, aangezien dat zorgde voor een groeiende druk op het platteland: kleinere boerderijtjes en werkloosheid voor dagloners (hoeveknechten). Om in hun basisbehoeften te voorzien waren dié mensen het best af die marktgewassen teelten en bijbaantjes hadden. De toestand voor de Qing werd nog nijpender door hun ideologische keuze voor lage belastingen. Dat alles in een land dat een erg beperkt technologisch vermogen bezat. Kortom, het samenspel van al deze factoren had voor gevolg dat de verwezenlijkingen van de vroege Qingkeizers K'ang-hsi en Qianlong werden ondergraven. Corruptie en een weinig performante sociale controle verscherpten de situatie. De privé-economie bleef het evenwel goed doen, zeker in regio's die zich leenden tot marktteelten die aansloten bij de regionale en internationale commerciële netwerken. Maar de rol van de staat als stabiliserende factor in de economie en als een voorname partner in de infrastructurele ontwikkeling én het onderhoud (bijvoorbeeld van de stromen en kanalen) begon te verzwakken.

De belangrijke ontwikkeling van de perifere regio's speelde ook in het nadeel van de centraal geleide Qingstaat. Dan hebben we het over verafgelegen gebieden als Taiwan, Mandsjoerije, het heuvelland van de Yangtze, het berggebied tussen Jiangxi en Hunan en tussen Sichuan, Shaanxi en Hubei, delen van Guangxi, Xinjiang en Tibet. Die regio's kenden toen een aanzienlijke immigratie van jonge mensen. Sociale stabiliteit bestond er niet: het traditionele dorpsleven ontbrak er; leiding door een orthodoxe elite was er al evenmin. En de stijgende nood aan zelfverdediging leidde er al spoedig tot militarisering. Zo groeiden deze regio's uit tot een bedreiging voor het centrale gezag. In de laatste jaren van de 18de eeuw werd dit spectaculair geïllustreerd langs het Sichuan-Shaanxi-Hubei-grensgebied waar toen de opstand uitbrak van de Witte Lotus (1795–1804). In Zuid-China bestonden geheime genootschappen die streefden naar de omverwerping van de Qing en de restauratie van de Ming. Zij kregen een machtspositie door de controle te verwerven over smokkel en zich te integreren in de lokale milities.[28]

DE TAIPING-REBELLIE | De Witte Lotus-rebellie zou in de 19de eeuw navolging krijgen: volksrevoltes tegen het centrale gezag werden schering en inslag. Er waren redenen te over voor de mistevredenheid. De succesvolste uitdaging kwam van de Taiping-opstand ('grote vrede') die duurde van 1851 tot 1864. De Taiping-rebellie was omvangrijk, christelijk en bestond uit Han-Chinezen. De beweging kwam op gang in Guangdong en Guangxi en bereikte al vlug Centraal-China. De leiding berustte bij Hong Xiuquan (1813–1864), die het Hemelse Rijk van Grote Vrede – *Taiping Tianguo*, een theocratie – stichtte met Nanjing als hoofdstad (van 1853 tot 1864). Het Taiping-leger telde meer dan 3 miljoen manschappen. Op zijn hoogtepunt controleerden de Taiping een derde van het Chinese grondgebied – van Huai in het noorden tot Hunan en Hubei in het westen en tot Hangzhou en Suzhou in het oosten – en een aanzienlijk deel van het kerngebied van China's economie. De componenten van de Taiping-ideologie waren het anti-Mandsjoe nationalisme, de hakka-solidariteit, millenaristisch en gesiniseerd christendom, een onmiskenbaar egalitarisme en – op het einde – utopisch confucianisme.[29] De Taiping hebben twee spectaculaire fouten gemaakt. Vooreerst hebben zij de traditionele orde afgewezen en hebben daardoor op geen enkel moment de steun van de geletterden – tot dan onontbeerlijk voor elke nieuwe dynastie – gekregen. In tweede instantie hebben ze Shanghai in handen van de buitenlanders gelaten, ook al omdat ze de omvang van de inkomsten van de maritieme douanes hebben onderschat. Waar ze aanvankelijk konden rekenen op de sympathie van het buitenland, hebben ze later die steun kwijtgespeeld. De vreemdelingen beschouwden hen immers als een bedreiging voor hun commerciële belangen. Samen met de buitenlanders heeft de geletterde elite zijn steun gegeven aan de Qingdynastie. De repressie was verpletterend en steunde op een nieuwe tactiek, namelijk een goed betaald leger onder bevelhebbers die steunden op persoonlijke en lokale loyaliteit. Vertrekkend vanuit Shanghai en Ningbo werd de rebellie uitgeschakeld. De demografische balans was rampspoedig. Naar schatting ging het om tussen de 20 en 50 miljoen slachtoffers. Een halve eeuw later bleef nog heel wat akkerland in Anhui, Jiangsu en Zhejiang braak liggen.[30] Voor de Qing is de Taiping-rebellie *a point of no return* geweest. Er deed zich immers een cruciale verschuiving voor in de machtsbalans van het centrum naar de provincies. Het feit dat de dynastie de dreiging overleefde, had ze immers te danken aan het activisme van een nieuwe elite die zich buiten de bureaucratie had gevormd en die over inkomsten beschikte die op het lokale niveau werden gegenereerd. De Qing bleven nog wel 50 jaar aan het bewind. Hun machtspositie werd echter constant ondergraven, niét in de eerste plaats door de ontevredenheid van de brede lagen van de bevolking die zich tegen de aanwezigheid van de buitenlanders in China scheen te keren, maar wel door het streven van de elite om de Chinese politiek te herdefiniëren. Voor het Ancien Régime was die dreiging uiteindelijk beslissend.[31]

BEELDVORMING | Het beeld dat de Europese publieke opinie er rond het midden van de 19de eeuw over China op nahield, lag wel aan de antipode van de 18de-eeuwse opvattingen over dit land. China was zwak, corrupt, slecht geregeerd, gekweld door rebellies, geteisterd door hongersnoden, ongeïnteresseerd in wetenschap, onverschillig voor iedere vooruitgang en op de koop toe nog heidens ook! Dit heeft prof. C.P. FitzGerald de bedenking ingegeven dat het toch wel betreurenswaardig is dat de waarde van de bijdrage van een natie tot de menselijke beschaving en haar plaats op wereldvlak, van periode tot periode beoordeeld worden vanuit haar wisselende militaire vermogen. De grote eerbied voor de Chinese prestaties op het culturele vlak viel volgens hem samen met de militair sterke staat van K'ang-hsi en Qianlong. In de 19de eeuw echter bestond in Europa nog slechts minachting voor de waarde van de Chinese cultuur: nochtans waren kunsten en letteren intussen nauwelijks veranderd! 'The pre-industrial outlook which all peoples had held in common a century before was now attributed to China als a local and peculiar failing of her people.'[32]

Feit blijft dat China een periode van verval beleefde: de steeds wijder gapende kloof tussen China en het Westen was onloochenbaar. Het wederzijdse begrip werd er niet door gediend. De Chinese economie stagneerde: het areaal cultuurland was te klein; de buitenlandse handel bleef beperkt tot Guangzhou (Kanton); de industrie bleef artisanaal. Het economische leven had dringend nood aan hervormingen, aan uitvindingen als impuls voor een nieuwe opgang en bloei. De regerende klasse was echter mentaal blind voor deze noden: zij leefde in de confucianistische overtuiging van China's culturele superioriteit in de wereld. De tweede premisse was dat deze beschaving kon blijven bloeien zonder enig contact met de buitenwereld. De beleidsopties waren navenant: het behoud van het oude en beproefde; hervormingen kunnen slechts tot chaos leiden, contacten met de buitenwereld enkel tot onrust.

DE QING, NIET CHINEES | Maar niet alleen dat culturele superioriteitscomplex heeft verlammend gewerkt. Bovenop werd deze kwaal nog aangewakkerd tot een kanker door het feit van de vreemde origine van de regerende Qingdynastie. Doorheen hun hele regeringsperiode hebben de Mandsjoes steeds weer gevreesd dat ze zouden eindigen als de Mongolen, namelijk dat ze door een grote Chinese revolte van de troon en uit het land zouden worden verjaagd. Dergelijke dreiging situeerden zij in het zuiden: de zuidelijke regio's hadden zich immers als laatste naar de Mandsjoe-overheersing geschikt en zij hadden de vreemde dynastie nooit echt aanvaard. Nu dreven de vreemdelingen uitgerekend in de zuidelijke havens handel en waren daar de contacten met de buitenwereld geconcentreerd. Het Hof in Beijing vreesde dat de bevolking in het zuiden kracht én moed, inspiratie en aansporing zou putten uit deze contacten met de vreemdelingen. Deze vrees van de Qing was geen waanbeeld. Herinneren we eraan dat de eerste grote opstanden tegen de Mandsjoes inderdaad in het zuiden gestart zijn en dat de fatale revolutie (1911) eens te meer in het zuiden tot stand is gekomen. 'The Manchus were not imagining a danger, they were trying to counter a very real peril.' Dit verklaart meteen de krachtlijnen van hun beleid: de strikte naleving van de confucianistische spelregels; door fabuleuze beloningen de loyaliteit van de geletterden (shen-shi) verzekeren, die niet alleen een onbetwistbare intellectuele superioriteit, maar ook de politieke macht en de economische rijkdom in hun handen concentreerden; aldus de rebellen beroven van potentiële leiders; het buitensluiten van de technologie en de wetenschap van het Westen.

Het was een nefaste koers: al de factoren die naar het oordeel van de Qing moesten bijdragen tot de sterkte van China en de consolidatie van de dynastie, bleken zwakke punten te zijn die slechts de kwetsbaarheid verhoogden. Het ware moeilijk, maar zeker niet onmogelijk geweest hervormingen door te voeren, de attitude van de bevolking te wijzigen en het Chinese systeem om te vormen teneinde de uitdagingen van de moderne wereld aan te kunnen. Voorwaarde ware geweest dat de keizer zijn leiderschap daartoe zou hebben geëngageerd. 'Zoals in Japan, waar de keizer Meiji zijn prestige als een halfgoddelijke vorst inzette om in feite een revolutie te bewerkstelligen, had een Chinese keizer die bekwaam en wilskrachtig genoeg was, ook leiding kunnen geven. Maar er was geen Chinese keizer: de vorst was een Mandsjoe, en zowel hij als zijn geslacht waren doodsbang voor elke revolutionaire verandering.' Angsten, complexen en aarzelingen van een dynastie die haar hoogtepunt goed en wel voorbij was juist op een ogenblik dat de druk van het Westen tot het openstellen van het land het zwaarst werd: de samenloop van al deze omstandigheden accumuleerde voor China tot een noodlottig *point of no return*. Des te meer noodlottig wanneer we ook nog de aard van het politieke systeem verdisconteren: 'De verregaande centralisatie van het keizerlijke gezag vormde een handicap voor zwakke, onbekwame opvolgers. Er kon niets gebeuren zonder de keizer, maar als de keizer niet wist wat hij moest doen of het verkeerde beleid voerde, dan was alles wat er gebeurde fout of gewoon maar onbekwaam uitgevoerd.'[33]

China's verval: externe oorzaken

DE EERSTE FASE IN DE WESTERSE PENETRATIE (tot circa 1890) | Het is aangewezen voor ogen te houden dat het met deze maatschappij was dat het Westen werd geconfronteerd toen het, rond het midden van de 19de eeuw, op brutale wijze de toegang tot China forceerde. In een eerste fase – tot om en rond 1890 – waren de westerse mogendheden er zowel in hun koloniën als in de andere Aziatische landen vooral om bekommerd de zone waar zij lokale producten ophaalden, maximaal uit te breiden, een zone die meestal tezelfdertijd het afzetgebied was voor hun afgewerkte producten. Engelse en Amerikaanse kooplui schrokken er niet voor terug tussen de Engelse koloniën in Zuid-Azië en China een smokkelhandel op grote schaal op te zetten. Zij kochten in China vooral thee en zijde, die zij steeds met edele metalen moesten betalen. Vrij vlug besloten zij evenwel als betaalmiddel opium aan te wenden die de Britse East India Company in Birma en Bengalen verbouwde. Belangrijk moment in heel dit verhaal was de afschaffing van het monopolie van de East India Company in 1833. Die opheffing was het resultaat van stevig lobbywerk vanwege Britse *free-traders* die er ook op aanstuurden toegang te forceren tot de Chinese markt. Tot dan bleef de handel beperkt tot Guangzhou (Kanton), waar een corporatie van Chinese handelaars – de *cohong* – een staatsmonopolie in handen had. Westerse en Chinese kooplui-smokkelaars hebben dat systeem succesvol ondergraven. Ze vergaarden fortuinen, maar ondermijnden meteen de welvaart van China en de gezondheid van het

Chinese volk. Een strenge en steeds hernieuwde wetgeving verbood de opiuminvoer. In hoeverre dit verbod werd nageleefd, leren ons de volgende cijfers. In de 18de eeuw bedroeg de opiumimport jaarlijks ongeveer 400 kisten (à 100 kg/kist), omstreeks 1800 4.000 kisten. In de jaren 1820 was de opiuminvoer reeds tot 10.000 kisten gestegen, om in 1860 een maximum van 85.000 kisten te bereiken. Het protest van Lin Zexu (1785–1850), de keizerlijke gevolmachtigde, aan koningin Victoria illustreert de Chinese verontwaardiging: 'We hebben gehoord dat het in uw geachte barbaarse land de mensen niet wordt toegestaan het bedwelmende middel te inhaleren. Als het kennelijk zo schadelijk is, hoe kan men dan pogingen om winst te boeken door anderen bloot te stellen aan deze boosaardige macht in overeenstemming brengen met de geboden des Hemels?' De reactie van de Britse regering ontbrak het niet – zeker vanuit Chinees standpunt – aan hypocrisie: Londen erkende dat de Chinese regering de bevoegdheid bezat om de opiumhandel te verbieden, maar wees er tegelijkertijd op dat de Britse regering niet bij machte was enige controle in te stellen op wat door vrije kooplui op vrije schepen vervoerd werd.

Twee conclusies dringen zich op. Eén: de afschaffing van het monopolie van de East India Company van de handel op China en de activiteiten van de talloze *free-traders* verklaren de brutale acceleratie van de drughandel. Twee: daar waar de Kantonhandel er in de 18de eeuw nog op berekend was om de vrij beperkte contacten met de buitenwereld die toen bestonden op te vangen, schoot hij volkomen tekort als middel om de steeds maar aangroeiende contacten in de 19de eeuw onder controle te houden. Het stelsel vormde niet langer een middel tot legitieme westerse handel noch een bescherming voor de Chinese theorie en praktijk van buitenlandse betrekkingen. Het optreden van Lin Zexu heeft de Chinees-westerse relaties in een stroomversnelling gebracht. Hij stond symbool voor de Chinese onwetendheid inzake de machtsmiddelen van het Westen en had zich voorgenomen het Kantonsysteem te hervormen op Chinese voorwaarden. Hij wou het probleem dus unilateraal aanpakken, waarbij hij zich uitsluitend toespitste op de opiumkwestie. Een kettingreactie van conflicten brak los: de Eerste Opiumoorlog (1840–1842) tussen Groot-Brittannië en China en de Arrowoorlog of Tweede Opiumoorlog (1ste fase: 1856–1858; 2de fase: 1860).

Tijdens de opiumoorlogen ging het om heel wat meer dan uitsluitend om het opiumprobleem. Ook voor de westerse mogendheden was dat van secundair belang. De opiumhandel was immers slechts de onmiddellijke aanleiding tot de vijandelijkheden. Het fundamentele conflict had veeleer betrekking op de tegenstelling tussen China's tribuutsysteem en de westerse theorie van de gelijkheid tussen staten. De westerse mogendheden wensten inderdaad wel dat meer havens zouden worden opengesteld voor hun kooplui, een vrijer systeem dan de strikt gereglementeerde Kanton-handel, eerlijke tarieven en een vrij personen- en goederenverkeer in het Chinese binnenland. Zij eisten echter bovenal een vertegenwoordiging in Beijing op in de persoon van een ambassadeur, evenals de erkenning van de diplomatieke gelijkheid als basis voor onderhandelingen.

HET DICTAAT VAN HET VERDRAGSTELSEL | Het volstaat de vredesbepalingen van Nanjing (1842) en Tianjin (1858) en van de Conventies van Beijing (1860) te bestuderen, om deze doeleinden terug te vinden.

– Bij het verdrag van Nanjing alleen al werd China veroordeeld tot een oorlogsschadevergoeding van 21 miljoen dollar.

– Een aantal kuststeden werden als concessiehavens geopend voor de buitenlandse handel. Hong Kong in 1842 en Kowloon in 1860 werden aan Groot-Brittannië overgedragen.

– In deze verdraghavens mochten de toltarieven geheven op de westerse import de 5% niet overschrijden. Door deze lage tarieven konden de Chinezen hun ambachtelijke nijverheden onmogelijk beschermen tegen de concurrentie van de afgewerkte producten van de industrielanden, die in die havens werden ingevoerd.

– Daarenboven werd de extraterritorialiteit ingevoerd, een wettelijke regeling waarbij onderdanen van vreemde naties onttrokken werden aan de Chinese rechtspraak. Deze verwerpelijke regeling impliceerde niettemin een aantal verplichtingen voor de westerse mogendheden, zo onder meer te zorgen voor de installatie van competente consulaire rechtbanken en voor de uitrusting van de nodige gevangenissen. Misdaden moesten hoe dan ook toch bestraft worden, of niet? Typerend is dan wel dat, op uitzondering van Groot-Brittannië, voor 1857 geen enkele verdragsmogendheid ook maar één maatregel in die richting genomen heeft.

– Deze verdragen verzekerden de vrije toegang voor alle vreemdelingen en de vrije vestiging van missies in China. Dat werd het christendom in China later niet in dank afgenomen. Dit geldt evenzeer het tolerantieprincipe. In 1858 werd de tolerantie immers opgenomen als een van de bepalingen van een verdrag, dat werd afgedwongen als resultaat van een oorlog. Het hoeft dan ook niet te verbazen dat vele Chinezen na 1858 oordeelden het christendom met recht en reden te mogen beschouwen én als een politiek én als een religieus wapen van het Westen.

– Het verdrag van Tianjin (1858) legaliseerde de opiumhandel. Twee doeleinden werden hiermee nagestreefd: via de taksen China aan broodnodige inkomsten helpen; een bijzonder belangrijk element in de buitenlandse handel stabiliseren door het in de context van een verdrag op te nemen.

– De Conventies van Beijing (1860) bepaalden dat voortaan Chinezen aangeworven mochten worden om als goedkope arbeidskrachten in andere koloniën te worden tewerkgesteld. Een echte Chinezenhandel – de *coolie-trade* – was hiervan het gevolg. Voor de zich superieur voelende Chinezen was dit een bijzonder vernederend punt. Hun intense xenofobie werd er nog door aangewakkerd.

– Vermelden we ten slotte de *gunboat diplomacy*, of *shooting first and talking afterwards*. Vreemde oorlogsschepen hadden vrije toegang tot de Chinese territoriale wateren, inclusief de rivieren van het binnenland. Het was een doeltreffend middel om de centrale regering of weerbarstige gewestelijke mandarijnen onder druk te zetten.

Het lag voor de hand dat andere mogendheden eveneens zouden streven naar het afsluiten van soortgelijke verdragen met China. Tussen 1844 en 1847 werden nog verdragen afgesloten met de Verenigde Staten (3 juli 1844), Frankrijk (24 oktober 1844) en met Noorwegen en Zweden (20 maart 1847). Met Rusland sloot China het verdrag van Aigun (28 mei 1858) af: Rusland verwierf hierdoor al het grondgebied aan de linker (of noordelijke) oever van de Amoer, terwijl het land tussen de Oessoeri en de zee onder gezamenlijke Russisch-Chinese controle zou vallen.

Deze periode is in de geschiedenis van het Verre Oosten bekend gebleven als de periode van de ongelijke verdragen. De sinoloog Franz Schurmann geeft de volgende commentaar: 'De ongelijke verdragen, die de Chinezen werden opgedrongen na de opiumoorlogen, brachten China zowel voor- als nadelen. In de voornaamste havens langs de kust ontstonden vreemde concessies die ontsnapten aan de Chinese rechtspraak. De meeste Chinezen ergerden zich aan deze soevereiniteitsaantasting en voelden er zich werkelijk door vernederd. China aanvaardde de ongelijke verdragen omdat het geen keuze had. De oude overtuiging van de eigen culturele superioriteit én de trots van dit volk weerstonden echter taai de westerse penetratie. De verdragshavens en de vreemde wijken herinnerden de Chinezen ten andere voortdurend aan hun onmacht en vormden een permanente bron van intens beleefde ergernis en afkeer ten opzichte van het Westen. De havenconcessies hadden evenwel ook hun goede zijde. Zij vormden vitale contactpunten tussen China en het Westen en als het ware de toegangspoort van het Oude China tot de moderne wereld, derhalve ook de broedplaats voor een nieuwe generatie verwesterde Chinezen. Tezelfdertijd groeide er een nieuwe, economisch machtige klasse, een Chinese burgerij die in de traditionele Chinese samenleving schitterde door haar afwezigheid.'[34]

POINT OF NO RETURN | Het Nanjing Verdrag (1842) betekende voor China *the point of no return*. Het maakte een einde aan het oude Chinese systeem waarbij contacten met vreemdelingen plaatsvonden via de *cohong*[35] en de bedrijven in Guangzhou (Kanton). Deze eerste sino-westerse verdragen vormden de start voor de uitwerking van *een nieuwe orde*, niet alleen in de Chinese buitenlandse politiek, maar in heel Oost-Azië. Deze akkoorden sloten een tijdvak af, namelijk dit van het tribuutsysteem dat werd vervangen door een verdragstelsel. Of nog anders: de confucianistische theorie inzake relaties tussen staten die fundamenteel ongelijk waren, werd vervangen door een theorie die de statengelijkheid poneerde. Toen begon de Chinese hedendaagse geschiedenis, maar tegelijkertijd een eeuw van vreemde voorrechten en vreemde overheersing, een eeuw van nationale vernedering.

Deze nieuwe orde is dikwijls uitsluitend verklaard in termen van agressief imperialisme. Deze interpretatie is zeker adequaat, maar vormt niet de hele verklaring. Tussen 1840 en 1860 hebben de westerse mogendheden inderdaad wegen gezocht om hun wil aan China op te dringen. Maar gelijktijdig en complementair was er ook een proces gaande waarbij de Chinese staat zich trachtte aan te passen aan de nieuwe, deze keer westerse, indringers. Beijing steunde hiertoe op een eeuwenlange ervaring in de benadering van de barbaren van Centraal-Azië. We hebben doelbewust de term aanpassen gebruikt: 'Men was erg geneigd om meningsverschillen door middel van compromissen op te lossen. De maatschappij moest niet veranderd worden maar geharmoniseerd. Van Chinees standpunt uit gezien, werd het verdragstelsel gevoegd bij het traditionele tribuutsysteem, met het doel de vreemdeling de invloed te laten ondergaan van de universele confucianistische staat. De nieuwe orde was dus niet alleen maar een westerse schepping. Het imperialisme alleen kan bijgevolg geen afdoende verklaring geven voor de ontwikkeling van de betrekkingen tussen Chinezen en barbaren in de negentiende eeuw.'[36]

Dit standpunt lag in de lijn van de Chinese traditie; het getuigde echter van weinig realiteitszin. Zelfs de handhaving van het keizerlijke regime ten nadele van binnenlandse opstanden was voortaan afhankelijk geworden van de goodwill van de mogendheden. Het spectaculairste bewijs voor de stelling is te vinden in de afwikkeling van de eerder besproken Taiping-rebellie (1851–1864). De Taiping waren uitgesproken nationalisten die vijandig stonden tegenover de vreemde agressie in China. Voor de westerse mogendheden was het zoveel interessanter geconfronteerd te worden met de papieren tijger die de Qingdynastie nog slechts was, dan wel met de reële macht van de politiek zelfbewuste Taiping. Zij vreesden dat bij een overwinning van de Taiping alle voordelen en voorrechten die het Westen bij de ongelijke verdragen verworven had, wel eens verloren zouden kunnen gaan. De westerse mogendheden identificeerden hun positie in China met het lot van de Mandsjoedynastie. Zo de Taiping-opstand uiteindelijk een mislukking is geworden, is dit mede aan de interventie van de westerse landen toe te schrijven. Hu Sheng heeft er in zijn studie *Impe-*

rialism and Chinese Politics op gewezen hoe op die manier het startschot werd gegeven voor een beleid dat doorheen de 19de en 20ste eeuw merkwaardig constant is gebleven. De mogendheden zijn immers voortdurend tussengekomen om het natuurlijke spel van het interne Chinese politieke leven te vervalsen: hun interventies waren er steeds weer op gericht de balans te doen doorslaan ten gunste van de conservatieve krachten. Zij hebben de Qing gesteund tegen de Taiping, Yuan Shikai tegen Sun Yat-sen en Jiang Jieshi (Chiang Kai-shek) tegen Mao Zedong.

Het afsluiten van de verdragen van 1858 en 1860 stempelde de Taiping meteen tot rebellen. Zij konden hierdoor niet langer worden beschouwd als mogelijke bondgenoten van de westerse mogendheden noch als potentiële opvolgers van de Mandsjoes. Daarenboven is het goed te bedenken dat de uitbetaling van de schadevergoeding, waartoe China na de Arrowoorlog veroordeeld werd, afhankelijk was van het lot van de regerende dynastie in Beijing.

DE IMPACT OP DE INTERNE MACHTSPOSITIES | De structuur van de politieke macht werd door de Taiping-rebellie radicaal gewijzigd: zowel de instellingen als de samenleving werden er grondig door beïnvloed. Dat bleek alleen al uit de transfer van heel wat regeringsposten van Mandsjoes in handen van Chinezen. In 1840 waren er op vijftien provinciale gouverneurs zeven Mandsjoes en acht Chinezen. In de jaren 1864–1866 waren al die posten in handen van Han-Chinezen en in 1867–1869 was er slechts één Mandsjoe bij. De grote mandarijnen in de provincies hebben hun macht in hoge mate versterkt door hun strijd tegen de opstanden. Het bewijs werd geleverd van de ondoeltreffendheid van de gecentraliseerde macht. Vooral Zeng Guofan was één van de topmandarijnen in de provincie: vanaf 1865 was hij gouverneur van Liangjiang (Jiangnan en Jiangxi) en keizerlijke commissaris voor de militaire campagnes in Jiangnan. Kort daarop bestuurde hij vier van de rijkste Chinese provincies: Jiangsu, Jiangxi, Anhui en Zhejiang. De machtsverschuiving was opvallend: voortaan was het Beijing dat om de raad én de steun van de plaatselijke machthebbers verzocht. Zeng Guofan had een gedisciplineerd en goed bewapend leger gevormd dat vooral bestond uit lokale milities die door de gentry mee waren gemobiliseerd en gefinancierd. Men zou kunnen stellen dat Zeng Guofan de overwinning behaalde door de tactiek van de rebellen over te nemen. Op die manier startte het conflict tussen centralisme en regionalisme dat tot diep in de 20ste eeuw van grote betekenis zou blijven. De traditionele orde begon af te kalven en werd vluchtig. De afschaffing van het examensysteem voor mandarijnen in 1905 luidde de doodsklok voor de traditionele geletterden. De handelaars maakten voortaan de dienst uit in de plaatselijke administraties. De Kamers van Koophandel, die

Bombardement van Fuzhou door de Franse vloot (23-08-1884).China was weerloos tegen de moderne wapentechnologie van de westerse industriestaten.

het fiat hadden van de Qing, rezen overal als paddenstoelen uit de grond. De intellectuelen die de politieke en de culturele scène zouden bevolken, vormden een groep die wel zeer sterk verschilde van de notabelen die het keizerrijk bestuurden. Het waren ingenieurs, advocaten, professoren, geneesheren, journalisten en schrijvers. Patriottisme hield niet langer de verdediging van de dynastie in.[37]

De tweede fase in de westerse penetratie (na circa 1895)

Deze verschuivingen in de politiek-militaire machtsfocus hadden een rechtstreekse weerslag op China's relaties met de buitenwereld. Het militaire onvermogen van Beijing betekende immers een constante uitnodiging voor de verdragsmogendheden om naar aanleiding van China's verdragsschendingen steeds weer nieuwe toegevingen af te dwingen. Mary Wright, professor aan de Yale University, heeft aangetoond hoe de Chinese diplomaten van de Tongzhi-restauratie[38] er zich frenetiek op hebben toegelegd dat de ongelijke verdragen strikt zouden worden nageleefd, teneinde het Westen het gras van voor de voeten te maaien, met andere woorden te voorkomen dat door verdragsschendingen van Chinese zijde de mogendheden inderdaad de kans zou worden geboden steeds zwaardere eisen op tafel te werpen. De nieuwe strategie kwam erop neer dat de verdragen door China werden aangewend om de vreemde mogendheden te controleren en strafexpedities te voorkomen. Tot groot ongenoegen van de vreemdelingen in de verdraghavens, die hun doen en laten nu als het ware streng gereglementeerd zagen door precieze, legale documenten, namelijk de teksten van de verdragen.

DE OUDE CONFUCIANISTISCHE AANPAK | De strategie in kwestie was uitgedacht door de kopstukken van de Zung Liyamen, een bureau voor de behandeling van buitenlandse zaken, opgericht op 20 januari 1861.[39] Voor het eerst werd nu één enkele regeringsinstelling belast met de betrekkingen met de vreemde mogendheden. Verwijzen we ook nog naar de oprichting in 1862 van een dung-wen kuan, een school voor tolken, in Beijing. Soortgelijke instituten werden nadien gesticht in Shanghai (1863), Guangzhou (1864) en Fuzhou (1866). Er ontstond nu zelfs intense belangstelling voor de westerse pers, niet slechts als een informatiebron over vreemdelingen maar ook als een middel om bij vreemdelingen de gewenste indruk over China te promoten. De Zung Liyamen was volkomen machteloos indien de onmiddellijke noden van de buitenlandse politiek in tegenspraak waren met de fundamentele eisen van de confucianistische orde. Ten bewijze het contrast tussen de nieuwe aanpak uitgewerkt om het Westen te benaderen en de oude confucianistische aanpak voor het buitenlandse beleid ten aanzien van Azië. Het tribuutsysteem – zo luidde de redenering – bezat nog een aanzienlijke waarde voor de behartiging van China's relaties met andere Aziatische landen. Oude, onverzettelijk isolationistische stellingen werden wel aan een nieuwe beoordeling onderworpen en zo nodig herzien. Niettemin was de hele beweging ontgoochelend: sterk, onverzettelijk conservatisme was er de onderstroom van. De doelstelling was steeds weer het behoud van de oude orde te beschermen tegen de aanvallen van het Westen. Een optie voor een gezonde politiek op lange termijn was dit niet, wel integendeel. Het dogma, zoals het in de Chinese klassieken geformuleerd werd, luidde: 'Ik heb wel al gehoord van mensen die het ideeëngoed van ons groot land gebruikten om barbaren te bekeren, maar ik heb nog nooit gehoord van ideeën die door barbaren veranderd werden.'[40]

EENRICHTINGSVERKEER | Op basis van het regime der ongelijke verdragen hebben de westerse landen hun economische en militaire macht steeds verder uitgebouwd. In de eerste fase tot circa 1895 vergenoegden zij er zich mee afgewerkte producten als goedkope katoenen stoffen en eenvoudige gebruiksartikelen in China in te voeren. Vooral voor de Engelse textielindustrie was China een enorm afzetgebied. De opgang van Manchester, dé katoenstad bij uitstek, viel hiermee samen. Men heeft berekend dat tussen 1870 en 1894 de waarde van de import van vreemde goederen in China verviervoudigd is. Ontegenzeglijk heeft de opening van het Suezkanaal in 1869 daar in belangrijke mate toe bijgedragen. De West-Europese landen brachten hiertoe echter ook nog een eenrichtingsvrijhandel in de praktijk: de tariefbepalingen in de ongelijke verdragen beperkten de importtaksen tot een minimum van 2 à 5%. Op de producten van het Aziatische artisanaat, ingevoerd in Groot-Brittannië, werd echter 10 tot 30% aan importrechten geheven.

Het effect op de Chinese ambachtelijke industrie was rampzalig: zij kon onmogelijk competitief blijven met de ingevoerde industrieproducten noch met deze die door de ter plaatse groeiende moderne nijverheid op de markt werden gebracht. Werkloosheid en gefrustreerde superioriteitsgevoelens, met alle sociale en politieke gevolgen van dien, waren het resultaat.

DE VERNEDERING VAN 1895 | De verpletterende nederlaag van China tegen Japan in 1895 sloeg én het Westen én China zelf met verstomming. Het conflict was uitgebroken naar aanleiding van Korea, een schiereiland dat voor de verdediging van Noord-China, zowel over land als over zee, van strategische betekenis was. Korea (Chosen) was doorheen de geschiedenis een van de belangrijkere tribuutstaten van China geweest. In de jaren 1860 liet Japan evenwel samen met andere landen als Rusland, Frankrijk en de VS, zijn specifieke belangstelling voor relaties met Korea blijken. Meer bepaald de interesse van Rusland en Japan werd in Beijing – tegen de achtergrond van de Aziatische machtsverhoudingen – niet in dank afgenomen. De situatie werd er niet beter op toen Ito Hirobumi – de Japanse Bismarck – en Li Hongzhang in april 1885 de Conventie van Tianjin ondertekenden: bij ongeregeldheden in het Koreaanse schiereiland zouden Japan en China voortaan slechts troepen zenden mits er de tegenpartij van op de hoogte te brengen. Op het stuk van militaire interventie had Japan aldus een positie van gelijkheid met China verworven. Tijdens de eerste maanden van 1894 werd de context van een mogelijk conflict tussen China en Japan in verband met de internationale status van Korea steeds duidelijker. Vergeten we immers niet dat door het opdringen van het Westen, China al greep verloren had op zijn laatste afhankelijke staten, namelijk Birma en Annam.[41] Verder leek Korea steeds meer op weg te zijn naar een status van soevereine onafhankelijkheid. Li Hongzhang was evenwel vast besloten China's invloed in dit strategische schiereiland te handhaven, meer speciaal tegen de drijverijen van Japan en Rusland in. Ten slotte lag het voor de hand – gezien de laksheid van het Westen

Bij het verdrag van Shimonoseki (17-04-1895) werd China de betaling van een enorme oorlogsschuld opgelegd. Japan vernederde China.

ten opzichte van de verdediging van de Koreaanse zelfstandigheid – dat Japan van dit vacuüm zou gebruikmaken: het kon daarbij zelfs de indruk geven te worden gedreven door altruïstische motieven, namelijk Korea te helpen uit de greep van China en Rusland te blijven en aldus Korea zijn onafhankelijkheid en soevereiniteit te garanderen... Een rebellie in de zuidelijke provincies van Korea (begin 1894) vormde de aanleiding voor de oorlog. De oorlogsverklaringen werden op 1 augustus 1894 uitgevaardigd. China leed een catastrofale nederlaag. Op 17 april 1895 werd het verdrag van Shimonoseki ondertekend: China diende de volledige onafhankelijkheid van Korea te erkennen en Taiwan, de Pescadores en het Liaodongschiereiland aan Japan af te staan. China moest een miljardennota als oorlogsschadevergoeding aan Japan betalen en dit land eveneens een ongelijk verdrag toestaan, waarin de clausule van meest begunstigde natie was opgenomen evenals de openstelling van zeven nieuwe verdraghavens. De vernedering van China was mateloos.

Op 23 april 1895 – dus nauwelijks zes dagen na het afsluiten van het verdrag – presenteerden de afgevaardigden van Rusland, Frankrijk en Duitsland echter in Tokyo nota's, waarin het advies werd gegeven het schiereiland Liaodong aan China te restitueren: 'Het bezit van het schiereiland Liaodong, opgeëist door Japan, zou een bestendige dreiging voor de hoofdstad van China betekenen, zou tegelijkertijd de onafhankelijkheid van Korea illusoir maken, en zou daardoor een voortdurende hinderpaal vormen voor de vrede in het Verre Oosten.'

In een Conventie, getekend op 8 november 1895, werd het schiereiland Liaodong aan China teruggegeven mits de betaling van een aanvullende schadevergoeding. 'Thus Japan, who had won the war, lost the peace.' Des te meer wanneer we ook nog herinneren aan het feit dat China met Rusland op 3 juni 1896 het bekende Li-Lobanov-verdrag ondertekende[42] en in maart 1898 aan Rusland voor de duur van 25 jaar de zuidpunt van datzelfde schiereiland overdroeg, inbegrepen Port Arthur en Dalianwan. Het was de exacte plaats waaruit Rusland, Frankrijk en Duitsland drie jaar vroeger Japan hadden verdreven. Als ze één ding duidelijk hadden gemaakt, was het wel dat de Europese mogendheden niet bepaald zinnens waren werkloos toe te zien wanneer Japan trachtte strategisch grond onder de voeten te krijgen op het Aziatische vasteland. Deze drievoudige interventie stimuleerde in niet-geringe mate de cultivering van een intens ultranationalisme in Japan. Tegen de achtergrond van de verdere ontwikkelingen in het Verre Oosten in de 20ste eeuw was dat een kwalijke zaak.

NIET LANGER HET KONINKRIJK VAN HET MIDDEN | Het is niet toevallig dat we zoveel plaats inruimen voor deze Chinees-Japanse oorlog. Het is immers niet overdreven te beweren dat China's nederlaag in 1895 de meest betekenisvolle gebeurtenis in Oost-Azië van de hele 19de eeuw is geweest. Het was een vernedering die de Chinese wereld veel dieper raakte dan de hele geschiedenis van het door het Westen opgelegde verdragsysteem. Noch in theorie noch in de praktijk bestond er nog langer een Oost-Aziatische confucianistische wereldorde. China was niet langer het Koninkrijk van het Midden, aangezien er niet langer afhankelijke staten bestonden die zijn superioriteit erkenden. Zo nederlagen en vernederingen ten aanzien van het Westen al pijnlijk waren, dan waren zij uit de handen van het Oosten ondraaglijk. Een rammeling van Engeland of Frankrijk kon nog altijd worden verklaard als afzetterij, mogelijk gemaakt door een overweldigende technologische superioriteit. En welke betekenis had dit dan al bij al, zolang China en het Oosten de spirituele superioriteit in pacht hadden? Deze mooie rationalisering kon evenwel niet toegepast worden ten aanzien van Japan. Hadden de Japanners hun cultuur immers niet aan China ontleend in de vroege Nara- en Heianperiodes? Geleken de Japanners niet op de Chinezen? Gebruikten zij niet hetzelfde schrift? Wat was er gebeurd? Wat was misgelopen? Tijdens de vredesonderhandelingen van Shimonoseki zei Ito Hirobumi tot Li Hongzhang: 'Tien jaar geleden, te Tianjin, heb ik u al over hervormingen gesproken. Hoe is het te verklaren dat tot op heden niet eens de kleinste kleinigheid veranderd

Na de overweldigende overwinning op China (1895) was een 'inbraak' van Japan in de Club der grootmachten onafwendbaar. Rusland, Frankrijk en Duitsland dwongen Tokyo wel om het schiereiland Shandong aan China terug te geven. Dat stimuleerde alleen het nationalisme in Japan. Op langere termijn was dat een slechte zaak...

of hervormd is?' Li antwoordde: 'Alles in mijn land is zo diep door de traditie bepaald.'[43]

De weerslag in de Chinese samenleving was groot: het vertrouwen in de doeltreffendheid van een strategie, die een compromis van de oude tradities en gematigde hervormingen inhield, was geschokt. Voor het eerst wanhoopten jonge Chinese intellectuelen dat het reveil van China zou kunnen worden gerealiseerd via confucianistische methoden. Dit betekende nog niet dat men aan de top in Beijing tot dezelfde conclusies was gekomen: getuige de poging tot hervorming van 1898 – de 'Honderd Dagen' – waarbij de Meiji-revolutie duidelijk model stond. Niet toevallig nam men Japan tot voorbeeld. Het fiasco van de twee hervormingsbewegingen – de Tongzhi-restauratie en de Honderd Dagen – toonde aan hoe hopeloos het was China te willen moderniseren door geleidelijke, aan de top geplande hervormingen. De nederlaag van 1895 en de mislukking van 1898 gaven de eerste grote impuls tot revolutionaire wijzigingen.[44] Voor de situatie in Azië was Shimonoseki ook een teken aan de wand. Sir Robert Hart, Inspecteur-Generaal van de Chinese Keizerlijke Douane en vriend van China, zag dit toen als volgt: 'Ik meen dat de andere partij (Japan) te slim is, al te goed weet wat ze wil en ook weet hoe ze dat moet bekomen.

De staatshoofden van de westerse industriestaten én...de mikado verdeelden het Verre Oosten, en dus ook China, in invloedssferen (einde 19de eeuw).

Daarom verhoop ik dat het geen succes wordt. Japan wil de leiding nemen van het Oosten inzake oorlogvoering, inzake handel en op het gebied van de productie. De volgende eeuw zal het Westen het hard te verduren krijgen. Japan zal dan aan de mensheid kunnen vertellen: zo moet je het doen, zie je, en wij waren het die het deden.[45]

DE TWEEDE, IMPERIALISTISCHE FASE | China's internationale positie grensde aan het bankroet. Ook letterlijk: financieel was Beijing volledig met handen en voeten aan het buitenland gebonden. Voor de financiering van de oorlog had het een lening van 4.635.000 pond aangegaan bij de Britse Hong Kong/Shanghai Bank. Voor de betaling van de oorlogsschadevergoeding aan Japan sloot het een Frans-Russische lening af (6 juli 1895) van 400 miljoen frank. Voor de wederopbouw werd op 23 maart 1896 door Duitse en Britse bankiers een lening toegestaan van 16 miljoen pond en twee jaar later door dezelfde bankgroep een nieuw bedrag van 16 miljoen pond. Een tijdperk van internationale rivaliteit was gestart om China te financieren en dus te controleren.[46]

Dit betekende meteen het startsein voor de tweede, typisch imperialistische fase in de westerse penetratie en expansie. De ontstellende zwakheid van China was nu voor de hele wereld overtuigend aangetoond. Het land werd als het ware een jachtgebied voor het Europese en Japanse imperialisme. Daar waar voordien de rivaliteiten tussen de mogendheden slechts van secundair belang waren geweest, betwistten deze landen elkaar nu met een hardnekkige onverzettelijkheid de economisch en strategisch belangrijke zones. Vanuit de verdraghavens maakten zij aanspraak op grote gebieden in het hinterland, waar hun firma's spoorweg- en mijnconcessies trachtten te verwerven. In het noorden beheerste Rusland Mandsjoerije, daar waar Frankrijk zijn invloedssfeer in het zuiden van het land uitbouwde, aansluitend bij zijn Indo-Chinese koloniale gebied. Engeland van zijn kant wou – en zou – langs Shanghai de vlakte van de Yangtze controleren. *The Break-up of China* was een realiteit. De verleiding was groot om de invloedssferen om te vormen tot protectoraten en de protectoraten tot annexaties.

Twee laatkomers, Japan en de VS, trachtten toch nog binnen te dringen in China. Japan opteerde daarbij voor geweld. De VS bepleitten een opendeurpolitiek – de eerste John Hay-nota, 1899 – die de concurrentie binnen de door de mogendheden afgebakende zones mogelijk moest maken. De break-up of China dreigde immers een Europese aangelegenheid te worden. De liberale inspiratie van de opendeurpolitiek ging wel radicaal in tegen de algemene trend van die periode. De tijd van het *laisser-faire* was voorbij en de mogendheden verwachtten weer alle heil van het protectionisme.

Het tweede pakket nota's van juli 1900 ondersteunde de Chinese territoriale en administratieve onschendbaarheid. John King Fairbank leverde hierbij het volgende commentaar: 'Cynisch bekeken leverde de doctrine van China's integriteit een motief om andere mogendheden, zo onder meer Rusland, ervan te weerhouden zich in de Chinese gebieden te nestelen en ons eruit te weren.'[47]

Onderschatten we toch niet de gebeurtenissen in dit decennium. Professor Geoffrey Barraclough evalueerde het aldus: 'Indien China en het Verre Oosten, naar het voorbeeld van Afrika, een ontwikkeling gekend hadden naar afhankelijkheid van en opdeling tussen de Europese mogendheden, dan ware het onwaarschijnlijk geweest dat hun lot veel invloed gehad zou hebben op het bestaande internationale evenwicht. De reactie van de niet-Europese mogendheden, Japan en de VS, die niet wensten te blijven toezien hoe de Europese staten infiltreerden in gebieden die zij van vitaal belang achtten voor hun eigen welvaart en veiligheid, heeft dit belet. De gebeurtenissen in het Verre Oosten tussen 1898 en 1905 bleken derhalve een keerpunt te zijn. De dreiging van de verdeling van China, de vrees dat dit vasteland onder Europese controle zou komen, zette de buiten-Europese mogendheden aan tot actie. Het resultaat was dat een politiek systeem op wereldvlak tot stand kwam dat ten slotte het Europese systeem uitschakelde. Dit was de betekenis voor de wereldgeschiedenis van de gebeurtenissen in Azië in deze jaren. Nooit tevoren was het politieke beleid, gevoerd in Europa, Amerika en Azië, zo verweven geweest. In 1905 kon de wereld een eerste glimp opvangen van de toekomstige *global age*.[48] Beide mogendheden, Japan en de VS, namen ten andere ook deel aan de internationale strafexpeditie, opgezet om de Bokseropstand (1900) neer te slaan.[49] Eens te meer waren de mogendheden bij deze gelegenheid slechts bekommerd om het winstgevende status-quo in China.

Het totaal verschillende karakter van de westerse economische penetratie na 1895 blijkt vooral uit het feit dat de industriestaten zich niet meer in de eerste plaats bekommerden om hun traditionele handelspolitiek. Het westerse kapitalisme kende nieuwe behoeften. Hoofdzaak voortaan was de kapitalen te kunnen exporteren die door de industriële expansie beschikbaar waren gekomen. Bedenken we dat de kapitaalkrachtigen in de 19de eeuw veeleer beleggers waren dan uitgevers. Deze bruisende kapitaalstroom werd dan ook gekanaliseerd naar de spoorwegenaanleg. Dit was een buitengewoon gelukkige conjunctuur, aangezien de spoorwegenaanleg buiten Europa het economische systeem daar de kans bood zijn tweede adem te vinden.[50] De mogendheden startten met het aanleggen van spoorwegen in hun respectievelijke invloedssferen en interesseerden zich ook sterk voor mijnontginningen. Machines werden in China ingevoerd, maar bovenal stroomden westerse kapitalen het land binnen. Voortaan waren het niet langer de handelsfirma's, maar de banken die de westerse economische expansie – niet alleen in China, maar ook op het hele zuidelijke halfrond – richting zouden geven en er de winsten van boeken. In 1912 dreven de buitenlandse financiële groepen het zelfs zover dat zij in China een consortium vormden, teneinde de kleine concurrenten uit te schakelen en de winsten en petit comité te verdelen. Maakten er deel van uit: de genoemde Hong Kong & Shanghai Banking Corp., de Banque de l'Indochine, de Yokohama Bank, de Banque russo-asiatique, de Deutsche Asiatische Bank en een groep banken uit New York. Naar schatting beliepen de buitenlandse investeringen in China in 1902, 787 miljoen dollar, 1.610 miljoen dollar in 1914 en 5.242 miljoen dollar in 1931.

Daarenboven vermenigvuldigden zich de leningen, toegestaan aan de Chinese staat. Vergeten we evenwel niet dat deze geleende kapitalen moesten dienen om China in staat te stellen de schadevergoedingen te betalen waartoe het steeds opnieuw verplicht werd. De westerse financiële kringen stonden deze leningen toe tegen voorwaarden die oneindig winstgevender waren dan ooit in Europa mogelijk ware geweest. Sun Yatsen, de leidende figuur van de revolutie van 1911, klaagde deze wraakroepende situatie aan in de volgende termen: 'Toen China eertijds een machtig rijk was, kwamen de voornaamste naties jaarlijks hun tribuut betalen en brachten dan tevens een bezoek aan het Hof. De geschenken van deze landen vertegenwoordigden een waarde die een miljoen dollar nauwelijks te boven ging. Niettemin was het voor China een zeer grote eer. Tijdens een crisisperiode onder de Songdynastie was ons land schatplichtig aan de Tataren. Nooit moesten wij evenwel meer dan ongeveer een miljoen dollar betalen. Toen ervoeren we dit echter als een ongehoorde schande en een grote belediging. Heden betalen wij de vreemde mogendheden een jaarlijks tribuut van 1.200.000.000 dollar. Deze economische uitbuiting, deze onwaarschijnlijk grote schatting ware vroeger onvoorstelbaar geweest. Nochtans is dit nu een feit. Gesteld dat we deze reuzensom niet dienden te betalen, hoeveel zouden we dan niet jaarlijks met dat geld kunnen realiseren. Tot welke vooruitgang zou onze maatschappij dan niet in staat zijn.'[51] Sun Yat-sen besefte ten volle de groeiende afhankelijkheid en verknechting van zijn land. Typerend was bijvoorbeeld de beruchte Hunnenrede, uitgesproken in Bremerhaven door keizer Willem II, bij het vertrek van Duitse troepen, die de opdracht hadden binnen een internationale 'missie' de Bokseropstand (1900) te gaan onderdrukken. 'Er wordt geen kwartier gegeven. Er worden geen gevangenen gemaakt. Vuurt zo raak dat het duizend jaar duurt vooraleer er nog eens een Chinees komt die een Duitser scheef durft aan te kijken. Gods zegen zij met U. Open de weg voor de cultuur, eens en voor goed.'

Het illustere Chinese rijk bestond circa 1900 nog slechts uit een aantal halfkoloniale gebieden. Voor de totale ineenstorting werd het nog slechts behoed door de permanente onderlinge rivaliteit van de geïndustrialiseerde landen.[52]

6 Japan onder de Meiji: conservatieve modernisering

DE TOKUGAWAFUNDAMENTEN | Het is gemeengoed de wortels van de fenomenale ontwikkeling van het moderne Japan te situeren in de Meiji-tijd (1867–1912). Dat is een misvatting. Het is immers slechts een deel van de historische waarheid. Dat standpunt moet dan ook dringend genuanceerd worden. De echte fundamenten van het moderne Japan – dat hebben we in het vorige hoofdstuk al aangetoond – liggen in de tijd van het Tokugawa-shogunaat (1603–1868). Intern hebben de Tokugawa's gezorgd voor vrede, orde en stabiliteit. Extern was er geen enkele dreiging voor Japan. En was *sakoku* – het isolement – met een grote korrel zout te nemen. Recent hebben Japandeskundigen aangetoond dat het Tokugawa-Japan nooit volledig geïsoleerd was. Het had zich afgesloten van het Westen – een uitzondering werd gemaakt voor de Hollanders – maar het stond steeds open voor Azië. Japan was volkomen geïntegreerd in de intra-Aziatische handel.[53] Japan was ingebed in een regionale machtsstructuur en de handel met China is steeds belangrijk gebleven.

In een bijzonder lezenswaardig essay heeft Carol Gluck er de aandacht op gevestigd dat het aangewezen is in verband met Japan aandacht te geven aan de werking van wat zij *the inward economy* en *the outward economy* noemt, en aan de wisselwerking tussen beide. De op het eigen land afgestemde economie is tot in de 20ste eeuw overwegend agrarisch gebleven. De op de buitenwereld afgestemde economie heeft bloeiperiodes afgewisseld met zwakke tijden. Vooral door zijn (eerder geringe) omvang en het gebrek aan grondstoffen is de relatie tussen beide steeds een kritische factor geweest in de economische situatie van Japan.[54] Zelf verwijst Gluck naar Akira Hayami, die stelt dat Japan in de 16de en 17de eeuw een *industrious revolution* heeft doorgemaakt.[55] Basisgegeven in deze periode was *the inward economy*. De twee fundamentele aspecten ervan waren de agrarische basis en de commerciële sectoren. Eén: het evenwicht tussen het landbouwpotentieel en de bevolkingsgroei was voor de hele Tokugawa-periode een kerngegeven. Het areaal cultuurland verdubbelde tussen 1600 en 1850. De bevolkingsaangroei bleef binnen de perken via een relatief hoge huwelijksleeftijd, gecombineerd met abortus en infanticide. Zo zijn de Japanners erin geslaagd een evenwicht te bereiken tussen de voedselproductie en de bevolkingsomvang. Tussen 1600 en 1850 verdubbelde de voedselproductie, maar de bevolking nam maar toe met 50%. De welvaart werd dus niet afgeremd, maar steeg integendeel.

Twee: zeker zo belangrijk is de groeiende verstedelijking geweest. Voor 1600 waren er in Japan een dertigtal steden met een bevolking van meer dan 5.000 inwoners. Bij het begin van de 19de eeuw was dit cijfer opgelopen tot 160. Edo, de Tokugawa-hoofdstad, was zo groot als Londen en één van de drie grootste steden in de wereld. In de vroege 19de eeuw leefden ongeveer 4 miljoen Japanners in steden. De verstedelijking was een signaal van de toenemende commercialisering en industrialisering. Die bleven niet beperkt tot de stedelijke agglomeraties. Belangrijker nog was de expansie doorheen het hele land van kleinschalige bedrijven en lichte nijverheid, ook in de dorpen. Naast traditionele plattelandsnijverheid (bijvoorbeeld het brouwen van sake) breidde de textielproductie zich sterk uit. Parallel met die hele ontwikkeling was er de opkomst van financiële instellingen: ook op het platteland waren bankieren, lenen en kredietverschaffing voortaan mogelijk. In de literatuur spreekt men onomwonden over *country capitalism*. Dus lang voor de Meiji-tijd doken proto-industriële verbanden op tussen deze commercialisering en kapitalisme, verbanden die ook nadien nog bleven bestaan. Met andere woorden: zowel voor als na de fase waarin de staat de economie in zijn greep nam – de Meiji-jaren – waren processen en patronen van industrialisatie aan het werk. Het top-downmodel dat zo graag gehanteerd wordt, gaat niet op. Het illustreert meteen de breuk die de Meiji-restauratie heeft betekend.

De Japanse economie en samenleving waren erin geslaagd het niveau te bereiken van 'een weldadige welvaartsspiraal: het ritme van de verandering mag dan al lichtjes trager geweest zijn dan in Europa, maar het land voorkwam ook een aantal van de kosten die inherent zijn aan de haast constante oorlogvoering in Europa'.[56] De Tokugawa-tijd is in de geschiedenis van Japan bekend gebleven als het tijdperk van de Grote Vrede. Er was derhalve een constante groei van de levensstandaard, wat betekende dat die rond 1850 waarschijnlijk vergelijkbaar was met die in Groot-Brittannië en de VS. De levensverwachting lag op hetzelfde niveau als in West-Europa en het doordeweekse voedingspatroon was kwalitatief beter dan dat van de arbeidende klasse in Groot-Brittannië. De Engelsen die rond 1870 Japan bezochten, troffen een watervoorziening in de steden aan die deze van Engeland overtrof. Japan kwam duidelijk niet achterop de ontwikkelingen die in Europa en de VS plaatsvonden.

Japan was op het moment van de machtswissel tussen Tokugawa en Meiji een eengemaakte natie, een commerciële staat, die al wat men zou kunnen verwachten in een feodaal systeem ver overtrof. Zo legde de Tokugawa-periode de essentiële fundamenten voor de zeer snelle veranderingen die zich in de tweede helft van de 19de eeuw zouden doorzetten. De breuk tussen de Tokugawa- en Meiji-periode lag dus veeleer op het politieke vlak, de overgang namelijk van een feodale staat naar een regime van verlicht despotisme. Dit impliceert niet noodzakelijk een onderwaardering van de economische omwenteling in de Meiji-decennia. Toen deed zich – zo zou men kunnen stellen – een versnelling in de ontwikkeling voor. Deze voorkennis over de Tokugawa-periode maakt ook begrijpelijk dat die versnelde ontwikkeling zich heeft kunnen realiseren in een zo kort tijdsbestek. De Meiji-oligarchie vertrok niet van nul. Er waren belangrijke verworvenheden: niet het minst de aandacht voor onderwijs en alfabetisering. De economische versnelling ('revolutie') viel niet uit de lucht. Het toont eens te meer aan hoe belangrijk het is feiten (korte termijn) en ontwikkelingen doorheen decennia (middellange termijn, in casu de Meiji-tijd) te situeren en te duiden tegen de achtergrond van de lange termijn (de Tokugawa-eeuwen). Slechts zo komen we tot een verantwoorde duiding van en conclusies in verband met de aardverschuiving die zich in het Japan van de tweede helft van de 19de eeuw heeft voorgedaan.

De Meiji-restauratie: het herstel van de keizerlijke macht (1867–1868)

In het midden van de 19de eeuw werd het Tokugawa-regime geconfronteerd met een interne én een externe dreiging. Devaluaties en prijsverhogingen, misoogsten en hongersnoden, natuurrampen en epidemieën geselden de bevolking. Het regime was niet opgewassen tegen deze crisissen. Vooral Satsuma en Chôshû, de rijke, machtige han (lenen) van het zuidwesten, voerden oppositie.

'EER DE KEIZER, VERDRIJF DE BARBAREN' | In deze crisissituatie werd de externe dreiging onontkoombaar. In juli 1853 voer commodore Matthew Perry met zijn kanonneerboten de baai van Edo op en overhandigde een brief van de Amerikaanse president, waarin normale handelsbetrekkingen en de openstelling van de Japanse havens werden geëist. Binnen de bakufu ontstond grote onenigheid ten aanzien van het te volgen beleid. De shogun bleef besluiteloos of hij de vreemdelingenhaters dan wel de realisten zou volgen. Voor het eerst in meer dan zeshonderd jaar – zo merkt Edwin Reischauer op – vroeg de regering van de shogun de mening van de keizer over een belangrijk staatsprobleem en raadpleegde ook de daimyo. Het conservatieve Kyoto en de daimyo waren er natuurlijk sterk voor om de vreemdelingen te verdrijven. De keizer en de natie als geheel eisten een politiek die Edo absoluut niet in staat was uit te voeren. De shogun gaf toe aan de Amerikaanse druk. In 1854 sloot Japan een verdrag met de VS. In 1858 sloot het zulke ongelijke verdragen ook af met

Rusland, Groot-Brittannië, Frankrijk en Nederland. Meestal werden er drie voorwaarden in opgenomen: de openstelling van een aantal havens, lage toltarieven op westerse import en extraterritorialiteit voor vreemdelingen op Japanse bodem. Deze toegevingen aan het Westen leidden regelrecht naar een economische crisis. Zowel op het platteland als in de steden groeide het ongenoegen tot een ware vreemdelingenhaat. De shogun werd verantwoordelijk gesteld voor de buitenlandse penetratie. De traditionele tegenstanders van de Tokugawa's, de grote daimyo en de samoerai vormden een opstandige beweging en steunden openlijk de mikado. Onder de slogan 'Eer de keizer, verdrijf de barbaren' werd een actie ontketend tegen de Tokugawa-shogun. Ook nu weer werd deze actie vooral gesteund door de aristocraten van Chôshû en Satsuma, de grote lenen in het zuidwesten. Fujita Toko (1806–1854), een leidende woordvoerder van de Mitoschool, die de slogan gelanceerd had, nuanceerde echter opvallend: 'De noodzaak van verdediging tegen de barbaren vereist dat we hen kennen en dat we onszelf kennen; er is geen andere weg om hen te kennen dan via rangaku (leren van de Hollanders).' Feitelijk bedoelde Fujita Toko dat Japan er niet onderuit kon, zo het zijn zelfstandigheid wou vrijwaren, om te leren van het Westen. En sinds eeuwen stond dat voor de Japanners gelijk met leren van de Hollanders, die tijdens de eeuwen van het Tokugawa-shogunaat als enige westerse natie een beperkte toegang tot Japan hadden behouden via Deshima. De jonge samoerai, die de leiding van de beweging in handen hadden, beseften dus wel degelijk de enorme technische voorsprong van het Westen. Zij halveerden hun slogan: ze dachten er niet langer aan de vreemdelingen te verdrijven en Japan verder te isoleren. Integendeel waren ze het erover eens dat Japan gemoderniseerd moest worden. De uitschakeling van de shogun en de restauratie van de keizer waren onontbeerlijk om dit doel te bereiken. In Satsuma startten zij met de bouw van een moderne vloot en in Chôshû werd een leger uit de boeren gerekruteerd, dat een Europese training kreeg. In 1866 overleed shogun Iemochi en een jaar later keizer Komei. Deze laatste werd opgevolgd door de jonge Mutsuhito: de hervormingsgezinde aristocraten raadden hem aan de macht naar zich te trekken. In november 1867 deed shogun Keiki vrijwillig afstand van zijn prerogatieven en in 1868 werd de functie van shogun afgeschaft. In de lente van 1869 vestigde de mikado zich met zijn hof definitief in Edo, dat nu Tokyo – de hoofdstad van het Oosten – werd genoemd. Het kasteel van de Tokugawa-shoguns werd het paleis van de keizer. De 45 jaar lange regering van keizer Mutsuhito (1867–1912) zou bekend worden als het Meiji-tijdperk, het tijdperk van de verlichting.

RESTAURATIE OF REVOLUTIE | Omwille van dit opzienbarende herstel van de keizerlijke macht spreken veel historici over de Meiji-restauratie. Het is even correct van een revolutie te gewagen, vermits deze gebeurtenis het keerpunt is geworden voor de omschakeling van het feodale Japan naar de geïndustrialiseerde grootmacht die we nu kennen. Deze revolutie was zorgvuldig beraamd aan de top en het volk feitelijk opgedrongen. De drijvende kracht achter de hele operatie van de machtswisseling was een kleine groep jonge samoerai. Zij werden met twee kernproblemen geconfronteerd, namelijk de oprichting van een moderne, gecentraliseerde staat en de schepping van een moderne industriële economie. Zij begrepen dat de overlevingskansen van Japan als zelfstandige natie hiervan afhingen.

Het Meiji-Japan, een moderne gecentraliseerde staat

EEN PERFORMANTE OLIGARCHIE | De reeds genoemde jonge samoerai vormden een efficiënt werkende oligarchie. In 1869 werd het feodalisme afgeschaft. In 1871 werden de 302 han vervangen door 72 departementen (45 in 1890). De Satsuma- en Chôshû-clans – de Sat-Chô-oligarchie – vormden een machtige politieke en bestuurlijke elite. In 1872 werd de algemene leerplicht en in 1873 werden de dienstplicht en een nationaal belastingstelsel ingevoerd. In 1872 werd ook de Europese kalender overgenomen en in datzelfde jaar kwam de eerste spoorwegverbinding tot stand tussen Tokyo en Yokohama. Post, telegraaf- en telefoonlijnen bevorderden de nationale integratie.

Japan had een groot en aangroeiend overheidsapparaat: 37.000 ambtenaren in 1880 en 185.000 in 1910. Aan de rechtenfaculteit van de Keizerlijke Universiteit (opgericht in 1877) werden de toekomstige ambtenaren opgeleid.

Een belangrijke stap in de oprichting van een doeltreffende centrale regering vormde een initiatief van de daimyo van de vier zuidwestelijke han, Satsuma, Chôshû, Hizen en Tosa. Deze heren deden afstand van hun lenen ten gunste van de mikado en maakten hun beslissing openbaar door de keizer de volgende verklaring te zenden: 'In het hele imperium is geen grond die de Keizer niet toebehoort en geen inwoner die Zijn onderdaan niet is. Hoe kunnen wij nu nog – aangezien de macht van de Keizer hersteld is – land en bezit houden dat Hem toebehoort en regeren over mensen die Zijn onderdanen zijn? Derhalve bieden wij de Keizer weer eerbiedig al onze feodale bezittingen aan, opdat in heel het Imperium een eenvormig beleid zou bestaan. Er moet één centrale regering zijn en één universeel gezag. Aldus zal het land in staat zijn de andere naties in de wereld te evenaren.' Twee jaar na deze demonstratieve onderwerping van de voornaamste daimyo aan de mikado, bepaalde een kort decreet dat de feodale domeinen werden afgeschaft (1869). Japan werd verdeeld in departementen (prefecturen) die gecontroleerd werden door de centrale regering. Kort daarop beval de mikado, blijkbaar geïnspireerd door de methodes van de Tokugawa's, dat de daimyo met hun familie in de hoofdstad moesten komen wonen. Een aristocratie die vrijwillig afstand doet van haar geprivilegieerde positie: een op het eerste gezicht paradoxale toestand. Zowel de daimyo als de samoerai van de zuidwestelijke han rekenden erop binnen de nieuwe staatsstructuur de machtsposities te zullen kunnen innemen. Zij werden niet teleurgesteld. In 1875 leverden zij viervijfde van de ambtenaren in Tokyo! De Satsuma-clan beheerste de marine en de Chôshû-clan het landleger. De bevolking van de zuidwestelijke gebieden telde slechts 7% van de totale Japanse bevolking, maar haar elite bemande wel 30% van de politieke en bestuurlijke elite (1890). Op datzelfde moment bedroeg hun aandeel in de hogere regionen van de bureaucratie 50%. De daimyo van de andere han werden voor schut gezet.

OPSTANDEN EN REPRESSIE | Het zou verkeerd zijn de indruk te wekken dat de afschaffing van het feodalisme zich zonder slag of stoot heeft voltrokken. Tussen 1873 en 1877 waren er maar liefst 4 grote en 25 kleinere samoerai-opstanden. Vele samoerai waren daarenboven van oordeel dat het nieuwe regime veeleer vernieuwend was en helemaal niet restauratief. Klap op de vuurpijl was de Satsuma-rebellie van 1877. Het leger van de opstandelingen telde 30.000 ex-samoerai. Toch waren ze geen partij voor de nieuwe machthebbers die intussen over de moderne wapentechnologie van het Westen beschikten. Vrijwel alle rebellen sneuvelden in de strijd. De vernietiging van deze Satsuma-rebellie is van uitzonderlijk belang geweest, zowel voor de consolidatie van het pas gevestigde regime als voor de opties inzake buitenlands beleid die door dat regime genomen werden. Zo kwam er in 1883 een nieuwe wet op de dienstplicht. Het leger moest blijkbaar aan nieuwe doelstellingen beantwoorden.[57]

De oligarchen vestigden een autoritair politiek systeem, dat niet terugschrok voor een repressief beleid. Het neerslaan van de rebellie van Satsuma illustreerde dat op ondubbelzinnige wijze. Op 25 december 1887 vaardigde de regering de beruchte Wet ter Handhaving van de Orde uit, een repressieve wet die de pers en het politieke leven aan banden legde. 'De hoofdtrekken van de regeringsstrategie waren duidelijk. Het betrof een combinatie van brutale politionele repressie, een economisch beleid dat ernaar streefde bepaalde oorzaken van ontevredenheid weg te werken – zonder de positie van de leidende klasse in gevaar te brengen – en ten slotte de onthoofding van de oppositie door haar leiders aantrekkelijke functies in de Meiji-administratie aan te bieden.'[58] Deze wet staat symbool voor de visie van de regerende oligarchie: acties ten gunste van representatieve instellingen en de oprichting van politieke partijen werden afgedaan als onpraktisch en ijdel gedoe. Naar hun opvatting kon een politieke partij alleen maar subversief zijn. Het decreet van 1880, uitgevaardigd na een relatief verwaarloosbare liberale agitatie, is in dit verband veelzeggend: 'Geen enkele politieke vereniging mag haar voordracht- en debatavonden adverteren, noch mag zij mensen overtuigen om lid te worden door vlugschriften rond te sturen. Het is een politieke vereniging tevens verboden met gelijkaardige organisaties samen te werken of in verbinding te staan.' Later waren de oligarchen wel bereid de basis van hun gezag te verbreden. Zij stelden de vorming van een nationale vergadering in het vooruitzicht tegen 1890. Westerse constituties werden bestudeerd en vergeleken. Op 14 maart 1882 vertrok Ito Irobumi, samen met negen leden van de Sat-Chô-oligarchie, naar het buitenland om Europese grondwetten te bestuderen. Hij schreef daarover het volgende in zijn memoires: 'We maakten een grote reis in verscheidene constitutionele landen om een zo grondig mogelijke studie te maken van de actuele werking van zo verschillend mogelijke systemen van constitutionele regimes, van hun uiteenlopende bepalingen, en van de theorieën en opvattingen die invloedrijke figuren in de constitutionele wereld er momenteel op nahouden.' Ike Nobutaka, een hedendaagse Japanse politicoloog, merkt op dat de realiteit wel even anders was: 'Van bij de start ging Ito naar Duitsland omdat het besluit al genomen was dat Japan een grondwet in Pruisische stijl zou kiezen. In Berlijn werden de nodige maatregelen genomen opdat de Japanse delegatie zou studeren onder twee vermaarde juristen, Gneist en Stein.' Deze analyse wordt bevestigd in een brief die Ito Hirobumi op 14 maart 1882 aan Iwakura schreef: 'Door te kunnen studeren onder de leiding van twee beroemde Duitse professoren, Gneist en Stein, ben ik erin geslaagd een helder inzicht te verwerven in de structuur van de Staat. Later zal ik met u overleggen hoe we de grote doelstelling, namelijk het vestigen van het keizerlijke gezag, kunnen realiseren. Immers, nu is het de tendens in ons land om alle heil te verwachten van de geschriften van Britse, Franse en Amerikaanse liberalen en radicalen, en zo aan te sturen op het omverwerpen van de Staat. Door principes en middelen te achterhalen om deze trend te bestrijden, heb ik – dat is mijn stellige overtuiging – mijn land een belangrijke dienst bewezen. Ik voel de grote tevredenheid dat ik kan sterven als een gelukkige man.'

EEN GRONDWET, GEEN DEMOCRATIE | In 1889 werd een grondwet afgekondigd. Dat was echter geen garantie voor een democratisch regime. De korte, plechtige ceremonie die op 11 februari 1889 in het paleis werd gehouden, illustreert dat: de mikado overhandigde de eerste geschreven grondwet van Japan aan de eerste minister. Op die manier maakte hij duidelijk dat de constitutie een welwillend geschenk was van de keizer aan zijn onderdanen en geen contract, evenmin een toegeving die door de bevolking van hem was afgedwongen. Deze paternalistische conceptie bleek niet alleen uit deze ceremonie, maar ook uit de tekst van de grondwet zelf. Niet het volk, maar de mikado was soeverein: de ministers waren verantwoording verschuldigd aan de keizer. Opmerkelijk was ook het overwicht van de uitvoerende op de wetgevende macht: de mikado kon het parlement om het even wanneer ontbinden. Oppositie was onbestaande. Cijnskiesrecht beperkte het stemrecht tot amper 1% van de bevolking. De uitdrukkelijke bedoeling zat voor om de oprichting van een liberale staat te beletten. 'Democracy was hampered at birth.'[59] Een elite van aristocraten, bureaucraten en militaire topfiguren besliste over het lot van de regering. Wanneer een regeringsploeg ontslag nam, was dit nooit als gevolg van een verkiezingsnederlaag, maar wel omdat zij niet langer het vertrouwen genoot van de elite. Deze oligarchie vestigde ook een geweldsmonopolie. Ze vormde een nationaal leger op basis van algemene dienstplicht en een nationaal politieapparaat. Yamagata Aritomo, een medestander van Ito Hirobumi, was er de architect van: een leger van dienstplichtigen was de beste methode om de eenheid van de natie te verwezenlijken. Nationale eenheid was militaire eenheid. Nationale opvoeding was ook militaire opvoeding.[60]

Uiteraard is de overgang van het quasi-feodale regime van het shogunaat naar de moderne gecentraliseerde staat niet rimpelloos verlopen. Er was een soort transitie nodig, jaren van indrukwekkende administratieve chaos. In een proces van *trial and error* hebben de jonge samoerai er toen naar gestreefd om hun machtspositie te consolideren. De nieuwe regeringsploeg moest de confrontatie met de pro-Tokugawa-krachten aangaan en anderen ervan weerhouden met hen gemene zaak te maken. Zoals we al hebben uitgelegd hebben zij dat ten dele gedaan door de feodale heren te integreren in de nieuwe centrale beheersfuncties én ze als gouverneurs aan te stellen in hun oude domeinen (han) die prefecturen waren geworden. In 1871 was de klus geklaard: de jonge samoerai, die als keizerlijke hervormers waren begonnen, waren voortaan machtige bureaucraten, bekend als de Meiji-oligarchen. Carol Gluck merkt op dat die trial and error-fase waarschijnlijk onvermijdelijk was, aangezien zij aanvankelijk geen enkele militaire of politieke controle over het land hadden. En zij hebben dus met veel succes een strategie gevolgd waarbij ze het oude – de traditie – hebben gebruikt als dekmantel voor hun vernieuwingen. Dat was de ideale methode om zowel hun aanvankelijk zwakke positie te verhullen als nadien hun verworven machtspositie te consolideren. Tot daar de korte termijn.

VERANDERING IN CONTINUÏTEIT | Ook in verband met de Meiji-restauratie is het echter goed deze institutionele omslag te situeren in het langetermijnperspectief. Wat dan in de eerste plaats opvalt, is hoe Japan erin slaagde het agressieve streven naar verandering te verzoenen met de zo gekoesterde continuïteit. Op die manier slaagden de Japanners erin de impact van snelle verandering te verhullen en tegelijk het in stand houden van culturele vormen te maskeren.[61] Eenvoudig gezegd komt het erop neer dat de Japanners bij herhaling continuïteit hebben gebruikt ten dienste van verandering en verandering ten dienste van continuïteit. De kentering van de Meiji is daar een prachtige illustratie van. Toen de Meiji-leiders vanaf 1868 de moderne gecentraliseerde staat uitbouwden, hebben zij dat gedaan in naam van de keizer. Door de gebeurtenis een restauratie van het keizerlijke gezag te noemen, hebben zij gesuggereerd dat het om een terechte terugkeer ging naar een vroegere situatie. Carol Gluck noemt dat *going forward by going back*. Zij wijst erop dat dergelijke voorstelling wel erg misleidend was. In de eerste plaats was direct keizerlijk bestuur in de Japanse geschiedenis veeleer uitzondering dan regel. De protagonisten van de verandering beriepen zich dus op een pseudo-continuïteit. In tweede instantie was het zo dat de keizer in naam regeerde terwijl anderen de bestuursmacht bezaten. 'De samoerai-bureaucraten behoedden het keizerlijke instituut voor verandering en bevestigden zo zijn traditiegetrouwe irrelevantie ten aanzien van de feitelijke machtsuitoefening.'[62] Drie: op datzelfde moment namen diezelfde bureaucraten het initiatief om de keizer te transformeren tot een moderne constitutionele monarch. Zij dichtten hem ook een manifeste goddelijke natuur toe. De mikado kreeg zo een symbolische en ideologische relevantie toebedeeld waar zijn voorouders alleen maar konden van dromen. Verandering in de continuïteit! 'Het resultaat was een modern keizerlijk systeem (tennosei), dat de keizerlijke instelling als het ware in een schrijn plaatste als het gezegende hart van de traditie, de kwintessens van de Japanse aard, de 'afwezige aanwezigheid' in het centrum van Tokyo en de ideologische kern van de nationale identiteit. In continuïteit met de aloude tijden, maar ten dienste van diezelfde continuïteit totaal veranderd in een moderne soeverein, die absolute trouw van zijn onderdanen eiste omdat hij de letterlijke belichaming was van een traditie, die op haar beurt haast volledig heruitgevonden was tijdens de Meiji-periode. Dat waren de bochten en draaien in de 'ononderbroken keizerlijke traditie'.[63] Op de keper beschouwd ging het in 1868 om niet veel meer dan een verandering in de politieke leiding van het land. Immers de nieuwe Meiji-regering regeerde in naam van de keizer net zoals het shogunaat dat eeuwenlang voordien had gedaan!

Dat hele verhaal van verandering in continuïteit sluit ook aan bij een ander langetermijnaspect van de Japanse samenleving, namelijk haar hang naar sociale en politieke stabiliteit en dus de viscerale weerzin voor wanorde, laat staan sociale crisis. Dat verklaart meteen de duurzaamheid van politieke instellingen, ondanks het feit dat hun macht soms al lang uitgehold (*power devolution*) en verschoven was naar andere maatschappelijke segmenten. Vandaar ook de voorkeur voor evolutionaire dan wel revolutionaire verandering.[64] Dat bleek al in 1603 toen de Tokugawa aan de macht kwamen. Vanuit Edo heersten zij in naam van de keizer die in Kyoto resideerde en daar honderden jaren gereduceerd bleef tot een soort cultureel reliek. En toen het shogunaat na zevenhonderd jaar zelf verdween (1868), was de keizer nog altijd beschikbaar zodat in zijn naam geregeerd kon worden door de Meiji-oligarchen. Bij die laatste overgang deed zich datzelfde proces van *power devolution* voor. De shogun moest het laten afweten ten gunste van de dynamischere daimyo. De hooggeplaatste samoerai-officiëlen moesten tezelfdertijd pas op de plaats maken en de dynamischere jonge samoerai (van lagere komaf) laten voorgaan. Carol Gluck typeert die machtsverschuiving als volgt: het ging om de promotie van *men of merit*; de bestendiging van incompetentie via erfelijke ambten had afgedaan. De meritocratie van het Meiji-Japan was dus in volle voorbereiding tijdens de laatste decennia van het Tokugawa-shogunaat (circa 1820–circa 1860 / *bakumatsu*: het einde van het shogunaat).[65] En het is in dat maatschappelijke proces dat zich de ontwikkelingen hebben voorgedaan, die we eerder al hebben aangekaart: de commercialisering van de economie, de opkomst van een nieuwe functionele intelligentsia (de samoerai van lagere komaf), de expansie van geletterdheid in de brede lagen van de bevolking, honger en miserie bij de plattelandsbevolking, fiscale crisis en incompetentie van de shoguns... Met als klap op de vuurpijl: de kanonneerboten van Matthew Perry in de baai van Edo!

INTERNATIONALE ONTVOOGDING | Vanuit diepe frustratie omwille van de ongelijke verdragen was het buitenlandse beleid gericht op ontvoogding en internationale erkenning. Japan wou volwaardig deelnemen aan de imperialistische wedloop in Azië en er niet, zoals China, het slachtoffer van zijn. 'Een rijk land, sterke strijdkrachten' was de slogan. De expeditie tegen Taiwan (1874), de Chinees-Japanse oorlog (1894–1895) en de Japans-Russische oorlog (1904–1905) werden grandioze successen. De culturele en geopolitieke betekenis in de duizendjarige geschiedenis van Azië van Japans overwinning op China in 1895 hebben we eerder al toegelicht. Maar die ontvoogding zorgde niet alleen voor een aardverschuiving in Azië, ook in het Westen veroorzaakte ze een schokgolf die de verpletterende nederlaag van Rusland in 1905 nog versterkte. De westerse mogendheden deden afstand van hun recht op extraterritorialiteit en in 1911 zegde Japan de ongelijke verdragen op. Japan was toen dé grootmacht van het Verre Oosten!

JAPAN EN HET WESTEN | Eens te meer worden we hier geconfronteerd met een mix van korte en lange termijn. De feiten – Evénements en événements – die hun betekenis maar onthullen wanneer je ze situeert in de 'longue durée'. De zwarte schepen van Perry in de baai van Edo was zo'n Evénement met hoofdletter! Voor de tweede keer werd Japan geconfronteerd met het Westen. Een eerste keer gebeurde dit toen de Portugezen in 1543 Tanegashima bereikten. De Spanjaarden, Engelsen en Hollanders volgden al vlug. De wereld, zoals de Japanners zich die voorstelden, zou nooit meer dezelfde zijn. Voor een volk dat doorheen zijn geschiedenis constant bijzonder bezorgd was om de (buiten)wereld, was dit een historisch keerpunt. Een millennium lang was China voor Japan het beschavingsmodel geweest, het centrum van een Oost-Aziatische wereldorde. De boeddhistische kosmologie omvatte drie rijken: het eigen land (wagacho), China (Kara, een wat dubbelzinnige term voor China en Korea) en de wereld die verder lag, namelijk Tenjiku (waarmee Indië bedoeld werd). Toen Colombus de autochtonen op de Caraïben ontmoette, dacht hij inwoners van Indië te zien. Het omgekeerde deed zich hier voor: de Japanners hielden de Iberiërs voor mensen uit Indië. Toen het Westen uit het niets opdoemde, leefden de Japanners plots in een andere wereld. Die wereld omvatte nu ook het christendom, de aansporingen om handel te drijven met 'de mensen uit Indië', de imperialistische dreiging uit het Westen...

De kanonneerboten van Perry (1853) hebben dat wereldbeeld van de Japanners opnieuw grondig verstoord. De dreiging kwam deze keer niet uit de Euraziatische hoek, maar vanuit de Stille Oceaan. Japans wereld kreeg er dus nog een dimensie bij. Japan lag niet meer in de periferie van Azië maar was voortaan een onderdeel van een Pacificruimte, doorkruist door commerciële routes, imperiale ambities en geopolitieke machtsverhoudingen. Een commentator ten tijde van Meiji zei toen al dat de 20ste eeuw het tijdperk van de Pacific zou zijn! Het contrast met de Tokugawatijd was groot toen Japan zich had afgesloten van het Westen, maar complete openheid ten aanzien van Azië had instandgehouden. Het was de periode geweest van maritieme bans, en niét van isolement (sakoku). In 1853 en volgende jaren stond Japan met de rug tegen de muur. Er was geen ontkomen aan: de bans moesten opgeheven worden. Een nieuwe mondiale hiërarchie drong zich op: de sinocentrische wereldorde moest plaatsmaken voor een westerse. Het Westen verdrong Azië.[66] De nederlaag van China ten aanzien van Japan in 1895 was daar het ijkpunt van. Carol Gluck wijst erop dat Japan ook voor een dilemma stond: het kon Azië de rug toekeren en zich bij de rangen van de westerse industriestaten voegen of het kon in Azië de leiding nemen.[67] 'Either way Asia would suffer Japan's imperialism, only the justification for it differed.'[68] Ten aanzien van Azië ruilde Tokyo de traditionele rituele diplomatie voor militair imperialisme. De uitkomst van deze beleidsoptie was rampzalig. Eens te meer was Japan er zoveel beter in geslaagd de beschaving westerse stijl te integreren. De imitatie van het imperialisme westerse stijl leidde het land naar een catastrofe.

Die vaststelling herinnert ons eraan dat datzelfde langetermijnverhaal nog een andere lading dekt. De relatie van Japan tot de wereld was niet alleen een zorg inzake buitenlands beleid, maar ook een krachtige factor in de interne ontwikkelingen: 'bringing the outside in'. In een eerste periode heeft Japan vorm gekregen door China als model te nemen. Nadien zouden de Hollandse studies (rangaku) de aanloop vormen tot een modelwissel, met name het feit dat China de plaats moest ruimen voor het moderne, geïndustrialiseerde Europa, en later voor het Westen. Volgens Fukuzawa Yukichi was leren van China een soort kanker in de Japanse samenleving. Zich bij het Westen voegen impliceerde dat Azië afgewezen moest worden.[69] Deze euro-amerikanisering tijdens de Meiji was een programma van defensieve modernisering: 'bringing the civilizational outside in to keep the imperialistic outsiders out'. En deze auteur trekt er een merkwaardige conclusie uit: 'Japan kende meestal meer succes om de buitenwereld binnen te brengen dan het had om de eigen wereld naar buiten te brengen. Telkens opnieuw vonden de Japanners het in het verleden gemakkelijker om om te gaan met buitenlandse methoden dan met buitenlanders en het lag meer in hun aard om zich de buitenwereld voor te stellen dan er effectief in op te treden.'[70] Periodes van selectieve terugtrekking wisselden immers af met tijden van actief engagement.

Het Meiji-Japan: een beleid van conservatieve modernisering (1867–1912)

DE POLITIEK DICTEERT DE ECONOMIE | De industrialisering was een kwestie van leven of dood voor Japan. Het behoud van de nationale soevereiniteit was er de inzet van. Japan moest de westerse moderne techniek overnemen. Dat was ook absoluut nodig om militair mee te tellen (wapentechnologie). Een 'rijk land, sterke strijdkrachten' (*fokoku ktyohei*) was het streefdoel.

Het industrialiseringsproces kende twee fases. In een eerste fase heeft de overheid een voortrekkersrol gespeeld. Ze deed de investeringen en bouwde de eerste fabrieken. Ze creëerde de nodige infrastructuur (spoorwegen, communicatie). Ze zorgde voor een uniforme wetgeving en stimuleerde een modern bankwezen. De Meiji-oligarchie schiep ook de juridische voorwaarden voor de ontplooiing van het kapitalisme: vrijheid van beroepskeuze, vestigings- en contractvrijheid, bescherming van het particuliere eigendom werden bij wet gegarandeerd. Rond 1885 begon de particuliere fase van de industrialisering. De overheid verkocht de bedrijven tegen spotprijzen aan particulieren. De militair-strategische sectoren, zoals de staalindustrie en de scheepsbouw, hield ze in eigen handen. De zware industrie ontwikkelde zich rond de Yawata-ijzerwerken, die over de modernste technologie van dat moment beschikten. De scheepsbouw was het troetelkind van het Meiji-regime, niet louter om militaire redenen maar ook om Japans afhankelijkheid inzake export en import ten aanzien van het buitenlandse vrachtvervoer te reduceren. In 1890 verzorgde de koopvaardijvloot 10,8% van de uitvoer en 23,9% van de invoer. In 1913 ging het om respectievelijk 52 en 51%! In 1907 vierde de Nagasaki-scheepswerf van Mitsubishi de tewaterlating van de twee grootste oceaanstomers ter wereld (13.000 ton). In 1873 telde Japan 26 stoomschepen, in 1913 1.514! Ondanks deze aanzienlijke rol van de overheid werden *zaibatsu* – kapitaalkrachtige families zoals Mitsui, Sumitomo, Mitsubishi en Yasuda – de motoren van de industrialisering.[71]

Toch even een mogelijk misverstand vermijden. De Japanse industrialisatie werd wel aangedreven door een sturende staat. De snelle industrialisering kan niet begrepen worden zonder de sterke interventie van de centrale uitvoerende macht.[72] In Japan dicteerde de politiek inderdaad de economie: overheidsinstellingen bezielden de economische ontwikkeling en modernisering. Maar ze volgden daarbij geenszins het Europese model. 'Het belang van *wa* – harmonie – als een waarde in het Japanse leven druist in tegen de top-downrelaties van de hiërarchie die in Europa lang werden geassocieerd met overheidsinstituties. Zoals Sayle opmerkt: "De Japanse overheid staat niet los van of tegenover de maatschappij; ze is veeleer de plaats waar *wa*-deals worden gesloten." Hierin verschilt Japan niet alleen sterk van Europese landen maar ook van China en Korea.' Het is een belangrijke notie: ook de naoorlogse ontwikkeling van Japan kan slechts vanuit die harmonie tussen staat en samenleving begrepen worden. Het Japanse kapitalisme heeft een eigenheid en wijkt duidelijk af van de westerse varianten en dus ook van de huidige 'Washingtonconsensus'.[73]

EEN SNELLE INDUSTRIËLE GROEI IN EEN DUALE ECONOMIE | Vanaf circa 1885 kende de Japanse economie een sterke groei. Bij de *take-off* was nog ruim 70% van de beroepsbevolking in de landbouw actief. Nadien nam het aandeel van de secundaire sector (industrie) snel toe. De katoen- en de zijdenijverheid kenden een indrukwekkende ontwikkeling. Na 1895 gaf de zware industrie steeds meer de toon aan. De investeringen in de modernste technologie – broodnodig om de internationale concurrentie aan te kunnen – kwamen grotendeels van de overheid. De belangrijkste consument van ijzer en staal was de scheepsbouw. Japan werd een belangrijke maritieme natie.

Niettemin had Japan in 1914 nog steeds een duale economie: een relatief kleine groep mensen werkte in een moderne, snel groeiende industrie met een hoge productie; de meesten waren nog tewerkgesteld in de landbouw en de traditionele nijverheid. Grote eenheden, echte fabrieken naar westers model, kwamen nog niet zoveel voor. De situatie in de textielnijverheid is exemplarisch voor die duale economie. De groei van de katoennijverheid bijvoorbeeld was spectaculair. Toch bleef ze voor 1914 nog hoofdzakelijk een huisnijverheid. De mechanisatiegraad was nog geringer in de zijde-industrie: zowel het spinnen als het weven gebeurden grotendeels via handenarbeid. Aangezien ze aan de rand van het bestaansminimum leefden, was het voor gezinnen op het platteland van levensbelang dat ze met deze nevenactiviteiten hun inkomen konden aanvullen. Ogenschijnlijk paradoxaal, maar niettemin realiteit, was het feit dat innovatieve technieken dikwijls ontwikkeld werden door provinciale ondernemers om aan de vraag op de regionale en lokale markten te kunnen voldoen. Er was onmiskenbaar een essentiële link tussen de 'top' op nationaal niveau en de 'bottom' op het lokale vlak. Er bestond zoiets – en dat lang voor de Meiji-restauratie – als een sociaal netwerk van innovatie, dat doorheen de hele samenleving zorgde voor de verspreiding van nieuwe ideeën en opvattingen.[74]

Bovendien zat Japan met een vrij groot handelstekort. Door de openstelling voor het Westen moest de economie opboksen tegen de buitenlandse concurrentie. Of de modernisering van de economie een succes zou worden, was afhankelijk van het feit of Japan erin zou slagen die muur van het handelstekort te doorbreken. Uitgerekend de katoennijverheid heeft voor een keerpunt gezorgd. Bob de Graaff stelt dat tussen 1883 en 1889 het jaarlijkse gemiddelde winstcijfer in de katoensector 57,1% bedroeg. Deze auteur somt ook de factoren op waardoor de industrialisering succesvol is geweest. Hij wijst op de traditionele voorkeuren van de Japanse consument zodat westerse consumptiegoederen er weinig kans maakten. Daarenboven groeide de binnenlandse afzetmarkt. De importsubstitutie werd een voltreffer en in het buitenland was er grote vraag naar thee en zijde.

Een prestatienatie: de samoeraïsering van de samenleving

Zowel de overheid als de Japanners zelf waren extreem prestatiegericht. De Japanse elite deed er alles aan om een intens nationaal bewustzijn bij de bevolking te propageren. Daarin was de keizer de centrale figuur. Japan was, aldus de propaganda, een unieke natie die superieur was aan de rest van de wereld. 'Vooruit komen in de wereld' werd een populaire uitdrukking.

NIET LOUTER TOP-DOWN | De Japanse oligarchen beseften dat er een kenniskloof bestond met het Westen. Fundamenteel voor een succesrijke modernisering en industrialisering was dat Japan erin slaagde deze kennisachterstand weg te werken. De drang naar westerse kennis was groot. Onderwijs werd dan ook een staatszaak. Het Meiji-regime kon op dat punt voortbouwen op de Tokugawa-tijd, toen ook veel belang gehecht werd aan onderricht en cultuurspreiding (bijvoorbeeld de boekenproductie). In 1872 werd de algemene leerplicht ingevoerd. In de preambule van deze onderwijswet stond het volgende: 'Van nu af aan zal er door het hele land, zonder onderscheid naar klasse en sekse, in geen dorp een huis zijn zonder onderwijs en in geen huis een individu zonder kennis.' Hetzelfde decreet van 1872 regelde ook de organisatie van het onderwijs: acht universitaire arrondissementen, 32 arrondissementen voor hoger secundair onderwijs en 210 arrondissementen voor lager onderwijs werden voorzien.[75] Het succes was onbetwistbaar: rond 1900 bereikte de scholingsgraad 98%. Waar vroeger iemands status afhing van de erfelijke stand waartoe hij behoorde, werd de maatschappelijke stratificatie in het moderne Japan bepaald door het onderwijsniveau. Maar hoe gecentraliseerd het Japanse onderwijssysteem ook zou worden, toch was het succes in hoge mate te danken aan de financiële en mentale steun van de plaatselijke gemeenschappen. Het waren de dorpshoofden, de onderwijzers op het platteland, de ouders in talloze boerengezinnen die investeerden – letterlijk en figuurlijk – in onderwijs. Ze vonden onderricht belangrijk en beklaagden zich bij de regering als die volgens hen in gebreke bleef!'[76] Wat voor de integratie van nieuwe technologie al aan bod kwam, moeten we dus herhalen in verband met de scholing. Het ware volkomen fout in verband met Japan te redeneren vanuit een top-downreferentiekader en dus de krachten voor verandering louter te situeren op het centrale niveau. Zeker binnen het verhaal van de Meiji-restauratie is dergelijke eensporige duiding erg verleidelijk. Natuurlijk waren de beleidsopties van het nieuwe regime bijzonder belangrijk. Maar de sociale netwerken op het lokale niveau waren dat ook: daar bestond de sociale consensus, daar was de mentale bereidheid aanwezig om actief te participeren en te innoveren. En dat was een constante, een element van continuïteit. Herinneren we aan het 'country-' of 'indigenous capitalism' in het Tokugawa-Japan. Een heel ander verhaal is uiteraard dat de overheid talrijke studenten en burgers stimuleerde om in het buitenland te gaan studeren. En veel buitenlandse experts werden aangetrokken om in Japan de modernisering te begeleiden. Veel westerse boeken werden vertaald. Ook hier zijn we dus getuige van de wisselwerking tussen de interne ontwikkelingen en de buitenlandse impulsen. Maar tevens van de traditionele attitude om de buitenwereld te integreren en te japaniseren.

NATIONALISME ALS BINDMIDDEL | De Staat had behoefte aan loyale, ondernemende burgers. Eerder werd al opgemerkt dat de Meiji-regering in de jaren 1880 resoluut voor het Duitse model heeft gekozen. Dat vertaalde zich ook in het onderwijs, waar de visie van de Duitse pedagoog Johann Friedrich Herbart richtsnoer werd: het kind, als toekomstige *onderdaan*, heeft strikte begeleiding nodig, om tot maturiteit te komen.[77] De natie dienen moest het hoogste doel zijn voor een individu. In een eerste fase gingen individuele ontplooiing en dienst aan de natie nog samen op basis van vrijwilligheid. Japandeskundige Bob de Graaff geeft een bijzonder illustratief voorbeeld: 'In het voorwoord van één van de eerste vertalingen van *Robinson Crusoë* werd erop gewezen dat de waarde van het boek erin lag dat het aantoonde hoe men een eiland tot ontwikkeling kon brengen. Men beschouwde het boek dus niet als louter het relaas van een individu, maar men legde het verband tussen het individu en het welvaren van het eiland (lees: Japan). In de woordenschat van die tijd konden woorden en uitdrukkingen die betrekking hadden op succes, ambitie, carrière en zelfstandigheid, door elkaar gebruikt worden voor zowel het individu als voor de Japanse natie.'[78] Later verstoorde een groeiend individualisme echter dat nationalisme. De overheid gebruikte het onderwijs om die trend te bestrijden. In een toelichting bij de schoolwet van 1890, waarvan 4 miljoen exemplaren werden verspreid, schreef Inoue Kaoru wat volgt: 'Japan is een klein land. Omdat er nu landen zijn die onbeschaamd andere landen inpikken, moeten we de hele wereld als onze vijand beschouwen. Hoewel we altijd moeten streven naar het onderhouden van vriendschappelijke betrekkingen met andere mogendheden, liggen buitenlandse vijanden op de loer om van iedere misstap van ons te profiteren, en dan kunnen wij slechts vertrouwen op onze 40 miljoen landgenoten. Daarom moet elke ware Japanner een nationaal plichtsbesef hebben, waardoor hij zijn leven geringschat als stof, vol vuur aanrukt en bereid is zichzelf omwille van de natie op te offeren.' De onderwijzersopleiding kreeg een militair karakter. In de scholen werden nationale ceremonieën gehouden. De overheid verzorgde de uitgave van de schoolboeken. Het nationalisme was het bindmiddel dat sociale versnippering moest tegengaan. Iedereen moest een samoerai worden, dus ten dienste staan van en trouw zijn aan de natie en de familie. Japan slaagde er uiteindelijk in zijn kennisachterstand op het Westen weg te werken.[79] Dat Keizerlijke Decreet op het Onderwijs (kyoiku chokugo) was volgens Maruyama Masao, een van de belangrijkste intellectuelen in Japan, een sleutelmoment. De overheid nam vanaf dat ogenblik immers de absolute controle over het onderwijs op zich. Het decreet was een grote lofzang op de keizer, de natie en tegelijkertijd een ondubbelzinnige en strenge richtlijn over de plichten van de onderdanen.[80]

7   China, Japan en de moderniteit

Wat de samenlevingen in Europa rond 1800 hadden meegemaakt, bruuskeerde de samenlevingen in Oost-Azië rond het midden van de 19de eeuw: het einde van de onveranderlijkheid. Doorheen het noordelijke halfrond ontwikkelde zich een gordel van industriële samenlevingen. Vooral in de ruimte van de Noordelijke Atlantische Oceaan was een echte vooruitgangsspiraal aan het werk, waar Noordwest-Europa de kern van was. Parallel met deze aardverschuiving stelde in dat kerngebied een nieuwe politieke cultuur een einde aan het Ancien Régime. Een machtsstrijd om de emancipatie van mensen en volken werd doorheen de hele 19de eeuw uitgevochten.

DE EUROPESE UITDAGING | Desondanks ging de knechting van volken in de wereld buiten Europa ongestoord verder. Het moderne imperialisme was een nieuwe piek in de geschiedenis van eeuwenlange verwerpelijke onderdrukking. Voor het eerst in de wereldgeschiedenis overtroefde de economische wereld van Noordwest-Europa de economische werelden van Azië (Indië en vooral China). En tegelijk beschikten deze Europese industriestaten ook over de (wapen)technologie en de logistieke mogelijkheden om hun wil op te leggen en dwang uit te oefenen. China en Japan hebben het geweten. De reactie van beide Aziatische landen op de dreiging is zeer uiteenlopend geweest. De halfslachtige reactie van de Qing contrasteerde scherp met de krachtdadige van de Meiji-oligarchen. China werd het slachtoffer van informeel imperialisme en degradeerde tot een semikolonie. Voor Japan was het een impuls om te breken met het shogunaat en een moderne natiestaat en een moderne industrie uit te bouwen. Die diverse respons op de Europese challenge is niet louter in te schrijven in de korte termijn van uitdagingen en reacties, vernederingen en gekwetste nationale trots, externe dwang en interne vitaliteit. Het langetermijnperspectief leert dat China in de 19de eeuw de voedingsbodem van voorafgaande fundamentele maatschappelijke veranderingen miste die Japan wél had aangemaakt. Toen de buitenlandse dreiging concreet werd, zaten beide landen in een totaal andere fase van hun politieke en sociaal-economische ontwikkeling. Het is al te gemakkelijk de diverse lotsbestemming van beide landen te beoordelen vanuit het kortetermijnperspectief. Er was tussen beide landen een zekere culturele affiniteit, ze waren in eenzelfde geografische ruimte gelegen en werden bedreigd door hetzelfde westerse imperialisme. En dus was en is het terecht om beide landen te vergelijken. De conclusie is dan vlug gemaakt: Japan was succesvol en China faalde. Maar Japans successtory verliep lang niet zo rimpelloos als het meestal wordt voorgesteld: de sociale tol die er intern voor betaald werd, onderschat men best niet. En het imperialisme en nadien de oorlog in Azië, inherent aan de conservatieve modernisering waar het Meiji-regime voor gekozen had, moet je ook in de evaluatie betrekken. Het is ook duidelijk dat inzake ontwikkeling en emancipatie – de twee sterk verweven krachtlijnen van de moderniteit – Japan veruit de voorkeur heeft gegeven aan ontwikkeling. Zoals al gesuggereerd, heeft die optie ook zo zijn gevolgen gehad, zowel intern als extern.

DE MONDIALE DIMENSIE | Ten slotte werden de bestaande geopolitieke machtsverhoudingen door de confrontatie van China en Japan met het Westen grondig verstoord. De kern-periferieverhouding tussen China en Japan – ook cultureel een duizendjarige traditie – verdween. China's nederlaag in 1895 was de meest betekenisvolle gebeurtenis in Oost-Azië van de hele 19de eeuw. Japans overwinning was voor de Chinezen de ultieme vernedering. Maar ook mondiaal was de impact niet te onderschatten. De VS en Japan reageerden in deze decennia om en rond 1900 bijzonder alert op de arrogantie van de Europese industriestaten. Zij beletten dat de Europeanen China en Japan zouden opdelen en verknechten zoals ze dat met Afrika hadden gedaan. Het was een eerste signaal dat het Europese systeem op wereldvlak zijn beste dagen achter de rug had. Vanuit de Pacific intervenieerden staten die zich verzetten tegen de Europese willekeur. Het beleid dat gevoerd werd vanuit Europa, Azië en Amerika was verweven. Die verwevenheid was van beslissende betekenis voor de mondiale machtsverhoudingen. De lotsbestemming van China en Japan had een nieuwe tijd ingeluid. De *global age* van de 20ste eeuw kondigde zich aan.[81]

DEEL 3

De korte 20ste eeuw

1917–1991

China en Japan in de eeuw van Amerika

1   Het einde van Europa's mondiale dominantie

De 20ste eeuw, een waanzinnige eeuw

Barbara Tuchman heeft de 14de eeuw ooit een waanzinnige eeuw genoemd. De waanzin had te maken met rampen die zowel aan menselijk falen te wijten waren als aan natuurlijke oorzaken, onder andere de pestpandemieën. In die tijd wogen de natuurlijke oorzaken het zwaarst. Hoe terecht die kwalificatie ook was voor de 14de eeuw, de 20ste eeuw was een hel. Een waanzinnige eeuw in het kwadraat, met dien verstande dat het menselijke falen deze keer de hoofdfactor was.[1] De barbaarsheid bereikte een ongekend niveau, des te meer omdat de mensheid intussen beschikte over een immens technisch vermogen.

Meestal wordt de 20ste eeuw bekeken vanuit het standpunt van Europa en het Westen. De Britse historicus Eric Hobsbawm heeft een autobiografie geschreven waarin hij aantoont hoe de wereldgeschiedenis zijn leven een stempel heeft gegeven.[2] Hobsbawm werd in 1917 geboren in Wenen, hoofdstad van de Dubbelmonarchie, en bracht er zijn jeugd door. Nauwelijks tien jaar vroeger leek er geen vuiltje aan de lucht: de wereld van toen was 'een wereld der zekerheid'.[3] Bij het begin van de eeuw domineerde Europa de wereld. Bij het einde van deze korte eeuw domineerde de wereld Europa.[4] De 'Groote Oorlog', die Europa in vuur en vlam zette, was het begin van dat aftakelingsproces. Hobsbawm heeft het allemaal meegemaakt: de verblinding van de ideologieën – fascisme, nazisme, stalinisme, het manicheïsme van de Koude Oorlog – en de barbarij van twee wereldoorlogen, de genocide van de holocaust en de verschrikking van de goelag, de implosie van koloniale rijken en de bloei van het neokolonialisme, de triomfen en het misbruik van wetenschap en technologie, de herhaalde euforie van de massa om de herwonnen vrede en de miserie van tientallen miljoenen stervelingen als gevolg van haat en geweld, het terrorisme van individuen en groepen – *nine-eleven* – en het staatsterrorisme, de spiraal van een zinloze wedloop-in-kernwapens en het frenetieke activisme van vredesbewegingen. Tijdens deze korte 20ste eeuw zat de mensheid decennialang in het keurslijf van de Koude Oorlog, maar in Europa, in het Westen, zag de publieke opinie slechts de confrontatie op het noordelijke halfrond tussen de Vrije Wereld en *the empire of evil*. Hiroshima had het leven van tienduizenden Amerikaanse G.I.'s gespaard. En dat was het dan. De val van de Berlijnse Muur en de implosie van de

Sovjet-Unie betekenden het signaal dat er een Nieuwe Wereldorde in de maak was.

Het leven van Eric Hobsbawm is door deze gebeurtenissen en ontwikkelingen in Europa en het Westen een bepaalde richting uitgestuurd. Eric Hobsbawm was en is echter Jan Modaal niet. De Europese myopie was en is hem vreemd. Als historicus bleef hij gespaard van die gezichtsvernauwing. Hij zag ook de andere kant van de medaille. Hij besefte dat de lotsbestemming van Europa en het Westen verweven was met mondiale ontwikkelingen. En dat die evolutielijnen het best vanuit een buiten-Europees perspectief bekeken werden. Tevens dat het overgrote deel van de mensheid ze vanuit een wel erg verschillend mens- en wereldbeeld interpreteerde. Het nationalisme en het militarisme, het imperialisme en de agressie van Japan waren voor miljoenen Aziaten een verschrikking. Het kolonialisme van de Westerse industriestaten zorgde op zijn minst voor generatie-armoede en vernedering, zowel in Azië als in Afrika. 'Little Boy' werd door de Enola Gay boven Hiroshima gedropt op een moment dat Japan capitulatiemurw was. En waarom nadien ook Nagasaki nog door een atoombom werd weggevaagd, was al helemaal onbegrijpelijk. De onvoorwaardelijke overgave van Japan betekende geenszins dat de landen van Zuidoost-Azië hun onafhankelijkheid konden vieren: de nationale bewegingen hadden een andere uitkomst verwacht en hadden daarom ook tijdens de Pacific-oorlog de Westerse legers gesteund. Na 1945 moesten ze hun strijd voortzetten, deze keer gericht tegen de vroegere bondgenoten. Het kolonialisme had volken van buitenaf klein gehouden. Totalitaire, tirannieke regimes zouden hun eigen mensen van binnenuit muilkorven, monddood maken. Het maoïsme slaagde maxima cum laude in de brainwashing van de Chinese massa. De Koude Oorlog slokte in ontstellende mate kapitalen, energie en mensen op, die mits investering in de Derde Wereld honderden miljoenen stervelingen uit hun ellende hadden kunnen verlossen. De dekolonisatie van Azië en Afrika was een spectaculaire volte face. De roes van de bevrijding verdoofde de massa's. Een smalle maatschappelijke bovenlaag kon zich decennialang de interne kolonisatie van de eigen bevolking veroorloven. Binnen het kader van de Koude Oorlog konden hun autoritaire regimes immers Amerikanen en Russen chanteren om het militaire arsenaal binnen te halen dat voor die repressie nodig was. Na de miserie van decennia kolonisatie, volgde voor deze samenlevingen decennia ellende in *failed states*. De welvaartskloof met het noordelijke halfrond vergrootte: de verbeten strijd om basisbehoeften leek uitzichtloos en immobiliseerde honderden miljoenen mannen, vrouwen en kinderen in de tunnel van de wel erg lage levensverwachting. De val van de Berlijnse Muur en de implosie van de Sovjet-Unie leidden helemaal niet naar een Nieuwe Wereldorde. De globalisering heft geenszins de wereldwijde dualiteit op, maar versterkt ze binnen die maatschappijen. Massale migraties zijn op gang gekomen. Europa en het Westen voelen zich erdoor bedreigd. Ze zijn verrast: ze koesterden de illusie dat globalisering en liberalisering van de wereldhandel eenrichtingsverkeer waren. Maar tot grote ontsteltenis is het een mondiaal proces dat alle richtingen uitgaat, ook de oost-west- en de zuid-noordrichting!

De wereld rond 1900

De jaren rond 1900 vormden op het stuk van de internationale betrekkingen een kantelend tijdperk. Vanaf de val van Bismarck (2 maart 1890) lagen de voornaamste oorzaken van internationale spanning in Afrika en Azië, niet in Europa. De belangenconflicten tussen westerse staten in de buiten-Europese wereld waren schering en inslag. In Afrika was het Fashoda-incident (1898) tussen Frankrijk en Engeland symptomatisch. In het Nabije Oosten zou Duitsland bij herhaling de prille Entente Cordiale (8 april 1904) tussen Parijs en Londen testen. Het lokte daarmee veeleer de versterking van het bondgenootschap uit.

HET VERRE OOSTEN | Conflicthaard bij uitstek en oorsprongsgebied van wereldhistorische veranderingen vormde het Verre Oosten. De fundamentele betekenis van de nederlaag van China in de oorlog tegen Japan (1894–1895) hebben we al toegelicht.[5] Het vredesverdrag van Shimonoseki (1895) laat slechts één interpretatie toe: de Europese mogendheden stonden eens te meer in het defensief. Toegegeven: Rusland, Frankrijk en Duitsland reageerden op de afloop van een conflict waar ze niet bij betrokken waren. Ze gooiden agressief hun eisen op tafel en verlangden er de naleving van. Er was een keerzijde aan dit verhaal: genoemde Europese staten waren niet weinig geschrokken van de verpletterende militaire superioriteit van Japan. Zij hebben wanhopig getracht er een dam tegen op te werpen door te beletten dat Japan strategisch grond onder de voeten kreeg op het Aziatische vasteland. In 1895 slaagden ze er nog in de voor Japan frustrerende Conventie van Peking op te leggen.[6] Maar op iets langere termijn zijn ze er niét in geslaagd de Japanse imperialistische dynamiek te stoppen. Des te minder aangezien ze hun energie en middelen verkwanselden in een hardnekkige, onverzettelijke onderlinge strijd om economisch en strategisch belangrijke zones in China. Japan en de vs lieten niet begaan. Japan opteerde hierbij voor geweld. De vs bepleitten in de John Hay-nota's (1899–1900) een opendeurpolitiek.[7] De reactie van beide Pacificmogendheden was beslissend voor de verdere evolutie van de wereldpolitiek. Japan en de vs verhinderden door hun optreden immers de 'break-up of China' door de Europese industriestaten zoals deze zich eerder de 'break-up of Africa' hadden veroorloofd. In 1905, aldus Geoffrey Barraclough, ving de wereld een eerste glimp op van de wereld van de toekomst.[8]

Het Japanse imperialisme

De indrukwekkende dynamiek van het Japanse imperialisme bleek voor het eerst in het conflict met het keizerrijk China. Volgens Jan Romein zorgde de combinatie van moderne techniek en een feodale mentaliteit voor deze explosieve dynamiek.[9] Engeland heeft de Japanse macht duidelijk voor de eigen kar willen spannen. In 1902 sloot het met dit land een alliantie om de Russische expansie in het Verre Oosten te fnuiken zonder zelf te moeten optreden.

De Russisch-Japanse oorlog (1904–1905) leverde de proef op de som. Japan zette met verbazende snelheid de vijandelijkheden in. Moekden en Tsoeshima bezegelden het Russische fiasco.[10] De vrede van Portsmouth (5 september 1905) kwam tot stand via de bemiddeling van de Amerikaanse president Teddy Roosevelt. De betekenis van de VS in de hier geschetste ontwikkeling komt later aan bod.

Noteren we alvast dat Japan door de westerse mogendheden als grootmacht werd erkend. In 1911 werd de periode der ongelijke verdragen afgesloten. Dat betekende de emancipatie van Japan. Aan de conferentie van Versailles nam Japan deel als een gelijkwaardige gesprekspartner. Het had de Eerste Wereldoorlog immers optimaal benut. De westerse mogendheden, volledig in beslag genomen door de oorlogsinspanning, verwaarloosden hun belangen in het Verre Oosten. Japan had de handen vrij. Het verklaarde Duitsland de oorlog, verwierf de Duitse koloniën in de Stille Oceaan en het strategisch interessante schiereiland Shandong. Het drong in Siberië binnen door zich aan te sluiten bij het antibolsjevisme van de Geallieerden. Daarenboven verdrong het de Angelsaksische mogendheden als leverancier op de Aziatische afzetmarkten. Het is wel waar dat de Europese en de Amerikaanse handelspolitiek er toen op gericht werd de Japanse uitvoer te breken, toch was het duidelijk dat de vijandigheid tegenover bolsjevistisch Rusland (1917) en de bezorgdheid in verband met de Chinese revolutie (1911) deze mogendheden ervan weerhield daadwerkelijk te reageren. De geest van München deed zich toen al in Oost-Azië voelen![11] In de strijd tegen het communisme ligt de oorsprong van de neiging om zich te verzoenen met de expansie-ambities van het militaristische Japan. Het land werd aanvaard als ordehandhaver in het Verre Oosten.[12]

Het Amerikaanse imperialisme

In de Europese hoofdsteden was men ervan overtuigd dat de VS een isola-
tionistische buitenlandse politiek voerden. De Monroe Doctrine (1823) was
daar de 'bijbel' van. In het tweede luik ervan sprak Washington zich uit
voor niet-inmenging in de Europese politiek. Rond het midden van de 19de
eeuw was het land al erg actief in de ruimte van de Pacific. In de tweede
helft van de 19de eeuw kwamen de VS actief tussen in Oost-Azië, meestal
als rivaal van Groot-Brittannië. Denk aan de actie van commodore Matthew Perry in de baai van Edo (1853). Vanaf de regeringen van William
McKinley en Teddy Roosevelt – 1897–1909 – brachten de Verenigde Staten
een kordaat imperialisme in de praktijk: de Spaans-Amerikaanse oorlog
(1898), de Opendeurnota's in verband met China, de bemiddeling in de
Marokkaanse crisis, de afscheiding van Panama van Colombia (1903).

OOST-AZIË | Door het verwerven van de Filippijnen en Guam promoveer-
den de VS tot een echte mogendheid in het Verre Oosten. Het optreden
van minister van Buitenlandse Zaken John Hay ten aanzien van China
bevestigde dat. 'In oorsprong was de Opendeurpolitiek erop gericht de
buitenlandse handel in China te vrijwaren en niet de Chinese staat. Maar
weldra vertegenwoordigde deze politiek heel wat meer dan louter economische belangen. De doctrine evolueerde en werd uitgebreid. Het tweede
pakket nota's van juli 1900 was reeds heel wat positiever en ondersteunde
de "Chinese territoriale en administratieve onschendbaarheid". Cynisch
bekeken leverde de doctrine van China's integriteit een motief om andere
mogendheden, *zo onder meer Rusland*, ervan te weerhouden zich in Chinese gebieden te nestelen en ons eruit te weren.'[13] Noteer dat de nota's van
Secretary of State Hay in eerste instantie tegen Rusland gericht waren, de
enige mogendheid die in staat was in de Pacific een uitdaging te vormen
voor Washington. De rivaliteit met Rusland leidde tot stilzwijgende steun
voor Japan en tot een Anglo-Amerikaanse toenadering. Ook dit laatste
was veelzeggend: doorheen de 19de eeuw hadden Rusland en de Verenigde
Staten elkaar gesteund tegen Engeland. Nu Engelands hegemonie haar
hoogtepunt voorbij was, stonden beide mogendheden in de ruimte van de
Pacific oog in oog met elkaar. De bemiddeling van Teddy Roosevelt voor
de totstandbrenging van het voor Japan zo voordelige en voor Rusland
nadelige vredesverdrag van Portsmouth (1905) deed de deur dicht. De
betekenis van de gebeurtenissen in het Verre Oosten tussen 1898 en 1905
was enorm. De lange periode van vriendschap tussen de VS en Rusland
was ten einde. Ze waren voortaan rivalen in de Pacific. Het Verre Oosten
was een haard van internationale rivaliteit en conflicten geworden. Europese en wereldaangelegenheden waren sindsdien verweven.[14]

LATIJNS-AMERIKA | De VS hebben de dominerende positie van Europa in de wereld systematisch ondergraven. Die koers bleek ook uit de ontwikkelingen in Latijns-Amerika. Doorslaggevend was hier het Big Stick-imperialisme van president Teddy Roosevelt. Hij was duidelijk: 'Het Amerikaniseren van de wereld is onze roeping.' Onder het mom van *panamerikanisme* – het nastreven van de eenheid van het Amerikaanse continent onder de leiding van de VS – wilde hij in Latijns-Amerika protectoraten vestigen en Groot-Brittannië als voogdijstaat uitschakelen. Om zijn politiek te legitimeren vaardigde hij in 1904 het *Corrolarium van Roosevelt* uit, een document dat de Monroeleer aanvulde. 'In flagrante gevallen van onrecht of onmacht kunnen de VS ertoe gedwongen zijn een internationaal politiegezag uit te oefenen.' Deze verklaring impliceerde het interventierecht van de VS in heel Latijns-Amerika. Tussen 1906 en 1920 landden Amerikaanse troepen drie keer op Cuba om er hun zegje te doen. Niet iedereen in Washington was het eens met de nieuwe agressieve buitenlandse politiek. De Amerikaanse politici zijn op dit punt steeds erg verdeeld geweest. Zowel voorstanders van interventionisme als aanhangers van isolationisme wilden hun zienswijze doordrukken. Dit bleek nog maar eens bij het uitbreken van de Eerste Wereldoorlog.[15]

De machtswissel Europa / VS

De conclusie is onontkoombaar: Europa verloor zijn superioriteit op wereldvlak. Uiteindelijk zou het zelf afhankelijk worden van de twee *global powers*, de VS en Rusland. Het was het systeem van het machtsevenwicht, zo typisch voor Europa, dat verdrongen werd door een systeem van mondiale bipolariteit.[16] Wat we vandaag al te simplistisch reduceren tot een ideologisch conflict – de zogenaamde Koude Oorlog – vond zijn oorsprong in de nieuwe machtsconstellatie, die vorm begon te krijgen bij het begin van de twintigste eeuw. Die korte twintigste eeuw werd de eeuw van Amerika. Machtspolitiek zou Washington uiteindelijk triomferen (1991). Militair heeft het zijn rivaal op de knieën gekregen. En meteen ook economisch. Na de implosie van de Sovjet-Unie (1991) hadden de VS het voor het zeggen in een unipolaire wereld. De machtsbasis van deze *hyperpower* is zeer breed. 1] De Amerikaanse economie heeft doorheen de twintigste eeuw blijk gegeven van een verbazende flexibiliteit: 21 recessies, een depressie, twee beurscrashes en twee wereldoorlogen zijn niet in staat geweest om haar vitaliteit te bedreigen. Dat succesverhaal vertaalde zich in een groei van 118 miljard dollar (omgerekend naar vandaag: 367 miljard dollar) tot meer dan 10 triljoen dollar. In constante dollars betekent dat een vermenigvuldiging met factor zevenentwintig. 2] Inzake ICT staan de VS wereldwijd aan de spits. 3] Wetenschappelijke research zorgde voor grote doorbraken: de meeste kwamen tot stand in de Amerikaanse labo's. Als je er de lijsten van Nobelprijswinnaars van de laatste 50 jaar inzake fysica, chemie, biologie, geneeskunde... op naslaat, dan blijkt dat die krioelen van Amerikaanse geleerden. 4] Militair beschikken de VS over massavernietigingswapens met een globale actieradius. 5] Ten slotte is toch opvallend dat ook de internationale financiële instellingen door Washington gedomineerd worden. Deze opsomming maakt duidelijk dat de Amerikaanse hegemonie niet verengd kan worden tot louter militaire macht. De fundamenten zijn breed en alomvattend. Conclusie: de twintigste eeuw was inderdaad de eeuw van Amerika.

2   Het antagonisme tussen China en Japan
1911–1949

Chaos in China (1911–1949)

Doorheen de 19de eeuw hadden twee soorten gebeurtenissen China's lots-bestemming bepaald: enerzijds de steeds hernieuwde vernedering door het Westen, anderzijds het binnenlandse verval dat in de interne rebel-lies tot uiting kwam. In de Bokseropstand (1900) vonden beide trends als het ware hun culminatiepunt: het verhaastte het einde van de Mandsjoe-dynastie en de oprichting van een republiek. De xenofobie luwde niet, maar gaf vuur aan een intens nationalisme. Er groeide een breed besef dat China gered en het imperialisme gestopt moest worden. Zo werden de Chinese problemen eindelijk gesitueerd in de context van de toenma-lige wereldsituatie.

REPUBLIEK EN ANARCHIE | Door de rebellie die op 10 oktober 1911 uitbrak, werd het keizerrijk geliquideerd. Een republikeins regime werd ingesteld. De vlotheid waarmee de revolutionairen in hun opzet slaagden, was even-wel misleidend. Sun Yat-sen, in Zuid-China verkozen tot president, moest zich al na enkele weken terugtrekken ten voordele van Yuan Shikai, de oprichter van het Nieuwe Chinese Leger en de spreekbuis van de groot-grondbezitters en de op het buitenland gerichte burgerij. Hij beheerste aanvankelijk Noord-China. Hij had slechts met Sun Yat-sen gemeen, dat ook hij de modernisering van China nastreefde. Na de abdicatie van de Mandsjoekeizer vestigde hij daartoe een militaire dictatuur: Sun Yat-sens nationalistische Guomindangpartij werd vervolgd en verboden; het parle-ment werd ontbonden. Yuan Shikai won zo het vertrouwen en de steun van de vreemde mogendheden. De Republiek bestond dus slechts op papier en de oude sociale orde bleef bestaan. China werd eens te meer – zij het slechts ten dele – gecontroleerd door een autoritair en conservatief regime. Inderdaad slechts ten dele, vermits na de uitschakeling van de Qing elk centraal gezag voor heel China ontbrak. Na de dood van Yuan Shikai (1916) was de anarchie compleet. In de meeste Chinese provincies heersten *du juns* – letterlijk: militaire gouverneurs – of krijgsheren (*warlords*): Duan Qirui (1865–1936), Cao Kun (1862–1935), Feng Yuxiang (1882–1948), Zhang Zonchang (1881–1931), Zhang Zuolin (1873–1928), Wu Peifu (1876–1939) en Chen Jiongming (1878–1923). Elke *du jun* kon rekenen op de steun van een buitenlandse mogendheid die zo van de chaos zocht te profiteren. In het

zuiden bestond nog steeds de door het buitenland niet erkende revolutionaire regering van Sun Yat-sen.[17]

Het Chinese nationalisme bereikte een climax naar aanleiding van
de besluiten van de conferentie van Versailles (1919): de oude rechten en
bezittingen van Duitsland in Shandong werden niet aan China gerestitu-
eerd, maar aan Japan toegekend. De verontwaardiging was intens. Vijf-
duizend studenten hielden op 4 mei 1919 een massademonstratie die tot
een echte beweging in het Chinese politieke leven is uitgegroeid. De 4de
meibeweging is enerzijds karakteristiek geweest voor de golf van nationalisme in China, anderzijds is juist de linkse vleugel van de radicale
Chinese intellectuelen van dan af naar het communisme geëvolueerd. De
kleine groepjes communisten die in 1920 gevormd werden, sloten weldra
aaneen en richtten in juli 1921 de Chinese Communistische Partij op.

Het buitenland had blijkbaar baat bij de chaotische versnippering van
China en vertikte het om het Sun Yat-sen-regime te erkennen. Zowel de
communisten als de Guomindang van Sun Yat-sen streefden ernaar de
binnenlandse eenheid te herstellen én de onafhankelijkheid van China
tegenover het buitenland te bewerken. Op het congres, dat in januari 1924
in Guangzhou (Kanton) werd ingericht en de reorganisatie van de Guomindang beoogde, werd de toenadering tot de communisten bezegeld.
Zij werden als individuele leden in de partij opgenomen. Het nieuwe programma sloot aan bij Sun Yat-sens Drie Principes van het Volk (uit 1905),
namelijk zelfstandigheid, democratie en welvaart. Na de dood van Sun
Yat-sen in maart 1925, nam Jiang Jieshi (Chiang Kai-shek) de leiding over.
De fundamenten waren gelegd: een groep welbewuste mensen bezat een
welomschreven toekomstpatroon voor China. De jaren 1924–1927 worden
terecht de periode van de nationalistische revolutie genoemd. De revolutie van 1911 was *an unfinished revolution*. In politiek opzicht slaagde ze
er niet in een stabiele regering voor heel China tot stand te brengen. Ernstige problemen inzake economische modernisering en sociale welvaart
werden niet aangepakt. Vandaar dat deze tweede revolutie van 1924–1927
nodig was.[18]

BURGEROORLOG | In 1927 heeft Jiang Jieshi de samenwerking met de com-
munisten op bloedige wijze verbroken. De Witte Terreur maakte ongeveer
5.000 slachtoffers (13 april, het bloedbad van de Chinyuen Road, Shanghai).
Hij dwong hen in de clandestiniteit. De eerste burgeroorlog was meteen
gestart (1927–1936). Jiang Jieshi veroverde de controle over heel China.
Zijn regering steunde op vier fundamenten: het leger, de bureaucratie,
de zakenwereld uit de steden en de *gentry* van het platteland. Hij veronachtzaamde evenwel de belangrijkste klasse van de Chinese samenleving,
namelijk de boeren. Het land telde circa 450 miljoen inwoners; 350 miljoen

onder hen waren landbouwers. In 1928 vormde de Guomindang een stevige, in zijn anticommunisme eensgezinde partij. Naar de opvatting van de vreemde mogendheden was zij nu uiteraard volkomen achtenswaard en werd zij alom erkend als de enige wettelijke regering van China. De vestiging van het bolsjevistische regime en van de Sovjet-Unie (1917) was voor Jiang Jieshi een godsgeschenk.

Jiang Jieshi was echter verplicht de burgeroorlog tegen de communisten te onderbreken. Na het Sian-incident – de kidnapping van Jiang (1936) – konden de communisten hem ertoe dwingen een verenigd front te vormen om de Japanse agressie te keren.[19] Van 1937 tot 1945 werd de burgeroorlog naar de achtergrond gedrongen, om bij de bevrijding van het land opnieuw in alle hevigheid lost te barsten. Toen startte de tweede fase in de burgeroorlog (1945–1949).

In de strijd van de communisten vanuit de clandestiniteit naar de verovering van de staatsmacht in 1949, zijn twee periodes duidelijk te onderscheiden:

1] Van 1927 tot 1934 slaagden de communisten erin, in Kiangsi een sovjetrepubliek op te richten. Teneinde aan de blokkade, door Jian Jieshi uitgebouwd, te ontsnappen, besloten de communisten Kiangsi te verlaten en zich bij een andere communistische groep te voegen in de noordelijke provincie Sjensi (de Lange Mars, oktober 1934–oktober 1935). Het epos van de Lange Mars is uitgegroeid tot een legende. Niettemin, de communistische partij (CP) bereikte er een nieuwe samenhang door. Bij aankomst in Sjensi waren de bestaande meningsverschillen weggewerkt en werden de visie en het leiderschap van Mao Zedong onbetwist aanvaard. Niet het minst belangrijk: de communisten kregen tijdens de tocht niet alleen de kans hun ideeën te propageren, maar ook de problemen en de opvattingen van de massa's te leren kennen. Geen andere partij of beweging kon bogen op een zo complete kennis van de psychologie van de Chinese boeren.

2] Van 1935 tot 1949, de zogenaamde Yenanperiode. Toen bekommerden zij zich om de organisatie van de partij, het leger en de dorpen en streefden zij ideologische eenheid en partijsolidariteit na. Vanuit Yenan als uitvalsbasis, breidde de CP haar controle over China steeds verder uit. In de herfst van 1949 controleerde de partij het hele land. Op 1 oktober proclameerde Mao Zedong in Beijing de vestiging van de Volksrepubliek China.[20]

China en de Japanse agressie

In de relatie van China tot de belangrijkste buitenlandse mogendheden is de verhouding tot Japan in deze periode de meest kwetsende en vernederende geweest. De volgende beleidsoptie in Tokyo is daarbij van essentiële betekenis geweest: het regime vertikte het de levensstandaard van de boeren en de arbeiders te verhogen en zo een binnenlandse vraag te creëren. Dit ware een echte bedreiging geweest voor het uitbuitende paternalisme, waarop het gezag steunde. Landlords, militairen en zaibatsu verenigden zich rond dit nefaste beleid. De afhankelijkheid ten aanzien van de buitenwereld – die omwille van het gebrek aan grondstoffen al heel groot was – werd er nog door verscherpt. De bewuste veronachtzaming van de eigen bevolking als potentiële consumenten voor de afgewerkte producten van de eigen industrie, impliceerde dat Japan moest mikken op buitenlandse afzetmarkten. Dit kortzichtige, conservatief-paternalistische beleid is een destabiliserende factor geweest in het Verre Oosten die bij herhaling geleid heeft tot open conflicten.[21]

JAPANSE IMPERIALISME | Uiteraard biedt dit aspect niet de hele verklaring voor Japans agressieve buitenlandse beleid: veiligheidsoverwegingen, een intens ultranationalisme, het eigengereide imperialisme typisch voor grootmachten, de rivaliteit van de mogendheden in het Verre Oosten, het machtsvacuüm, gecreëerd door China's onmacht en door de Eerste Wereldoorlog... het heeft allemaal een betekenisvolle rol gespeeld. Typerend is de uitspraak van Fukuzawa Yukichi (1835–1901), een invloedrijke figuur in de Meiji-tijd: 'Als buitenstaanders zouden gaan wonen in het houten huis van de buurman, dan moet Japan daar ook een kamer in betrekken.'

Het Japanse imperialisme van rond de eeuwwende kwam vroeger al aan bod. Herinneren we er hier eenvoudig aan dat met de annexatie van Korea in 1910 Japan de trapsgewijze vernietiging van de traditionele Chinese wereldorde in Oost-Azië, die al enkele decennia bezig was, heeft voltrokken. China was verzonken in een toestand van semikolonialisme, daar waar zijn vroegere tribuutstaten koloniën waren geworden. Het project van de Realpolitiker Yamagata Aritomo (1838–1922) – Japan als dominerende mogendheid in het Verre Oosten – was werkelijkheid geworden. *Empire-building* was volgens hem het logische gevolg van Japans streven naar veiligheid.[22] Niet alleen territoriaal-strategisch en internationaal was de positie en het aanzien van Japan aanzienlijk versterkt, ook economisch betekenden de gevoerde oorlogen een enorme stimulans. Strategische nijverheden als de scheepsbouw en de wapenindustrie kenden een opmerkelijke groei. De economisch-financiële greep die Japan van langsom meer op China kreeg, was onloochenbaar. De Japanse investeringen in China – die bij de eeuwwende nog onbeduidend waren – bedroegen in 1914 438 miljoen yen en 2.274 miljoen yen in 1930. De zaibatsu waren in deze expansie ten zeerste geïnteresseerd. Zo konden ze beschikken over afzetmarkten en grondstoffen. Hun kapitalen rendeerden bijzonder vlug.

Mitsui en Mitsubishi controleerden van nabij de grote financiële organismen van de Japanse koloniale expansie. Noemen we de Compagnie du Sud-Mandchourien, de Bank van Taiwan, de Naigai Wata Kaisha, eigenaar van talrijke katoenfabrieken in China. Japan had daarenboven nog mijnen, fabrieken en spoorwegen, de concessies en de rechten tot het stationeren van troepen. Japans positie was vooral belangrijk in het noordoosten van China, lang voor de oprichting van de schijnstaat Mandsjoekwo (Manshûkoku). Naar deze streek was in 1930 60% van de Japanse investeringen in heel China gedraineerd. Japan voerde onomwonden een politiek van koloniale exploitatie.[23]

Japan en de Eerste Wereldoorlog

JAPANSE ARROGANTIE | Japan heeft deze hegemoniale positie in het Verre Oosten in niet-geringe mate verder kunnen uitbouwen dankzij de omstandigheden van de Eerste Wereldoorlog. Herinneren we eraan dat bij het begin van de oorlog ook de Brits-Japanse alliantie (1902) nog van kracht was. Het zou te ver leiden het verhaal te doen van de feiten en ontwikkelingen tijdens de wereldoorlog. Symptomatisch was evenwel het memorandum van 21 eisen dat minister Hioki op 18 januari 1915 in Beijing presenteerde aan president Yuan Shikai. Het had tot doel Japans positie in China te verzekeren. Wat hier aan de orde kwam, was noch min noch meer Japans positie ten zuiden van de Grote Muur, dus in het eigenlijke China. Japans stellingname was duidelijk: in de wedloop om spoorweg- en mijnconcessies lag Tokyo achterop ten aanzien van de Europese en Amerikaanse rivalen. Deze nadelige positie kon slechts gecorrigeerd worden via de bevestiging van specifieke rechten en, zo mogelijk, door het uitbouwen van een overheersende invloed over heel China. Ziedaar de achtergrond van de 21 eisen die in een vijftal rubrieken ingedeeld waren. Die eisen, vervat in de rubrieken 1 tot 4, hadden onder meer betrekking op Duitslands uitsluiting uit Shandong, de erkenning van Japans belangen in Zuid-Mantsjoerije en oostelijk Binnen-Mongolië, een Japans monopolie van mijnontginningen in bepaalde regio's van de Yangzi-vallei en ten slotte de niet-vervreemding door China van zijn kustgebieden. Rubriek 5 bevatte eisen die dermate aanmatigend waren dat ze niet alleen diepe verontwaardiging verwekten in China zelf maar in de hele wereldopinie. Noemen we slechts: de aanstelling van Japanse adviseurs op sleutelposities in de Chinese regering; het recht voor Japan in het Chinese binnenland hospitalen, tempels en scholen te bezitten; de vorming van gezamenlijke Chinees-Japanse politietroepen; de aankoop van wapens door China in Japan; de toelating voor Japanners om in China te prediken. Meer en meer waren de mogendheden ervan overtuigd dat Japan zich tot doel had gesteld een protectoraat over China te vestigen. Op 25 mei 1915 sloten Japan en China in ieder geval akkoorden af, waarin meerdere van de oorspronkelijke 21 eisen werden ingewilligd. Tot de belangrijkere toegevingen van China kunnen we alleszins rekenen: de erkenning van Shandong als een Japanse invloedssfeer; de uitbreiding van de pachtperiode van Guangdong tot 99 jaar, gekoppeld aan allerlei voorrechten in Zuid-Mansjoerije; het recht van Japan door China als eerste geconsulteerd te worden in geval er vreemd kapitaal vereist was voor de bouw van spoorwegen en havens in Fujian. Japan had nu alle troeven in handen om in China de baas te spelen.

Het ligt voor de hand dat het wantrouwen bij de westerse mogendheden ten aanzien van de Japanse ambities door deze gebeurtenissen alleen maar meer voedsel kreeg. In Londen luidde het officiële standpunt dat de Japanse expansie onbetwistbaar nadelig was voor de Britse belangen in het Verre Oosten. Ook president Wilson besloot met grotere kracht de Japanse expansie tegen te werken. Op 11 mei 1915 stuurden de VS identieke nota's naar China en Japan, waarin Washington zich het recht voorbehield alle problemen opgeroepen door de 21 eisen weer op te nemen. Dit betekende geen openlijke uitdaging, maar het was niettemin klaar dat de VS op die manier de mogelijkheid veiligstelden voor een scherpe oppositie tegen de Japanse expansie in de toekomst. In Tokyo is dat de regering niet ontgaan.

APPEASEMENT | Japan permitteerde zich brutale agressiviteit. In dat perspectief getuigden de reacties van Groot-Brittannië en de VS van een uiterste omzichtigheid. De München-mentaliteit liet zich toen al voelen in het Verre Oosten. Een doeltreffende oppositie moest dus in de eerste plaats van China zelf komen. Tussen 1916 en 1928 beleefde China echter de anarchie van de warlords. Het Japanse imperialisme had dus vrij spel: de arrogantie groeide nog. Eén voorbeeld mag volstaan: Duan Qirui, op een bepaald moment warlord-premier in Beijing, financierde zijn binnenlandse oorlog door omvangrijke leningen aan te gaan in Japan! In ruil hiervoor sloot hij een militaire alliantie af met Japan, aanvaardde hij Japanse militaire instructeurs en werkte hij nauw samen met andere pro-Japanse politici.

Een ander feit toonde dan weer overduidelijk de hypocrisie aan van het beleid van de westerse mogendheden in het Verre Oosten. De VS zetten er Beijing toe aan zijn relaties met Duitsland te verbreken. Groot-Brittannië, Frankrijk en Japan drongen eropaan dat China aan Duitsland de oorlog zou verklaren. Beijing deed dat op 14 augustus 1917. Japan had echter van de westerse staten de geheime toezegging gekregen dat zij zijn aanspraken op Shandong en de eilanden van de Noordelijke Pacific zouden steunen. Engeland en Frankrijk van hun kant hadden China zover gebracht, niet vanuit welke morele overwegingen ook. Evenmin dat zij dan zouden kunnen rekenen op een militair sterke bondgenoot in hun strijd tegen Duitsland. Het was hun flagrante berekening dat zij aldus de Duitse industriële en commerciële concurrentie in het naoorlogse China zouden kunnen uitschakelen. Machiavellistische kuiperijen op de kap van een land waarvan men wist dat het zich niet kon verdedigen.

Toen Japan bij het einde van de Eerste Wereldoorlog een delegatie naar de vredesconferentie van Versailles zond, was het erop voorbereid 'to seek general recognition of her status as a great power and specific recognition of her hegemony in East Asia'.[24] Op de conferentie formuleerde Japan drie eisen: 1] de afstand van de vroegere 'Duitse' eilanden in de Noordelijke Pacific; 2] de bevestiging van zijn aanspraken op het 'Duitse' Shandong; 3] een verklaring inzake rassengelijkheid tussen staten als basisprincipe voor de geplande Volkenbond.

Alhoewel in China een Beijing- en een Guangzhou-regering naast elkaar bestonden, zonden zij toch één delegatie naar Versailles met de uitdrukkelijke bedoeling om het land te bevrijden van zijn semikoloniale status. Toen dit duidelijk werd, sloegen de mogendheden alarm: het impliceerde immers noch min noch meer een aanval niet alleen op Japans belangen, maar op het hele systeem van de invloedssferen en van de ongelijke verdragen. En wie van de overwinnaars, verenigd in Versailles, had daar geen deel aan noch baat bij?

Het resultaat was te voorzien. Hoewel, het wantrouwen ten aanzien van Japans aanspraken was ook een belangrijke factor en heeft voornamelijk de houding van president Woodrow Wilson beïnvloed. Onder Amerikaanse druk werd de rassengelijkheid tussen staten afgewimpeld en werd voor de Pacific-eilanden een compromis uitgewerkt: met geen van beide uitkomsten was Japan gelukkig. Het dreigde zich terug te trekken. Het Verdrag verleende Japan de Duitse rechten in Shandong in ruil voor de mondelinge belofte dat de Chinese soevereiniteit over dit gebied ooit wel hersteld zou worden. China weigerde het verdrag te ondertekenen.

Door deze beslissing werd het Chinese nationalisme tot een climax opgezweept. Tijdens de massabetoging van 4 mei 1919 werden slogans gescandeerd als: 'Geef ons Shandong terug!', 'Boycot de Japanse producten!', 'China aan de Chinezen!'. We weten al dat Japan, door het uitlokken van de 4de-meibeweging, onrechtstreeks mee een ontwikkeling op gang heeft gebracht, die zou leiden tot de oprichting van de Chinese CP.

De 'appeasement-politiek' van de jaren 1920

Na de Eerste Wereldoorlog werd Japan geregeerd door partijkabinetten die steunden op een meerderheid in de Diet (de Rijksdag). In een geest van samenwerking voerden zij in de jaren 1920 een reeks onderhandelingen met het Westen. Het betekent niet dat er geen wrijvingen meer waren. Zo maakte Japan van de interventieoorlogen tegen de bolsjewieken in Rusland gebruik om een troepenmacht van 72.000 man in Siberië te houden. Zij controleerden een gebied in Oost-Siberië van Vladivostok tot Tsjita.

De internationale financiële machtsverhoudingen waren een ander spanningsveld. Japan had van de wereldoorlog geprofiteerd om in China een financieel monopolie na te streven. Niettemin waren er bij herhaling tekenen van *appeasement* te noteren in de benadering van Japan door de westerse mogendheden. Verwijzen we naar de conferentie van Washington (1921–1922). Er werden vier overeenkomsten afgesloten: een vlootakkoord, de Vier-Mogendheden- en de Negen-Mogendhedenovereenkomst, ten slotte het Shandongverdrag. De Vier-Mogendhedenovereenkomst was een tienjarenpact ter vervanging van de Brits-Japanse alliantie van 1902. Het was ook een Japanse eis dat Groot-Brittannië en de VS geen marinebases zouden uitbouwen in Hong Kong, Manilla, Guam en op andere Pacific-eilanden. Het doel was duidelijk: de handhaving van de Japanse maritieme hegemonie in de westelijke Pacific. De westerse mogendheden gaven toe. De Negen-Mogendhedenovereenkomst was ronduit ongunstig voor China. China's onafhankelijkheid werd erkend, maar tegen welke prijs! Van de door China geëiste tariefautonomie was geen sprake. En het probleem van de afschaffing van de extraterritorialiteit werd in de doofpot gestopt door het te verwijzen naar een studiecommissie. Geen enkele mogendheid was bereid China te volgen in zijn redenering dat geen van de ongelijke verdragen rechtsgeldig was op grond van het feit dat ze met geweld waren afgedwongen. Reden tot juichen was er geenszins. Appeasement is een beleid op korte termijn dat mistoestanden zelden ten gronde saneert. Overigens is bij herhaling door experts in de diplomatieke geschiedenis van het Verre Oosten het sterke vermoeden geformuleerd dat het Westen tot deze appeasement bereid was omdat het Japan een rol van gendarm van het Verre Oosten toedacht. Het was van oordeel dat Japan de enige macht was in die regio om het communisme in te dammen. *Containment* komt hier al om de hoek gluren: Sovjet-Rusland had de rol van boeman van Japan overgenomen.[25] De belangen van China verzonken daarbij in het niet.

Appeasement... het Japanse militaire opperbevel had er geen oren naar: hun standpunt was dat Japan politiek geïsoleerd werd en dat het prioritair zijn nationale veiligheid op het oog moest houden. Wat sinds Yamagata

Aritomo echter onder nationale veiligheid verstaan werd, weten we al. Ook het beruchte Tanaka Memorial, op 27 juli 1927 door premier Giichi Tanaka aan de Keizer voorgelegd, liet over de Japanse expansionistische doeleinden in Azië – steeds gepresenteerd als een streven naar nationale veiligheid – geen twijfel bestaan.[26]

De militairen en het koloniale imperialisme

De vroege jaren 1930 vormden in Japan de overgang van de vrij democratische fase (de jaren 1920), gedomineerd door de politici, naar de totalitaire periode, gedomineerd door de militairen. De wereldcrisis van 1929 heeft hierin een belangrijke rol gespeeld. In de strijd tegen de crisis grepen veel landen terug naar een protectionistisch beleid. Japans export kwam in gevaar en de leidende kringen zagen in het voeren van een koloniale, imperialistische politiek de enige oplossing. Hierbij aansluitend beslisten de militairen – zonder medeweten van hun regering – tot een agressie in Mantsjoerije. Het werd in 1931 onder de voet gelopen. In 1932 werd de schijnstaat Mandsjoekwo opgericht. In 1937 overweldigden de Japanners de vijf noordelijke provincies van China, veroverden Shanghai en belegerden Nanjing. Zij brachten hiermee een ontwikkeling op gang die op termijn de communistische machtsname in Beijing in niet-geringe mate heeft bevorderd. De Franse publicist Philippe Pons getuigt: 'Er volgden vier weken van moorden, verkrachtingen en plunderingen... Met touwen bijeengesnoerd tot "pakken" van 50 werden soldaten én burgers gefusilleerd. De opmars ging verder. Teneinde door een ware terreur elke zin tot weerstand op het platteland uit te roeien, werden de massamoorden aaneengeschakeld: nabij Hubei werden 800 boeren, die hun toevlucht hadden gezocht in een tunnel, in één keer met gas verstikt.' In 1939 was een vierde van de Chinese bodem in Japanse handen.

Het regime van Guomindang in Nanjing en de Japanse agressie

STEUN VOOR DE GUOMINDANG | Eens het oude regime in Beijing verdrongen was (juni 1928), nam de nationalistische Guomindangregering Buitenlandse Zaken over. Een verklaring werd uitgegeven, waarin de mogendheden werden opgeroepen om te onderhandelen over nieuwe verdragen en dit op basis van het principe van de soevereiniteit en gelijkheid der staten. De reactie van de mogendheden was uitermate positief. Ze verheugden zich én over de nieuwe conservatieve strekking – na Shanghai, 1927 – van de Guomindang én over de breuk van het Nanjing-regime met Sovjet-Rusland. Zij hoopten dan ook dat dit regime succesvol zou zijn. De VS reageerden eerst: op 25 juli 1928 werd in Beijing een akkoord afgesloten dat China's tariefautonomie herstelde. Nog voor het einde van hetzelfde jaar volgden de andere mogendheden het Amerikaanse voorbeeld. In januari 1929 was Japan het enige land dat nog geen nieuw tariefakkoord met China had afgesloten.

Noteren we onmiddellijk dat de nieuwe tariefakkoorden met landen als België, Denemarken, Italië, Portugal en Spanje al langer bepalingen bevatten die de afschaffing van de extraterritorialiteit in het vooruitzicht stelden, op voorwaarde dat de grootmachten hetzelfde zouden doen. In april 1929 verzocht Nanjing de VS, Frankrijk en Groot-Brittannië in te stemmen met de afschaffing en dit zo spoedig mogelijk. Op 1 januari 1934 kondigde de Chinese regering de unilaterale afschaffing aan, maar verzachtte de pil door daartoe toch onderhandelingen voor te stellen met de mogendheden die zulks wensten. Tussen 1928 en 1930 slaagde de nationalistische regering erin nog een aantal andere vreemde voorrechten op te doeken.

DE JAPANSE AGRESSIE ONDERSCHAT | Vrij vlug werd het Guomindangregime echter van buitenuit bedreigd. De Japanse agressie werd door China aanhangig gemaakt bij de Volkenbond. Het veranderde niets aan de situatie: Mantsjoerije viel onder Tokyo's controle. Toch volgde de Guomindang ten aanzien van de Japanse dreiging een onverantwoorde appeasementpolitiek. Geconfronteerd met de communistische oppositie had de partij inderdaad beslist in de eerste plaats werk te maken van de uitschakeling van de binnenlandse vijand en pas dan alle krachten toe te spitsen op de strijd tegen de Japanse agressor. Intussen voerde Jian Jeishi ten aanzien van Tokyo een tactiek van geven-en-nemen.

Deze halfslachtige politiek, gekoppeld aan de vernederende Japanse agressie, zorgde voor een golf van ontevredenheid in heel China: de vorming van een eenheidsfront tussen de Guomindang en de CP en een gedecideerde gewapende weerstand tegen de Japanners waren de steeds herhaalde eisen. De climax werd bereikt in Sian in december 1936, toen Jiang Jieshi werd gevangengenomen door de jonge maarschalk Zhang Xueliang. Het opzet was duidelijk: het Guomindangregime dwingen tot een georganiseerde samenwerking met de CP én tot het geven van topprioriteit aan de bestrijding van de buitenlandse agressie.[27]

Van de westerse mogendheden hoefde Nanjing nauwelijks hulp te verwachten. Zij hadden immers de handen vol met de bestrijding van de economische chaos (de depressie van 1929). De VS beperkten er zich toe om, bij monde van Secretary of State Henry L. Stimson, de *non-recognition* doctrine uit te vaardigen (7 januari 1932). Daarin verklaarde Washington de legaliteit van een de facto-situatie niet te erkennen. Evenmin trouwens akkoorden of verdragen die de verdragsrechten van de VS in China zouden schenden of de soevereiniteit, de onafhankelijkheid en de territoriale en administratieve integriteit van China met voeten zouden treden. Akkoorden die in strijd waren met de Opendeurpolitiek, zouden evenmin erkend worden. Het historische antagonisme tussen de Britse en de Amerikaanse politiek in Azië bleek eens te meer toen Groot-Brittannië formeel weigerde Stimsons *non-recognition* doctrine te steunen. Slechts door de open oorlog, door Japan in 1937 ontketend, werd Londen enigszins opgeschrikt. Het begon te vrezen dat Japans imperialistische honger wel eens een bedreiging zou kunnen vormen voor de Britse belangen in Zuidoost-Azië, in Indië en in de westelijke Pacific. Maar zelfs dan trachtte Londen nog de kool en de geit te sparen: het was er voornamelijk op bedacht een breuk in de Brits-Japanse relaties te voorkomen. Geen wonder dus dat de Japanse regering ervan overtuigd was dat de westerse democratieën zich wel zouden blijven opsluiten in hun passiviteit. En wat de Sovjet-Unie betreft, op 3 april 1941 sloot minister van Buitenlandse Zaken Matsuoka Yosuke in Moskou een Niet-aanvalspact!

China's weerstand was echter niet gebroken. In september 1937 kwam het Verenigd Front tussen de Guomindang en de CP dan toch tot stand. De nood had hen ertoe gedwongen. Het was dus geenszins een onvervalst politiek akkoord! Iedere partij had de uitschakeling van de andere op het oog en dat bleef zo. Om meer dan een wapenstilstand ging het dus niet. De Guomindangleiders waren het ook niet eens met de communistische strategie, namelijk de vijand langdurig weerstand te bieden en via guerrillaoorlogvoering uit te putten. Zij waren tevens gealarmeerd door het feit dat de communisten in de streken die door het Rode Leger werden bevrijd, loyale plaatselijke administraties opzetten. Het is typerend dat sinds eind 1938 beide partijen sommige van hun beste legereenheden aan de strijd tegen Japan onttrokken om elkaar te controleren.

Het gezag van de Guomindang in ontbinding

VERVREEMDING | Onder Japanse druk zag Jiang Jieshi zich gedwongen Chongqing tot hoofdstad te kiezen. Meerdere problemen en situaties leidden tot de ondermijning in heel China van de steun voor en de populariteit van zijn regime. Eerst en vooral was er de achteruitgang van de economie. In 1943 bedroeg de waarde van de totale productie nog slechts 12% van het vooroorlogse peil. In het Guomindang-China was niet één fabriek in staat tot het produceren van een vrachtwagen, een tank of een vliegtuig. Ten tweede werd het land geteisterd door een van de grootste inflaties aller tijden. Bovendien moest Chongqing zijn enorme uitgaven, opgelegd door de oorlogsomstandigheden, recupereren via inkomsten betrokken uit enkele arme provincies. De Japanse invallers vergaarden immers de douane-inkomsten die vroeger de voornaamste inkomstenbron vormden van de Chinese staat. Ten derde heeft het Guomindangregime in niet-geringe mate zélf een groeiende opstandigheid bij de boerenbevolking uitgelokt. De Nationalisten eisen immers de boeren op tot militaire dienstplicht. Ook karren en trekdieren werden opgeëist zonder dat rekening werd gehouden met plaatselijke noden. Troepen werden ingezet om onder dwang voedsel in te zamelen en dit terwijl de boeren zelf stierven van de honger. Boerenopstanden werden legio. En naargelang de oorlog vorderde, werd het nationalistische leger steeds onbetrouwbaarder, aangezien het voor een groot deel bestond uit onwillige en soms rebellerende, tot dienstplicht gedwongen boeren. Ten slotte – nadat het Verenigde Front met de CP in 1941 definitief een fiasco was gebleken – greep Jiang Jieshi naar een politiek van repressie waardoor hij het volk nog meer van zich vervreemdde. Daarenboven voerde hij een halfslachtige strategie ten aanzien van de Japanse bezetter. Met deze defensieve koers hoopte hij én tijd te winnen in afwachting van buitenlandse hulp én de overleving van zijn nationalistische regering te verzekeren. Een negatieve balans over de hele lijn.[28]

De herleving van het communisme

HET VACUÜM INGEVULD DOOR DE COMMUNISTEN | Het Verenigde Front was vlug geparalyseerd door wantrouwen en tegenstellingen allerlei. Zo China's beperkte mogelijkheden tot weerstand tegen de Japanse bezetter hierdoor al verlamd mochten worden, dan betekenden deze jaren voor de communisten een echt reveil. De aanpak van de problemen verschilde ook fundamenteel van deze van de Guomindang. Vooreerst boekten zij successen tegen de Japanners door hun guerrillaoorlogvoering. Zij bewezen ook steeds weer, in de meest uiteenlopende omstandigheden, een echte bekommernis te hebben voor de noden en behoeften van het gewone volk. De achting en welwillendheid waarmee de communistische troepen de boerenbevolking behandelden, contrasteerde scherp met de handelwijze van de Japanse én van de nationalistische soldaten. Zij wierpen zich op als beschermers van de boeren. Doorheen Noord-China reageerden de Japanners immers op weerstand met campagnes die bestonden uit systematische vernielingen en blinde slachtpartijen. De communisten leerden de bevolking allerlei middelen en methoden om de vijand zijn brutaliteiten betaald te zetten. Zo kregen de communisten van langsom meer het aureool van patriotten wier eerste bekommernis het was te zorgen voor de redding van het vaderland. Opvallend was ook dat de CP zich in deze jaren steeds meer ging identificeren met de principes van Sun Yat-sen. In een bekende verhandeling, namelijk *De Nieuwe Democratie*, verdedigde Mao Zedong de stelling dat Suns programma lovenswaardig was en slechts een theorie voor massaorganisatie ontbeerde om volledig bruikbaar te zijn in de toenmalige omstandigheden. Bij Japans overgave in 1945 konden de communisten terecht aanspraak maken op negentien basisgebieden in Noord-China, met een bevolking van 90 miljoen mensen, een leger van 930.000 man en een militie van 2,2 miljoen koppen. De partij telde toen 1,2 miljoen leden.[29]

3 De communistische revolutie en het buitenland
1921–1949

Mao Zedong en het imperialisme

Het ligt voor de hand dat het imperialisme van de jaren twintig en dertig een betekenisvolle rol heeft gespeeld in de kijk van de Chinese CP op de wereldproblemen. De zeer karakteristieke vorm van het imperialisme, zoals het in China bestond – namelijk een gedeeld semikolonialisme, waarbij China het slachtoffer was van niet één maar van meerdere mogendheden – is van bijzonder belang geweest in de uitwerking van de buitenlandse strategie van de Chinese CP en inzonderheid van Mao Zedong.

MAO'S DIALECTIEK | Om deze strategie te kennen, raadplegen we best de analyse die Mao Zedong daarover heeft bekendgemaakt op de Eerste en de Tweede Partijconferentie van het Hunan-Jiangsi Grensgebied – respectievelijk op 20 mei en in oktober 1928 – ook de Eerste en Tweede Maoping genoemd. Als marxist was Mao ook een dialecticus. Dat blijkt: zijn analyse staat bol van de wetten van de dialectiek. Mao's visie kwam erop neer dat de tegenstelling tussen het imperialisme en China de belangrijkste contradictie was en dat zij de tegenstelling tussen het feodalisme en de Chinese volksmassa's overschaduwde. Met andere woorden, Mao oordeelde dat China's binnenlandse aangelegenheden gedomineerd werden door de impact van de buitenwereld. Daarbij was het echter van belang dat China niet louter gecontroleerd werd door meerdere mogendheden, maar dat zij elkaar dit land betwistten. Mao stelde dat de onderlinge wedijver tussen de imperialistische mogendheden de bepalende factor was. Dat gaf het Chinese volk een grotere kans om de tegenstellingen en de strijdige belangen én tussen de imperialistische mogendheden zelf én tussen diegenen, die in China als hun agenten optraden, te exploiteren. Het ligt voor de hand dat Mao Zedong de kansen op succes van zijn revolutionaire oorlog binnen deze context situeerde. In 1936 beweerde Mao dat de revolutie zou overwinnen, maar dat dit slechts kon na een lange strijd, waarbij de communisten zich gemakkelijk zouden moeten kunnen aanpassen aan wisselende omstandigheden.

Van de Eerste Maopingconferentie dateert ook de vergelijking van de strijd tegen het imperialisme met het platteland dat de steden omsingelt. Wat zelf terug te voeren was tot Mao's overtuiging dat het zwaartepunt van de revolutie op het platteland lag en niet in de steden. 'Kan het platteland de steden de nederlaag toebrengen? Het is mogelijk, al zal het moeilijk zijn.'[30]

De idee dat China juist omwille van de imperialistische belangentegenstellingen over een zekere manoeuvreerruimte beschikte, herinnert aan de oude Chinese politiek om barbaren te gebruiken om andere barbaren uit te schakelen. Nochtans waren Mao's tijdgenoten het niet altijd met hem eens, ook niet wat betreft zijn visie op de machtsverhouding steden-platteland. Sun Yat-sen bijvoorbeeld en de meeste Chinese economisten hielden er een visie op na die de steden en de industriële ontwikkeling centraal stelde en de betekenis van het platteland volkomen onderschatte en veronachtzaamde.

De besluiten van het Zesde Congres van de Chinese CP waren eenduidig: het imperialisme was een monolithische kracht, waarbinnen de tegenstellingen volkomen bijkomstig waren in vergelijking met de contrarevolutie als absolute prioriteit. Het maakt duidelijk dat Mao toen in de minderheid stond binnen de CP.

Het is ook niet toevallig dat Mao's opname in de leiding van de CP samenviel met de Japanse agressie in Noord-China. Op de Tsunyi-conferentie van het Politbureau van de CP in januari 1935, werd Mao's visie dat er nood was aan een mobiele oorlogvoering en een brede waaier tactieken, aanvaard. Nu bleek ook zeer expliciet dat de analyse van Mao in de jaren 1928–1930 de juiste was. De interne contradicties binnen het imperialisme waren bijzonder intens geworden; ook de tegenstellingen binnen China waren ten zeerste verscherpt. Het betekende meteen dat zowel in het buitenland als in China zelf nieuwe bondgenoten gevonden konden worden voor de nationale strijd. In het buitenland tussen de andere imperialistische staten wier tegenstellingen met Japan onoverbrugbaar waren geworden, in China zelf met een deel van de nationale bourgeoisie. Deze analyse maakte het Verenigde Front met de Guomindang mogelijk.

Drie decennia later zou Mao er een gewoonte van maken Japanse bezoekers te bedanken voor de stimulerende invloed, uitgeoefend door het Japanse imperialisme in de promotie van de Chinese revolutie.[31] 'Het is helemaal niet nodig – zo zei hij dan – u te verontschuldigen voor wat Japan China in het verleden heeft aangedaan.'

OORLOG ALS STIMULANS | Het was Mao's diepe overtuiging dat de oorlog de Chinese samenleving zou doen heropleven. Reeds in december 1935 voorspelde Mao dat een Pacific-oorlog de onvermijdelijke uitkomst was van de nu wel onoverbrugbare tegenstellingen tussen Japan en de andere mogendheden. Die oorlog bleef wel langer uit dan hij verwachtte. In zijn rapport van oktober 1938 aan het Centrale Comité zei Mao dat China weliswaar geen enkele mogelijkheid zou laten voorbijgaan om steun te zoeken in het buitenland, maar dat niettemin het zili gengsheng-principe (self-reliance, het op eigen krachten rekenen) primordiaal bleef.

Mao's analyse was bijzonder scherp. De basisfout die het uitbreken van een globale oorlog zou veroorzaken, bestond er volgens hem in dat de grote imperialistische naties er niet toe gekomen waren om hun junior-partners – voornamelijk Duitsland en Japan – in de door Amerika geleide gemeenschap van industriestaten te integreren. De tegenstelling tussen wat de enen bereid waren toe te geven en hetgeen de anderen vastbesloten waren naar zich toe te halen, was opvallend duidelijk in Azië. Daar stond Japans honger naar land en grondstoffen in scherp contrast met de economische en strategische belangen van de westerse mogendheden. Het uitbreken van de Tweede Wereldoorlog – op het Europese continent én in de Pacific – beschouwde de Chinese CP als een voor China gunstige ontwikkeling. De kaarten lagen nu duidelijk. Een München-beleid was voortaan uitgesloten. Het was nu mogelijk een scherp onderscheid te maken, zo zei Mao in het document *On Policy*, tussen de Asmogendheden en de democratische staten.[32]

De communistische revolutie en de VS

AMERIKAANSE WAARDERING | De vraag die de Chinese communisten het meest bezighield, was welke richting Amerika zou uitgaan. Voor de communisten vormden de VS de grootste hoop en de grootste vrees. De secretaris van Zhou En-lai formuleerde het zo: 'De burgeroorlog in China zal eindigen zodra Amerika het klaar en duidelijk maakt dat het niet van plan is de troepen van de Guomindang te helpen tegen de communisten.' Maar Jiang Jieshi mocht om het even welke hulp van de VS genieten, hij was toch gedoemd om te mislukken. Dat standpunt was nauwelijks over-dreven. Ook de Amerikanen, die tijdens het laatste jaar van de oorlog in nauw contact zijn geweest met de communisten in Yenan, oordeelden dat dit een gerechtvaardigd zelfvertrouwen was. De getuigenissen van Amerikanen, die de kans hadden gekregen ter plaatse de Chinese rea-liteit te leren kennen, getuigden in hun rapporten erg positief over de communisten.

In januari 1943 stelde John Paton Davies, de politieke adviseur van gene-raal Stilwell, een memorandum op voor Roosevelt waarin hij het door de communisten gecontroleerde gebied beschreef als 'het meest samen-hangende, gedisciplineerde en meest agressieve anti-Japanse regime in China'. Op 22 juli 1944 kwam dan een eerste contingent in Yenan aan van de United States Army Observer Group, beter bekend als de Dixie Mission. De doeleinden van de missie waren van zuiver militaire aard, zo verzekerde de Amerikaanse ambassadeur Jiang Jieshi. In een van zijn rapporten getuigde John Service: 'In de door de communisten gecontroleerde gebieden is de oppositie tegen de Japanners mogelijk en succesvol dankzij de volledige mobilisering en eenheid van leger én bevolking. Deze eenheid op haar beurt is mogelijk dankzij de vreedzame sociale revolutie, doorgevoerd door de communisten, die de politieke, economische en sociale status van de boer sterk heeft verbeterd. ... Zomin als de Japanners in staat zijn deze volkse krachten de nederlaag toe te brengen, zomin zal de Guomindang dat kunnen. Geweld zal de bevolking in de armen van de communisten drijven... De communisten zullen een grote, zo al niet dominerende rol spelen in China's toekomst.'[33] John Service voegde hier nog aan toe dat naar zijn gevoelen een dominerende CP best zou kunnen openstaan voor Amerikaanse invloed, zeker tegen de achtergrond van 'Russia's overwhelming presence so oppressively close'.

Zowel onder generaal Stilwell als onder zijn opvolger Wedemeyer bestonden meerdere projecten om de communisten bij de oorlogvoering te integreren. Anderzijds zijn de dagboeken, zowel van Stilwell als Wedemeyer, voldoende bekend: hun afkeuring van het Jiang Jieshi-regime hebben zij niet in mooie frasen verbloemd.

Opvallend hoeveel contacten er tijdens deze periode geweest zijn tussen Yenan en Washington: het had een keerpunt in de wereldgeschiedenis kunnen zijn. Cruciaal voor de naoorlogse machtsverhoudingen in de wereld was het hoe dan ook. Van in het begin van 1943 hebben Amerikaanse diplomaten en ambtenaren in China het State Department en het Witte Huis rapporten gestuurd waarin de volgende bedenkingen en adviezen steeds weer herhaald werden: de grote waarschijnlijkheid dat de nederlaag van Japan zou worden gevolgd door een burgeroorlog; het dynamisme van de communistische expansie; de onzekerheid van een nationalistische overwinning in een burgeroorlog; de onberekenbare kosten van een Amerikaanse interventie en de verwachting dat een burgeroorlog de communistische inzet ten gunste van het nationalisme zou doen omslaan naar een beleid, dat tot de afhankelijkheid van de Sovjet-Unie zou leiden. In augustus 1944 maakte Mao een officiële Amerikaanse gezant zijn wens bekend om efficiënt werkende relaties met de VS tot stand te brengen, zowel tijdens als na de oorlog. Washington reageerde niet.[34]

MAO NAAR WASHINGTON? | Als klap op de vuurpijl stuurden Mao Zedong en Zhou Enlai op 9 januari 1945, via het hoofd van de Dixie Mission, het volgende verzoek naar Washington: 'De Yenanregering wenst naar Amerika een onofficiële groep mensen te sturen teneinde Amerikaanse burgers en ambtenaren op de hoogte te brengen van de huidige situatie en problemen in China. Het volgende is "strictly off the record" als suggestie: Mao en Zhou zijn bereid onmiddellijk hetzij apart hetzij samen naar Washington te gaan voor het houden van een verkennende conferentie, op voorwaarde dat president Roosevelt de wens uitdrukt hen te ontvangen op het Witte Huis als leiders van de belangrijkste Chinese partij.'[35] Zij drukten de wens uit dat hun verzoek naar de hoogste Amerikaanse gezagsdragers zou worden gezonden. In feite is het kortweg van de hand gewezen zonder dat het zelfs in een begrijpelijke vorm naar Washington was doorgeseind.

Het aanbod van Mao was een gedurfde zet. Het is bekend dat andere CP-leiders geenszins opgetogen waren, noch met de Dixie Mission noch met Mao's overweging naar Washington te gaan. Noemen we slechts Chen Yi en Peng Dehuai.

De Amerikaanse afwijzing van deze voorstellen van de CP in de jaren 1944–1945 is aan meerdere factoren toe te schrijven. Zo was er een memorandum van Foreign Service officieren aan president Roosevelt waarin zij bepleitten de communisten te helpen, dit op grond van zowel politieke als militaire overwegingen. In het andere geval 'zouden de communisten steun zoeken bij de Sovjet-Unie en zou chaos in China onvermijdelijk zijn'. De Foreign Office officieren die dit memorandum ondertekend hadden, werden kort daarna uit China weggehaald en overgeplaatst.

Het hoofdobjectief was en bleef de nederlaag van Japan, en niet steun verlenen aan de Chinezen om een rechtvaardige samenleving in China te vestigen. Maar zelfs dan hadden de Amerikanen er alle belang bij om te opteren voor een nauwe samenwerking met de gedisciplineerde, gemotiveerde, getrainde en volgens een succesvolle guerrillatactiek opererende legers van Yenan. Fundamenteler nog lijkt ons het argument dat om het even welke keuze voor samenwerking met de communisten vanwege de Guomindang, onverzoenbaar was met de algemene doeleinden van de VS in het naoorlogse Azië. Op de conferentie van Jalta (februari 1945) wou Roosevelt niet alleen de belofte dat de Sovjets zouden deelnemen aan de oorlog in de Pacific, maar evenzeer dat Stalin de Amerikaanse naoorlogse politiek in China zou steunen. Dit beleid hield in dat de communisten een verantwoorde en gerechtvaardigde politieke invloed zouden mogen uitoefenen, maar dat de nationale regering stevig in handen van de Guomindang zou blijven. En dat was ook het doel van de Amerikaanse verzoeningspogingen tussen Chongqing en Yenan.

AMERIKA'S STEUN VOOR JIANG JIESHI | In de jaren 1946–1948 leed het Amerikaanse beleid aan een fundamentele dubbelzinnigheid: aan de ene kant wierp het zich op als bemiddelaar tussen Yenan en Chongqing, aan de andere kant schrok het niet terug voor regelrechte interventie ten voordele van Jiang. Voorwaar een weinig geloofwaardig beleid. De Verenigde Staten wensten – zo werd steeds herhaald – een sterk, eengemaakt, democratisch en commercieel toegankelijk China, en tegelijkertijd een Chinees-Russisch-Amerikaanse samenwerking 'voor stabiliteit in het Verre Oosten'. Het was 'soothing rethoric'...

Na de overgave van Japan werd het nog erger. Amerikaanse troepen werden te land, ter zee en in de lucht massaal ingezet om in de eerste maanden na Japans debacle de balans te doen doorslaan in het voordeel van de nationalisten. De Amerikaanse militaire interventie was er duidelijk op gericht om hele gebieden die door de communisten bevrijd waren of op het punt stonden door hen bevrijd te worden, opnieuw in handen te spelen van de nationalisten. Via Amerikaanse luchtbruggen en indrukwekkend zeetransport werden tussen 400.000 en 500.000 nationalistische soldaten overgebracht naar nieuwe, strategische posities in Noord-China en Mantsjoerije. En 53.000 VS-mariniers werden aangevoerd om bepaalde sleutelgebieden in Noord-China te bezetten en de communicatielijnen te bewaken.[36]

Het is tegen deze achtergrond dat generaal George Marshall in 1946 zijn bemiddelingspoging uitvoerde. Er was even opnieuw een weinig hoop: de vijandelijkheden werden een laatste maal onderbroken. Ook Marshall is er niet in geslaagd het onmogelijke te realiseren, namelijk gelijktijdig met de Amerikaanse interventie zijn bemiddelingspoging geloofwaardig te doen overkomen in Yenan. Want achter de man Marshall – Zhou Enlai voerde meer dan 50 onderhandelingssessies en verzekerde dat diens integriteit boven elke twijfel verheven was – stond het beleid van een natie, een beleid dat fundamenteel dubbelzinnig was. Eind 1947 bracht Marshall – hij had in januari het land verlaten om minister van Buitenlandse Zaken te worden – dit als volgt onder woorden: 'We moeten erkennen dat we met het probleem zitten de doodstrijd van een corrupt regime te moeten verlengen, en dat we hoogstwaarschijnlijk ... het feit zullen moeten aanvaarden dat dit regime in stand gehouden moet worden, ondanks onze wens om de aard en het karakter ervan te veranderen.'

THE LOSS OF CHINA | Na de bolsjevistische revolutie van 1917 is de communistische machtsname in Beijing (1949) voor de Amerikanen een traumatische ervaring geweest. Ze bewees immers het fiasco van Amerika's politiek van de voorbije 30 jaar om in China een politieke macht naar Amerikaans model op te bouwen. Vrij spoedig sprak men in de VS over 'the loss of China' en begon men er ook schuldigen voor te zoeken. De heksenjacht kon beginnen.

Karakteristiek voor dit klimaat zijn de twee versies van de communistische machtsname in 1949. In augustus gaf het State Department een *White Paper* uit, waarin vooropgesteld werd dat China weldra in handen van de communisten zou vallen. In een woord vooraf verklaarde Secretary of State Dean Acheson dat het regime van Jiang Jieshi corrupt, ondoeltreffend en stekeblind was voor de gerechtvaardigde verzuchtingen van de massa van het Chinese volk. Acheson besloot dat 'de onheilspellende afloop van de burgeroorlog in China aan elke controle door de regering van de Verenigde Staten ontsnapte. Het was *het resultaat van interne Chinese krachten*, die Amerika wel getracht heeft te beïnvloeden, waarin het echter niet is geslaagd'. Verder beweerde hij dat 'de communisten een beleid voerden dat historisch, gezond en in de lijn van de evolutie lag'. Zij hadden de bevolking kunnen mobiliseren door 'een economische, politieke en sociale revolutie'; voor het eerst 'had men de bevolking iets geboden om voor te vechten'. 'De communisten,' zo besloot de White Paper, 'zullen zich in China handhaven. En de lotsbestemming van China ligt niet in Jiangs maar in hun handen.'

Nauwelijks een half jaar na deze White Paper gaf Acheson echter een totaal andere versie van de historische gebeurtenissen. Hij schreef: 'De communisten – bedoeld wordt: Rusland – kregen de controle over China tegen een belachelijk lage prijs. Zij nodigden slechts enkele Chinese leiders, die ontevreden waren met de gang van zaken in hun land, uit om naar Moskou te komen. Daar indoctrineerden zij hen zo grondig dat zij, toen zij naar China terugkeerden, voorbereid waren om hun toevlucht te nemen tot om het even welk middel om de communistische controle te vestigen. Zij stonden volledig ten dienste van het Moskou-regime. Deze agenten mengden zich vervolgens onder de bevolking en brachten het communisme aan de man door het voorspiegelen van persoonlijke materiële voordelen.'[37]

Zo simpel was dat. Niemand met enige ervaring in de wereldpolitiek kon dit naïeve verzinsel onderschrijven. Dean Rusk, Assistant Secretary of State for Far Eastern Affairs, verklaarde in 1951: 'Wij erkennen de autoriteiten in Peiping (Beijing) niet waar ze zich voor uitgeven. Het Peiping-regime kan een soort koloniale Russische regering zijn... Het is niet de regering van China. Het voldoet niet aan de eerste test. Het is niet Chinees'!

De Chinese CP stond 'in oppositie tot de fundamentele Chinese levenswijze'. 'Volgens een patroon dat karakteristiek zou worden voor de Koude Oorlog, veroorzaakte de communistische machtsgreep een militarisering van Amerika's Aziatische politiek.' Deze militarisering van zijn Aziatische beleid heeft de VS gevoerd tot Vietnam.[38]

De communistische revolutie en de Sovjet-Unie

DE DICTATEN VAN DE KOMINTERN | Onder impuls van de Sovjet-Unie bestonden eind 1920 communistische cellen in Shanghai en andere Chinese steden. Op 1 juli 1921 hield de Chinese CP zijn eerste nationaal congres in Shanghai. Ondanks het feit dat Moskou in het totstandkomen van de Chinese CP wel degelijk een belangrijke rol had gespeeld, bleek al onmiddellijk op dit eerste congres dat er meningsverschillen met het Kremlin bestonden. De Komintern stuurde aan op samenwerking met de 'bourgeois-revolutionairen'. De Chinese CP kantte zich hiertegen en zag zich als de belangenbehartiger van het proletariaat. Ook de andere Aziatische revolutionairen dachten er zo over. Het Arbeiderscongres van het Verre Oosten, dat in januari 1922 in Moskou plaatshad, was voor de Chinese communisten al een eerste leerschool. Vanaf augustus 1922 legde de Komintern de Chinese CP een politiek op, zonder voorgaande in de geschiedenis van de internationale communistische beweging. De leden van de Chinese CP moesten op persoonlijke titel toetreden tot de Guomindang van Sun Yat-sen en daarnaast hun eigen organisatie instandhouden. Na onderhandelingen met Sun werd dit inderdaad in de praktijk gebracht vanaf januari 1924. Zeggen we meteen dat Sun Yat-sen voor deze samenwerking met de Sovjet-Unie en de communisten opteerde, nadat Groot-Brittannië en de Verenigde Staten zijn verzoeken tot steun en hulpverlening hadden afgewezen. Het is echter ook waar dat Sun een grote bewondering koesterde voor het sterk gecentraliseerde regeringssysteem van de Sovjet-Unie en ervan overtuigd was dat het superieur was in vergelijking met de westerse democratie. Sun Yat-sen deed wel degelijk zijn voordeel bij deze samenwerking. In 1923 vertrok zijn volgeling Jiang Jieshi naar Moskou om er de organisatie van het Rode Leger te bestuderen. De Komintern zond zijn beste politieke adviseur, Mikhail Borodin, om Sun onder meer te helpen bij de reorganisatie van zijn partij, evenals generaal Vassily Blücher – pseudoniem: Galin – om te adviseren bij de militaire training.

Op het nationale congres in Guangzhou in 1924 stelde Sun het Guomindangprogramma voor. De basiselementen hierin waren de alliantie met de Sovjet-Unie, de alliantie met de Chinese CP en de alliantie met het volk. Hij zette zijn Drie Principes van het Volk uiteen en presenteerde deze als een nieuwe ideologie, die in staat zou zijn voor de eenmaking van het Chinese volk te zorgen. Zijn macht en invloed groeiden met de dag. Jiang Jieshi kwam terug uit Moskou en zette samen met Blücher de militaire academie van Whampoa op. Jiang controleerde de militaire opleiding van de kandidaat-officieren. 'De fundamentele tegenstelling tussen de Chinese revolutie en de sovjetbureaucratie ... begon zich te manifesteren in het midden van de jaren 1920, toen Stalin en Boekharin de Chinese communisten dwongen om binnen de Guomindang te blijven, de discipline ervan te aanvaarden, zich te onderwerpen aan de orders van Jiang Jieshi, hun eigen onafhankelijke revolutionaire aspiraties prijs te geven en zich zo voor te bereiden op de harakiri van 1927. Toen heeft Moskou – waar Stalin opteerde voor het "socialisme in één land" – de Chinese revolutie opgeofferd aan zijn eigen dubieuze raison d'état, nationaal egoïsme en diplomatiek belang.'[39] De betekenis en de belangen van de Sovjet-Unie primeerden, het revolutionaire proletariaat kwam slechts op de tweede plaats. Dit was uitdrukkelijk zo vanaf het zesde congres van de Komintern in 1928.

MAO'S ANALYSE | Algemeen bekend is wel dat Mao Zedong toen al opteerde voor een revolutionaire strategie die van de Kominternrichtlijnen fundamenteel verschilde. Getuige zijn beroemde *Rapport over een enquête betreffende de boerenbeweging in Hunan*, waarin hij zover ging te spreken over 'de leiding van de arme boeren' over de hele revolutie. De reactie van Moskou op dit rapport was typisch. Het rapport 'van een van onze agitatoren' werd goed ontvangen. Dit betekende niet dat men in Moskou de fundamentele betekenis van de boerenrevolutie in China begrepen had, integendeel. De Chinese communisten kregen immers het bevel de boerenbeweging binnen perken te houden die aanvaardbaar waren voor de Guomindang.

Het vermelde zesde congres van de Komintern van 1928 was bijzonder delicaat en voor de historicus erg leerrijk: de opdracht was de voor de hand liggende lessen te trekken uit de Chinese catastrofe: het fiasco van de aangeprezen tactiek van het Verenigde Front tussen de CP en de Guomindang (Shanghai, 1927). De Komintern werd van iedere verantwoordelijkheid hiervoor witgewassen. De schuld lag volledig bij de leiders van de Chinese CP. De tactiek van de alliantie met de nationale bourgeoisie werd opgegeven. De teksten van datzelfde congres hadden een fundamentele gemeenschappelijke karakteristiek: een Europacentrische inspiratie en een verregaande miskenning – als gevolg van onwetendheid? – van de werkelijkheid in de buiten-Europese samenlevingen. Ten bewijze: de beslissingen en instructies die eens te meer werden uitgevaardigd betreffende de Chinese revolutie en die zonder uitzondering aantoonden dat de doctrinaire toepassing op de Chinese werkelijkheid steunde op ideeën en ordewoorden die door de Europese mentaliteit en levensomstandigheden werden ingegeven. Dus 'voorrang van stad op platteland, de hegemonie van de arbeiders op de boeren, geloof in een volksopstand naar Russisch model'.[40]

Stalins analyse werd doorgedrukt. Van 1931 tot 1935 vindt men in de partijdocumenten geen spoor meer van Mao's benadering van de problemen.

Het was in dat jaar dat een groep 'studenten' terugkeerde uit Moskou. Hun leider Wang Ming – spreekbuis van de Komintern – had scherpe kritiek op Mao's analyse. Mao hield echter vast aan zijn oorspronkelijke analyse: toen Japan zijn agressie startte, bleek in de praktijk inderdaad dat niet alle vormen van imperialisme over dezelfde kam te scheren waren. Ook de expansie op wereldvlak van de fascistische staten bevestigde de visie van Mao.

De Chinees-Russische relaties tijdens de Tweede Wereldoorlog

MAO EN STALIN | We moeten ons wel hoeden voor een zwart-witvoorstelling van de Chinees-Russische relaties in deze jaren. In de late jaren 1930 – en meer bepaald naar aanleiding van de Japanse agressie – was Rusland het enige land waar China – maar dan wel het China van Chongqing – rechtstreeks kredieten en militaire hulp van heeft gekregen. Dat gebeurde dan toch in omstandigheden die bijzonder penibel waren voor de Sovjet-Unie. Het werd eens te meer geconfronteerd met de dreiging van een oorlog op twee fronten. Meer bepaald in het Verre Oosten zag het zich verplicht te schipperen tussen steun aan de Chinese integriteit en het blijven hopen op Japans neutraliteit. De Chinezen – ook de communisten – hebben voor die delicate positie wel begrip gehad. In augustus 1937 heeft China ten andere met de Sovjet-Unie een niet-aanvalspact afgesloten en bij het uitbreken van de open oorlog tussen Japan en China in 1937 heeft de Sovjet-Unie onmiddellijk bijstand verleend aan China. De westerse mogendheden mikten ook dan nog op *appeasement* van Japan.

De spanningen tussen Moskou en Mao namen wel toe. Zo verzocht Moskou bijvoorbeeld in 1941 de Chinese CP om de strijd tegen Japan te intensiveren om het aldus te beletten militair uit te halen tegen de Sovjet-Unie. Dit verzoek werd door Mao afgewezen. Uit meerdere bronnen blijkt ten andere dat Mao in privégesprekken bijzonder veel kritiek had op Stalin. Zo heeft Pavel Valdimirov, de verbindingsofficier van de Komintern in Yenan vanaf 1942, verklaard dat Mao over Stalin gezegd zou hebben: 'Stalin weet niets en kan ook niets weten over China. En toch matigt hij zich aan over alles een oordeel te kunnen vellen. Al zijn zogenaamde theorieën over onze revolutie zijn als het gezwets van een gek. En in de Komintern zwetsen ze op dezelfde manier.' Het ligt voor de hand – men mag dan nog de subjectiviteit van deze bron verrekenen – dat Mao heel wat meer vraagtekens en afkeuring had ten aanzien van de sovjetpolitiek tijdens de oorlog dan hij in het publiek kon tonen. De internationale verhoudingen waren toen in die mate complex, onstandvastig en nauwelijks te voorzien, dat het niet hoeft te verwonderen dat Mao en zijn medestanders steeds sterker het *zili-gengsheng*principe (self-reliance) beklemtoonden.

INTERNE MACHTSSTRIJD IN DE CP | De internationale verwikkelingen mogen de aandacht niet afleiden van de interne machtsstrijd die in de Chinese CP gedurende deze jaren heeft gewoed. Des te minder omdat juist de uitkomst ervan bepalend is geweest voor het buitenlandse beleid van de CP. Sterk samenvattend kunnen we stellen dat vanaf 1935 Mao voortdurend geijverd heeft om de partij te bevrijden van de gewoonte al te veel aandacht te schenken en belang te hechten aan de Sovjet-Unie en de Sovjet-Russische ervaringen. Dat hoeft ons niet te verwonderen als we weten dat binnen de CP een aantal Moskou-agenten actief waren, de zogenaamde 28 bolsjewieken onder leiding van Wang Ming. Die machtsstrijd was werkelijk intens in de jaren 1937–1938, toen Moskou ook op ruime schaal hulp verleende aan het regime van Jiang Jieshi. De oorlog in Europa heeft de aandacht van de Sovjet-Unie echter vlug afgeleid. De historicus Jerome Ch'en zegt dat 'na de Duitse invasie Stalins schaduw plots heel wat kleiner werd. Het was voor Mao het opportune moment om in de Partij de orde te brengen die hij wenste en te groeien onder de volle klaarte van de zon'. Mao zelf heeft verklaard dat men in de Chinese CP 'vanaf de Tsunyiconferentie (januari 1935) tot het Zevende Partijcongres in april 1945 niet heeft geluisterd naar de stem van de Komintern of van de Sovjet-Unie'. Nog bekender wellicht zijn zijn uitspraken in gesprekken met Edgar Snow, daterend uit 1936: 'Wij zijn zeker niet aan het vechten voor een ontvoogd China teneinde het land dan over te leveren aan Moskou. ... Beweren dat Moskou China zou controleren, was even reëel als te beweren dat men een spoorweg naar Mars kan aanleggen en er een ticket voor kan kopen bij H.G. Wells.'

Teken aan de wand was zeker dat de ontbinding van de Komintern (mei 1943) niet rechtstreeks aan de Chinese CP werd meegedeeld, maar dat men dit in Yenan heeft vernomen via Chongqing! De commentaar van Mao kon ook tellen. Hij zei dat de belangrijkste bijdrage van de Komintern tot de Chinese revolutie eruit had bestaan in de jaren 1920 de Guomindang te hebben gesteund. 'Zelfs indien de Komintern nooit zou hebben bestaan, dan nog zou de Chinese CP in zijn historische opdracht geslaagd zijn.' Zo al moest worden toegegeven dat de Sovjet-Unie leningen tegen voordelige interesten had toegestaan, dan vestigde Mao toch de aandacht op het feit dat praktisch geen sovjethulp rechtstreeks naar Yenan was gekanaliseerd. In 1938 liet maarschalk Vorosjilov zelfs weten 'dat het onbetamelijk zou zijn dat Rusland de Chinese communisten wapens zou leveren zonder voorafgaandelijk akkoord van de Chinese nationalistische regering'.[41]

De Chinees-Russische relaties van 1945 tot 1949

ONAANVAARDBARE STATUS-QUO | Tijdens het Tiende Plenum in 1962 zei Mao Zedong: 'Ze lieten niet toe dat China zijn revolutie maakte. Dit was in 1945, toen Stalin trachtte de Chinese revolutie te verhinderen door te stellen dat we moesten samenwerken met Jiang Jieshi. Anders zou de Chinese natie ten onder gaan. We hebben ons daar toen niets van aangetrokken en de revolutie was succesvol.'

Isaac Deutscher gaf de volgende verklaring voor de Russische houding: 'Stalin richtte zijn politiek op de handhaving van de status-quo, die was gecreëerd door de verdragen van Jalta en Potsdam. Deze status-quo, of wat daarvan is overgebleven, wordt door Stalins opvolgers nog altijd zoveel mogelijk gesteund en verdedigd tegen krachten die hem van binnenuit ondermijnen. Voor het nieuwe China is deze status-quo echter noodzakelijkerwijze onaanvaardbaar. Hij dateert van voor de Chinese revolutie en was gebaseerd op de impliciete erkenning dat de Amerikanen in het gebied van de Stille Zuidzee de hegemonie zouden uitoefenen. Hij houdt geen rekening met de Chinese revolutie en haar gevolgen. Dit is een status-quo in het kader waarvan China buiten de internationale diplomatie blijft. Moskou, dat de gevaren van een kernoorlog oproept, is erop gebrand deze status-quo te stabiliseren, zo nodig door te pogen de klassenstrijd en de anti-imperialistische "bevrijdingsoorlogen" een halt toe te roepen.'[42]

GEEN MARIONET, GEEN SATELLIET | Het verhaal van de Chinees-Russische relaties van 1945 tot 1949 grenst aan het onwaarschijnlijke.[43] Niettemin is het realiteit, vanuit meerdere bronnen gecontroleerd en heden algemeen aanvaard. Laten we trachten de feiten op een rijtje te zetten.

– Op de conferentie van Potsdam (juli 1945) verklaarde Stalin 'dat de Guomindang de enige politieke macht is die in staat is China te besturen'.

– Kort na het einde van de oorlog tegen Japan heeft een delegatie uit Yenan Moskou bezocht op uitnodiging van Stalin. Hij trachtte zijn Chinese kameraden ervan te overtuigen een modus vivendi met Jiang Jieshi na te streven. Stalin zou zelfs geadviseerd hebben toe te treden tot de regering van Jiang en het Volksbevrijdingsleger te ontbinden.

– In augustus 1945 eiste generaal Zhu De het recht op voor de bevrijdingstroepen om in de door de communisten gecontroleerde gebieden de overgave van de Japanse troepen te aanvaarden. Hij richtte zijn oproep tot Groot-Brittannië, Frankrijk en de Sovjet-Unie. De drie mogendheden waren het er echter over eens dat alleen de nationalistische regering bevoegd was om de overgave van het Japanse leger te aanvaarden.

– Op 14 augustus 1945 werd een Chinees-Russisch verdrag afgesloten. De communisten voelden zich nu helemaal in de steek gelaten en geïsoleerd. De Sovjet-Unie motiveerde haar beleid door te stellen dat ze ervan overtuigd was dat het een belangrijke rol zou spelen in de hereniging van China.

– Jiang Jieshi heeft in zijn memoires getuigd dat hij in mei 1946 tot tweemaal toe is uitgenodigd voor een bezoek aan Moskou. Hem werd een echte koehandel voorgesteld: namelijk samenwerking met het Kremlin op voorwaarde dat hij de Amerikanen als bondgenoten zou afstoten. De Sovjet-Unie zou Jiangs hegemonie over de Chinese communisten garanderen.

– In de winter van 1947 waren er heel wat meldingen over een sovjetaanbod om te bemiddelen tussen de Guomindang en de CP.

In de winter van 1948–1949, vooraleer het Volksbevrijdingsleger de Yangzi overstak (april), schijnen de Russen een verdeling van China te hebben voorgesteld langs de lijn van deze stroom, zogenaamd om het risico van een Amerikaanse interventie uit de weg te gaan. We weten uit ons overzicht van de Chinees-Amerikaanse relaties dat de Verenigde Staten in 1947 hun militaire interventie met eigen troepen hadden beëindigd.

Laten we Isaac Deutscher aan het woord om de eindevaluatie te formuleren: 'Het Chinese communisme kan terecht stellen dat het zelf zijn revolutie heeft gemaakt. De omvang van deze revolutie en haar dynamiek waren zo groot dat men onmogelijk kan spreken van een marionet. Deze revolutie is geen satelliet van de Russische, maar een grote omwenteling op zichzelf. Met veel meer recht dan Tito zou Mao kunnen zeggen dat zijn regime niet alleen niet geschapen is door de kracht van de Russische legers, maar dat hij zijn triomf bereikte tegen het duidelijke advies van Moskou in.'[44]

4   China en Japan in de waanzinnige 20ste eeuw

De bipolariteit

In de eeuw van Amerika leefde de mensheid in een bipolaire wereld. Na 1945 was die bipolariteit een feit. De 'frénésie idéologique' (Raymond Aron) had voor gevolg dat de mensheid ook mentaal gegijzeld was door een manicheïstisch wereldbeeld. Goed versus kwaad: *tertium non datur*. Die situatie van een tweegedeelde wereld is decennialang voorbereid tijdens de eerste helft van de eeuw. Niet weinigen verdedigen de stelling dat de Koude Oorlog niet begonnen is in 1945, maar zijn wortels had in 1917. De ideologische tegenstelling werd toen bijzonder scherp, omdat het communisme vanaf dat moment geïdentificeerd werd met de macht van de Russische kolos. Geopolitiek was die bipolaire wereld niet denkbaar zonder de vorming van twee staten van continentale omvang, de VS en Rusland. Een vorming die eeuwen heeft geduurd. De Russisch-Amerikaanse tegenstelling was dus al in volle voorbereiding in de tsaristische tijd, toen er van bolsjewisme in Moskou nog geen sprake was.[45]

Chaos in de wereld en in Oost-Azië

Het Chinese communisme en het Japanse hypernationalisme hebben zich moeten handhaven in een chaotische wereld. De mondiale hegemonie van Europa werd door twee wereldoorlogen definitief begraven. De machtsname van het communisme in Rusland en de consolidatie van het regime werden op alle mogelijke manieren tegengewerkt door het Westen. De VS namen daarbij de leiding. Japan profiteerde van die omstandigheden om zich te profileren in het Verre Oosten. Het streven van China naar de restauratie van zijn identiteit en de erkenning van zijn soevereiniteit kwamen in een draaikolk van mondiale machtsstrijd terecht. Externe factoren doorkruisten het nationale reveil en de interne ontwikkeling.

Vanzelfsprekend ging eerst aandacht naar de situering van China en Japan in die wervelende ontwikkelingen van de eerste helft van de 20ste eeuw. De snijpunten van die ontwikkelingslijnen zijn in 1945 gekristalliseerd tot een wereldorde waarin de Chinese Volksrepubliek en het vernederde en platgeslagen Japan zich moesten waarmaken. In de tijd voor 1945 heersten chaotische machtsverhoudingen. Intern in China en Japan zelf. Extern in de relaties van die twee landen met de mogendheden van het moment.

Daarenboven is het politieke verhaal in die mate relevant dat in de 20ste eeuw de politiek de economie dicteerde. De ontwikkelingen in de wereldeconomie kunnen slechts adequaat geduid worden tegen de achtergrond van de verschuivingen in de politieke machtsverhoudingen.

5   Taiwan: de Republiek China

Twee China's

Op het moment dat Mao op 1 oktober 1949 de Volksrepubliek China proclameerde, had Jiang Jieshi zijn toevlucht gezocht op Taiwan. Dat deed hij zes
maanden nadat hij was afgetreden als president van China (januari 1949).
Er waren voortaan twee China's: de Volksrepubliek China en de Republiek
China, beter bekend als het nationalistische China op Taiwan.

Een imperialistische vernedering

De voorgeschiedenis is van essentieel belang voor een goed begrip van
de gespannen verhoudingen tussen de beide China's tot op de dag van
vandaag. Beijing heeft het verlies van Taiwan immers moeten verwerken,
samen met de smadelijke nederlaag ten opzichte van Japan in 1895. Vanaf
dat jaar tot 1945 is Taiwan een Japanse kolonie geweest. Voor Beijing is
Taiwan dus het allerlaatste restant van een pijnlijk verleden. Eén van de
grote doelstellingen van het maoïstische regime was China te bevrijden
van het verleden. Extern betekende dat komaf maken met het imperialisme. Hoe succesvol de Volksrepubliek op dat vlak ook geweest moge
zijn – het volstaat te verwijzen naar de recuperatie van Macao en Hong
Kong – die taak is nog steeds niet afgemaakt. Taiwan is immers verloren gegaan aan het imperialistische Japan in 1895. En toen dat land in
1945 zijn nederlaag erkende in de Pacific-oorlog, was het maar normaal
dat China het eiland weer opeiste. Wat gebeurde. In Beijing was op dat
moment echter nog Jiang Jieshi aan de macht.

Een eenpartijstaat

Via zijn ambtenaren vestigde Jiang Jieshi in 1945 opnieuw de macht van
de centrale overheid. De erfenis was vrij riant: als kolonie had het tijdens
de decennia Japans bestuur een behoorlijke welvaart opgebouwd. Maar
al dadelijk verviel de Guomindang in Taipei in dezelfde fouten die ze ook
de das had omgedaan op het Chinese vasteland. Profitariaat en corruptie doorkruisten de economische ontwikkeling die Japan er op gang had
gebracht. Het duurde niet lang voor de plaatselijke bevolking in opstand
kwam tegen dit onefficiënte bestuur. In februari 1947 kwam het tot rellen.

De militairen van Jiang Jieshi richtten een bloedbad aan, dat vergelijkbaar was met de wijze waarop ze in 1927 in Shanghai waren tekeergegaan. Eens oppositie monddood was, stelde Jiang Jieshi gematigder bestuurders aan in Taipei. Kortom, met het oog op een mogelijke nederlaag tegen de communisten had de maarschalk op Taiwan het terrein geëffend als eventueel toevluchtsoord. Een tweede opmerkelijk feit: in de maanden voor de machtswissel in Beijing heeft Jiang Jieshi zich geprofileerd als behoeder van het culturele erfgoed van China. Hij heeft immers duizenden kisten vol archiefstukken laten overbrengen naar Taipei, samen met schitterende kunstwerken en unieke paleiscollecties. Derde stunt van Jiang Jieshi: begin 1949 legerde hij 300.000 loyale soldaten op het eiland, bracht 26 kanonneerboten over en een beperkt aantal vliegtuigen. De vlucht van het Chinese vasteland over de Straat van Formosa was dus geen sprong in het ijle.[46] Jiang Jieshi vestigde een eenpartijstaat die steunde op een repressieve politiemacht en een modern leger. Andersdenkenden werden monddood gemaakt. Oppositie – bijvoorbeeld de kleine Taiwanese Onafhankelijkheidsbeweging – kreeg geen kans.

Tijdens en na de Koude Oorlog

De periode tijdens en na de Koude Oorlog betekende een zegen voor Taiwan. Voor de VS was het eiland een belangrijke pion in hun containment van het communisme. Decennialang hebben Washington en zijn bondgenoten de Republiek China als de enige wettige Chinese staat erkend. Keerzijde van de medaille: al die tijd weigerden al deze staten de Volksrepubliek China te erkennen. Beijing was een internationale paria. De oorlog in Korea (1950–1953) kwam de strategische positie van Taiwan nog bevestigen.[47] Net zoals Japan, heeft Taiwan van deze conjunctuur geprofiteerd om een moderne economie uit te bouwen: de eilandstaat bleef nauwelijks bij de Japanse groei ten achter. En net zoals in Japan was het ook hier de overheid die deze economische ontwikkeling gestuwd en gericht heeft. Producenten van exportproducten konden rekenen op speciale steun. De regering startte ook met het opzetten van industriezones voor de export; een eerste dergelijke zone kwam er in de zuidelijke stad Gaoxiong (1966), waar met Amerikaanse steun ook een moderne haven werd aangelegd. Ambtelijke paperassen werden tot een strikt minimum beperkt. Belastingvoordelen, subsidies en uiterst gunstige douanerechten mikten op een sterke groei van de export.[48]

Van 1978 tot 1988 regeerde Jiang Jing-kuo, de zoon van Jiang Jieshi, over Taiwan. Tijdens de laatste jaren van zijn regering heeft hij een ingrijpende democratisering doorgevoerd. De politieke inspraak van de Taiwanezen werd belangrijk. De grondwet werd nageleefd, wat onder meer bleek toen Lee Teng-hui, de vicepresident, de overleden Jiang Jing-kuo in 1988 opvolgde.

Op economisch vlak was er een Grote Chinese Handelsruimte ontstaan: firma's uit Taiwan deden via Hong Kong zaken met het Chinese vasteland. Decennialang moesten ze dat op een wat heimelijke wijze doen, via tussenpersonen en dochterondernemingen. Vanaf 1988 kon dat in alle openheid. Sindsdien zijn de economische banden tussen Beijing en Taipei bijzonder intens geworden en zijn ze van existentieel belang voor beide partijen.[49]

Internationaal in de verdrukking

Een belangrijk keerpunt was uiteraard de dooi tussen Beijing en Washington. Op 21 februari 1972 zette president Nixon op het vliegveld van Beijing voet op Chinese bodem. Op 28 februari – tijdens een bezoek aan de stad – werd de Shanghai-verklaring bekendgemaakt, waarin de toenadering officieel werd bevestigd. Over de kwestie-Taiwan bleven de meningsverschillen bestaan. Het Chinese perspectief op de zaak was ondubbelzinnig: 'De kwestie-Taiwan is de centrale kwestie die de normalisering van de betrekkingen tussen China en de Verenigde Staten in de weg staat. De regering van de Volksrepubliek China is de enige wettige regering van China; Taiwan is een provincie van China...; de bevrijding van Taiwan is een binnenlandse Chinese aangelegenheid.' De Amerikaanse lezing klonk als volgt: 'De Verenigde Staten erkennen dat alle Chinezen aan weerszijden van de Straat van Formosa van mening zijn dat er slechts één China is en dat Taiwan een deel van China is. De regering van de Verenigde Staten vecht dat standpunt niet aan. Zij bevestigt nogmaals dat zij er belang aan hecht dat de Chinezen zelf in de kwestie-Taiwan tot een vreedzame schikking komen. ... Tot die tijd zal zij, naarmate de spanning in het gebied afneemt, geleidelijk haar troepen en militaire installaties op Taiwan inkrimpen.'[50] Maar de bal was aan het rollen. In 1979 sloten president Jimmy Carter en Deng Xiaoping normaliseringsovereenkomsten. De officiële diplomatieke relaties tussen de VS en de Republiek China (Taipei) werden verbroken. Beijing nam de permanente zetel van China in de Veiligheidsraad over. In 1980 verloor Taipei ook zijn lidmaatschap van het Internationaal Monetair Fonds en van de Wereldbank. De ontwikkeling van zijn economie is er geenszins door geschaad.[51]

6 De Volksrepubliek China
1949-1989

HET MASSALE | Vooraleer de Volksrepubliek te situeren in het eeuwen overspannende verhaal van het Gouden Oosten, vestigen we de aandacht op een aantal fundamentele gegevens over China, die tot op de dag van heden een grote impact hebben. Als je aan China denkt, frappeert het massale. In de eerste plaats gaat het om een ontzagwekkende ruimte van 9.600.000 km^2. Een continent op zich! De Hoang Ho-rivier bijvoorbeeld is 4.845 km lang en de Yangzi 5.500 kilometer! Wat geldt voor de ruimte, is in overtreffende trap waar voor de bevolking. Een massa van 1,3 miljard mensen (2005), of 22% van de wereldbevolking. China's bevolking groeit jaarlijks aan met 13 miljoen. Het westen en het noorden zijn nauwelijks bevolkt. Oost-China kent een enorme bevolkingsconcentratie. Het overgrote gedeelte van die massa leeft op het platteland, op 7% van de beschikbare oppervlakte. In bepaalde regio's overtreft de bevolkingsdichtheid 1.500 inwoners per vierkante kilometer. Zeven provincies van China behoren tot de lijst van 20 meest bevolkte landen in de wereld. Dat zijn landen met meer dan 40 miljoen inwoners. Als er zich in China problemen stellen – hongersnood, overstromingen, epidemieën, plattelandsvlucht, werkloosheid, opstanden, ongeletterdheid, illegale migratie – dan betreft het steeds miljoenen en miljoenen mensen. Dat is een enorme uitdaging voor het overheidsbeleid.

Het China van Mao Zedong (1949-1976)

MAO ZEDONG | Wie stond mee aan de wieg van de Chinese CP in 1921? Mao Zedong. Na een jarenlange burgeroorlog tegen de nationalisten (1927-1937 en 1945-1949) kwamen de communisten in Beijing aan de macht. Wie proclameerde op 1 oktober 1949 de oprichting van de Volksrepubliek China? Mao Zedong.

China werd decennialang geïdentificeerd met Mao. Er ontwikkelde zich een personencultus die zijn climax bereikte in Lin Biao's campagne met het *Rode Boekje*. Mao werd voorgesteld als een übermenschlich personage, dat vanuit een onfeilbare alwetendheid en ondoorgrondelijke wijsheid het alleenzaligmakende beleid ontwierp. Deze overtrokken woordkeuze weerspiegelt getrouw de irreële dimensie van de verheerlijking van Mao, evenals het blinde vertrouwen dat de Chinese volksmassa in zijn persoon heeft gehad. De beeldspraak waarbij Mao voorgesteld wordt als de

Grote Stuurman, de Onfeilbare Gids, het Rode Licht waarop allen zich richten, sluit naadloos aan bij het confucianistische onderricht. 'Een van de basisopvattingen van het confucianisme is dat de verdiensten en de kwaliteiten van de leider nodig zijn voor de goede gang van zaken in de hele natie. De concentratie van macht in handen van een charismatische figuur behoort tot de Chinese traditie.'[52] De uitzonderlijke plaats die Mao Zedong in de recente geschiedenis van China inneemt, ligt ongetwijfeld in het verlengde van die traditie.[53]

De opvolgers van Mao hebben de Grote Roerganger in een sarcofaag te kijk gezet voor de Chinezen: in het immense mausoleum roepen zij met de starre onbeweeglijkheid van de mummie het beeld op van machteloosheid en onveranderlijkheid en tegelijkertijd het beeld van het opgedroogde charisma. Zo kon de demaoïsering in versneld tempo worden doorgezet in naam van Mao. Sinds zijn dood in 1976 is de impact van Mao gaandeweg vervluchtigd.

TWEE ELITES | De publieke opinie wereldwijd heeft meestal een bijzonder grijs beeld van het politieke leven in communistische staten als de Sovjet-Unie en de Volksrepubliek China. De orthodoxie regeert. Afwijkende

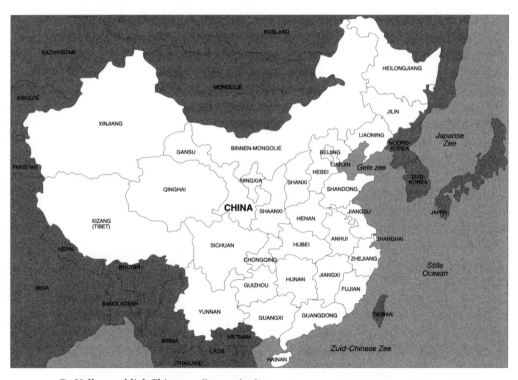

De Volksrepubliek China en zijn provincies.

De historiek van de Volksrepubliek China in één beeld, van de dominante Grote Stuurman tot de vervluchtigende Mao...

meningen zijn verwerpelijk. Voor dissidenten zijn er psychiatrische kli-
nieken. Het volk is monddood. Het mag zich in alles verdiepen, behalve
in politiek. Dergelijke regimes hebben een afkeer van mondige burgers.
Volgzaamheid is troef. Je weet wel, *the sheep* van Orwells *Animal Farm*.

Stereotiepe opvattingen zijn nooit echt gezond. Zij maskeren dikwijls
de werkelijkheid en verhinderen alleszins om te relativeren. In Beijing
bijvoorbeeld heeft altijd een intense machtsstrijd gewoed. Zhong Nanhai
– de residentiële wijk van de leidende figuren van het regime in Beijing – is
op geen enkel moment een oord van eensgezindheid en onderling vertrouwen geweest. Reeds tijdens de jaren twintig en dertig van de 20ste
eeuw was er de tweedracht tussen de Moskou-getrouwen en Mao en zijn
medestanders. Maar ook na de uitschakeling van de Komintern-agen-
ten bleef er in de hoogste kringen van het regime een intense politieke
strijd bestaan tussen twee elites. Aan de ene kant was er de pragmatische elite, met figuren als Zhou Enlai, Liu Shaoqi en Deng Xiaoping. Aan
de andere kant groepeerden zich radicalen als Zhu De en Lin Biao, en de
latere Bende van Vier, namelijk Jiang Qing (de echtgenote van Mao), Yao
Wenyuan, Chen Boda en Zhang Chunqiao, rond de figuur van Mao Zedong
en vormden een militante, ideologische elite. De strijd tussen beide elites
was geen gevecht dat de uitroeiing van de tegenstander op het oog had.
Zij streefden eenzelfde doel na, namelijk het zo snel mogelijk realiseren
van een socialistische maatschappij met Chinese karaktertrekken en het
handhaven en versterken van het machtsmonopolie van de communistische partij.[54]

De leiders van de Volksrepubliek China in de vroege jaren 1950, (v.r.n.l.) Liu Shaoqi, Mao Zedong, Peng Zhen, Zhu De en Zhou Enlai.

Welk beleid was daartoe het doeltreffendst? Elke elite had daar een heel eigen visie op. De militante elite gaf voorrang aan de ideologie: de omvorming van de mens en de invoering van het collectivisme door de permanente revolutie, *la révolution par à-coups*. De revolutie van 1949 was immers een noodzakelijke voorwaarde, maar geen voldoende voorwaarde om die doelstelling te bereiken. Ze wantrouwde de experts, de ver doorgevoerde techniek en het economische realisme. De functionele elite van pragmatici was even trouw aan het denken van Mao Zedong, maar was gevoeliger voor concrete en onmiddellijke problemen. De meeste wetenschappers, ingenieurs en technici, geneesheren, professoren, experts en beleidsmensen in de economie of in andere sectoren rekenden zich tot deze strekking. In oorsprong sloten zij aan bij de bourgeoisie en de intellectuelen die in het begin van de 20ste eeuw op het toneel verschenen. In de aanvangsjaren van de Volksrepubliek werden zij door de Partij scherp in het oog gehouden, heropgevoed en gebruikt.

Sinds 1949 hebben beide elites twee doelstellingen nagestreefd. De eerste doelstelling was China te bevrijden van het verleden: op binnenlands vlak van het feodalisme en van het imperialisme ten aanzien van het buitenland. Dat was duidelijk een politieke doelstelling. De tweede doelstelling was China te bevrijden van de armoede, weg uit de onderontwikkeling. Deze doelstelling lag dus op het sociaal-economische vlak. Wat opvalt, is dus de eensgezindheid over de doelstellingen. Beide elites waren het er ook over eens dat het machtsmonopolie van de CP dé absolute prioriteit was. Die doelstellingen moesten dus nagestreefd worden binnen het kader van het maoïstische regime.[55]

ZILI-GENGSHENG, EEN STRATEGIE OP LANGE TERMIJN | Tot 1975 was *zili-gengsheng* (self-reliance, op eigen krachten rekenen) de beleidsstrategie om economische groei te realiseren. De Chinezen spreken over opleving door eigen krachten. Self-reliance was dus een middel; economische zelfstandigheid was het doel. Daarenboven sloot deze methode aan bij een kernidee van het maoïsme: het volk is de motor van zijn eigen geschiedenis; buitenlandse hulp is slechts marginaal. Essentieel is echter dat de twee elites het oneens waren over de interpretatie. De militante elite interpreteerde *zili-gengsheng* als vrij zijn van buitenlandse *invloed*. De pragmatici begrepen het als vrij zijn van buitenlandse *controle*. Een wereld van verschil! En in die mate essentieel dat ze tot op heden bepalend is geweest voor het beleid. Daarenboven, hoezeer stond de visie van de militante elite haaks op een geschiedenis van eeuwen! China was steeds van centrale betekenis geweest in het Gouden Oosten, zelf kerngebied van de Euraziatische economie. Door de enge interpretatie van het *zili-gengsheng*principe propageerde de militante elite van Mao Zedong het isolement van China en de opdeling van het continentale land in economisch zelfstandige cellen.

Een strategie op lange termijn werd uitgewerkt én toegepast. Ze steunde op de volgende principes. Vooreerst *de integratie van stad en platteland*: de doelstelling was een stabiel levenspatroon op het platteland tot stand te brengen en zo de vlucht naar de steden te vermijden. Verder de nadruk op *regionale en lokale autarkie*, waarbij het vertrouwen op eigen middelen en op eigen initiatief vooropstond. De economie van de Volksrepubliek zou dus een cellulaire economie zijn. In derde instantie was er de *gelijkmatige* ontwikkeling van het *hele* grondgebied. Parallel werd de ontwikkeling van grote, middelgrote en kleine ondernemingen beoogd. Ten slotte geloofden de Chinese leiders in de betekenis van morele en ideologische prikkels in de economie. De arbeiders en boeren – incarnatie van de nieuwe mens die Mao voor ogen had – waren immuun voor materiële prikkels. Zeg maar: voor een eigen lapje grond of voor premies voor overuren of gevaarlijk werk. Het mag duidelijk zijn dat dit stuk voor stuk maoïstische ontwikkelingsprincipes waren. Het wijst erop dat ze geformuleerd werden in een periode dat de ideologische elite het voor het zeggen had. Dat op zichzelf betekent nog niet dat bepaalde van die principes niet bijzonder valabel waren, want adequaat voor het immense ontwikkelingsland dat China toen was en voor de bevrediging van de basisbehoeften van honderden miljoenen Chinezen die aan de rand van de armoede leefden. Of eronder. Deze ontwikkelingsprincipes zijn ook razend actueel. Ze vormen een ideaal instrument om het beleid dat nu gevoerd wordt, te beoordelen. Verwijzen we naar de gelijkmatige ontwikkeling van het hele grondgebied of het vermijden van plattelandsvlucht. De huidige situatie in de Volksrepubliek staat haaks op deze principes. En juist daardoor wordt het regime in Beijing geconfronteerd met de mogelijkheid van sociale chaos. Hu Jintao en zijn medestanders zijn er als de dood voor. Het feit dat de Chinezen door het maoïsme zouden worden getransformeerd tot nieuwe mensen, ongevoelig voor materiële prikkels, wekt dan weer hilariteit op in een tijd van globalisering en wereldwijde ICT. De levenswijze van de huidige generaties, hun bekommernissen, hun prioriteiten, hun idealen... het ligt allemaal aan de antipode van de maoïstische illusie.

EEN DERTIGJARIGE STRIJD TUSSEN TWEE ELITES (1949–1976) | Voor dit land met zijn honderden miljoenen boeren – circa 76% van de bevolking – is het landbouwprobleem steeds onoverkomelijk geweest. Een tekort aan gronden en primitieve productiemethoden gijzelden de plattelandsbevolking in de armoede. Na een onteigening en herverdeling van gronden, die weinig resultaat opleverden, stuurden de communisten aan op de intensivering van de landbouw en een nieuwe arbeidsorganisatie. Vijfjarenplannen, collectivisering en de oprichting van communes werden op stapel gezet binnen het kader van een beveleconomie, een centraal geleide economie (CGE).

In 1955 lanceerde Mao de vorming van productiecoöperaties op het platteland, te vergelijken met de kolchozen in de Sovjet-Unie. In de jaren 1953–1954 werden 400.000 dergelijke coöperaties opgericht. Maar zij omvatten slechts 15% van de bevolking: 'Les paysans chinois trainent les pieds sur la route du socialisme.'[56] In de steden werden eerst de Japanse bedrijven genationaliseerd. De staatssector, geërfd van de Guomindang, zorgde voor een derde van de industriële productie. De staatsopdrachten groeiden aan en waren in 1955 goed voor 13 à 16% van de productie. In januari 1956 was haast de hele industriële productie in handen van de staat. In de grote steden werd – georkestreerd door het regime – het einde van het kapitalisme uitbundig gevierd. Sporen van autokritiek en politieke zuiveringen waren een teken aan de wand. In februari 1954 werden de machtige leiders van Mantsjoerije (Gao Gang) en van de regio van Shanghai (Rao

Shushi) aangeklaagd. Ze zouden onafhankelijke koninkrijken hebben willen creëren. In maart 1955 werden ze in het publiek veroordeeld. Gao Gang pleegde zelfmoord. Rao Shushi verdween in de duistere wereld van de *laogai*.[57] Spectaculair was ook de zaak van Hu Feng, ooit de vriend van Lu Xun, revolutionaire schrijver par excellence. Als beschimpte intellectueel sprak Hu Feng onder dwang drie zelfkritieken uit vooraleer in juli 1955 te worden gearresteerd. De macht van Mao Zedong was absoluut.

DE GROTE SPRONG VOORWAARTS | In 1958 lanceerde de Grote Roerganger de volkscommunes. Die laatste maatregel was een onderdeel van de *Grote Sprong Voorwaarts* (1958–1961). De communes waren zeer grote eenheden van 3.000 tot 40.000 leden, waarin landbouw, lichte industrie, handel, onderwijs, vervoer, volksmilitie en medische verzorging gebundeld waren. Het reusachtige Chinese platteland werd in meer dan twintigduizend van dergelijke volkscommunes opgedeeld.

De hervorming was te radicaal. Het Chinese volk heeft een zware prijs betaald voor tal van mistoestanden en excessen. De mensen waren het slachtoffer van regelrechte exploitatie (uitputtende overuren) en werden

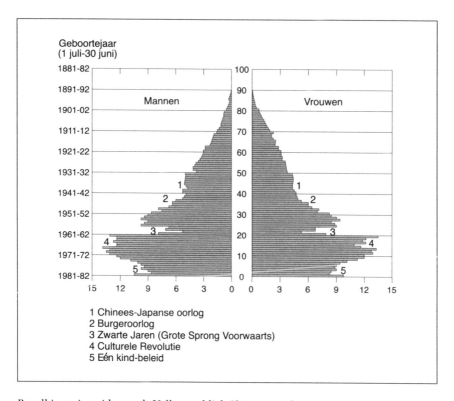

Bevolkingspiramide van de Volksrepubliek China op 1 juli 1982.

door de scheiding van gezinnen tot wanhoop gedreven. Er werd overhaast en slordig gewerkt. Men werd ertoe aangezet ruw ijzer en staal te produceren in primitieve oventjes. Van kwaliteitsproductie was geen sprake. Overstromingen en de breuk met de Sovjet-Unie hebben de economische chaos nog verdiept. De Grote Sprong Voorwaarts werd een Grote Struikeling. Hongersnood teisterde de massa op het Chinese platteland.[58] Daarenboven betekende de Grote Sprong voorwaarts 'een systematische aanval op de traditionele Chinese praktijk en de traditionele opvattingen'.[59]

JAREN	PRODUCTIE	JAREN	PRODUCTIE
1952	164	1960	144
1957	195	1961	148
1958	200	1962	160
1959	170	1965	195

Evolutie van de graanproductie van 1952 tot 1965 (in miljoenen ton). Noot: De Chinese statistieken verstaan onder graanproductie ook soja, bonen en knollen.

JAREN	OMVANG OPEISING	JAREN	OMVANG OPEISING
1957	39,8	1960	42,8
1958	55,7	1961	32,1
1959	55,9	1962	44,9

De graanleveringen aan de Staat van 1957 tot 1966 (in miljoenen ton)

JAREN	NATIONALE CONSUMPTIE	CONSUMPTIE IN STEDEN	CONSUMPTIE OP PLATTELAND
1957	203	196	204
1960	163,5	192,5	156

Afname van de graanconsumptie tussen 1957 en 1960 (in kg/hoofd)

De drie tabellen laten een analyse van de catastrofe toe.[60] De graanproductie was met een kwart teruggevallen tussen 1958 en 1960, het rampjaar bij uitstek. Voegen we hier nog aan toe dat de opeisingen door de Staat gebaseerd waren op overdreven schattingen in de herfst van 1958, respectievelijk 1959. Die beliepen 375 miljoen ton en 250 miljoen ton. Belachelijke cijfers die geen enkele binding hadden met de realiteit. In bepaalde dorpen van het Rode Bekken in Sichuan impliceerde zulks dat de overheid op de totaliteit van de oogst beslag legde. Al bij het begin van de winter werden die boeren geconfronteerd met hongersnood. De leveringen, opgeëist door de overheid, waren stuitend, zeker in omstandigheden van honger die iedereen kende. Pas in 1962 was er een gevoelige afname van de opeisingen. Het is duidelijk: de plattelandsbevolking werd van overheidswege doelbewust opgeofferd. Het volstaat de consumptie, respectievelijk in de steden (–3%) en het platteland (–25%), te vergelijken. De gevolgen liegen er niet om. Men weet met zekerheid dat de mortaliteit op het platteland opliep van 12,60 o/oo in 1959 tot 28,68 o/oo in 1960! In meerdere provincies van Centraal- en West-China – Hunan, Gansu, Ningxia, Guizhou, Guangxi, Sichuan – lag de mortaliteit boven de 50 o/oo. Anhui had het trieste record met 68 o/oo. Bepaalde dorpen werden gewoon ontvolkt! De nataliteit is ingestort van 34 o/oo in 1958 tot 18 o/oo in 1960. De surplus mortaliteit die de overheid opgaf, bedroeg 13 miljoen mensen in drie jaar tijd. Westerse experts hebben op basis van ernstige argumenten berekend dat de tol aan mensen zeker tweemaal zo groot was.

Het resultaat van Mao's utopische beleid – de militante elite! – was een demografische ramp die de herinnering oproept aan de ravages van de Zwarte Dood in Europa in het midden van de 14de eeuw.[61] De pragmatische elite, met Peng Dehuai en Liu Shaoqi op kop, was ervan overtuigd dat een grondige demaoïsering voor het goed van het land én voor het instandhouden van het regime noodzakelijk was. In de jaren 1959–1965 hadden zij het voor het zeggen. In november 1960 werden twaalf noodmaatregelen genomen die de rol van de communes afzwakten. In maart 1961 werden de communes herleid tot louter administratieve eenheden en greep men terug naar de coöperaties uit de jaren 1950. Vanaf oktober 1961 kregen kleine vrije markten op het platteland opnieuw een kans, aangezien de boeren hun kleine lapje grond hadden teruggekregen. Mao Zedong werd gedwongen tot *a low profile*. Liu Shaoqi leek de teugels van het beleid in handen te nemen. In 1962 getuigde hij dat de demografische catastrofe voor 30% terug te voeren was tot natuurrampen en voor 70% te wijten was aan menselijke vergissingen, te weten de utopie van Mao Zedong. De pragmatische elite – Liu Shaoqi, Deng Xiaoping, Chen Yun, Pen Zhen – was opnieuw aan zet!

DE CULTURELE REVOLUTIE | Mao, de meesterlijke tacticus, heeft echter op het moment dat hij de macht compleet verloren had, de Culturele Revolutie (1966–1969) gelanceerd. Hij steunde op de kleine kaderleden tegen de centrale kaderleden, die hij een enorme verantwoordelijkheid voor de rampjaren aanwreef. In de campagne die hij lanceerde, waren de culturele revolutie en de uitnodiging om zich te spiegelen aan het Volksbevrijdingsleger de twee dominante thema's. Voor het eerste zou Jiang Qing vanaf juli 1964 het voortouw nemen door de culturele wereld te hervormen. Mao gaf Lin Biao de opdracht het Bevrijdingsleger om te vormen tot een leerschool voor de hele natie. Het impliceerde het uit het hoofd leren van het *Rode Boekje*, volgeschreven met citaten van de Grote Roerganger (het 'denken Mao Zedong'!). De aanval op het traditionele China werd hervat.[62] Lei Feng werd de modelsoldaat, wiens voorbeeld de Chinese jeugd moest volgen. Ander model was Chen Yonggui, voorman van de brigade van Dazhai (Shanxi), een modelcommune, waar iedereen voorrang gaf aan de collectiviteit en dus de teruggave van de individuele lapjes grond had afgewezen. Mao controleerde de media en zijn vertrouweling Wang Dongxing leidde de geheime politie. Dazibaos (muurkranten) klaagden de revisionisten aan. Het geweld greep om zich heen. Spontaneïteit alom, maar duidelijk als façade voor een commandostructuur, waarvan Mao de touwtjes in handen had. Zijn medestanders waren Chen Boda, zijn vrouw Jiang Qing, Yao Wenyuan, Zhang Chunqiao, Wang Li en kaderleden met veel ervaring als Qi Benyu, Guan Feng en Kang Sheng. Mao had zo weer volledig greep gekregen op het regime. En met hem de militante elite. De universitaire campussen werden broeinesten van kritiek en geweld vanwege de Rode Gardes. In augustus 1966 werden Liu Shaoqi, Chen Yun en Deng Xiaoping uit het Politbureau verwijderd. Ze waren immers een nieuwe bourgeoisie aan het vormen! Een vloedgolf van geweld overspoelde de vijanden van het volk: zij werden het slachtoffer van arrestaties, vernederingen en foltering. Massale stakingen braken uit in Shanghai, waar – naar het model van Parijs – de commune van Shanghai werd uitgeroepen. De Culturele Revolutie dreigde uit de hand te lopen. Hoge kaderleden en militaire bevelhebbers trachtten de omvang van de chaos onder controle te krijgen. Er werden revolutionaire comités gevormd, die olie op de golven moesten gieten.[63]

Op het twaalfde Plenum van het Centrale Comité (eind oktober 1968) kondigde Mao Zedong af dat de Culturele Revolutie ten einde was. Liu Shaoqi, een verrader, afvallige en agent van de Guomindang, werd uit de partij gesloten. Een jaar later overleed hij in gevangenschap! Mao elimineerde zorgvuldig zijn tegenstanders. Het Negende Partijcongres kon worden samengeroepen. Op dat congres (april 1969) werd Lin Biao als opvolger van Mao aangewezen: 45% van de leden van het Centraal Comité waren militairen. Slechts 53 van de 279 leden van het vorige Centrale Comité werden herkozen. In de periode 1969–1976 werden de resultaten geconsolideerd. In 1970 werd echter al duidelijk dat Mao Zedong een manoeuvre tegen Lin Biao op gang had gebracht. Diens medestanders werden verplaatst. De organisatiestructuren die Lin Biao beheerste, werden door Mao-getrouwen gecontroleerd. Ten einde raad koos Lin Biao, samen met zijn vrouw en zoon, voor de vlucht. Zijn vliegtuig crashte in Mongolië (12 september 1971). Zijn belangrijkste luitenanten werden gearresteerd. De dreiging van een rood bonapartisme was geweken.[64] Een nieuwe strijd kondigde zich aan tussen de pragmatici rond Zhou Enlai en de Bende van Vier. Mao steunde voluit de ideologen. Jiang Qing en Deng Xiaoping stonden lijnrecht tegenover elkaar.

EVALUATIE | Al zeer vlug heeft Mao Zedong de beperkingen en de contradicties van het sovjetsysteem ontdekt. Maar hij heeft getracht eraan te ontsnappen via een utopisch en voluntaristisch beleid, dat de moeilijkheden nog heeft vergroot en het proces van modernisering heeft geblokkeerd. De terugkeer naar het platteland, het marginaliseren van de intellectuelen, de ineenstorting van de productie op het platteland en in de fabrieken hebben de Industriële Revolutie, die tijdens de eerste jaren van het nieuwe regime zijn take-off had beleefd, gebroken. Het maoïstische China deed aan surplace. De legitimiteit van het regime werd ernstig geschaad door de Grote Sprong Voorwaarts, door de hongersnood van 1959–1961 en door de dikwijls bloedige chaos van de Culturele Revolutie.

In het cruciale jaar 1976 overleden zowel Zhou Enlai (8 januari), de vaandeldrager van de pragmatische elite, als Mao Zedong (9 september), de onfeilbare leider van de militante elite en icoon van de Volksrepubliek.[65] Zowel de militanten – de Bende van Vier – als de pragmatici – Deng Xiaoping – wilden het machtsvacuüm opvullen. Sterke man werd uiteindelijk Deng Xiaoping, die het moderniseringsbeleid van Zhou Enlai heeft uitgevoerd.

'Anno 1800 fabriceerde men in China exact een derde van de geproduceerde goederen van de planeet. Een eeuw later was die verhouding teruggebracht tot een miezerige 6,2%. Vandaag vertegenwoordigt de Chinese economie 3% van de mondiale handel (11% in Azië), dus te vergelijken met het aandeel van Zuid-Korea en iets minder dan Nederland. Zo zijn BNP China al een zevende plaats op de wereldranglijst moge bezorgen, ergens tussen Brazilië en Italië, dan laat datzelfde BNP per hoofd van de bevolking China terugvallen tot de elfde plaats, juist na Papoea-Nieuw-Guinea. Men merkt het, China betaalt een hoge prijs voor de Mao-jaren, de eerste 30 jaren van een onvoorspelbaar communisme. Het regime heeft net op tijd de afgrond ontweken, 20 jaar geleden, door zijn greep te lossen op een doodvermoeide bevolking.'[66]

Deze evaluatie van Gerard Segal bruskeert. Tegelijk maakt ze de lezer benieuwd naar het vervolg van dit verhaal.

Het Chinese totalitarisme (1949–1989)

De periodisering die we hier vermelden kan misleidend zijn. In het jaar 1989 werd immers géén punt gezet achter het maoïstische totalitarisme. Het bracht alleen maar de bevestiging. Het gewelddadige neerslaan van het studentenprotest op Tien Anmen, het Plein van de Hemelse Vrede (sic), was de climax in de decennialange totalitaire repressie.

TOTALITARISME, EEN CONSTANTE IN DE CHINESE GESCHIEDENIS | In zijn essentie vertoont het totalitarisme van het Mao-regime twee fundamentele kenmerken. Aan de ene kant van de medaille is er het feit dat het in de lijn ligt van de Chinese en van de Aziatische traditie. Net als in de confucianistische staat kent China ook nu een paternalistisch, onderwijzend en indoctrinerend bewind. In de Aziatische context is autoriteit – van goden en vorsten, van vaders en leraars – steeds volstrekt geweest, inclusief de willekeur van de onaantastbaarheid. Het alternatief voor het absolute gezag is de chaos. In de Aziatische samenlevingen heeft men het dan ook altijd vanzelfsprekend gevonden dat de regeringen wetten en verplichtingen opleggen, eerder dan de rechten van het individu te beschermen.

Reeds in de premoderne wereld van China bestonden de sleutelkenmerken van het totalitaire complex. Het gaat om een continuïteit van eeuwen. Het Chinese despotisme heeft steeds totalitaire trekjes gehad. Het volstaat te verwijzen naar het bestaan enerzijds van het pao-chia-systeem en anderzijds van het hsiang-yüeh-systeem in het keizerlijke China.

Pao chia was een systeem van wederzijdse controle dat tot in de kleinste dorpen was uitgebouwd. Tien gezinnen vormden een pao, met een verantwoordelijke voor het rapporteren van het gedrag van de leden van de pao aan het hogere niveau. Een aantal pao's vormden op hun beurt een analoge groepering en zo werd een hele hiërarchie opgebouwd.

Dat oude systeem werd door het huidige regime opnieuw tot leven gewekt en versterkt. De vorming van buurtcomités in het hele land, zowel in de steden als daarbuiten, gaat daarop terug. Deze comités zijn een integrerend onderdeel van het systeem, waardoor de volledige beheersing en mobilisatie van de hele bevolking mogelijk is en waardoor China voor elke nationale taak een maximaal gebruik kan maken van zijn reusachtige mankracht.

Het hsiang-yüe-systeem bestond uit periodieke openbare lezingen over de confucianistische moraal, waarbij de hele bevolking van een dorp aanwezig moest zijn. Het blijkt dus dat het keizerlijke regime systematisch een politieke supervisie en een indoctrinatie van het volk nastreefde.[67]

De andere kant van de medaille toont dat het Mao-regime een totalitarisme in de praktijk heeft gebracht dat zeer eigen karakteristieken heeft en een breuk vormt met het verleden. 'In zoverre het totalitair is, introduceert het maoïsme kenmerken die aan de Chinese politieke traditie vreemd zijn – hoe despotisch sommige van die tradities ook mogen zijn – terwijl het opmerkelijk veel weg heeft van in andere opzichten afwijkende modellen, zoals het stalinisme en het nazisme.'[68] Bovenal frappeert de onvergelijkbaar grotere dwang en dominante rol van de staat. Nooit is er in de Chinese geschiedenis een regime geweest dat zo diep ingreep in de samenleving en zo'n verstikkende controle uitoefende op het dagelijkse leven van de modale Chinees.[69] 'In het midden van de 16de eeuw bestond de Chinese ambtenarij uit tien- tot vijftienduizend ambtenaren op een totale bevolking van ongeveer 150 miljoen. Deze kleine kadergroep was uitsluitend geconcentreerd in de steden, terwijl het merendeel van de bevolking in dorpen woonde. ... De grote meerderheid van de Chinezen had zijn hele leven lang nooit enig contact met een enkele vertegenwoordiger van de keizerlijke overheidsinstanties.'[70]

HET MAOÏSTISCHE REGIME, EEN TOTALITAIR ALTERNATIEF? | Het maoïstische regime houdt het Chinese volk in een dwangbuis van ideologisch totalitarisme.[71] Het hanteert totalitaire methoden om de mensen te veranderen, om hun denken via indoctrinatie te hervormen. Basiskenmerk is de controle over de menselijke communicatie, van het individu met de buitenwereld én met zichzelf. Persoonlijke manipulatie is de volgende stap: doel is specifieke gevoels- en gedragspatronen op te wekken, zodat de betrokken personen overtuigd zijn dat ze spontaan tot stand gekomen zijn (geplande spontaneïteit).

Ideologisch totalitarisme huldigt ook een manicheïstisch wereldbeeld: de wereld is ingedeeld in engelen en duivelen, in het absolute goede en het absolute slechte. Het goede en het zuivere worden uiteraard gevormd door die ideeën, gevoelens en handelingen die in overeenstemming zijn met de totalitaire ideologie. Niets menselijks ontsnapt aan een strenge morele beoordeling. Om het even wat in naam van de absolute zuiverheid – de ideale communistische staat – ten opzichte van wie ook ondernomen wordt, is moreel verantwoord.   Nauw daarmee verwant is de obsessie met zelfkritiek. Een totalitair regime maakt noch min noch meer aanspraak op het bezit van elk individu, tot en met zijn innerlijke leven. Privacy van de geest wordt als bijzonder immoreel beschouwd: het regime heeft een dergelijke graad van verlichting bereikt, dat individuele ideeën en gevoelens uit den boze zijn!

Het karakter en de identiteit van de mensen wordt vervormd naar de doctrinaire matrijs. Totalitair taalgebruik herleidt de meest complexe en intens menselijke problemen tot korte, erg definitief klinkende zinnen die gemakkelijk gememoriseerd en afgedreund kunnen worden (*thought-terminating clichés*).[72]

Vanuit onze westerse waarden vinden wij totalitarisme, waar en wanneer ook, verwerpelijk. Het is goed te beseffen dat het maoïstische totalitarisme waarden in het gedrang bracht en brengt die de Chinezen zelf belangrijk vinden. Denken we aan het gezin als sociale en religieuze werkelijkheid, aan de voorouderverering en aan het bezit van grond. 'De communisten hebben zoveel ze konden geprobeerd de sociale werkelijkheid van de traditionele familie te vernietigen: de bruutste aspecten van die poging bestonden in de vervreemding van kinderen van hun ouders ... en in de gedwongen scheiding van gezinnen door maatregelen van dwangarbeid en heropvoeding. De communisten hebben hun best gedaan zichtbare uitingen van religieus leven te vernietigen, niet alleen op het niveau van boeddhistische en andere formele organisaties, maar ook op het niveau dat het belangrijkst was voor de boer, dat van de voorouderverering. Een van de wreedste maatregelen in dat opzicht is de vernietiging geweest van graven die krachtens de traditie midden in de bebouwde velden lagen. De verraderlijke politiek inzake grondbezit hebben we al vermeld. De boeren zien het zo: eerst werden ze ertoe overgehaald de revolutie te steunen door de belofte van grond. De grond kregen ze, maar die werd binnen de vijf jaar weer afgenomen. Als iemand dus twijfels heeft over het geluk van de Chinese boeren in de half gemilitariseerde communes, hebben deze twijfels niets te maken met westerse vooroordelen of burgerlijke vrijheden. Dit regime is erin geslaagd een van de levendigste volken ter wereld zonder lawaai of gelach over straat te laten lopen.[73]

Het totalitarisme van de maoïsten wordt soms toch goedgepraat. Het Mao-regime zou een totalitair alternatief hebben doorgevoerd. Daar waar het totalitarisme in de confucianistische staat functioneerde ten gunste van een elite, werkt het maoïstische totalitarisme ten bate van de hele gemeenschap. En dus is het aanvaardbaar. Het is een wel erg betwistbare legitimatie.

De menselijke kosten waren enorm, met name het muilkorven van de intellectuelen vooral tijdens de Culturele Revolutie – 'cette crétinisation du peuple le plus intelligent sur terre,' zoals Simon Leys het ooit formuleerde.[74] Nu we zoveel jaren later afstand kunnen nemen en een balans opmaken, is deze schrijnende conclusie onbetwistbaar. Toch twee bedenkingen. Vooreerst het feit dat tijdens de hoogdagen van het maoïstische regime er lucide geesten waren die de fellow travellers de mantel uitveegden en via een vlijmscherpe analyse niets heel hielden van het maoïsme.[75] In tweede instantie de vaststelling dat het totalitaire systeem zich tot op onze dagen heeft gehandhaafd in de Volksrepubliek. De wijze waarop het studentenprotest bloedig werd neergesabeld op het Tien Anmen-plein (1989) was al een signaal. De constante vervolging van de Falun Gong-religie liegt er ook niet om.[76] De censuur op het internet is een ander teken aan de wand.[77] Vraag is natuurlijk of dergelijk regime zich in een tijd van globalisering – waar het zich wil in integreren en ten volle de vruchten van plukken – zal kunnen handhaven.

DE RITUALISERING VAN HET OPENBARE LEVEN EN VAN HET UITERLIJKE GEDRAG | In China heeft men er vanouds steeds naar gestreefd de samenhang van het rijk te verzekeren door ideologische eenmaking. 'Regeren is in de eerste plaats het creëren van een morele orde en van een uniforme

De censuur in het totalitaire regime van de Volksrepubliek China. Bij de begrafenis van Mao stonden de leden van de Bende van Vier nog tussen de andere leiders. Op deze foto zijn ze gewist. Ze werden ook geschrapt uit de officiële geschiedenis van Mao's China.

gedragscode.' Het uiterlijke gedrag en het hele openbare leven zijn dan ook in extreme mate geritualiseerd. 'Aan het succes kan niet getwijfeld worden. De mate van ideologische uniformiteit over een zo reusachtig gebied is vermoedelijk uniek. De door dit systeem ingestampte waarden en normen leiden tot een grote bereidheid tot politiek conformisme.'[78]

De uniforme gedragscode van de Chinezen hangt ook nauw samen met hun intens schaamtegevoel. De mens wordt goed en onberispelijk geboren. Als hij niet zo blijft dan komt dat omdat hij de natuurlijke deugd verwaarloosd heeft. Hij mag evenwel nooit toegeven dat zoiets kon gebeuren. Dat zou een bewijs van schaamteloosheid zijn.

Vertaald naar het politieke vlak: men moet trouw blijven aan het zuivere marxisme, dat openlijk en voor de hele wereld verkondigd moet worden. Tegenstellingen tussen wat wordt gezegd en wat wordt gedaan, moeten verhuld worden. Het verklaart waarom ten tijde van Mao massabewegingen, muurkranten en talloze discussievergaderingen niet systeemondermijnend maar systeembevestigend waren. Hoeft het dan te verwonderen dat de huidige demaoïsering gebeurt in naam van Mao?[79]

DE PERSONENCULTUS: MAO ZEDONG, DE GROTE ROERGANGER | Eerder hebben we al gewezen op de centrale rol van Mao Zedong tijdens de eerste decennia van de Volksrepubliek. De personencultus had natuurlijk een essentiële plaats in het totalitaire universum. Daarom komen we er hier nog eens op terug. De tol die de Chinezen hiervoor betaald hebben, heeft het lot van generaties gewone mensen getekend. We citeren: 'De westerling die China bezoekt, heeft het moeilijk zich te verzetten tegen een fysieke sensatie van verstikking. Hij wordt afgeschrikt door de opofferingen die van de Chinezen gevraagd worden... Maar de Chinezen zouden zich niet tot zulke reusachtige inspanning lenen en zouden niet bereid zijn zulke beproevingen te aanvaarden, zo zij er niet ongevoelig voor gemaakt zouden zijn door hun geloof in een onfeilbare en onoverwinnelijke mens... De kracht van het charismatische gezag bestaat erin de drempel van het collectieve lijden te verhogen.'[80] Of de mystificatie al werkte ten aanzien van de honderden miljoenen Chinezen voor wie ze bedoeld was, blijft de vraag. Voor een aantal onder hen wel. Over de bereidheid zich op te offeren, waar Peyrefitte naar verwijst, kun je minstens grondige twijfels koesteren. Het zou masochisme geweest zijn. De mystificatie werkte duidelijk wél ten aanzien van een aantal westerse intellectuelen. Het is op hen dat auteurs als Simon Leys en Peter Berger hun pijlen afvuurden.

Het China van Deng Xiaoping: conservatieve modernisering (1976–1989)

HET GROTE ONGEDULD: HET FIASCO VAN HET MAOÏSME | Al in de vroege jaren 1970 werd een kentering in het Chinese beleid merkbaar. De functionele elite (Zhou Enlai, Deng Xiaoping) had het pleit gewonnen: de versnelling van de economische ontwikkeling kreeg absolute voorrang. Ze voerde al vlug een beleid dat haaks stond op de maoïstische principes. De strijd om de productie kreeg voorrang. Inzake inkomensverdeling was gelijkheid niet langer de doelstelling. Elk verdelingssysteem dat de productie kon bevorderen, was goed. Vandaar het herstel van premies en materiële stimulansen voor arbeiders en boeren. Maatschappelijke gelijkheid werd veroordeeld: het onderscheid tussen handen- en geestesarbeid moest erkend worden.

DE DIAGNOSE VAN ZHOU ENLAI | Op een topberaad in januari 1975 heeft Zhou Enlai in de laatste grote rede die hij heeft uitgesproken, 'Rapport over het werk van de regering', een pleidooi gehouden voor een langlopend meerjarenplan. Tegen het einde van de eeuw moest een alomvattende modernisering van de landbouw, van de industrie, van defensie en van wetenschap en technologie voltooid worden. Het is bekend gebleven als het programma van de vier moderniseringen. De militante interpretatie van *zili-gengsheng* (self-reliance) werd afgewezen.[81] Voor het beleid van de vier moderniseringen is 1980 een beslissend jaar geweest. Hu Yaobang als partijbaas en Zhao Ziyang, de twee kompanen van Deng Xiaoping, kwamen aan de top in Beijing.

Als je het beleid van de vier moderniseringen analyseert, is de conclusie onontkoombaar dat het haaks stond op de beleidsopties van Mao Zedong. De militante elite met haar prioriteiten was passé. Kern van de modernisering van de landbouw bijvoorbeeld was het verantwoordelijkheidssysteem: de boer zou voortaan zelf bepalen wat hij voortbrengt en hoe hij dat doet. De resultaten waren spectaculair: in 1984 was China voor het eerst een voedsel exporterend land. De keerzijde van de medaille was echter dat China al in 1983 met een overschot van circa 100 miljoen arbeidskrachten zat (het massale!). De dreiging van een uittocht naar de steden zoals in andere derdewereldlanden was reëel. Ongelijkheid, concurrentie en drang naar winst staken de kop op. Gemeenschapstaken als het onderhoud van dijken en irrigatienetwerken werden verwaarloosd. Kern van de modernisering van de industrie was het opgeven van de centralistische besluitvorming. De bedrijven kregen een grotere autonomie. Managementverantwoordelijkheid stond voorop om tot kwaliteitsverbetering te komen en tot een productie die zou aansluiten bij de reële behoeften. Ook hier was het resultaat toenemende werkloosheid. Daarenboven werd de modernisering afgeremd door een aantal flessenhalzen: de ongelijke ontwikkeling van de industrie enerzijds en de energiesector (bijvoorbeeld elektriciteitsvoorziening), de transportsector en grote infrastructuurwerken anderzijds.

In dit kader werd ook het Opendeurbeleid gelanceerd. Speciale economische zones – Shenzen, circa 327 km^2 in de buurt van Hong Kong, is de grootste – werden gecreëerd en veertien havensteden opengesteld. De ongelijkheid tussen de regio's en de afhankelijkheid van China ten aanzien van het buitenland waren onafwendbaar.

De modernisering van wetenschap en technologie kapte met het anti-intellectualistische beleid van Mao, dat echte ravages had veroorzaakt en China opzadelde met 'a lost generation'. 'Liever rood dan deskundig', de slogan tijdens de Culturele Revolutie, werd door Deng Xiaoping omgesmeed tot 'rood én deskundig'. Deskundigheid, specialisering en vakbekwaamheid stonden weer hoog in aanzien. Ook de herwaardering van het wetenschappelijk onderzoek en van het universitair onderwijs waren noodzakelijk voor het succes van de hervormingen. Anno 2005 studeren in China jaarlijks 440.000 ingenieurs af, dubbel zoveel als in de VS![82]

Bij de modernisering van het Volksbevrijdingsleger stond professionalisering voorop: deskundig gevormde kaders én gesofisticeerde wapensystemen waren belangrijker dan massale en gepolitiseerde legereenhe-

Deng Xiaoping startte het Opendeurbeleid. Op het symbool van het Chinese isolement, de Chinese Muur, heeft een arbeider in Mao-pak een reclame voor Coca Cola aangeplakt. De ideologische slogans, het sociale realisme zijn gebleven... De contradicties van de Volksrepubliek in één beeld gevat. Subliem...

den van dienstplichtigen, waar maarschalk Lin Biao de grote promotor van was geweest.

DE REPRESSIE VAN TIEN ANMEN | Het hervormingsbeleid van de functionele elite was een beleid van conservatieve modernisering. De vier moderniseringen – vooral die op het vlak van de economie – waren slechts middel. Doel was de geloofwaardigheid en de legitimering van het regime. Van een vijfde modernisering, namelijk van het politieke regime, was geen sprake. Politieke publicaties uit het Westen, vrije meningsuiting, uitingen van politiek pluralisme bleven taboe. De ontnuchtering bij de jongeren was groot.

Intussen was het tij vanaf 1987 beginnen keren. De economie raakte oververhit: galopperende inflatie, levensduurte en werkloosheid gingen hand in hand. Begin 1987 offerde Deng Xiaoping Hu Yaobang op als partijbaas in ruil voor een compromis met de weer machtiger wordende militante elite. In 1988 werd Zhao Ziyang de leiding over de economie ontnomen. Het overlijden van Hu Yaobang (15 april 1989) was aanleiding voor niet-aflatende protestdemonstraties en studentenbetogingen. Op dat moment was Mikhail Gorbatsjov op officieel bezoek in China. De ogen van de hele wereld waren op Beijing gericht. Dat bezoek van Gorbatsjov moest uitgroeien tot de spectaculaire consecratie van het hervormings- beleid van Deng Xiaoping. Het moest de ultieme triomf worden van een carrière die wel een hindernissenloop leek. Het werd een vernederende ontluistering voor de ogen van de hele wereldpers die in Beijing op dat moment aanwezig was! Gorbatsjov moest langs een achterpoortje wor- den omgeleid zodat een contact met de demonstranten verhinderd werd. Een manoeuvre 'omwille van zijn veiligheid'. De noodtoestand en iets later de krijgswet werden afgekondigd. In de nacht van 3 juni 1989 nam het Centrale Comité de unanieme en anonieme beslissing automatische wapens en tanks in te zetten tegen de demonstranten. Het bloedbad van Tien Anmen (3 op 4 juni 1989) was de verrijzenis van het barbaarse China, van een eeuwenlange traditie die wil dat de regering in China vijandig staat ten aanzien van een machtsdeling met het volk. Het bevestigde dat Zhong Nanhai bereid was de economische vooruitgang op te offeren om het machtsmonopolie van de CP te vrijwaren. De meningsverschillen tussen pragmatici en militanten waren vergeten: de eensgezindheid over het doel primeerde. Zo werd het beleid van conservatieve modernisering bevestigd.

Tien Anmen was ook de culminatie van een ontwikkeling die al langer bezig was maar in de jaren 1980 bijzonder duidelijk werd. We doelen op een groeiende frustratie bij (delen van) de bevolking om de corruptie en de excessen waarmee de hervormingen gepaard gingen. De snelle groei leidde tot een toenemende polarisering en inkomensongelijkheid, in de allereerste plaats bij de bevolking in de steden. In die zin was Tien Anmen een uitbarsting van nationale ontevredenheid. Deze misnoegdheid was wijdverspreid in die mate dat *liu si* – 6/4, voor 4 juni – bij de Chinezen een vertrouwde verwijzing is geworden naar de brutale repressie.[83] Te verge- lijken dus met *nine-eleven* voor de Amerikanen.

Maurice Meisner heeft erop gewezen dat de dominante trends binnen die sociale beweging – die hijzelf de Democratische Beweging noemt – een egalitaire reactie tegen de bureaucratische corruptie en privileges, een bevrijdend cultureel radicalisme en een eis voor politieke demo- cratie waren. 'Deze kenmerken van de volkse beweging waren volledig onverzoenbaar met de imperatieven van het bureaucratische kapitalis- tische systeem dat de post-Maohervormingen hadden gecreëerd en met de mentaliteit van hen die de leiding van dat systeem in handen hadden en ervan profiteerden. Elk ernstig proces van democratisering beteken-de een dodelijke bedreiging voor de nieuwe orde, en dat werd algemeen erkend door de leiders van het regime.'[84] Daarmee zitten we bij één van de kernaspecten van de transitie die de Chinese samenleving de voorbije 25 jaar heeft doorgemaakt: 'In China, net zoals in vele andere landen van de Derde Wereld, zijn diegenen die het binnenlands kapitaal controleren dezelfden die de politieke macht controleren.' Op alle niveaus zijn partij-leiders niet te onderscheiden van de nieuwe kapitalisten. 'Leden van de politieke elite of hun familieleden participeren rechtstreeks in de econo-mie en zijn de belangenbehartigers geworden van grote bedrijven en indus-trieën. Kunnen wij hen vertegenwoordigers van de *civil society* noemen? In China zijn politieke en economische elites volledig versmolten, en zij participeren in de internationale economische activiteiten.'[85] De wortels van de vulkaan van ongenoegen die op 4 juni 1989 tot uitbarsting kwam, zijn ook historisch diep verankerd. 'Degenen die de opdracht hebben de laatste wilsbeschikking en het testament van de revolutie uit te voeren – dit is de Partijleiding – nemen die dubbele verantwoordelijkheid op een absurde manier op: aan de ene kant begraven zij op een clowneske wijze al de redelijke aspecten van de revolutie en van het socialisme, terwijl ze aan de andere kant staatsgeweld en monopolisering gebruiken voor de soepele transitie van de Chinese economie-in-crisis naar een economie gebaseerd op marktmechanismen. En in dat proces verwoesten ze al de billijke aspecten van de sociale garanties die het oude systeem bevatte.'[86] Deze kritiek maakt ook duidelijk dat wanneer Jiang Zemin kapitalisten toeliet lid te worden van de CP, hij geen groen licht gaf aan een nieuwe maatschappelijke groep.[87] Integendeel, hij legitimeerde diegenen die zich in de post-Maoperiode hadden verrijkt en al tot het politieke personeel behoorden. In essentie ging het in 1989 – en vandaag nog steeds – om een crisis in de legitimiteit van de staat. Op Tien Anmen – 4/6 – kwamen sig-nalen van sociale desintegratie aan de oppervlakte. Sindsdien legitimeert het regime zich als behoeder van de sociale stabiliteit en orde. Wang Hui wijst terecht op de inherente paradox: het neoliberalisme impliceert zelf-regulering; in de Chinese praktijk heeft het echter geleid tot overheids-controle en staatsinterventie.[88] Het Tien Anmen-incident heeft het her-vormingsbeleid dat sinds 1978 gevoerd is – het jaar van de rehabilitatie van Deng Xiaoping – niét fundamenteel gewijzigd. Integendeel. Onder de promotie van de Staat is het hervormingsritme nog versneld. Het bete-kent niet dat de legitimatieproblemen voor de tweekolommenstaat – de personele unie tussen staats- en partijorganen – verdwenen zijn. Paral-lel met de hele sociaal-economische ontwikkeling zijn die intussen ook vergroot en verscherpt.[89]

7 Japan
1945–1991

Japan en de wereld

HET CHINESE MODEL | We hebben er eerder al op gewezen dat de Japan-
ners gewoon zijn hun land te situeren in de periferie van grote culturen.
Zij nemen steeds een vreemde cultuur tot model. Vanaf het begin van de
beschavingsgeschiedenis van Japan tot de revolutie van 1868 waren de
woorden beschaving en China in de Japanse ervaring quasi synoniemen.
Alle bestanddelen van de Japanse samenleving zijn van Chinese herkomst.
Ze werden dermate doordrongen van de Japanse geest dat de Japanse
eigenheid toch de kern bleef. Het vermogen om tijdig van andere culturen te leren is traditioneel een van de sterkste kanten van Japan. Tegelijk
leefde de intense overtuiging dat Japan uniek is.[90]

JAPAN EN HET WESTERSE MODEL | In de 19de eeuw werd het respect voor
het Chinese model immers grondig verstoord. De Japanners keerden zich
stilaan naar het Westen, het nieuwe model. In een eerste golf ging het
om het Europese model. Aanvankelijk was de reactie volkomen negatief.
Vanaf het midden van de 19de eeuw was de doelstelling: Europa zo goed
mogelijk leren kennen. De Japanners waren er immers van overtuigd dat
Europa een gevaarlijke bedreiging betekende voor hun land. Japan wou
aantonen dat het een moderne staat was, die als een gelijke moest worden
behandeld. Het trauma van de ongelijke verdragen was ondraaglijk. De
Japanners hebben in hun geschiedenis tienmaal meer geleerd over de Chinezen, de Europeanen en de Amerikanen dan die drie groepen omgekeerd
ooit over de Japanners geleerd hebben. De Europeanen waren compleet
onverschillig en hadden stereotiepe opvattingen over Japan.

In een derde fase (1890–1919) sloeg de slinger terug naar afkeer voor
Europa en het Westen. Verwestersing bleek geen wondermiddel. Japan
keerde terug naar zijn traditties en opteerde voor militant nationalisme.
Gekwetste trots was daar niet vreemd aan. Europa kon blijkbaar geen
respect opbrengen voor de Japanse moderniseringsinspanning. In 1887
stelde Japan voor om te onderhandelen over de intrekking van de ongelijke verdragen. Het Westen wees dat af. De Eerste Wereldoorlog, het cul-
tuurpessimisme en de wereldcrisis (de jaren 1930), die in het Westen haar
oorsprong vond, hebben de afkeer van Japan voor Europa en het Westen
alleen maar bevestigd en gevoed. Paradoxaal genoeg groeide in dezelfde

periode in de wereld het ontzag voor Japan: de Japanse overwinningen op China (1895) en Rusland (1905) hadden grotere overtuigingskracht dan alle culturele waarden samen.

Na de nederlaag in de Pacific-oorlog (1945) begon in Japan een tweede periode van verwestersing. In die tweede golf waren de vs het model en niet langer Europa. De Japanse waardering voor de vs bereikte een climax rond 1965. In de vroege jaren zeventig was ook het Amerikaanse model achterhaald: de 'Nixon-shocks', de Amerikaanse inmenging in Vietnam, de kwetsbaarheid van de vs voor de oliecrisis en het Watergate-schandaal zorgden voor de erosie van de vs-cultus. Japan stond op de drempel van een nieuw tijdvak: met een nieuw zelfvertrouwen als crediteur nummer één en grootste investeerder op wereldvlak.[91]

CULTURELE INTERACTIE | Uit dit verhaal zijn belangrijke conclusies te trekken. Interactie tussen samenlevingen en beschavingen is wereld-wijd en doorheen de hele geschiedenis aan het werk (geweest). Maar in de geschiedenis van het Japanse volk gaat het om een opvallende recur-rentie. De belangrijkste transformaties in zijn geschiedenis wijken in die zin af, dat steeds opnieuw een patroon duidelijk werd van doelbewuste, massieve en agressieve culturele ontlening, gevolgd door een geleidelijk aanpassingsproces, of Japanisering van de vreemde gewoonten en gebrui-ken.[92] Bij de Taika-hervorming in de 7de eeuw ging het om de transforma-tie van Japan van een tribale samenleving tot een keizerrijk naar Chinees model. Bij de Meiji-revolutie in de 19de eeuw betrof het de transformatie van een feodaal shogunaat naar de gecentraliseerde natiestaat volgens westerse patronen.[93] Bij de transformatie van het naoorlogse Japan van een imperialistisch militair regime naar een parlementaire democratie was de impact van de vs bepalend. En telkens opnieuw was er veel meer gaande dan de selectieve en partiële opslorping van de vreemde manier van werken en denken. Het impliceerde telkens een bewuste en doelge-richte inspanning waarbij het keizerrijk herdacht werd. Dat betekende dat er een historisch proces aan voorafging waarbij het vreemde op zijn waarde getoetst werd. Pas na de evaluatie volgde de afkondiging van de transformatie. Ook nadien was er een periode nodig om het novum te verwerken in het weefsel van het eigen mens- en wereldbeeld en in de praktijk van maatschappelijke relaties en gewoonten.

Opvallend is evenzeer dat dit proces zich nooit alleen maar onder de controle van de staat ontvouwde. De bereidheid om het nieuwe te aanvaar-den – *the readiness of the mind* – was telkens afhankelijk van de respons van de samenleving. De dictaten van de staat alleen zouden nooit tot de gewenste transformatie geleid hebben. Dat impliceert op zijn beurt dat de Japanisering van de vreemde ontlening verschillende vormen kon aannemen. Het besef en de doelgerichtheid waarmee de adaptaties gebeurden, wijzen daarop. En wat was telkens het uitgangspunt? De Japanse identiteit. In de Meiji-tijd bijvoorbeeld heeft Japan niét gekozen voor een open parlementair systeem naar Brits model, maar voor het Pruisische bureaucratische model. In het naoorlogse Japan heeft de Amerikaanse bezetter wel zijn model opgedrongen. Maar eens het land zijn soevereiniteit had herwonnen, is dat in de praktijk uitgemond in een eenpartijdemocratie en een beleid van conservatieve modernisering. De confrontatie met de ander leidde telkens opnieuw tot een reflectie op de eigen identiteit en dus feitelijk een herdefiniëren van wat Japans was. Via de andere culturen steeds beter de eigen cultuur leren kennen en de culturele continuïteit garanderen.[94] Daar ging het telkens om. Dat sluit uiteraard naadloos aan bij het soms agressieve nastreven van verandering in een raamwerk van continuïteit, waar we in verband met de Meiji-tijd al naar verwezen hebben.

Net zoals 1868, was 1945 dus 'an epochal moment'. Het was de start van *sengo*, de naoorlogse tijd. 1945 was het moment van een nieuwe start, na de mislukking van de moderniteit die in de ramp van Hiroshima zijn ultieme bevestiging had gekregen.

Hiroshima (6 augustus 1945)

Het atoombombardement op Hiroshima is een uitgelezen gelegenheid om binnen het kader van dit verhaal over het Gouden Oosten de aandacht te vestigen op de interactie tussen de korte, de middellange en de lange termijn binnen de historische evolutie. We focussen eerst op de gebeurtenissen. Daarna plaatsen we die feiten tegen de achtergrond van de decennia tussen de twee wereldoorlogen (de conjuncturele ontwikkelingslijn). Ten slotte zorgen de grote historische krachtlijnen voor een allesomvattende duiding.

EEN MOMENT MET EEN GRENZELOZE IMPACT | Op het moment dat de piloot van de Enola Gay de atoombom dropte op Hiroshima werd een tijdperk in de geschiedenis van de mensheid afgesloten en begon een nieuw. Weinig gebeurtenissen in de geschiedenis hebben een vergelijkbare impact gehad. Tot dan vormde de geschiedenis van de mensheid een coherent continuüm. Op 6 augustus 1945 begon de nucleaire tijd. Dat feit was onomkeerbaar: Hiroshima was *a point of no return*. De breuk was totaal. Tot dan had de mensheid geleefd in het besef van de sterfelijkheid van de mens als individu. Vanaf dàt moment leefde de mensheid in het besef van de sterfelijkheid van de soort.[95] De mensheid was voortaan gegijzeld. Dat was het gevolg op de lange termijn. Van bij de ontploffing ontstond evenwel een keten van gebeurtenissen en ontwikkelingen die zich tot ver in de tijd en dus doorheen generaties uitstrekte. Er was uiteraard de onmiddellijke massale vernietiging van mensen. In Hiroshima vielen circa 75.000 doden, in Nagasaki circa 40.000. De atoombom van Hiroshima had een kracht die het equivalent was van 20 miljoen kilogram TNT. De eerste waterstofbom (1952) had al een kracht van 20 miljard kilogram TNT! De zwaarste bom met klassieke springstof, gebruikt in de Tweede Wereldoorlog (1944), had een kracht van nauwelijks 11.000 kilogram TNT. De kracht van de huidige kernwapens is onmetelijk veel groter dan in 1945. Wetenschappelijke research en spitstechnologie ten dienste van de ontwikkeling van massavernietigingswapens![96] Waarom na Hiroshima ook nog Nagasaki? Blijkbaar om een heel triviale reden. De Amerikanen beschikten over twee soorten bommen, een uraniumbom en een plutoniumbom. Ze hadden een verschillend ontstekingsmechanisme. En dus wilden de militairen ze beide operationeel testen.[97]

De frenetieke wedloop tussen Peenemünde en Los Alamos, de research naar het absolute wapen, leverde de drijfkracht voor een razendsnelle wapentechnologische ontwikkeling. Nochtans waren de conventionele wapensystemen dermate geperfectioneerd dat massale vernietiging perfect mogelijk was. Klassieke bommentapijten hadden historische steden als Rotterdam, Londen en Coventry, Berlijn, Dresden en Tokyo 'in no-time' weggeblazen.[98] Hiroshima was het nec plus ultra: het neutrale, massale, routineuze doden-op-afstand bereikte toen zijn culminatiepunt.

De overlevenden van de atoomaanvallen op Hiroshima en Nagasaki kregen een stralingsdosis van 0 tot 6 gray (Gy) met een gemiddelde van 0,17 Gy.[99] De ioniserende straling zorgde bij vele overlevenden voor het ontstaan van kanker. Verder hadden deze bombardementen genetische en ecologische gevolgen. En die laatste duren het langst: zij beperken zich niet tot één generatie (de lange termijn).

HET DROPPEN VAN DE ATOOMBOM | Hiroshima was geen gebeurtenis in een vacuüm. Het gebruik van de atoombom is slechts te duiden in zijn plaats- en tijdgebondenheid. Pearl Harbor, Hiroshima, Nagasaki zijn onlosmakelijk met elkaar verbonden. In juni 1942 triomfeerden de VS in de zeeslag bij Midway. De ontmanteling van het Japanse eilandenrijk was een moeizame, mensenverslindende onderneming.

Dat de periode waarin Amerikaanse soldaten massaal sneuvelden nog langer zou duren, was meteen hét argument dat president Truman hanteerde om zijn beslissing tot het droppen van de atoombom te legitimeren. Het is een argument dat door zijn tijd- en plaatsgebondenheid bijzonder relevant is. Intensief historisch onderzoek heeft het perspectief echter verbreed. Het heeft geleerd dat Japan begin augustus 1945 wel degelijk al murw was en tot capitulatie bereid.[100] De keizer had in Moskou zijn voelhorens al uitgestoken om aan de weet te komen of hij in geval van capitulatie zou kunnen aanblijven. Er was wel een wezenlijk verschil: de Japanse keizer dacht aan een overgave onder welbepaalde voorwaarden. President Truman stond op een onvoorwaardelijke overgave van Japan. De laatste waarschuwing die op de conferentie van Potsdam tot Tokyo werd gericht (26 juli 1945), werd bewust opgesteld in termen die de realiteit van de atoombedreiging verdoezelden. We citeren letterlijk uit de Verklaring van Potsdam zoals zij door president Truman in zijn Memoires werd opgenomen:

'*Art.3* Als onze militaire macht volledig tot haar recht komt, zal dat onvermijdelijk de volledige vernietiging van de Japanse strijdkrachten en even onvermijdelijk de volslagen vernietiging van het Japanse vaderland betekenen.

Art.13 Wij doen een beroep op de Japanse regering thans de onvoorwaardelijke overgave van alle Japanse strijdkrachten af te kondigen en de behoorlijke garantie van hun goede trouw daarbij te geven. Het alternatief voor Japan is onmiddellijke en totale vernietiging.'[101]

Herinneren we eraan dat president Truman op de conferentie van Potsdam dadelijk op de hoogte was gebracht van de geslaagde atoomtest van 16 juli. Het illustreert de verdoezelende termen van deze Potsdamverklaring, niet alleen ten opzichte van Japan, maar ook van de Sovjet-Unie.

HIROSHIMA, DE VS EN DE SOVJET-UNIE | Daarmee komt de middellange termijn aan de orde. In zijn klassieke studie *Military and Political Consequences of Atomic Energy* (1948) schreef de Britse fysicus P.M.S. Blackett dat de opeenvolging van de gebeurtenissen overduidelijk aantoonde dat 'the use of the bomb was not the last military act of the Second World War, but the first major operation of the cold diplomatic war with Russia'. Dat was een onrechtstreekse verwijzing naar de afspraak die Stalin en Franklin Delano Roosevelt op de oorlogsconferentie van Jalta (februari 1945) hadden gemaakt. Stalin beloofde de Geallieerden het Rode Leger te zullen inzetten, drie maanden na de overwinning op nazi-Duitsland. V-Day in Europa was 8 mei. De Russen zouden dus interveniëren in het Verre Oosten uiterlijk op 8 augustus. De Amerikanen dropten de bom op 6 augustus. Toen bleek dat Japan niet onmiddellijk de handdoek in de ring wierp, volgde de bom op Nagasaki op 9 augustus! Intussen had Stalin inderdaad de oorlog verklaard aan Japan (9 augustus) en rukte het Rode Leger op doorheen Mantsjoerije en Zuid-Sachalin. Maar de inmenging in een vredesregeling in de Pacific konden de Russen niet meer afdwingen. Het Europese scenario, waar de Amerikanen intussen allergisch voor geworden waren, werd in het Verre Oosten niét herhaald. De Sovjet-Unie bleef uitgesloten.

Historici hebben er – allicht terecht – op gewezen dat de redenering als zou de bom op 6 augustus 1945 gedropt zijn omwille van de dreiging van Russische inmenging in de Pacific niet erg overtuigend klinkt. Zo wijst Stephen Ambrose erop dat het voor de Amerikanen, vanuit die bezorgdheid, best wel mogelijk ware geweest om al in juli of zelfs daarvoor een overgave met Tokyo te onderhandelen. Dus lang vooraleer de Russen klaar waren om de oorlog te verklaren. Hij stelt dat de eenvoudigste verklaring allicht de juiste is: de bom was nu eenmaal beschikbaar; niemand in de regering overwoog in alle ernst ze niét te gebruiken. De VS en de SU waren bondgenoten tijdens de Tweede Wereldoorlog, maar alleen maar omdat ze een gemeenschappelijke vijand hadden. In feite waren ze elkaars antipoden: hun ideologie, hun wereldbeeld dus, hun economische en maatschappelijke systeem en hun politieke concept stonden haaks op elkaar. En de implosie van nazi-Duitsland, de uitschakeling van Europa als wereldmacht, de vernietiging van de machtspositie van Japan in Azië en de Pacific, alles wees erop dat de VS en de SU de naoorlogse wereld zouden beheersen. Die bipolaire wereld zou een wereld zijn van confrontatie, conflict, antagonisme, koude oorlog in de kerngebieden én warme oorlog in de periferie, op de breuklijnen van elkaars invloedssferen. Het feit dat Truman in Potsdam Stalin niet in vertrouwen had genomen over het succes in Alamagordo, het snelle droppen van de bom, de poging tot geheimhouding van de kennis tot aanmaak, dat alles zorgde voor een immens wantrouwen. De trend was gezet. Hiroshima was de voorafspiegeling van decennia Koude Oorlog. Eens te meer bepaalde de korte termijn de ontwikkelingen op de middellange termijn. En vice versa: de drijfkracht van 'l'ère du soupçon' zorgde op zijn beurt voor een duizelingwekkende wedloop-in-kernwapens en voor de aanleg van een volkomen zinloos kernwapenarsenaal (*the capacity to overkill*).

TUSSEN DE TWEE WERELDOORLOGEN | Het omgekeerde is even waar: de korte termijn werd ook bepaald door de ontwikkelingen die zich voordien op de middellange termijn hadden voorgedaan. De Engelse cultuurfilosoof George Steiner kwalificeerde 1914 als 'het einde van de Europese orde'. Daarmee bedoelde hij niet het einde van de suprematie van Europa op wereldvlak, maar wel het einde van de Europese beschaving, het roemloze fiasco van een hoogstaande culturele traditie. *De wereld van gisteren* heeft Stefan Zweig het genoemd. Steiner spreekt over de bommencultuur, over de tirannie van de terreur, die van bij het uitbreken van de Eerste Wereldoorlog tot en met 1945 onafgebroken gewoed heeft via oorlog, marteling, uithongering en opzettelijke massamoord. De eenendertigjarige oorlog heeft de dood van zo'n 70 miljoen Europeanen en Russen veroorzaakt. Steiner spreekt over 'de standaardisering van de dood' en vraagt zich af 'wat de professionele, in wezen beperkte oorlogvoering in massamoord had doen veranderen.' Deze 'krankzinnige terugkeer naar de barbarij' was inderdaad de doelbewuste vernietiging van mensen. Wat tijdens de Eerste Wereldoorlog nog een misrekening was, werd tijdens de Tweede Wereldoorlog een methode. 1914–1918 had daarbij toch wel een cruciale rol gespeeld, had namelijk de mensheid, de mensen, ingesteld op 'een desastreuze verlaging van de geweldsdrempel'. De beschaving was aangeland in 'het rijk van nacht en nog eens nacht' (Fr. Nietzsche). Hiroshima en Nagasaki maken onlosmakelijk deel uit van die nacht, van het neutrale, massale doden-op-afstand, gestuurd door een machine waarbij mensen werden ontmenselijkt, gereduceerd tot aantallen, tot nummers. De bureaucratische organisatie ontwikkelde daarbij een routineuze wetmatigheid. Gewone mensen waren nog slechts robotmatige radertjes in een complexe machine.[102]

Op de middellange termijn kan je er ook niet onderuit in deze context de betekenis van het presidentschap van F.D. Roosevelt (FDR) te erkennen. Tijdens deze twaalf jaren (1933–1945) is de macht van de Uitvoerende Macht en vooral van de president op spectaculaire wijze toegenomen. Die machtsconcentratie vloeide voort uit de noden van het tijdsgewricht. Noemen we de grote depressie en de New Deal, de leiding en coördinatie van de Amerikaanse oorlogsinspanning, de voorbereiding van de naoorlogse wereld in confrontatie met de Sovjet-Unie. Een historische verwezenlijking op het actief van FDR is ongetwijfeld dat hij erin geslaagd is het diep verankerde isolationisme van de Amerikaanse publieke opinie te overwinnen. FDR voedde doelbewust 'a pervasive feeling of guilt' dat de Tweede Wereldoorlog in belangrijke mate een gevolg was van het falen van de VS om zijn geëigende rol te spelen na de Eerste Wereldoorlog. Pearl Harbor was de catastrofale ervaring die het isolationisme definitief heeft gebroken. Ook de betekenis van het overlijden van F.D. Roosevelt (april 1945) is voor Hiroshima nauwelijks in te schatten. Zijn opvolger, 'the unknown Missourian' Harry Truman, volkomen onvoorbereid, onervaren en niet geïnformeerd over FDR's buitenlandse beleid, was wél de man die de beslissing nam tot het droppen van de bom.

Op een totaal ander vlak, dat van de wetenschappelijke research, was er het leven én de vorming – o.a. in Cambridge, Massachussets – van de topfysicus J. Robert Oppenheimer die de leiding zou krijgen van het Manhattan Project. Hij is dus de wegbereider geweest van de succesvolle atoombomtest in de woestijn van Alamagordo.

Laatste aandachtspunt binnen de context van de middellange termijn zijn uiteraard de ontwikkelingen in Japan zelf tussen de twee wereldoorlogen. In de eerste plaats moet dan aandacht gaan naar de bedenkelijke ontwikkelingen binnen het politieke bestel. In de late Meiji-tijd (tot 1912) en ook nadien stonden de militairen binnen de oligarchie – generaal Yamagata voorop – in het epicentrum van de macht. En zelfs tijdens de relatief democratische periode (1919–ca.1930) groeide als gevolg van corruptie, belangenvermenging en financiële schandalen een afkeer van de politieke partijen. De democratie in Japan was toen slechts een vernislaag voor een grondig verdeelde samenleving. De leidende klassen vonden het toen veel te riskant de levensstandaard te verhogen en zo een binnenlandse afzetmarkt te creëren. De burgers zouden dan wel eens een onvervalste democratie kunnen eisen. Een miljoenenmarkt in eigen land ging zo verloren! De Japanse economie had nood aan een vlotte toevoer van grondstoffen en een vrije afzet van afgewerkte producten op de buitenlandse markten. De wereldcrisis van 1929 en haar nasleep was hier het breekpunt. Overal greep men terug naar een protectionistisch beleid: de tariefmuren werden opgetrokken.

De economische depressie in Japan zelf werd nog eens verscherpt door de demografische groei. Sociale en politieke onlusten kondigden de totalitaire periode aan, gedomineerd door de militairen, de Japanse variant van het fascisme. Repressie in het binnenland, agressie in het buitenland: het is de perfecte synthese van het gevoerde beleid dat uitmondde in imperialisme in het Verre Oosten en in de Pacific en dus in Pearl Harbor.

'AN ORGANIC NECESSITY' | De impact van Hiroshima op de lange termijn kwam al aan bod. Het bracht Arthur Koestler er ooit toe de introductie van een nieuwe kalender voor te stellen: v.H. en n.H. in plaats van v.C. en n.C. Er was een tijdperk voor Hiroshima en er was er een ander – het nucleaire – na Hiroshima.

Hoe belangrijk ook, het is slechts één kant van de medaille. Natuurlijk is Hiroshima ook maar mogelijk geweest als resultante van langetermijnontwikkelingen die eraan voorafgingen. Feitelijk gaat het om twee grote historische krachtlijnen, enerzijds de spiraal van de natuurwetenschappelijke vooruitgang, anderzijds de onderstroom van (geo)politieke tektonische verschuivingen.

De atoombom was 'an organic necessity'. Deze wat raadselachtige uitspraak is van J. Robert Oppenheimer. Hij stond met deze mening niet alleen. Hij besefte blijkbaar dat het concipiëren van de atoombom in het logische verlengde lag van een cultuurproject dat eeuwen vroeger was opgestart (hetzelfde is gezegd over Auschwitz en de shoah). Het is onlosmakelijk verbonden met het project dat aan onze westerse cultuur ten grondslag ligt, een technologisch project van natuur- en wereldbeheersing. Dit streven werd ingezet met de Renaissance en kreeg bij monde van Descartes zijn optimale verwoording. Hij zag de mens als 'maître et possesseur de la nature'. De westerse mens stelt zich op, buiten en tegenover de natuur. Max Wildiers heeft dat cartesiaanse paradigma ooit het paradigma van de macht genoemd.[103] En een 'reus' als Claude Lévi-Strauss heeft zowel Hiroshima als Auschwitz gerelateerd aan het humanisme: 'Men heeft me dikwijls verweten een antihumanist te zijn. Ik geloof niet dat dit juist is. Waar ik me wel tegen verzet – en waar ik ook van ervaar hoe fundamenteel schadelijk het is – is dat soort schaamteloos humanisme dat van de mens een meester, een almachtige heer van de schepping maakt. Ik heb het gevoelen dat al de tragedies die we hebben beleefd, vooreerst met het kolonialisme, verder met het fascisme, ten slotte met de uitroeiingskampen, te situeren zijn, niet in oppositie tot of in tegenspraak met het zogenaamde humanisme dat we reeds sinds meerdere eeuwen in de praktijk brengen, maar – zo zou ik durven stellen – welhaast in het "natuurlijke" verlengde ervan.'[104] De oorsprong van het kwaad zit bij de cartesiaanse hybris ten aanzien van de natuur. Het losmaken van de atoomkracht heeft immers alles te maken met het reductionisme, waarbij de mens er zich op toelegt de werkelijkheid – de natuur – te fragmenteren en tot in zijn infinitesimaal-kleinste partikels te herleiden en te doorgronden. De atoomkracht is daar de evidente illustratie van. Het is deze fundamentele attitude die aan de basis ligt van de wetenschap en de techniek. Uitgerekend de atoomkracht kan beschouwd worden als een hoogtepunt in de wetenschappelijke research, tevens als het verbluffende resultaat van een perfecte transfer van de aldus verworven kennis in technologische knowhow. President Truman sprak na de eerste geslaagde test over een unieke prestatie in de geschiedenis van de wetenschap en van de mensheid. Hiroshima was 'an organic necessity', want de prestatie behoorde tot het wezen van de westerse cultuur. Die analyse was helaas correct. Sindsdien – en tot op de dag van vandaag – is die mefistospiraal niet gestopt. De investeringen – inventiviteit, grondstoffen, kapitalen – in de productie van nucleaire massavernietigingswapens werden nog opgevoerd. 'Wanneer we naar Hiroshima komen, voelen we schuld, niet in de eerste plaats omwille van de massale slachting van 1945, dan wel omwille van de persistentie in dezelfde denk- en actiepatronen die dat bloedbad onvermijdelijk maakten en ons nu, als we pech hebben, mogelijk zullen leiden tot een slachting op een nog grotere schaal.'[105]

DE VS EN JAPAN: DE LANGETERMIJNONTWIKKELINGEN | De politieke onderstroom moet zowel in de VS als in Japan gezocht worden. Het Manhattan Project was een gigantische operatie die slechts mits organisatorische perfectie tot succes kon leiden. De VS konden dit enkel realiseren, ondersteund door de langetermijnontwikkelingen die hen hadden geboetseerd. Eerst en vooral was er de geopolitieke uitbouw: doorheen de 19de eeuw groeiden de VS uit tot een staat van continentale omvang. De VS gingen door op dat westwaartse elan. Ze zochten ook expansie in de Stille Oceaan. In 1853 al hadden zij Japan gedwongen zijn eeuwenlange afwijzing van het Westen op te geven en concessies toe te kennen. Rond 1900 waren de VS uitgegroeid tot dé mogendheid van de Pacific.

De tweede fundamentele ontwikkelingslijn voor de VS startte onmiddellijk nadat het land de Burgeroorlog had overleefd (1865). In de tweede helft van de 19de eeuw werden de VS ook een economische grootmacht. Die economische vitaliteit bleek én in de Eerste én in de Tweede Wereldoorlog. Washington was in staat zowel op het Europese front als in de Pacific zijn militaire macht te ontplooien. Het toonde toen een wereldwijd en volgehouden logistiek vermogen. En dat was slechts haalbaar op basis van unieke economische slagkracht en industriële capaciteit. Noch nazi-Duitsland, noch Japan kon daar tegenop.

Ook het langetermijnverhaal van Japan is in zijn uniciteit echt wel onthutsend. De eeuwen van het Tokugawa-shogunaat (1603–1867) zijn van fundamentele betekenis geweest. Vooreerst was er de beleidsoptie om de Europeanen de toegang tot de eilandenstaat te ontzeggen. Tegelijk gebruikten zij die lange periode om de rurale Japanse economie om te bouwen tot een commerciële economie. De Tokugawa's realiseerden dit tijdens de eeuwen van Europa's expansie en wetenschappelijke en technisch-economische vooruitgang. De Europeanen konden het zich echter niet veroorloven slaags te raken met een militair sterk regime aan de andere zijde van de aardbol. Zo is Japan als één van de weinige buiten-Europese gebieden, ontsnapt aan de verknechting door Europa. Zo kon Japan zich in de 19de eeuw beginnen ontwikkelen tot de moderne staat van heden. Die laatste transformatie is het werk geweest van de Meiji-mikado en vooral van de efficiënte oligarchie die toen de plak zwaaide (1867–1912). Zij zorgden voor de constructie van een moderne gecentraliseerde staat en voor de ombouw van een mercantiele staat tot een moderne economische grootmacht met een snel groeiende moderne industrie. Japan heeft de fundamentele kenmerken van de moderniteit echter tot stand gebracht zonder verwestersing van zijn maatschappelijke structuren of culturele tradities. De modernisering van Japan verliep op een Japanse manier.[106] Meteen is dit het moment om te wijzen op het 'exceptionalisme' dat Japan claimde. Japan was en is uniek: het is mononationaal en cultureel homogeen. Het heeft een sterke cohesie. Het geloof in een exclusieve identiteit is opmerkelijk. Japanners voelen zich ook superieur, maar dat superioriteitsgevoel is op een vreemde wijze vermengd met een minderwaardigheidsgevoel. De arrogantie van het Westen heeft Japan in bepaalde periodes tot xenofobie gebracht. Hiroshima heeft dat nog verdiept. Op de lange termijn was dat exceptionalisme hét argument om te onderstrepen dat er een onderscheid-ten-gronde was met China. En doorheen de 19de en 20ste eeuw accentueerden de Japanners dat ze een unieke moderniteit belichaamden. De nationalisten hebben de mantra van de uniciteit uiteraard sterk beklemtoond. Dat staat haaks op een correcte historische visie omdat het een onveranderlijke cultuur impliceert die de tijden trotseert. Het andere extreem was evenzeer verwerpelijk, de idee namelijk van convergentie, vooral na 1945 verdedigd door Amerikaanse sociale wetenschappers. Het Amerikaanse triomfalisme deed hen de pedalen verliezen: modernisering kon niet anders uitmonden dan in een navolging van 'the American way'. Zoals we hoger al hebben aangetoond heeft de Amerikaanse bezetting van Japan dergelijke doelstelling nagestreefd. Het is echter een aberratie samenlevingen waar ook te meten met een Amerikaanse of westerse norm. We moeten Japan, met al zijn eigenschappen, situeren in de geschiedenis van de moderniteit. Zowel de punten van overeenkomst met andere moderne samenlevingen als de eigen kenmerken moeten verrekend worden. 'Japan is an instance of the modern, no more, no less.'[107]

Rond 1900 kon Japan volwaardig deelnemen aan de imperialistische wedloop in Azië. Het profiteerde maximaal van het feit dat de Europese industriestaten tijdens de Eerste Wereldoorlog hun Aziatische markten en koloniën moesten verwaarlozen. Japan beging toen wel een strategische fout, het vertikte een binnenlandse afzetmarkt te creëren. De beleidsvisie 'repressie in het binnenland, agressie in het buitenland' was de passe-partout voor de latere militaire avonturen in Oost-Azië en in de Pacific. Tegelijk is het goed te beseffen dat dergelijke machtsontplooiing maar mogelijk was dankzij de politieke en economische langetermijnontwikkelingen die zojuist geschetst werden. Zonder Tokugawa's en Meiji geen Pearl Harbor, maar ook geen Hiroshima.[108]

NUCLEAIRE ALLERGIE | In de nieuwe grondwet (1947) – in artikel 9 – werd het Japan verboden nog een gewapende macht uit te bouwen, kernwapens te bezitten en nog ooit een oorlog te voeren. Vooral het probleem van de kernwapens lag heel gevoelig. Het Japanse volk was immers het enige volk ter wereld waartegen atoomwapens waren gebruikt: in Hiroshima alleen vielen er meer dan 200.000 slachtoffers.

Het is voor de Japanners een traumatische ervaring geweest. Zij hebben dan ook heftig en emotioneel gereageerd, telkens atoombewapening of kernenergie aan de orde was. Japan beschikt sindsdien wel over zelfverdedigingstroepen die met gesofisticeerde conventionele wapens zijn uitgerust. Voor het overige vertrouwde het op de Amerikaanse atoomparaplu.

Dat grondwetsartikel 9 heeft Japan ervoor behoed tijdens de Koude Oorlog deel te nemen aan de wapenwedloop. Frank R. Lichtenberg, professor aan de Columbia University, heeft aangetoond dat militaire Research and Development (R&D) de machtspositie van om het even welke natie ondermijnt. De economische macht van staten wordt in hoge mate bepaald door de investeringen in onderzoek en ontwikkeling voor niet-militaire doelen. In de VS bedroeg het aandeel van de militaire R&D in het totale pakket researchinvesteringen 35 à 40%. 'Een hoge mate van militaire R&D draagt wellicht bij tot militaire macht, maar verzwakt anderzijds de economie omdat er minder beschikbaar komt voor civiele R&D-investeringen. En dat vermindert het vermogen om op de internationale markten te concurreren.'[109] Voor Japan bedroeg het 1%! Japan heeft dus zijn investeringen decennialang kunnen toespitsen op civiele R&D, die bijzonder renderend is. Dat verklaart mee de enorme economische macht van Japan in de naoorlogse wereldeconomie.

Het shogunaat-McArthur (1945–1952)

CONSERVATIEVE MODERNISERING: EEN EENPARTIJDEMOCRATIE | Japan heeft een Amerikaanse bezetting gekend van 1945 tot 1952. In een eerste fase – tot 1948 – stimuleerden de VS als het ware een politieke en sociale revolutie. 'It was an American show, from the start.'[110]

De doorgevoerde politieke hervormingen hadden een democratisering naar Amerikaans model op het oog. In Japan was dat een hachelijke onderneming. Het democratische regime – *demokurashii* – werd immers opgelegd, samen met de nederlaag en onder de controle van een bezetter. De keizer was voortaan een constitutionele vorst. De Diet (het parlement) kreeg het hoogste staatsgezag: het was het enige wetgevende orgaan met controle over de uitvoerende macht. De natuurlijke rechten van de enkeling en de burger werden in zuivere John Locke-traditie in deze grondwet vastgelegd. Een onafhankelijke rechterlijke macht zou waken over de naleving ervan.[111] Voor Japan was dàt alleen al een cultuurshock van eerste orde. 'Shogun' McArthur – de supreme commander for the allied powers (SCAP) – beoogde een totale hervorming van de Japanse mentaliteit, onder meer door het hele onderwijssysteem naar Amerikaans voorbeeld te reorganiseren. Zo werd een leerplicht ingevoerd tot 15 jaar.

In een tweede fase is de democratisering zoals de Amerikanen die voor ogen hadden, feitelijk een fiasco geworden.[112] Ten aanzien van de verantwoordelijken voor de oorlog werd een grote zuiveringsoperatie doorgevoerd, die echter halfslachtig bleef. De Amerikanen handhaafden de keizer op de troon. Zo werd een unieke kans gemist om het hart van het Japanse systeem te democratiseren. Toch was dit een bijzonder hachelijke operatie. Aan de ene kant diende de SCAP de keizer te ontmantelen: de troon zou niet langer politiek gezag hebben en zich verre houden van elke religieuze mystiek.[113] Aan de andere kant moest Mc Arthur ingaan tegen de Australiërs, de Britten en de Sovjets die Hirohito wilden aanklagen voor oorlogsmisdaden. Ten andere voor het International Military Tribunal for the Far East – opgezet naar het model van het Hof van Neurenberg – dat zetelde van mei 1946 tot november 1948 en dat bestond uit rechters van elf geallieerde naties, inclusief de Sovjet-Unie, stonden generaals, politici en diplomaten terecht. De enige die op de beschuldigdenbank ontbrak, was de keizer. Nochtans, alle belangrijke beslissingen waren op zijn bevel tot stand gekomen. Een opsomming is onthutsend: Pearl Harbor, de invasies van Indochina, Maleisië en Nederlands Indië, de slachtpartij in Nanjing. 'Hij spoorde zijn generaals aan door te vechten, zelfs toen de oorlog al verloren was.' Japanoloog Herbert Bix is onverbiddelijk: Hirohito was verantwoordelijk omdat hij toen 'de enige vrije man in heel Japan was en tot het einde toe echte keuzes kon maken'.[114] De bescherming van de keizer verduisterde evenwel het belangrijkste probleem: de politieke verantwoordelijkheid, de aard van *kokutai* en de link tussen de imperiale ideologie en de misdaden tegen andere Aziatische volkeren kwamen niet aan de orde.[115] Toch heeft de bovenlaag van de bureaucratie en het zakenleven de kans gekregen op invloedrijke posities terug te keren. De bureaucraten zijn er zelfs in geslaagd de bovenhand te halen op de verkozen politici. Het grote geheel bleef intact: de continuïteit tussen het vooroorlogse Japan, respectievelijk de oorlogstijd en het naoorlogse Japan, bleef verzekerd.[116] 'De keizer verdween niet, en werd ook niet gedemoniseerd – alleen in heel kleine kringen. Door zijn militaire uniform na de nederlaag in 1945 te verwisselen voor een grijs pak, en door te ontkomen aan schuldigverklaring bij het Tokyo-proces, is hij, heel letterlijk, een symbool van zijn volk geworden. Zijn onschuld was de onschuld van het Japanse volk. Net als hun keizer waren ze "bedrogen" door de militaire leiders. Door bedrog waren ze tot oorlog gedreven.'[117] Die continuïteit verklaart ook ten dele het feit dat Japan er nooit toe gekomen is de oorlog op een volwassen manier te verwerken. Het Japanse volk was slachtoffer geworden van de atoombombardementen. Achter die façade werd de eigen verantwoordelijkheid voor oorlogsmisdaden weggestopt.[118]

In tweede instantie hebben het uitbreken van de Koude Oorlog en de machtsname van Mao Zedong in Beijing Japan gepromoveerd tot 'darling' van de vs in Azië. De politieke stabiliteit in Japan was nu zoveel belangrijker dan democratisering. De vakbonden werd de wind uit de zeilen genomen door algemene stakingen te verbieden. Er volgde een onverbiddelijke 'rode zuivering' van (vermeende) communisten (1949).

In 1955 kwam de Liberaal Democratische Partij (LDP) aan de macht. Zij heeft tot 1993 de macht onafgebroken in handen gehad. De Japanners spreken over het '55 systeem'.[119] Eens te meer duikt hier de tegenzin voor institutionele verandering op, die zo kenmerkend is voor de Japanners. Japan is zo in feite een eenpartijdemocratie geworden. Volgens de grondwet berustte de soevereiniteit bij het volk, maar de Japanners leken in termen van politieke volwassenheid wel 'een natie van twaalfjarigen'.[120] Zij bleven passief tegenover de bureaucratische controle op hun leven. In scholen, in bedrijven, in de hele samenleving werd sterke druk uitgeoefend om zich te conformeren naar van hogerhand opgelegde doelstellingen. Maatschappelijke discussie was onbestaande. De macht bleef in handen van een oligarchie, maar nu onder een democratische dekmantel.

CONSERVATIEVE MODERNISERING: ECONOMISCHE ZELFSTANDIGHEID | De Amerikanen voerden een gedurfde landhervorming door, waarbij 2 miljoen hectaren landbouwgrond herverdeeld werden. Op het vlak van handel en nijverheid waren de maatregelen van de bezetter ronduit revolutionair. Het strenge beleid keerde zich vooral tegen de zaibatsu, de geldmachten, met het doel ook daar een spreiding van invloed en rijkdom door te voeren. De gigantische ondernemingen werden ontbonden in talloze kleine firma's. Japan was op weg een land te worden van kleine landbouwers en middelgrote ondernemers.[121] Vooral de creatie van een klasse van kleine landbouwers had onbedoelde effecten op de lange termijn. Deze kiezers zijn er immers verantwoordelijk voor dat de conservatieven tot op heden nog altijd de lakens uitdelen in Japan.[122]

De Koude Oorlog en de triomf van Mao in China brachten de VS ertoe alle beperkende maatregelen ten opzichte van de Japanse economie op te heffen. De Amerikanen begrepen dat Japan slechts dan politieke stabiliteit zou kennen, als het economisch stabiel en welvarend zou zijn: 'Japan's revival as fortress against communism.'[123] Het engagement van de VS in de Koreaanse oorlog die in juni 1950 uitbrak, bespoedigde het einde van de bezetting in Japan. Vanaf het Vredesverdrag (september 1951) bezat Japan opnieuw zijn volledige soevereiniteit. Tegelijk garandeerde het de controle van de VS over de Ryukyu Eilanden en hun voornaamste militaire basis op Okinawa. Door het verdrag van 28 april 1952 werd de overdracht van het gezag aan de Japanse autoriteiten een feit. De Amerikanen betreurden nu het pacifistische artikel 9 in de Japanse grondwet. Nixon noemde het 'an honest mistake'. Maar bij de Japanse bevolking zelf was het populair en het betekende dat de overheid haar middelen kon investeren in productievere sectoren van de economie. De welvaart van Japan werd voor Washington een zaak van primordiaal belang voor de nationale veiligheid. De latere Secretary of State John Foster Dulles legde in de machtige Council of Foreign Relations van de Senaat uit dat die delen van Azië die niét communistisch waren, dat moesten blijven. Noemen we Zuid-Korea, Zuidoost-Azië en de landen die de Pacific Rim vormden. En hij voegde eraan toe dat Japan toegang moest krijgen tot hun grondstoffen en hun markten. De VS rekenden substantieel op Japan 'voor de productie van goederen en diensten die belangrijk waren voor de veiligheid van de VS en voor de stabiliteit van het niet-communistische deel van Azië'.[124] Een paradoxale en ironische situatie: de VS hadden de Pacific-oorlog gevoerd om Japans Co-Welvaartssfeer van Groot Oost-Azië (Dai Tô-Akyôei-ken) onderuit te halen. En nu, nauwelijks vijf jaar na het beëindigen van de oorlog, hielpen ze Japan om die invloedssfeer weer op te bouwen! De logica van de Koude Oorlog bracht Washington ertoe om doelbewust de herleving van de Japanse economische macht te bevorderen.

Ook op het binnenlandse vlak was de impact van de Koude Oorlog onmiskenbaar. De burgerlijke vrijheden die de SCAP in 1945-1946 had ingevoerd, werden teruggeschroefd. Er ontstond een communistenjacht: 70 journalisten van de krant *Akahata* en die bekendstonden om hun communistische sympathieën of leden van de communistische partij waren, werden ontslagen. Iets later werd de krant zelf verboden en werd de Japanse pers gezuiverd van 700 journalisten die verdacht werden van communistische sympathieën. En 351 journalisten, die in 1945-1946 omwille van hun banden met het militaristische regime van het vooroorlogse Japan waren ontslagen, werden opnieuw in dienst genomen. De sluiting van de zaibatsu was ook niet langer aan de orde. 'Deze gigantische trusts kregen integendeel steun van de overheid. De begunstigden waren de drie grote zaibatsu uit de vooroorlogse periode: Mitsui (o.a. Toyota, Toshiba en de warenhuisketen Mitsukoshi), Mitsubishi (o.a. Nikon, Kirin Beer, Meiji Life en NYK Shipping) en Sumitomo (o.a. NEC elektronica).'[125] Sindsdien vormen de leiders van deze *keiretsu*[126] een regering achter de regering, de werkelijke macht achter de wettelijke macht. Een kleine elite legde het beleid vast. Dus: continuïteit in de verandering! In vergelijking met de Meiji-tijd was er wezenlijk niet zoveel veranderd. De invloed van de economische belangen op regeringsvlak is een constante in het Japanse politieke leven. In dat opzicht was de situatie in Japan de antipode van wat zich in China onder het Mao-regime afspeelde en waar de politiek de economie dicteerde. Zo kreeg een beleid van conservatieve modernisering weer alle kansen: binnen de eenpartijdemocratie kon absolute prioriteit gegeven worden aan modernisering en groei van de economie. De hoop op een open, dynamische democratie werd toen begraven!

Japan, de nieuwe supermacht (1952-1991)

DOELSTELLING: HET WESTEN INHALEN | Na de kanonneerbootdiplomatie (1853) voelde Japan zich vernederd door de ongelijke verdragen. Japan kwam tot de vaststelling dat het (wapen)technologisch en economisch een enorme achterstand had opgelopen. Het Meiji-regime zette alles op alles om het Westen in te halen. Dat was noodzakelijk om de toekomst van Japan veilig te stellen én om op wereldvlak zijn – volgens Japanners terechte – plaats in te nemen tussen de eersterangsmogendheden.[127]

Hiroshima (1945) was een nieuwe schokervaring. Het was duidelijk dat Japan technologisch en economisch opnieuw achterop was geraakt. Conservatieve politici, ambtenaren en zakenlieden – de ijzeren driehoek – beseften dat een nieuw inhaalmanoeuvre ten aanzien van het Westen dringend nodig was. Samen stelden zij de economische doelstellingen in grote lijnen vast.

Tussen 1954 en 1971 groeide de Japanse economie gemiddeld met 10% per jaar. In totaal nam ze met 500% toe. De naoorlogse gedaanteverandering van Japan is waarschijnlijk het meest geslaagde verhaal van snelle economische groei aller tijden. Die onthutsende, fenomenale evolutie – het Japanse mirakel – kun je maar verklaren als je oog hebt voor de elkaar versterkende interne en externe factoren.

Extern – we hebben er al op gewezen – was de Koude Oorlog doorslaggevend. Japan betekende voor de VS in het Verre Oosten een cruciale bondgenoot. In de praktijk waren de gevolgen voor de economische opstanding van Japan en zijn groei tot mondiale economische supermacht doorslaggevend. In de eerste plaats was er het feit dat de bescherming van de Amerikaanse atoomparaplu de consequenties van het pacifistische grondwetsartikel 9 compenseerde. Om duurzame groei te realiseren had Japan behoefte aan enorme kapitalen. Maar die waren beschikbaar, 'gedeeltelijk omdat er weinig uitgaven waren voor defensie in een gedemilitariseerd land dat beschutting vond onder de Amerikaanse atoomparaplu'.[128]

In tweede instantie was er de impact van de oorlog in Korea. Feitelijk heeft de oorlog in Korea als een soort detonator gezorgd voor de transformatie van Japan. Het conflict was een enorme impuls voor de Japanse economie. De VS financierden die 'boom'. Dat gebeurde via een *war emergency system*, namelijk de Special Procurements. Dat liet het Pentagon toe de bevoorrading van de troepen ter plaatse aan te kopen, zonder zich te moeten storen aan het ingewikkelde aankoopsysteem dat binnen de VS zelf gold. In 1951 bedroegen de Special Procurements in Japan 592 miljoen dollar. Ze piekten in 1953 tot 809 miljoen dollar. Toyota zal het geweten hebben. Het leverde per maand 1500 vrachtwagens aan het Amerikaanse leger. De immense behoefte aan vrachtschepen legde evenmin windeieren. In 1956 bezat Japan de modernste scheepswerven in de wereld. De behoeften van het Amerikaanse leger waren enorm: van proviandering tot alle mogelijke andere gebruiksartikelen. Japan was de bevoorrechte leverancier! De textielindustrie zorgde voor kleding, slaapzakken en lakens voor de militaire hospitalen. In de gezondheidssector leverden de Japanners van verbanden tot geneesmiddelen. De productie van de Japanse industrie steeg op één jaar tijd (maart 1950 tot maart 1951) met 50%. In 1953 was de productie tweemaal zo groot als in 1949. De levensstandaard bereikte al vlug het vooroorlogse niveau. En dat alles – in feite – op kosten van de Amerikaanse belastingbetaler. Want de privé-investeringen in Japan bereikten slechts 9% van de Special Procurements, die de VS tussen 1950 en 1955 in de Japanse economie pompten. 'Niet alleen financierde het Pentagon de 'boom' die Japan katapulteerde tot Amerika's belangrijkste handelsrivaal, de Amerikaanse militaire overheid blies ook de managementmechanismen nieuw leven in die Japan tot nog grotere successen zouden voeren.'[129]

Tijdens de oorlog in Vietnam herhaalde zich dat onwaarschijnlijke Korea-scenario. Tijdens de Vietnamoorlog gebruikten de Amerikanen de Japanse bases om troepen en materieel in te zetten tegen Aziaten. De vijf jaren met de snelste groei in Japans Bruto Nationaal Product waren de fiscale jaren 1966–1970. Het waren de piekjaren van de oorlog. De jaarlijkse groeivoet van de economie bereikte 14,6%. De scheepsbouwwerven voerden drie shifts per dag in om aan de vraag naar vrachtschepen en tankers te kunnen beantwoorden. De warenhuizen op de Amerikaanse bases in Vietnam zaten volgepropt met taksvrije elektronica en camera's. De Vietnam-boom katapulteerde Japan tot een ongeëvenaarde positie in de wereldeconomie. In 1964 bedroeg Tokyo's aandeel in het bruto mondiale product 5,7%. Het moest toen West-Duitsland, Groot-Brittannië en Frankrijk laten voorgaan. Tegen 1973 was dat aandeel gegroeid tot 12,9%, even groot als dat van Groot-Brittannië en Frankrijk samen.[130] Intussen kreunde de economie én de bevolking van China onder de ideologische verkramping van het maoïsme.

Slotsom? De impact van de VS is alomvattend geweest. In de eerste plaats tijdens de bezetting toen zij via diepgaande hervormingen de transformatie van Japan beoogden. Het werd voor de Japanners veel meer dan *a coca-colonization*. Het was geen tijd van oppervlakkige Tokyo Boogie-Woogie. Het moge dan nog zijn dat de Japanners die transformatie hebben ingebed in hun culturele traditie. In tweede instantie hebben de Amerikanen Japan een sleutelpositie gegeven in het internationale controlesysteem dat ze tijdens de Koude Oorlog tegen het communistische Azië hebben opgezet. Daardoor kon Japan – bevrijd van geopolitieke bekommernissen – alle energie investeren in de relance van zijn economie. Meteen voltooide Japan zijn integratieproces in de kapitalistische wereldeconomie, dat het in de jaren 1880 had ingezet. Toen behoorde het tot de periferie van dat systeem. Een eeuw later, in de jaren 1980, behoorde het tot de kern ervan. Zijn lidmaatschap van de G-7 en zijn strategische rol in de Aziatische Pacificregio illustreren dat.

We hebben de neiging om ingewikkelde ontwikkelingen te vatten in simplistische oneliners. 'Het Japanse mirakel' is er zo een. De spectaculaire economische groei van Japan kan echter perfect verklaard worden. Hij was het resultaat van een samengaan van interne productiviteit en internationale afzetmogelijkheden die inherent waren aan de naoorlogse machtsverhoudingen. De interne situatie was dus de tweede pijler van die economische 'boom'. In de eerste plaats heeft de fanatieke overtuiging een rol gespeeld om het hoogste niveau van kwaliteitscontrole te kunnen realiseren. Daarbij haalden de Japanners experts uit het Westen in huis om gesofisticeerde managementtechnieken en productiemethoden in te passen in de economie. W. Edwards Deming – de intellectuele vader van kwaliteitscontrole – wordt in Japan nog altijd vereerd: jaarlijks rivaliseren bedrijven om de felbegeerde Deming Medal te winnen.[131] Het hoge niveau van het onderwijs was een vruchtbare humus voor de vorming van legers ingenieurs en technici die zowel in de kleine bedrijven als in de reusachtige zaibatsu aan de slag konden. De sociale ethiek inzake arbeidsdiscipline en bedrijfsloyaliteit leverde de drijfkracht voor duurzame groei. De export floreerde, eerst van textiel, later ook van staal, schepen, auto's, televisies, elektronica, semi-geleiders. De productie evolueerde van lage naar hoge technologie: informatica, telecommunicatie, ruimtevaart, robotica en biotechnologie. Het handelsoverschot van Japan steeg constant en zorgde voor de nodige spanningen, zeker ook met de VS. In de late jaren 1970 bedroeg het BNP van Japan meer dan de helft van dat van de VS. In één generatie was het aandeel van de Japanse economie in de wereldproductie gestegen van 2 à 3% tot ongeveer 10%.[132] De binnenlandse consumptie steeg en vooral ook de spaarquoten. Er had zich in de decennia na de oorlog een massale bevolkingsverschuiving voorgedaan van het platteland naar de steden. En dus weg van de landbouw die rond 1990 nog slechts circa 4% van de actieven tewerkstelde. Tegelijk werden levensstandaard en levenswijze van de middenklasse model. Niet minder dan 98% van de Japanners definieerde zich als middenklasse. De sociologen doen dit af als de '98 percentmythe'. Dat cijfer op zich is niet belangrijk. Bijzonder relevant is daarentegen de massificatie van de middenklasse in de tweede helft van de 20ste eeuw. In die mate dat de Japanse middenklasse perfect vergelijkbaar is met die van West-Europa, Noord-Amerika en recenter met die van Zuid-Korea, Taiwan en bepaalde delen van Zuidoost-Azië. En net zo zorgde de Japanse middenklasse voor stabiliteit, economische productiviteit en een economisch en sociaal beleid van overheidswege.[133]

In de vroege jaren 1970 werd die interne groei zwaar verstoord door de olie- en de Nixon-shocks. Eens te meer frappeerde de Japanse afhankelijkheid van buitenlandse grondstoffen en energiebevoorrading, van wisselkoersen en exportstromen. De verstrengeling van de *inward-* en *outward-economy* was allicht nergens zo groot.

HET MITI, HIGHTECH EN MASSAPRODUCTIE | Vanaf 1949 speelde het ministerie van internationale handel en industrie, het MITI, een sleutelrol. Het MITI, bemand met deskundige topambtenaren, kreeg vergaande bevoegdheden inzake industriële planning en financiering, het afdwingen van fusies en de aankoop van nieuwe technologieën, het vastleggen van extreem hoge importtarieven en het verhinderen van rechtstreekse buitenlandse investeringen. Japan koos dus voor een planmatige benadering van de vrijemarkteconomie. Maar MITI-mensen spraken ook met veel respect over de drie economische heilige schatten van Japan: levenslange dienstverbanden, promotie op basis van dienstjaren en bedrijfsvakbonden.[134]

De Japanse regering had een duidelijke visie op het informaticatijdperk: computers en communicatie zouden voor een derde industriële revolutie zorgen. Onder impuls van het MITI ging Japan een hightechwedloop aan met de VS. En onder de kennisintensieve industrieën werd voorrang gegeven aan de consumentenelektronica. De ster van de show was de videorecorder. De Japanners overspoelden de wereldmarkt met nieuwe producten die laaggeprijsd én van uitmuntende kwaliteit waren.

'Met de auto-industrie herschreef Japan de basislessen van de massaproductie.'[135] In 1950 produceerde Japan zestienhonderd auto's. In 1980 waren het er 11 miljoen! Ook hier zorgde het MITI voor geld, technologie en een uitgekiend protectionisme. Het aandeel van de buitenlandse merken op de Japanse markt daalde tussen 1960 en 1980 tot nauwelijks 1%. In een tweede fase besloot Japan tot de grootste uitstroom van investeringskapitaal waar de wereld ooit getuige van geweest is. In 1986 werd 12% van alle Japanse wagens in buitenlandse fabrieken gemaakt. Op de jaarlijkse economische topontmoetingen van de G-7 werd Japan voortaan uitgenodigd. De instemming van Japan was nodig, wilden internationale economische maatregelen effect hebben.

DE LDP: CONSERVATIEF, NATIONALISTISCH EN CORRUPT | De Liberaal Democratische Partij, een grote conservatieve alliantie, werd opgericht in 1955. De opeenvolgende LDP-regeringen werden gevormd op basis van dezelfde uitgangspunten: een kapitalistische economie, sociale stabiliteit in het binnenland, actief verzet tegen het communisme en nauwe relaties met de VS. De LDP is ook uitgesproken nationalistisch. Zo betreurde zij de hervormingen van de Amerikaanse bezetter, met name inzake de grondwet en het onderwijs: 'Ze verzwakten de vaderlandslievende gevoelens, waardoor de nationale kracht van Japan werd ondermijnd.'[136]

De LDP bestond uit minstens negen grote facties, waarbinnen het 'amae' en 'oyaboen-koboen-relaties' essentieel zijn.[137] Een politieke loopbaan opbouwen kon enkel via zo'n factie. Daarenboven is de LDP ook afgegleden naar een geïnstitutionaliseerde corruptie. De reeks ophefmakende corruptieschandalen heeft niet belet dat de LDP bij de verkiezingen steeds weer een overweldigende meerderheid behaalde. De politiek van patronage bleef lang intact, maar de verkiezingen van 1993 zorgden voor een keerpunt. Voor het eerst werd de LDP in de oppositie gedwongen door een coalitie van verschillende partijen.[138]

JAPAN, BANKIER VAN AMERIKA EN VAN DE WERELD | In 1991 was de Koude Oorlog voorbij. Gedreven door ideologische fixatie had Ronald Reagan een bewapeningsprogramma doorgedrukt waardoor de VS in acht jaar tijd van grootste crediteur tot grootste debiteur in de wereld waren gedegradeerd. Reagan had de grootste staatsschuld in de wereld opgebouwd: 2.600 miljard euro. Het bracht niet weinige commentatoren tot de conclusie dat de Koude Oorlog was gewonnen door Japan. Het had de steriele militaire investeringen kunnen beperken. Een nieuwe wereldorde was in de maak waarin – zo was de algemene verwachting – Japan een dominerende rol zou spelen. De Nikkei-index steeg tussen 1984 en 1989 bijna vier keer in waarde, van 10.000 tot meer dan 38.000 yen. Japan had het grootste financiële rijk opgebouwd dat de wereld ooit had gekend. De tien grootste banken in de wereld waren Japanse banken. Het had de positie van bankier van de wereld van de VS overgenomen. In 1987 bereikte het Japanse handelsoverschot een recordhoogte van 346,5 miljard euro. Japan was een nieuw soort supermacht, niet door militaire slagkracht, maar door zijn economische, financiële en technologische leiderschap en door zijn nationale zelfvertrouwen. De Japanse versie van conservatieve modernisering was – op dàt moment – een onwaarschijnlijk, maar onbetwistbaar succesverhaal.[139]

DEEL 4

De wereld circa 2000: de chaos van een overgangstijd

1991–heden

China en Japan profileren zich

1   Het einde van de bipolariteit

Mensen in een overgangstijd

Zoals het gezichtsveld van de mensen in tijd en ruimte verschilt, zo verschilt ook hun betrokkenheid bij wat zich in de wereld afspeelt. De meeste mensen hebben alleen belangstelling voor wat in hun onmiddellijke omgeving met hun naastbestaanden gebeurt. Hun zorgen beperken zich tot de volgende week, tot de eerstvolgende jaren. Heel weinig mensen hebben een wereldwijd gezichtsveld, dat zich tot ver in de toekomst uitstrekt. Ze onderzoeken zelden of nooit de historische wortels van toestanden, ontwikkelingen en problemen waarmee ze te maken krijgen. In een overgangstijd zorgt dat voor heel wat onbegrip, groeit ongenoegen en dreigt verzuring. Want zekerheden zijn weggevallen. Het vertrouwde levenspatroon en de geborgenheid van de eigen leefwereld worden verstoord. Gebeurtenissen aan de andere kant van de wereld doorkruisen immers niet alleen hun dagelijkse leven. Ook hun levensloop wordt er soms een andere richting door uitgestuurd. En de meesten kunnen het niet duiden. Ze begrijpen niet echt waarom hun leven op zijn kop wordt gezet.

Neem nu Angela Dorothea Kastner. Zij werd op 17 juli 1954 in Hamburg geboren. Haar vader was dominee. Hij besloot in de Duitse Democratische Republiek te gaan wonen. Hij was van oordeel dat hij er onder het communisme – in tegenstroom – heel nuttig werk kon doen. Angela studeerde aan de universiteit van Leipzig en promoveerde in 1986 tot doctor in de fysica. Tot 1990 was zij verbonden aan de prestigieuze Academie voor Wetenschappen in Berlijn. In december 1977 huwde ze met de fysicus Ulrich Merkel. In 1982 liep haar huwelijk op de klippen. In de DDR engageerde Angela Merkel zich politiek. Zij was de woordvoerster van Lothar de Maizière, de premier van de laatste DDR-regering. De val van de Berlijnse Muur (november 1989) en de eenmaking van Duitsland (3 oktober 1990) sturen haar leven een heel nieuwe richting uit. Ze treedt toe tot de christen-democratische CDU en werkt dan binnen de Informatiedienst van het federale Duitsland. Ze wordt lid van de Bondsdag en is van januari 1991 tot november 1994 minister voor Vrouwen en Jeugd en van november 1994 tot oktober 1998 minister van Leefmilieu. In juni 1993 wordt ze verkozen tot voorzitter van de CDU van Mecklenburg-Vorpommeren. In november 1998 wordt ze secretaris-generaal van de federale CDU en op 10 april 2000 volgt ze Wolfgang Schäuble op als CDU-voorzitter. Sinds september 2002 is ze fractievoorzitter van de

CDU-CSU in de Bondsdag. Op 20 september 2005, na een ontgoochelende verkiezingsuitslag, wordt ze in die functie herkozen met 98,6% van de stemmen. Een ontgoochelende uitslag omdat een nipte overwinning maar niets is als je een overweldigend succes is voorgespiegeld. Dat riskeer je als je te maken krijgt met een 'politiek beest' als Gerhard Schröder. Een Oost-Duitse en een vrouw kanselier in de Bondsrepubliek Duitsland! Of de onvoorspelbare levensloop van Angela Dorothea Kastner.[1]

Kantelmomenten

De politieke doorbraak van Angela Merkel is symptomatisch voor de overgangstijd die we beleven. Haar leven en haar loopbaan verwijzen naar verschillende kantelmomenten. Natuurlijk in de eerste plaats naar het einde van de deling van Duitsland en dus het einde van de Bonner Republik. Maar dat is onlosmakelijk verbonden met de implosie van de Sovjet-Unie, het einde van de bipolaire wereldorde en van de deling van Europa. Dat een Ossie aan de top staat in Berlijn betekent ook dat de generaties politici die in de jaren 1950–1960 aan de wieg stonden van het economische mirakel en dat nadien hebben aangegrepen om een extreem genereus socialezekerheidssysteem uit te bouwen (het Rijnlandmodel) hun tijd gehad hebben. Merkel pleit voor het wegsnoeien van de excessen. De globalisering laat geen alternatief.

De implosie van de Sovjet-Unie

EEN MOMENT VAN WATERSCHEIDING | De implosie van de Sovjet-Unie was de fundamenteelste geopolitieke gebeurtenis sinds de Tweede Wereldoorlog. Oorsprong van de nieuwe ontwikkelingen was Mikhaïl Gorbatsjov. Toen hij na de gerontocratie van Andropov en Tsjernenko in 1985 secretaris-generaal van de CP werd, was dat het moment van de waterscheiding. Tot dan werd de wereldpolitiek tijdens de decennia van Koude Oorlog en bipolariteit beheerst door confrontatie en vijandschap, crisissen en oorlogen, wantrouwen, militaire afdreiging en een wedloop-in-kernwapens. Een manicheïstisch wereldbeeld zorgde voor de drijfkracht. Gorbatsjov zette een punt achter decennia verstarring en achter de voorspelbaarheid van het beleid. Het was de nieuwe Kremlinbaas die de initiatieven nam. Ronald Reagan stelde zich receptief op. Een klimaatsverandering van eerste orde was het! Vertrouwen en diplomatie, topontmoetingen en akkoorden tot wapenbeheersing en wapenafbouw waren het resultaat. Gorbatsjov erkende de wereldwijde interdependentie en het zelfbeschikkingsrecht van de volken. Hij had een *grand strategy*, een coherent beleidsconcept waarin het binnenlandse, respectievelijk het buitenlandse beleid en het veiligheidsbeleid een eenheid vormden. Zo bracht hij echter ontwikkelingen op gang die hij noch voorzien had noch onder controle kon houden. Frustratie was de grootste gemene deler. De glasnost, te weten de liberalisering van het maatschappijklimaat, bleek uiteindelijk – ongewild – een destabiliserend beleid te zijn. Perestrojka, een diepgravende hervorming van de sovjeteconomie, vroeg tijd. Een snelle verbetering van de levensstandaard zat er dus niet in: de frustratie van de bevolking was groot. De abdicatie als militaire grootmacht en de terugtrekking van het Rode Leger uit Oost-Europa zorgden voor frustratie bij de legertop. Het tendensrecht frustreerde dan weer de conservatieven binnen de communistische partij, die zweerden bij de rechtlijnigheid van de orthodoxie. De politieke liberalisering (glasnost) die volgens Gorbatsjov nodig was om de bevolking te motiveren voor de economische hervormingen, stond tenslotte haaks op de grote mate van dwang, nodig voor de stabiliteit in een multinationale staat. Die maatschappelijke en politieke contradicties zorgden voor een stroomversnelling. Eerst was er een irrationele poging tot staatsgreep (19 augustus 1991). Die werd een fiasco. Na de revolutie aan de top (Gorbatsjov) volgde na die operette-coup in een tweede fase de revolutie van onderuit. Op 21 december 1991 werd de Sovjet-Unie ontbonden. Op kerstdag 1991 nam Gorbatsjov ontslag.

Mikhaïl Gorbatsjov

MENSELIJK VOLUNTARISME | Gorbatsjov was Kremlinbaas van 1985 tot 1991. Voorwaar een korte tijd om een *grand strategy* in de praktijk te brengen. Hij is er niettemin in geslaagd ontwikkelingen op gang te brengen die een enorme historische impact hadden. Hij zorgde in de eerste plaats voor een democratische revolutie. Na 74 jaar van stalinistische tirannie (de middellange termijn) bezegelde Gorbatsjov het fiasco van de communistische dictatuur. Tegelijkertijd voerde hij een antikoloniale revolutie door. De terugtrekking uit Oost-Europa en het uiteenvallen van de Sovjet-Unie sloot een periode af van vierhonderd jaar Russisch imperialisme (de lange termijn). Onvoorstelbaar! Wat we hier uitschrijven is feitelijk een ode aan het menselijke voluntarisme. De impact van historische giganten kan onwaarschijnlijk groot zijn. Mensen en samenlevingen zitten niet gevangen in structuren, kaders en ontwikkelingen op de lange termijn. Zij moeten niet lijdzaam de evoluties op de middellange termijn ondergaan. Grote historische figuren, belangrijke gebeurtenissen – Evenementen met een hoofdletter – kunnen een stempel slaan, kunnen de historische evolutie ombuigen en een nieuwe richting uitsturen. Gorbatsjov en het beleid dat hij lanceerde, zijn daar om dat te bewijzen. Het weekblad *TIME* riep Mikhaïl Gorbatsjov uit tot Man of the Decade, dé figuur van de jaren 1980. Terecht. In deze beginjaren van de 21ste eeuw zullen we het geweten hebben.

2   De groeipijnen van een overgangstijd

Misplaatst triomfalisme

GEEN TEGENMACHT MEER | Het einde van de Jaltaorde was meteen het einde van de zekerheden. De wereldleiders beseften dat niet onmiddellijk. Aanvankelijk was het triomfalisme niet te keren. President George Bush – niet geremd door groot historisch besef – had het al onmiddellijk over een Nieuwe Wereldorde. En Francis Fukuyama proclameerde het einde van de geschiedenis: het fiasco van het communisme impliceerde de uiteindelijke triomf van de liberale democratie en de vrijemarkteconomie. Uit die verschroeiende jaren 1989–1991 verrezen de VS inderdaad als enige *global power*. Washington was voortaan de scheidsrechter op wereldvlak. Dat was een unieke situatie. Die machtspositie was niet louter militair. Als je de Amerikaanse macht analyseert en zijn componenten op een rijtje zet, is het globale beeld verbluffend. In de eerste plaats is er de Amerikaanse economie. Haar concurrentievoorsprong is onbetwistbaar. In niet-geringe mate is dat terug te voeren tot het feit dat de VS inzake informatietechnologie wereldwijd aan de spits staan. Die pilootpositie heeft alles te maken met wetenschappelijk onderzoek op zeer hoog niveau. De doorbraken in de natuurwetenschappen komen tot stand in de Amerikaanse labo's. Als je er de lijsten van de Nobelprijswinnaars van de laatste 50 jaar op naslaat, merk je dat die krioelen van de Amerikaanse geleerden. Economische macht, ICT-suprematie en wetenschappelijke research (R&D) vormen een stevig fundament voor de militaire macht. De VS beschikken over een ongeëvenaard arsenaal massavernietigingswapens (weapons of mass destruction, WMD) met een globale actieradius. Ten slotte is er de Amerikaanse dominantie in de internationale financiële instellingen zoals het IMF en de Wereldbank. Het is omdat de VS kunnen steunen op die fundamenten dat ze in 1991, na de implosie van de Sovjet-Unie, als dé hyperpower in de wereld verschenen. Een hyperpower zonder concurrentie. Er was geen tegenmacht meer. Een gevaarlijke, verleidelijke machtspositie. De dreiging van willekeur en eigengereid unilateralisme loerde om de hoek.

HET UNIEKE AMERIKA | Die machtspositie, gecombineerd met het traditionele Amerikaanse exceptionalisme, zorgt voor een explosieve mix. De mythe van het unieke Amerika heeft diepe historische wortels. Ze gaat terug tot de *founding fathers*. Het is een overtuiging die verankerd zit in de geesten, niet alleen van de brede lagen van de bevolking, maar ook van de elites die de politieke, economische en militaire beleidscenakels bevolken. Het Amerikaanse volk is een door God uitverkoren volk. En dat volk heeft *a manifest destiny*, namelijk in Amerika zelf een modelsamenleving uit te bouwen – *a city upon a hill*, vrij van Europese smetten en kwalen – en vervolgens dat model uit te dragen. De VS zijn gidsland voor de rest van de mensheid. Het gaat met andere woorden om de vermaarde – vermaledijde? – 'Jeffersonian myth'.[2] Die overtuiging van exceptionalisme is tot vandaag springlevend in de VS. Daarin vinden de nationale trots en de zelfgenoegzaamheid hun wortels.

De geopolitieke consequenties voor Europa

EURAZIË | De nieuwe wereldsituatie was en is voor Europa een enorme uitdaging. Eerst en vooral moet Europa gesitueerd worden in de Atlantische ruimte. Eeuwenlang vormde Noordwest-Europa het kerngebied en lagen de Amerika's in de periferie. Sinds 1945 is het centrum verschoven van Londen naar New York. Noordwest-Europa werd door de kern gestimuleerd, maar was zeker niet gedegradeerd tot de periferie. Het einde van de bipolariteit heeft op dat vlak nauwelijks wat veranderd. De ruimte van de Noord-Atlantische Oceaan is voor de VS immers van cruciale betekenis. West-Europa, niet alleen als militair-economisch maar ook als democratisch bruggenhoofd in Eurazië, is voor Washington van levensbelang. Natuurlijk blijft het een heikel punt of deze West-Westrelatie een verhouding tussen gelijkwaardige partners is dan wel een tussen patroon en cliënt.[3] Tweede bekommernis: de spectaculaire opmars van het Gouden Oosten. Het is waarschijnlijk dat de wereldregio Azië-Pacific de Atlantische ruimte in een tweederangsrol dringt.

Europa maakt echter ook deel uit van *Eurazië*, een continentale landmassa met een zone van schiereilanden en eilanden eromheen. Eén van die schiereilanden is Europa! Eurazië is een megacontinent. Het is mondiaal de as van de geopolitiek, het schaakbord waarop de strijd voor *global primacy* wordt gevoerd.[4] En door de implosie van de Sovjet-Unie staat alles er op losse schroeven. De Europese eenmaking heeft sindsdien een nieuwe dimensie: doelstelling was niet langer de eenmaking van een deel (West-Europa), maar van de totaliteit van Europa.

West-Europa werd geconfronteerd met een drievoudige dreiging:

1] De destabilisering van Centraal- en Oost-Europa dreigde ook West-Europa te destabiliseren. Het triomfalisme maakte al vlug plaats voor ontgoocheling, ontnuchtering en ontzetting. Nu de druk van de ketel was – de communistische dwang en de Groot-Russische arrogantie – was er weer ruimte voor etnische en nationalistische conflicten. Burgeroorlogen, nationaliteitenkwesties en economische ontbering zorgden voor vertwijfeling bij miljoenen mensen! Op de Balkan leidde dat tot toestanden die herinnerden aan de zwartste bladzijden in de geschiedenis van Europa. Terreur en barbarij – denk aan etnische zuiveringen – waar we de illusie van koesterden dat ze in onze beschavingskring nooit nog een kans zouden krijgen. Bosnië, Srebrenica, Kosovo. Daarenboven kwamen er in Europa op tien jaar tijd vijftien nieuwe staten tot stand. Klap op de vuurpijl: al in 1992 kwam een rapport van de OESO de laatste illusies wegvegen. Het stelde dat Oost-Duitsland ruim vijftien jaar zou nodig hebben om de levensstandaard van West-Duitsland te bereiken. En dan ging het om een samenleving die kon worden meegezogen door het enorme potentieel van een economische wereldmacht: de Bondsrepubliek Duitsland (BRD) als locomotief. Intussen is duidelijk geworden dat de eenmaking een hypotheek heeft gelegd op de economische dynamiek van Duitsland. Maar Polen, Hongarije, Tsjechië – de landen die er economisch het minst slecht aan toe waren – konden hun wagen niet aan dergelijke locomotief vasthaken. De inhaalbeweging voor deze landen – zo was toen de inschatting – zou variëren van een veertigtal tot een zeventigtal jaren. Wat dan met landen als Roemenië en de landen van het GOS? In de transitie van CGE (centraal geleide economie) naar GME (gedecentraliseerde markteconomie) was structurele begeleiding dringend nodig: investeringen, technologische kennis, moderne beheerssystemen en methoden, infrastructuurwerken... De omschakeling naar het vrijemarktsysteem zou een langdurige, pijnlijke operatie worden. Een migrantenstroom naar West-Europa, een eiland van welvaart, kwam op gang. Die dreiging fungeerde als eyeopener: de versnelde ontwikkeling van Centraal- en Oost-Europa was een eigenbelang voor West-Europa. De opname van vroegere Warschaupactlanden in de NAVO werd doorgeduwd. Zonder te wachten op de interne verdieping werd de Europese Unie uitgebreid: ze telt nu 25 lidstaten. Het lidmaatschap van de EU betekende voor landen als Spanje, Portugal en Ierland een grote stimulans. De promotoren van de uitbreiding hopen dat datzelfde effect ook zal spelen voor de nieuwe lidstaten uit Centraal- en Oost-Europa.

2] Het verenigde Duitsland, als grootmacht van Midden-Europa, zou voor een *Alleingang* kunnen kiezen. Als gevolg van de uitbreiding verschoof het zwaartepunt van de EU naar het oosten. En door zijn ligging – Macht in der Mitte – én door zijn krachtige economie werd Duitsland de belangrijkste lidstaat van de Unie. Tot grote irritatie van Parijs. Frankrijk had tot dan de politieke leiding in handen gehad, met de (Bonner) Bondsrepubliek Duitsland als economisch imposante secondant. Die tijd was definitief voorbij. Toch was het rijden en omzien voor Parijs. De bevesting van het nieuwe Duitsland als integraal onderdeel van de Europese Unie was uitermate belangrijk. Het alternatief was een cavalier seul-opstelling, waar de Europeanen in het recente verleden niet bijster goede ervaringen mee hadden. Ook daaraan ontleende de uitbreiding van respectievelijk de NAVO en de Europese Unie haar betekenis. Voor het eerst in zijn geschiedenis werd Duitsland omringd door buurlanden die bondgenoten én democratieën waren. Het betekende de verankering van Het Berliner Deutschland in een Atlantisch en Europees veiligheidsverband én in een democratische Unie! Berlijn stelt nu ook zijn kandidatuur voor een permanent lidmaatschap van de VN-veiligheidsraad. Ogenschijnlijk dus niets aan de hand: tout va pour le mieux dans le meilleur des mondes possibles. De realiteit is anders. Duitsland is in de voorbije jaren een verscheurd land geworden. De huiver voor de unilaterale Amerikaanse avonturen – uiting van een verzelfstandiging van het buitenlandse beleid van Berlijn – wordt niet door iedereen gedeeld. De Duitse economie is ook haar dynamiek kwijt. De Duitse bevolking zit al jaren gevangen in een hoge werkloosheid. De vraag van de Duitse consumenten smeult op een laag pitje. De economie moet het hebben van de export. Maar waar Berlijn zich al jaren kan verheugen in bevoorrechte economische relaties met China, wordt de fenomenale economische opgang van de Chinese Draak stilaan een dreiging. Het eenrichtingsverkeer is immers voltooid verleden tijd. Kortom, het economische draagvlak is weg voor het Rijnlandmodel, met zijn excessieve socialezekerheidsvoorzieningen. De globalisering slaat toe en de Duitse burgers zijn het er niet over eens hoe daar efficiënt op te reageren. De consensus is weg uit de Duitse samenleving.

3] In het midden van Eurazië is Rusland het zwarte gat. De implosie van de Sovjet-Unie had een enorme geopolitieke impact. Ruslands zuidelijke grens is meer dan 1.000 km noordwaarts verlegd. In de ruimte van de vroegere Sovjet-Unie bevinden zich nu vijftien onafhankelijke staten, van Oekraïne (52 miljoen inwoners) tot Armenië (3,5 miljoen inwoners). Na decennia gedwongen russificering zijn circa 20 miljoen Russen nu inwoners van vreemde staten met nationalistische elites. De implosie van de Sovjet-Unie heeft gezorgd voor een dramatische ommekeer van historische betekenis. In december 1991 heeft Moskou op enkele weken tijd 20% van zijn Aziatisch grondgebied verloren en daalde zijn Aziatische bevolking van 75 naar 30 miljoen inwoners.

Aan de Baltische Zee verloor Moskou de controle over gebieden die het al sinds circa 1700 onder de knoet hield. Aan de Zwarte Zee was er het verlies van de Oekraïne. Georgië, Armenië en Azerbeidzjan gingen hun eigen weg. De Kaspische Zee was vroeger een Russisch meer! Nu is Rusland één van de vijf staten – naast Azerbeidzjan, Kazachstan, Turkmenistan en Iran – die aanspraak maken op de bodemrijkdommen – enorme voorraden aardgas en petroleum – van het Kaspische bekken. Tegen 2015 verwacht men een stijging met 50% van de consumptie van aardgas en olie. Door het machtsvacuüm en de aantrekkingskracht van de bodem-rijkdommen wordt de regio nu aangeduid als de Euraziatische Balkan.[5] De interesse van buitenlandse mogendheden groeide exponentieel. De vs verzorgden hun relaties met Oekraïne en vestigden militaire bases in Kirgizië en Oezbekistan. Om over Afghanistan te zwijgen. Het staatster-rorisme van Rusland in Tsjetsjenië heeft alles te maken met het feit dat Moskou zijn economische belangen niet volledig wil zien teloorgaan.

Intern is Rusland geëvolueerd van een archaïsch systeem onder de tsa-ren, over een totalitair onder de communisten, naar een liberaal regime. Maar van rechtlijnigheid is geen sprake. De opleving van autoritaire of arbitraire praktijken loert om de hoek. De Jeltsinjaren hebben het bewe-zen: de staat kon toen zijn minimale opdrachten – het garanderen van wet en orde – niet eens meer aan. Rusland was in enkele jaren tijd gede-gradeerd van een supermacht tot een halve schurkenstaat. In die jaren vloeide elke maand tussen de 38 en de 74 miljard dollar weg uit de Rus-sische economie! De schoktherapie van Jeltsin was meer dan dubieus: de schok was er wel, maar dan zonder de therapie. De demografische gevol-gen waren schrijnend; de levensverwachting van de modale Russen ging er aanzienlijk op achteruit.[6]

Onder Vladimir Poetin is een reveil onmiskenbaar. Of dat meteen de vestiging van een rechtsstaat impliceert, is nog maar de vraag. 'Het gevoe-len overheerst dat de overheid het nog bijzonder moeilijk heeft met de vrije meningsuiting,' aldus Georges Sokoloff. Hij verklaart het succes van Poetin door 'zijn doctrinair syncretisme. Met name een mix van moderne (de vrijheden) en traditionele waarden (patriottisme, solidariteit, wet en orde), bedoeld om een zeer verscheiden electoraat samen te houden. En om dan te regeren van aan de top en vanuit het centrum.'[7]

3   De verkramping van de vs

Kantelmomenten

UNILATERALISME EN HARD POWER | Kantelmomenten kunnen niet hoog genoeg gewaardeerd worden: voor en na de eedaflegging van George W. Bush als president (januari 2001), voor en na *nine-eleven* (11 september 2001), voor en na Iraqi Freedom (21 maart 2003), voor en na Katrina (New Orleans, september 2005). Punt één: de eedaflegging van George W. Bush als president na allesbehalve correcte verkiezingen (november 2000).[8] Ook dat is een moment van waterscheiding geweest, maar als het ware het spiegelbeeld van dat van Gorbatsjov. Sinds 1919 hebben de Amerikaanse presidenten constant gekozen voor een multilaterale benadering van de wereldproblemen. Na de Eerste Wereldoorlog heeft Woodrow Wilson de Volkenbond op de sporen gezet. Na de Tweede Wereldoorlog heeft Franklin Delano Roosevelt zijn voorbeeld gevolgd als dé promotor van de oprichting van de VN. Zelfs Harry Truman heeft niet geaarzeld het Marshallplan voor Europa op te zetten. Washington heeft ook steeds opnieuw gekozen voor collectieve veiligheidsystemen, geconcretiseerd in allianties als NAVO, CENTO en SEATO. Het heeft ook consequent regionale economische samenwerking gepromoot. Bovenal heeft het het internationale recht erkend als juridisch kader en baken voor zijn buitenlandse beleid. Het moge zijn dat de VS niet vies waren van machtspolitiek en, geobsedeerd door het Rode Gevaar, bij herhaling een scheve schaats hebben gereden. Toch hebben zij naast het eigenbelang ook de belangen van bondgenoten voor ogen gehad en het internationale recht als richtsnoer genomen.[9] Toen de regering-Bush in 2001 koos voor unilateralisme en *hard power* (militaire macht) betekende dat een breuk met het beleid van de voorbije 50 jaar. Maar revolutionair was dat nieuwe buitenlandse beleid zeker niet, want het unilateralisme is de oudste doctrine in de Amerikaanse buitenlandse politiek. Als het om voor het land cruciale belangen ging, hebben presidenten sinds de stichting van de Unie steeds gepleit voor 'an unhampered freedom of action'.[10] Mét Bush kwamen dié figuren in de beleidscenakels, die al van in de jaren 1970 gekant waren tegen de détente in de Koude Oorlog en die de dienst hadden uitgemaakt onder Ronald Reagan en George H.W. Bush. De huidige president steunde op twee soorten adviseurs. Aan de ene kant de overbekende neoconservatieven Paul Wolfowitz, Richard Perle, Douglas Feith, Lewis Libby, Elliot Abrams en buiten de regering William

Kristol, Robert Kagan, Charles Krauthammer en Joshua Muravchik. Aan de andere kant assertieve nationalisten zoals vicepresident Dick Cheney en Defense Secretary Donald Rumsfeld. De neocons zijn visionairen die de wereld willen hervormen naar het Amerikaanse model. De assertieve nationalisten zijn keiharde politici die de Amerikaanse macht gebruiken om rivaliserende staten te intimideren en om potentiële dreigingen voor Amerika's *national security* en voor de Amerikaanse bedrijfsbelangen te vernietigen. Beide facties hebben elkaar gevonden in hun misprijzen voor internationale instellingen en hun pleidooi voor *preventive war*.[11] Zo werd 'een beleid dat mikte op vrede door de voorkoming van oorlog omgebogen tot een beleid dat mikte op vrede via preventieve oorlog'.[12]

PNAC | Voor de oorsprong van de nieuwe *foreign policy* was het *Project for a New American Century* (PNAC) van cruciaal belang. Het genootschap werd in 1997 opgericht door Robert Kagan en William Kristol van de *Weekly Standard* en de meeste van de genoemde adviseurs waren er lid van. Het was 'een educatieve non-profitorganisatie die tot doel heeft een Amerikaans mondiaal leiderschap te promoten'. Dat is immers de *manifest destiny* van de VS. Een exponentiële stijging van het defensiebudget was daartoe noodzakelijk, want waar ook in de wereld moet Washington in staat zijn 'regimes te bestrijden die vijandig staan tegenover onze belangen en waarden'. De naam van het genootschap alleen al was een programmaverklaring: zoals de 20ste eeuw de eeuw van Amerika was geweest, zo moest ook de 21ste eeuw dat worden: *a New American Century*! In september 2000 publiceerde het PNAC een cruciaal rapport: *Rebuilding America's Defenses: Strategies, Forces and Resources for a New Century*. Hieruit blijkt dat Saddam slechts een alibi was. Een substantiële Amerikaanse militaire aanwezigheid in de regio van de Perzische Golf, dààr kwam het op aan. PNAC spreekt zich in het rapport ook uit voor een imperiaal superleger, inclusief een op te richten *Space Force* die voorrang moet krijgen op land-, lucht- en zeemacht. De kerntaak werd zo geformuleerd: 'to fight and decisively win multiple, simultaneous major theater-wars'. De VS moeten het militaire vermogen hebben om meervoudige en gelijktijdige grootschalige oorlogen uit te vechten en afgetekend te winnen. In de conclusie van het rapport staat ook het volgende veelzeggende fragment: 'Het proces van transformatie zou wel eens een proces van lange adem kunnen zijn, behalve wanneer er zich een soort catastrofale of katalyserende gebeurtenis voordoet – iets als een nieuw Pearl Harbor.'

De Bush-Doctrine

A WAR BY CHOICE | *Nine-eleven* was dat verhoopte nieuwe Pearl Harbor. Op 11 september 2001 werden de Twin Towers van het WTC in New York en het Pentagon in Washington getroffen door de terroristische aanvallen van Al Qaeda. Het hart van de financieel-economische en dat van de militaire macht van de VS werden geviseerd en getroffen. Hoe rampzalig ook op het menselijke vlak – de duizenden slachtoffers en hun naastbestaanden – deze aanslagen genereerden tegelijkertijd een gigantisch politiek kapitaal dat de regering-Bush toeliet te doen wat ze wilde. De *war on terrorism* leidde tot het opkuisen van de Taliban in Afghanistan en van het Saddamregime in Irak. Waarbij de bedenking gemaakt kan worden dat uitgerekend de obsessie met Saddam de totale concentratie van middelen in Afghanistan heeft doorkruist en zo ook van de *war on terrorism*.[13] In september 2002 kondigde het Witte Huis de Bush-Doctrine af: *The National Security Strategy of the United States of America*. Pijlers ervan zijn het unilateralisme, de *preemptive strike* en – wereldwijd – voorwaardelijke soevereiniteit. Het unilateralisme impliceerde dat de VS vastbesloten waren er alleen voor te gaan, niét gebonden door het internationale recht, internationale regels en instellingen. Tevens om *rogue states* (schurkenstaten) die op massavernietigingswapens (WMD) uit zijn, aan te pakken. De oorlog in Irak toonde aan dat *preemptive war* een vorm van *windowdressing* is. Het was geen oorlog 'initiated on the basis of incontrovertible evidence that an enemy attack is imminent'. Volgens George Tenet wezen de CIA-analyses er geenszins op dat er een onmiddellijke dreiging was (*an imminent threat*). De invasie in Irak startte 'a preventive war'. Het was 'a war by choice, not by necessity'. De oorlog was de eenzijdige keuze van president Bush. De regering-Bush mat zich meteen het gezag en het recht aan om te bepalen wanneer soevereiniteitsrechten van om het even welke staat vervallen. 'The arrogance of power' (William Fulbright) ten top! De VS en de wereld werden op die manier geconfronteerd met de *imperial presidency*. Kern hiervan is dat het inherent is aan de presidentiële macht om de VS te engageren in een oorlog. De *imperial presidency* staat haaks op de Amerikaanse grondwet die dat recht ondubbelzinnig toewijst aan het Congres. Argument voor die presidentiële arrogantie, die een hoogtepunt bereikte tijdens de Koude Oorlog, was de doctrine van het *executive privilege*: de president kan de nationale veiligheid als alomvattende rechtvaardiging gebruiken. Met het einde van de Koude Oorlog kreeg dergelijke miskenning van de grondwet een flinke klap. Het zegt veel over het politieke kapitaal dat nine-eleven de regering-Bush heeft opgeleverd, dat dergelijke *imperial presidency* opnieuw alle kansen kreeg. Dat profileert ook de Republikeinse coalitie die het fundament is van de machtspositie van George Bush en die bestaat uit 'Wall Street, Big Energy, multinational corporations, the Military-Industrial Complex, the Religious Right and the Market Extremist think-tanks'.[14] De grondtrekken van het conservatisme zijn intelligentie en zin voor verhoudingen. Als er iets ontbrak in de Bush-Doctrine, dan was het uitgerekend dàt. In Washington was (is) dus niet het conservatisme aan de macht, maar veeleer het extremisme, het Amerikaanse fundamentalisme.

Iraqi Freedom

VADER EN ZOON | Amerikaanse burgers met een modaal geheugen herinneren zich de gematigdheid en omzichtigheid die George H.W. Bush in 1991 demonstreerde. 'Trachten om Saddam te elimineren... zou een onberekenbare menselijke en politieke kostprijs gehad hebben. ... We zouden dan wellicht gedwongen zijn geweest Bagdad te bezetten en effectief Irak hebben moeten besturen... Er was geen uitvoerbare exit-strategie, wat een van onze andere principes zou hebben geschonden. Daarenboven hadden we zelf doelbewust getracht om een patroon neer te zetten om in de post-Koude-Oorlogwereld om te gaan met agressie. Binnenvallen in Irak en het land bezetten zou betekenen dat we unilateraal het mandaat van de VN te buiten zouden gaan. Het zou derhalve het precedent van een internationale response op agressie vernietigd hebben, dat we hoopten te vestigen. ... Zo we geopteerd zouden hebben voor een invasie, dan is het denkbaar dat de VS nog steeds een bezettingsmacht zouden zijn in een scherp vijandig land.'[15] Het contrast tussen vader en zoon Bush is groot!

CREDIBILITY GAP | Als de operatie *Iraqi Freedom* één zaak heeft aangetoond, dan wel dat Saddam Hussein géén massavernietigingswapens had. In de nucleaire tijd is het nooit gebeurd dat een staat met WMD een tegenstander die ook over die wapens beschikt, militair aanpakt en zijn regime bedreigt met gewelddadige uitschakeling. De *deterrence* heeft altijd gewerkt: de angst voor vergelding behoedde voor avonturen. Als we de logica van de haviken in het Witte Huis ernstig nemen, dan beschikte Irak over massavernietigingswapens. En konden de VS dus vergelding verwachten. Saddam Hussein had er zich maandenlang op kunnen voorbereiden. Conclusie: de invasie betekende dat het Witte Huis de gemoedsrust had dat er geen WMD waren. In het andere geval zou de beslissing van Bush wel extreem onverantwoord zijn geweest! Het is veelzeggend dat de Amerikaanse samenleving op geen enkel moment adequaat werd voorbereid op een Iraakse vergelding. Ook de link tussen de seculiere Saddam en de fundamentalistische Osama bin Laden is nooit aangetoond. De *credibility gap* van de regering-Bush valt dan ook niet uit de lucht.

Realisme?

ONTWENNINGSKUUR | De tweede ambtstermijn van George W. Bush is nauwelijks begonnen, toch is duidelijk dat Condoleeza Rice het buitenlandse beleid een nieuwe richting uitstuurt. Amerikaanse belangen primeren over Amerikaanse idealen. Verzoening haalt het op confrontatie. Hardliners als John Bolton, Paul Wolfowitz en Douglas Feith werden geparkeerd in jobs buiten Washington. De impact van het State Department is gegroeid. Getuige de steun van het Witte Huis voor het diplomatieke offensief richting Europa en voor onderhandelingen met Iran en Noord-Korea.[16] Alleen de president en de vicepresident zijn nog hardleers, althans voor de façade: volgens hen blijft de *war on terror* een bruikbaar concept en evolueert de situatie in Irak naar wens. De werkelijkheid ziet er anders uit. De Bush-Doctrine is niet langer valabel. De regering kiest dus voor realisme. Na de kater de ontnuchtering: in het Amerikaanse buitenlandse beleid is dat een steeds terugkerende ontwenningskuur. Afkicken heet dat.[17]

A lonely superpower

HET GROTERE MIDDEN-OOSTEN | De VS zijn en blijven incontournable. Tot ver in de toekomst zullen de VS dominant blijven. De Amerikaanse economie is gezond. In 2004 groeide het BBP met 4,4%, in 2005 rekende men op 3,5%. De omvang, het gewicht van die economie op wereldvlak zal nog toenemen. Washington beschikt ook over een enorme dosis *hard power* om een agressief diplomatiek en militair beleid te ondersteunen. In 2004 piekte het Pentagonbudget tot 437 miljard dollar, zowat de helft van al de militaire uitgaven wereldwijd! De geopolitieke superioriteit van de VS was en is overweldigend. Politiek, militair en economisch hebben ze vaste voet gekregen in Centraal-Azië. De militaire aanwezigheid in Zuidoost-Azië, de Perzische Golf en het Arabische schiereiland is versterkt. Dat alles is onderdeel van een wereldwijde veiligheidsstrategie. Centraal hierin staat de strijd tegen het terrorisme. Klemtonen zijn het veiligstellen van het Midden-Oosten en de proliferatie van massavernietigingswapens voorkomen. Het grotere Midden-Oosten is van vitale betekenis voor de Amerikaanse belangen. Enerzijds is er de rijkdom aan gas en olie, anderzijds is het een broeihaard voor internationaal terrorisme. Chaos in die regio kan een enorme impact hebben op de VS. Nine-eleven toonde dat pijnlijk aan. Wat de non-proliferatie van WMD betreft, zijn er de zorgen rond Iran en Noord-Korea.

ONDERMAATS LEIDERSCHAP | Kortom een superpower, maar zeker niet onkwetsbaar en nog veel minder *untouchable*. Door de oorlog in Irak geraakte Washington internationaal geïsoleerd. Traditionele bondgenoten hadden heel wat gefundeerde kritiek en de spanningen in de Arabische wereld kregen scherpe kantjes. De geloofwaardigheid van de regering-Bush kreeg rake klappen. Abu Graib en Guantanamo degradeerden de promotie van mensenrechten tot holle retoriek. De *soft power* van de VS – hun vermogen om het beleid van andere staten onrechtstreeks te beïnvloeden – is minstens aangetast. Tot nog toe helt de balans nog in positieve richting. De gemeenschappelijke belangen overtreffen de geschillen en meningsverschillen.[18] De vorming van een verenigd front tegen Washington is niet voor morgen. Veel landen-in-ontwikkeling realiseren momenteel hogere economische groeivoeten dan in de ontwikkelde landen worden gehaald. Er zijn verschuivingen. De machtspositie van de VS is ontegensprekelijk maar botst wel op tegenspraak. Timothy Garton Ash heeft de wereldpolitiek vergeleken met een schaakspel dat op drie schaakborden tegelijk wordt gespeeld. Op het bovenste schaakbord gaat het om de klassieke problemen tussen staten. Het militaire niveau kortom. Daar geldt unipolariteit. En dus het Amerikaanse gelijk: macht is recht. Op het middenbord gaat het om de economische belangen en relaties tussen staten. De Amerikaanse economie bezet de pilootpositie. Maar er zijn ook de Europese Unie, Japan en China. Op dit vlak is er geen sprake van unipolariteit maar van multipolaire machtsverhoudingen. Het onderste schaakbord is dat van de transnationale kwesties. Noemen we migraties, milieuproblemen, pandemieën, ontwikkelingsproblemen, *failed states*, internationaal terrorisme, inlichtingendiensten en internationale criminaliteit. En op dat vlak stellen we een brede spreiding van macht vast tussen *state-* en *non-state actors*. Hier is helemaal geen sprake van unipolariteit of van een *American empire*! Bush, samen met de neocons en de assertieve nationalisten die hem tijdens zijn eerste ambtstermijn met hun wijze raad *(sic)* assisteerden, focusten haast uitsluitend op het bovenste schaakbord, aldus Garton Ash.[19] En verwachtten dus alle heil van de klassieke militaire oplossingen. Het zijn eendimensionele spelers in een driedimensioneel spel. Hun onvermogen om de hedendaagse wereld en haar problemen correct te analyseren en in te schatten, is stuitend. Het Amerikaanse leiderschap is ondermaats. Blijft het dat ook tijdens de tweede ambtstermijn?

Het is in deze context van wereldwanorde dat de opkomst van China en de herleving van Japan moeten worden gesitueerd. Zij krijgen meer manoeuvreerruimte. China zou wel gek zijn de huidige wereldorde die door het Westen gedomineerd wordt, te bruuskeren. En Japan – het land blijft tenslotte de tweede economische macht in de wereld – kan alleen maar vaststellen dat zijn machtspositie er nog door versterkt is.

4 China, de succesrijkste transitiestaat
1990–heden

Over mobilofonie, malls en internetmogols

THE CHINESE PRICE | Elke maand zijn er 5 miljoen Chinezen die zich inschrijven voor gsm-diensten. In heel het land zijn er 300 miljoen gsm-gebruikers. China is veruit de grootste markt voor mobilofonie. En honderden miljoenen klanten zijn in aantocht. Die enorme markt is opengebroken door Motorola, de Amerikaanse telecommunicatiereus. Hij bracht zijn beste technologie naar China. Maar die technologietransfer zaaide meteen de kiemen voor formidabele Chinese concurrenten. Motorola en Nokia, naast Duitse, Koreaanse en Taiwanese bedrijven, leveren een wanhopige strijd. In hun productieproces doen ze een beroep op robots en andere machines. Maar die kunnen niet op tegen het leger laagbetaalde Chinese arbeiders. *The Chinese price* – een berucht begrip in de geglobaliseerde markten – is onklopbaar. Tegelijk is voortreffelijke kwaliteit verzekerd. De toeleveringsbedrijven zijn té goed. Nieuwe, inlandse, extreem agressieve concurrenten – Ningbo Bird, Nanjing Panda Electronics, Haier, TCL Mobile – beheersen al meer dan 40% van de Chinese markt. Toch blijft Motorola weerwerk bieden: zich terugtrekken uit de Chinese markt ware catastrofaal. Het zou de deuren openzetten voor agressieve concurrentie wereldwijd. Motorola plant zijn belang in China in 2006 te verdrievoudigen tot meer dan 10 miljard dollar.[20]

CONSUMPTIEHONGER | Onlangs werd in Dongguan de South China Mall geopend, een reusachtig nieuw winkelcentrum, met een replica van de Arc de Triomphe en de imitatie van straten uit Hollywood, Parijs en Amsterdam, een mix ook van Disney en Las Vegas. Het is driemaal zo groot als de Mall of America in Minnesota. In Guangzhou (Canton) trekt een winkelcentrum op goede dagen rond de 600.000 mensen per dag. Ikea en Carrefour worden er overspoeld door massa's klanten. De Chinezen worden verteerd door een groeiende consumptiehonger. Wat uiteraard alles te maken heeft met het feit dat het inkomen per hoofd sinds 2000 met 50% gestegen is. In de voorbije zes jaar werden er in China vierhonderd grote winkelcentra gebouwd. Hun omvang groeit ook constant: winkelpromenades van 560.000 à 650.000 m²! In oktober 2004 werd in het noordwesten van Beijing de Golden Resources Mall geopend. Zijn omvang: 560.000 m² met een lengte van zes voetbalvelden en anderhalve maal de omvang van het Pentagon. Het is het centrum van een reusachtig complex met appartementen, kantoor- en overheidsgebouwen, hotels en scholen. Prijskaartje: 1,3 miljard dollar![21] In Guangzhou (Canton), de provinciehoofdstad van Guangdong, was er een stroom van 400.000 mensen om de opening bij te wonen van de Grandview Mall, een winkelcentrum van 279.000 m². De Triple Five Group, eigenaar van de Mall of America (Minnesota, 232.000 m²) en van de West Edmonton Mall (Canada, 297.000 m²) wil zich niet in de hoek laten drummen en plant de bouw van drie nieuwe winkelcentra in China. Twee ervan, de Mall of China en de Triple Five Wenzhou Mall, zullen 930.000 m² groot zijn![22]

INTERNET | Midden september 2005 werd in Hangzhou (provincie Zhejiang) China's jaarlijkse Internet Summit georganiseerd. In de lobby van het Hyatt Hotel ontving Charles Zhang, de stichter van het webportaal Sohu.com, de deelnemers. Internetmiljonairs werden met veel egards ontvangen: William Ding (34 j.), de chief-executive van Netease.com, Ma Huateng (34 j.), stichter van Tencent.com en anderen. Jack Ma (40 j.), de oprichter van Alibaba.com, fungeerde als gastheer. Hij is de architect van de grootste internetdeal in China in 2005, namelijk een partnership met Yahoo. Yahoo stemde ermee in om 1 miljard dollar te investeren in het zes jaar oude Alibaba.com en zijn Chinaoperaties over te dragan aan Jack Ma. Ma, een gewezen leraar Engels, zei dat de belangrijkste *players* uitgenodigd waren om op deze jaarlijkse bijeenkomst in alle rust met elkaar in discussie te gaan. Deze internetsummit kreeg heel wat aandacht in de pers en trok de belangstelling van bankiers, zakenmensen, filmproducers en internetondernemers.[23]

De CCP – the Chinese Capitalist Party

DE CHINESE COMMUNISTISCHE PARTIJ | Zoals je in veel hotels in de VS een exemplaar van de Bijbel in het nachtkastje vindt, zo moest in de hotelkamers in China in de jaren 1970–1980 de lectuur van het Rode Boekje voor een goede nachtrust zorgen. Nu vind je er oogverblindende brochures die mogelijkheden voor plaatselijke investeringen aanprijzen. China is veranderd. Waarom zou ook de CP niet veranderd zijn? Allicht is de Chinese communistische partij een Chinese kapitalistische partij geworden? Eerder hebben we er al op gewezen dat het politieke leven onder het communistische regime allesbehalve grijs en monotoon is. De strijd tussen de twee elites, te weten de militant-ideologische en de pragmatische, had rechtstreeks te maken met fundamentele beleidskeuzes. En dus met de lotsbestemming van een miljard Chinezen, mensen van vlees en bloed zoals jij en ik. Maar de decennia opendeurbeleid hebben de partij zelf ook niet onberoerd gelaten.

Steeds opnieuw werd ze geconfronteerd met immense uitdagingen. Eén zo'n enorme *challenge* waren de generatiewissels. Mao en Zhou Enlai moesten vervangen worden. Ook Deng Xiaoping, Zhao Ziyang en Hu Yaobang hadden niet het eeuwige leven. De recentste generatiewissel op het hoogste niveau had plaats midden november 2002. Op het 16de Partijcongres zetten Jiang Zemin (°1926), Li Peng (°1928) en Zhu Rongji (°1928) een stap achteruit.[24] Zij waren tien jaar aan de macht geweest en hadden na de dood van Deng Xiaoping gezorgd voor een vlotte overgang en vooral voor stabiliteit. Een niet-geringe verdienste en een grote zorg. Als het regime aan iets een broertje dood heeft, dan wel aan *luan* (chaos). De gemiddelde leeftijd in het nieuwe Politbureau is 61 jaar en in het Centraal Comité 54 jaar. De nieuwe partijbaas Hu Jintao was bij de machtswissel 60 jaar. De gerontocratie is stilaan voltooid verleden tijd. China wordt voortaan geregeerd door jonge leeuwen, maar vooral door zeer competente technocraten. Voor hen is een welvarend China zoveel belangrijker dan ideologie. Een voorbeeld. In maart 2004 werd een grondwetswijziging doorgevoerd waardoor privézakenlui lid kunnen worden van de CP. Wie er nog aan mocht twijfelen: de pragmatische elite maakt de dienst uit! De generatiewissel is alleszins geslaagd: China wordt nu geleid door de beste regeringsploeg sinds generaties. Ook op het lokale niveau zijn er heel wat jonge burgemeesters aan het werk, gevormd en getraind aan Amerikaanse universiteiten. En die nieuwe generatie is efficiënt. Voor kleine en middelgrote samenlevingen is het al een hele klus om snelle economische groei te realiseren. Hier gaat het echter om 's werelds snelste groei in een samenleving van 1,3 miljard mensen! De dikste jongen op school die de 100 meter hordeloop wint...

De CP is dus in veel opzichten soepel en pragmatisch geworden. Over één zaak is géén discussie: het machtsmonopolie. Resultaat is wel dat, in de context van de transitie, van het Chinese communisme nog alleen het oude controlesysteem is overgebleven. De prioritaire zorg is en blijft sociale stabiliteit. Orde en rust! De millenia-oude traditie van het absolute gezag werkt door. De Volksrepubliek China is nu eenmaal een eenpartijstaat én een tweekolommenstaat[25] met een obsessie met controle en orthodoxie (eenheidsdenken).

DE KWETSBAARHEID VAN BEIJING | De kwetsbaarheid van Beijing is van tweeërlei aard. In de eerste plaats heeft de partij een top-downstructuur. Ze heeft geen voeling met het volk en met de dorpen. De doelstelling is om het volk meer welvaart te bezorgen, maar het mag zich niet bemoeien met de politiek. Het mag zich evenmin organiseren buiten de partij om. We beleven in het huidige China dus zeker niét het einde van de autocratische staat, wél de modernisering ervan. Het kapitalisme wordt gebruikt om de autocratische staat te verstevigen. Het gaat ten gronde om de combinatie van een gedecentraliseerde markteconomie en communistisch paternalisme. Met andere woorden: het gaat om een beleid van conservatieve modernisering. In tweede instantie is het onvermogen om het individu te waarderen een bijzonder zwakke plek in het (communistische) pantser. De angst is groot dat individualisering het regime ondermijnt. Er is dus geen ruimte voor vrije meningsuiting. Het feit dat niemand zich kan uiten, stimuleert corruptie. Het internet bijvoorbeeld is een tweesnijdend zwaard. Het versterkt ongetwijfeld de Staat. Maar het geeft het individu meer mogelijkheden. Vooral in de steden is er meer individuele autonomie. De sociale controle is er gering. En aangezien het politieke leven in een dwangbuis zit, streven individuen ernaar zichzelf te ontplooien in het economische en culturele leven. Door de plotse informatieopstoot is het weinig waarschijnlijk dat het regime de modernisering overleeft. Hu Jintao verstevigt wel de repressiemethoden en waakt er constant over dat de nieuwsmedia, religie, internetcommentaren en *think tanks* geen dissidente meningen verspreiden. In China zitten meer journalisten achter de tralies dan in welk land ook. Hu spreekt een (propaganda)taal die wel uit een lang vervlogen communistisch verleden lijkt te komen. Maar dat zijn pleisters op een houten been. Het regime is te vergelijken met een brandweercorps dat met veel branden tegelijkertijd wordt geconfronteerd. Het haast zich naar de grootste vuurzee en laat de andere voor wat ze zijn. Hu Jintao mikt op sociale orde en politieke stabiliteit op de korte termijn. De kans is groot dat hij op die manier de risico's op aanzienlijke instabiliteit op de langere termijn verhoogt. In voorkomend geval zijn niet individuen het slachtoffer, maar het hele Chinese volk.[26]

ZHAO ZIYANG | Illustratief voor dit hele verhaal is de wijze waarop het regime het overlijden van Zhao Ziyang heeft gemanipuleerd. Zhao Ziyang, de vroegere communistische partijleider, stierf op maandag 17 januari 2005, nadat hij de laatste vijftien jaar van zijn leven onder huisarrest had doorgebracht. Hij werd 85. De huidige leiders hebben getracht zijn dood toe te dekken als was hij een staatsgeheim.

Deng Xiaoping is de legendarische figuur die heeft gezorgd voor economische groei en dus voor stabiliteit en politieke legitimiteit. Deng Xiaoping heeft de noodzakelijke voorwaarden geschapen: 'Had he lost his nerve then China might have wasted decades trying to regain its sense of purpose.'[27] Hij was de man die ondubbelzinnig heeft gekozen voor de transitie naar een gedecentraliseerde vrijemarkteconomie. Zo is het aan hem te danken, steeds volgens de officiële historische versie, dat miljoenen Chinezen bevrijd zijn van de armoede.

In feite is het Zhao Ziyang geweest die de hervormingen grotendeels heeft geconcipieerd en ook over de uitvoering ervan heeft gewaakt. Eerst deed hij dat als provinciale partijleider in de jaren 1960 en 1970. Daarna op nationale schaal als partijleider in de jaren 1980. In de landbouw zorgde hij voor de afbraak van het communesysteem. In de industrie versoepelde hij drastisch de staatscontroles. Klap op de vuurpijl: hij was van oordeel dat economische en politieke liberalisering de twee kanten waren van eenzelfde medaille. Hij stond voor democratisering, vrije meningsuiting en de uitbouw van een rechtsstaat. Omwille van de oververhitting van de economie in de jaren tachtig stond Deng onder druk van de militante elite. Hij betaalde toen een prijs om van het hervormingsbeleid te redden wat mogelijk was. Die prijs was de val van Zhao Ziyang. Het resultaat van de Tien Anmen-crisis van 1989 was een beleid van conservatieve moderni-sering, de combinatie van economisch pragmatisme en communistische dwang. Sindsdien, en tot op heden, is dat beleid de orthodoxie. Niet ver-wonderlijk dat de dood van Zhao officieel werd doodgezwegen. Dat het regime de gewezen leider de traditionele eerbewijzen heeft ontzegd. Dat de door de Staat gecontroleerde televisie belangrijker nieuws te melden had. Uiteindelijk gaf de top de toelating om de overledene te begraven op een begraafplaats, gereserveerd voor hogere partijkaders. Van een pos-tume rehabilitatie was geen sprake.[28]

De transitie van een centraal geleide economie (CGE) naar een gedecentraliseerde markteconomie (GME)

DE SUCCESRIJKSTE TRANSITIESTAAT | De transitie van een CGE naar een GME is geen pretje. In Moskou weten ze er alles van en ook in Warschau, Boedapest, Praag en Boekarest. Een inspanning van een hele samenle-ving, vol te houden doorheen decennia. En dus is de beloning in de vorm van een hogere levensstandaard niet voor morgen. De inspanning wordt niet direct gehonoreerd. De kinderen, de kleinkinderen... allemaal goed. En als je wat geluk hebt, jij zelf in je oude dag. Een eerste groot verschil tussen Rusland/Oost-Europa en China. In 1989 is de transitie in meerdere landen ingezet onder invloed van buitenlandse ontwikkelingen. De druk was plots van de ketel – de dwang van de Groot-Russische arrogantie – en de (Centraal- en Oost) Europese samenlevingen werden meegezogen in een niet te stuiten stroomversnelling, een soort tsunami. Op dat moment was de transitie in China al tien jaar aan de gang. En *by choice*, vanuit een interne bezinning, als reactie op interne (maoïstische) waanzin. Tweede verschilpunt: het ging in China om de transitie van een ontwikkelingsland naar een land met een behoorlijk productie- en welvaartsniveau. De volks-democratieën in Europa waren geen ontwikkelingslanden. Dat moderni-seringsbeleid in China is een indrukwekkend succes. Ontegensprekelijk. Voor de 1,3 miljard Chinezen én voor de pragmatische elite.

Enkele cijfers om dat te illustreren. De jaarlijkse economische groeivoet schommelde tot 1997 rond de 10%. Sinds dat jaar noteerde men 7 à 8%. In 2003 groeide het BBP met 9,3% en in 2004 met 9,5%. Belangrijke toelichting: ook de jaarlijkse groeivoet in de landbouw verdubbelde tot 6,3%. De graanproductie nam toe met 9% en bereikte 469,5 miljoen ton. In een land waar 90% van de (massale) bevolking leeft van de landbouw een niet te onderschatten factor.

Een oververhitting van bepaalde sectoren in de economie is waarschijnlijk. Het volstaat erop te wijzen dat de leningen bij banken op het einde van 2004 al twee jaar na elkaar rond de 20% draaiden. Maar dat dus in een periode dat de jaarlijkse economische groei rond de 9% haalde. Halsvraag is dan of nadien blijkt of het om valabele leningen ging dan wel dat het *nonperforming loans* bleken te zijn. Zeker bij een vertraging van de groei wordt dat een halszaak.

Het is een cruciale vraag omdat ondanks afremmende maatregelen het BBP toch nog dergelijke jaarlijkse groeivoeten vertoont en dus ook de *incentives* om te lenen krachtig en verleidelijk blijven. Het volstaat dat de groei na dergelijke investeringsboom vertraagt opdat de levensvatbaarheid van een aantal investeringen op de tocht staat.

Blijkt ook dat de investeringen in de nijverheid vlugger zijn toegenomen dan in de landbouw, de dienstensector, en de kleine en middelgrote bedrijven. De overheid heeft afremmende maatregelen moeten nemen om oververhitting te voorkomen in subsectoren als staal, cement, aluminium, autoproductie en immobiliën. Gelukkig maar dat de totale consumptie in 2004 sneller is gegroeid dan in 2003. Ongetwijfeld is dat het resultaat van een verhoging van het inkomen, zowel op het platteland als in de steden. Op het platteland ging het om een reële inkomensgroei van 6,8% (2004), het hoogste niveau sinds 1997. In de steden haalde men 7,7%, wat de kleinhandel stimuleerde tot een groei met 10,2%. Als je de zaak evenwel bekijkt vanuit het perspectief van het aandeel in het BBP tijdens de voorbije drie jaar, stel je vast dat de privéconsumptie met een trager ritme gestegen is dan de overheidsconsumptie en de investeringen in vastliggende activa.[29]

Andere opmerkelijke gegevens: de Volksrepubliek China tekent verantwoordelijk voor 18% van de internationale economische groei en voor 8% van de wereldwijde export, het dubbele van zijn aandeel in 2000. Tussen 1990 en 2004 heeft China zijn verkoop in het buitenland verachtvoudigd! Het is de belangrijkste consument – wereldwijd – van staal, koper, steenkool en cement en komt op de tweede rang voor petroleum. In de WTO – de World Trade Organisation, waar het op 11 december 2001 lid van werd – is het een eersterangsmogendheid geworden. Inzake investeringen in R&D scoort het als derde in de wereld! In de cenakels van Zhong Nanhai zitten ze op een berg goud, namelijk 660 miljard dollar aan deviezenreserves, waaronder Amerikaanse schatkistbons voor een waarde van 220 miljard dollar!

China profiteert dus in hoge mate van de globalisering. Maar het is er ook compleet afhankelijk van geworden. Na de VS en Duitsland is China de derde importeur op wereldvlak geworden. Zonder die aankopen in het buitenland zou zijn ontwikkeling stokken. Het regime zou zich allicht niet kunnen handhaven. China dreigt de rest van de wereld te verpletteren. Maar het is er ook afhankelijk van. Ongeveer 8.000 Chinese bedrijven investeren nu al in zo'n 160 landen, vestigingen die naar schatting 15 miljard dollar waard zijn en bemand met een half miljoen uitgeweken Chinezen. China is een volwassen en toonaangevende actor in de wereldeconomie. Maar zijn groeimodel steunt op de export die 75% van zijn BBP bedraagt, tegen gemiddeld 30% voor India en Brazilië. China is dus sterk én kwetsbaar.[30]

Maar ook andere indicatoren wijzen erop dat de transitie een succes is. In de landbouw zijn er geen tekorten meer. De alfabetiseringsgraad bereikt 80%. De levensverwachting is verdubbeld, van 35 jaar naar 70,5 jaar (2005).

GEEN RECHTSSTAAT | Het ware wat simpel een eenzijdig beeld op te hangen. Zoals al gezegd werd: China is sterk maar kwetsbaar. Het juridische apparaat sleept een traditie van corruptie met zich mee. China is allesbehalve een rechtsstaat.[31] Het moet een wetgeving uitbouwen en dat vraagt tijd. Maar China is een staat van continentale omvang. Daarenboven geeft het regime een misleidende indruk. De greep van het centrum op de lokale besturen is als een kaas met gaten, als een net met zeer grote mazen. Met andere woorden, als de wetten er eenmaal zijn, is het regime pas halfweg. Dan moet immers nog de implementatie volgen in dat enorme land. Concreet voorbeeld is de wetgeving die in Beijing op poten wordt gezet in verband met de bescherming van het intellectuele eigendom. Mikpunt zijn de vervalsingen van merkproducten (kledij, auto's, software, kapitaalgoederen), van cd's, dvd's en films. Noem het maar... De Chinezen zorgen voor namaak van alles en nog wat. Industriële spionage is dagelijkse kost. Buitenlandse bedrijven zijn wat blij toegang te krijgen tot de Chinese markt, maar hun investeringen impliceren ook de transfer van knowhow. Hoe goed beveiligd ook, zij hebben op geen moment de garantie dat ze hun (spits)technologie kunnen afschermen. Twee derde van de namaakgoederen waar in de Amerikaanse havens in 2004 beslag op werd gelegd, kwam uit China.

China telt 3.000 plattelandsrechtbanken en 404 rechtbanken op het intermediaire niveau. Zij voelen zich niet in de eerste plaats geroepen om geschillen inzake intellectuele eigendom te beslechten. 'Lagere rechtbanken staan nog sterk onder de controle van plaatselijke besturen en beschouwen gevallen van intellectuele diefstal niet direct als een verschrikkelijk vergrijp. Dààr is het dus dat de échte strijd tegen namaak en vervalsing gevoerd wordt. Op het lokale niveau evolueren de zaken met de snelheid van een schildpad. In het centrum daarentegen en in het Hooggerechtshof gaat het allemaal veel sneller.'[32] Jiang Zhipei, sinds 2000 de opperrechter van het Tribunaal voor Eigendomsrechten van het Hooggerechtshof in Beijing, getuigt dat in 2004 in de Chinese rechtbanken 12.205 klachten over schendingen van eigendomsrechten behandeld werden. Dat is aan aangroei van 39% in vergelijking met 2003. Maar de snelle groei van de economie in zo'n reusachtig land én het raffinement van de kopieertechnologie stellen de piraterij in staat om de rechtbanken een stap voor te blijven. Jiang Zhipei verbloemt het probleem niet: 'China wordt met zoveel problemen geconfronteerd om een wettelijk systeem uit te bouwen. Er zijn veel uitdagingen en crisissen die we moeten aanpakken. En de crisis rond het intellectuele eigendomsrecht is zeker niet de ernstigste.'[33] Dat is de realiteit. De transitie naar een rechtsstaat is een zaak van decennia. Buitenlandse bedrijven en hun managers die in China werken, zullen het geweten hebben. Wat is de waarde van een contract? In hoeverre is er een juridische garantie? Is er rechtszekerheid? En rechtsgelijkheid? Geduld is een mooie deugd. Als er echter bedrijfsbelangen en balansen in het spel zijn, drijven ongeduld en ongenoegen boven.

TEWERKSTELLING EN SOCIALE ORDE | De sociale stabiliteit is een grote zorg. Het regime is als de dood voor sociale onrust. Herinneren we aan het massale! Het gaat telkens om tientallen miljoenen mensen. Vermits de sociale orde absolute prioriteit geniet, zijn er heel wat belangrijke beleidsbeslissingen die tegen de instructies van de WTO ingaan. Denken we maar aan de meer dan 300.000 staatsbedrijven. Ze zijn de zwakke plek in het pantser van de Chinese Draak. Ze vormden de speerpunt van de economie ten tijde van Mao. Maar in die immense publieke sector regeren al decennia wanbeheer, favoritisme, corruptie en incompetentie. Meer dan de helft van de actieve bevolking in de steden is in dergelijke bedrijven tewerkgesteld. Ze werken met achterhaalde technologie. Ze zijn overbemand. Volgens de Wereldbank zijn er 45 miljoen arbeidsplaatsen te veel! In twaalf jaar tijd is de tewerkstelling er gehalveerd. Sinds 1978 zijn haast veertigduizend staatsbedrijven gesloten! Tussen 1996 en 2001 hebben er al 53 miljoen werknemers hun job verloren. Zo is de modernisering van China een nieuwe vloedgolf aan armoede aan het creëren. Maar er zijn grenzen voor het regime. Die oplopende werkloosheid is er een van. Dan nog liever botsen met de verordeningen van de WTO. En dus worden fail-

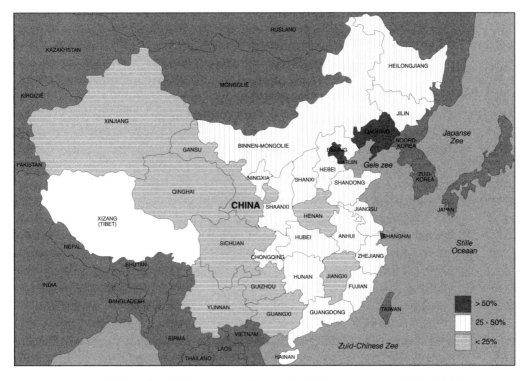

De gemeentelijke en dorpsbedrijven – TVE's, vooral in de kustzones en in de landelijke gebieden rond grote steden – hebben voor enorme tewerkstelling gezorgd.
Percentage van de arbeidskrachten op het platteland, tewerkgesteld in TVE's (1999).

lissementen bevroren. Nochtans verslinden deze overjarige bedrijfsreuzen miljarden kredieten die elders veel efficiënter geïnvesteerd zouden kunnen worden. Momenteel bestaat er een strenge controle vanwege een speciaal ingestelde commissie op de naleving van de hervormingen op 178 belangrijke staatsgeleide groepen.[34] De Asian Development Bank signaleert dat er vooruitgang wordt geboekt. Maar het is rijden en omzien voor het regime in Beijing. Modernisering en privatisering vorderen in de staatssector slechts met mondjesmaat.[35]

Hoe is het succes van de transitie te verklaren?

Het succes van de transitie van China van een centraal geleide economie naar een gedecentraliseerde markteconomie verklaren, is een oeverloze opdracht. Met de studies rond deze problematiek is een hele boekenkast te vullen. Binnen deze context focussen we op drie fenomenen: de gemeentelijke en dorpsbedrijven (*township and village enterprises* / TVE's), de overzeese Chinezen en de buitenlandse directe investeringen (FDI's).

1] De TVE's zijn vooral in de kustzones en in de landelijke gebieden rond-om de grote steden totstandgekomen.[36] Het gemiddelde percentage rurale arbeidskrachten tewerkgesteld in TVE's bedraagt 27,5%. Gemiddeld meer dan 50% tewerkstelling in TVE's vind je in kustregio's als deze rond Liaoning, Tianjin en Shanghai. In de rest van de kustzones zorgen de TVE's voor een tewerkstelling tussen de 25 en de 50%. In centrale en westelijke provincies blijft men beneden de 25%. Deze cijfers spreken boekdelen over de ongelijke ontwikkeling en over de welvaartskloof tussen de oostelijke, respectievelijk de centrale en westelijke gebieden van het land.[37]

In essentie is de oprichting van TVE's terug te voeren tot initiatieven van de plattelandsbevolking, niét van de overheid. TVE's zijn meestal privé of coöperatief. Er is wel een nauwe betrokkenheid van de lokale overheden. In oorsprong heeft de hele zaak te maken met de modernisering van de landbouw, één van de vier moderniseringen die indertijd door Zhou Enlai is voorgesteld (1975) en door Deng Xiaoping, respectievelijk Zhao Ziyang, vanaf 1980 zijn doorgevoerd. De communes moesten de baan ruimen voor het zelfverantwoordelijkheidssysteem. De boer moest in alle vrijheid zelf kunnen beslissen over de wijze waarop hij zijn bedrijf runde. En dus kozen de boeren voor diversificatie, dus voor teelten die gegeerd waren en meer opbrachten. De decollectivisering op het platteland is zo dé hefboom geworden voor een aanzienlijke groei van de productie en een marktgerichtheid die vroeger ondenkbaar was. De verhoging van de koopkracht van de landelijke bevolking was er het resultaat van. De mensen op het platteland zorgden op die manier voor een constant groeiende vraag naar consumptiegoederen. Ze wensten ook diversiteit. Het ging niet alleen om textiel en kleding, maar ook om bouwmaterialen en elektroapparatuur. Daarenboven hadden ze ook behoefte aan uitrustingsgoederen. Dat varieerde van gereedschap allerlei tot kleine landbouwtractoren. In tweede instantie – en zeker niet minder belangrijk – zijn Chinezen spaarders. De miljoenenmassa op het platteland was niet anders. En ze zijn hun spaargelden gaan investeren in de TVE's. Die gemeentelijke en dorpsbedrijven zijn zo aan het noodzakelijke bedrijfskapitaal geraakt. Daarbij werd hen vanuit Beijing bij wet opgelegd 60% van hun winsten opnieuw te investeren.[38]

TVE's zijn overwegend kleine bedrijven met hooguit vijf werknemers. Dat belet niet dat ze in 1985 al goed waren voor 14% van de tewerkstelling in China. In 1993 vonden 135 miljoen mensen er werk! Tot 1995 is het aantal TVE's steeds maar toegenomen. In 1997 waren er zo maar eventjes 120 miljoen in bedrijf. Sindsdien is er een zekere stagnatie opgetreden. Een onthutsend verhaal. Zeker als we bedenken dat eigendomsrechten en betrouwbare wetten steeds beschouwd zijn als de pijlers van economische ontwikkeling. Maar daar was in China geen sprake van. Niettemin hebben de Chinezen decennialang hun TVE's uit de grond gestampt en tot grote bloei gebracht. In 1987 zei Deng Xiaoping tot een Joegoslavische delegatie in Beijing: 'De ontwikkeling van de TVE's heeft ons totaal verrast. Het was alsof er een vreemd leger op het platteland verscheen, dat een grote variëteit aan producten maakte en verkocht. Dit is geenszins een verwezenlijking van onze centrale regering... Dit was helemaal niet iets dat ik bedacht heb... Dit was een complete verrassing.'[39] Een perfecte analyse van de situatie! De Chinezen hebben dat tot stand gebracht tegen de communistische obstructie van economische groei in. De ironie van de geschiedenis! Achter de rug van de CP, de radicaalste tegenstander van het privé-initiatief en private eigendomsrechten, hebben de Chinezen op eigen kracht en initiatief wegen gezocht en gevonden om bedrijfjes op te zetten en tot bloei te brengen. Toen Deng en Zhao Ziyang hun moderniseringsbeleid opzetten, waren de modale Chinezen al druk doende om aan de verbodsbepalingen, reglementeringen en controles te ontsnappen. De communistische staat werd omzeild en voor schut gezet. Ondanks de obstakels en de tegenwerking opgeworpen door het communistische regime, zijn de Chinezen erin geslaagd economische ontwikkeling te realiseren. 'Denk eraan dat het land zich optrok in de markteconomie toen zijn bevolking al zijn moed verzamelde en praktisch elk reglement in het draaiboek van het communistische regime aan zijn hielen lapte. Haast de hele 20ste eeuw hebben de Chinezen het ene reglement na het andere overtreden. ... Jan en alleman heeft de ene periode na de andere beleefd waarin het opvolgen van de reglementenwaslijst van de vorige dag de volgende dag tot tragedies leidde. China is een land waar de burgers bij herhaling hebben ondervonden dat reglementen tot rampen leiden en dat wegen vinden om ze te omzeilen, hoop en waardigheid oplevert.'[40]

In elk verhaal over de modernisering van China, in welke publicatie ook, zul je de verwijzing vinden naar Wenzhou, ten dele stad en ten dele platteland, in de provincie Zhejiang. Het is een provincie waar 90% van de ondernemingen privaat is – een uitzonderlijk hoog niveau in vergelijking met andere provincies – en waar de lokale bedrijfjes hun kapitaal leenden bij plaatselijke netwerken. Wenzhou ligt aan de kust, met Taiwan aan gene zijde van de beruchte Straat van Formosa. Op de luchthavens van Wenzhou vind je echter niet alleen gevechtsvliegtuigen en soldaten maar ook stromen zakenlui uit Taiwan. Het economische mirakel in Wenzhou startte toen enkele ondernemers besloten de wet te overtreden en een privézaak op te starten. Een merkwaardige mix verklaart hun succes: gedrevenheid, een neus voor zaken, een bereidheid om ervoor te gaan en dus het niet zo nauw te nemen met de bestaande wetgeving, de politieke sluwheid ook om de zaken zo aan te pakken dat het aanvaardbaar was voor diegenen die de lokale economie bestuurden. De dekking is perfect tussen het Wenzhou-verhaal en het algemene beeld dat we hierboven hebben geschetst: de mensen in Wenzhou waren al druk doende voor Deng zijn hervormingsbeleid opstartte; ze schuwden de illegaliteit niet. In nauwelijks vijf jaar tijd hadden 80.000 families een klein industrieel bedrijf opgestart. In 1986 waren dat er al 110.000. Om aan de aandacht van de centrale overheid te ontsnappen, mocht een bedrijfje niet meer dan vijf mensen tewerkstellen. Dat belette niet dat in 1986 al 300.000 mensen in Wenzhou tewerkgesteld waren. Dat was niet onaardig! Honderden miljoenen mensen lieten immers de landarbeid voor wat ze was en migreerden op zoek naar beter werk. Een deel ervan vond dat ook in Wenzhou. Opvallend was in welke mate de dorpelingen-ondernemers er daar in slaagden op zeer ingenieuze manier sluipwegen te vinden om zich een legaal cachet aan te meten en zo te kunnen delen in het manna van de subsidies. Zo waren er nogal wat die zich als familiebedrijfje verpopten tot een zijtak van een staatsbedrijf. In overeenkomst met dat management nam zo'n familiebedrijf dan de naam, het bedrijfspapier en de bankrekeningnummers van het betrokken staatsbedrijf over. Op die manier werd het bedrijf koosjer voor staatsleningen en vermeed het ook zelf belastingen te moeten betalen. Klap op de vuurpijl: heel wat managers van die bedrijfjes waren zelf lokale partijkaders die onder de auspiciën van de staat boerenbedrijven en ondernemingen leidden! Dergelijke belangenvermenging tussen een middenklasse van zakenmensen en staats- en partijambtenaren is in China heel gewoon geworden.[41] Een populair Dengcitaat luidt: 'Steek de rivier over door de stenen te voelen.' Daarmee moedigde Deng de Chinezen aan om op een voorzichtige en geleidelijke manier hun weg te zoeken naar een beter leven. De dorpelingen van Wenzhou deden dat. Maar ze stapten niet, ze liepen, aldus Ted Fishman. Om een lang verhaal kort te maken: Wenzhou specialiseerde zich in de productie van lederwaren, eerst riemen, maar al vlug ook schoenen en kleding. Zesduizend lederwarenbedrijven produceren jaarlijks 460 miljoen gelooide huiden, 5 miljard paar schoenen en 70 miljoen lederen kledingstukken. Daarmee promoveerde Wenzhou tot de tweede schoenenproducent van China. En het richtte zich voor de export vooral op Oost-Europa en Rusland.

Een ander concreet voorbeeld is dat van Yiwu in de provincie Zhejiang. De stad heeft een Futian Markt, waar zevenduizend winkels kerstmisartikelen verkopen. Maar daarnaast ook allerlei religieuze prullen: ingekaderde afbeeldingen van Jezus, hindoeposters, juwelen met moslimkalligrafieën, portretten van de Dalai Lama... Maar de kerstmisartikelen zijn de big business: namaakkerstbomen, allerlei kerstboomversieringen, de hele mikmak tegen bespottelijk lage prijzen. En geen mens in Yiwu die weet waar het in verband met kerstmis om te doen is! In heel China exporteerden drieduizend bedrijven van kerstmisartikelen in de eerste tien maanden van 2003 voor meer dan 900 miljoen dollar aan kerstversieringen.[42] Maar de tijd staat niet stil. En net zoals de TVE's gebruik hebben gemaakt van de ondoeltreffendheid van de staatsbedrijven, zo zitten zij nu zelf in de verdrukking. China is een vrije markt en de concurrentie van zuivere privébedrijven weegt zwaar. Zo worden de TVE's momenteel meer en meer uit de markt geconcurreerd. Ted Fishman merkt op dat waar elders in de wereld de angst voor groeiende werkloosheid onder druk van de Chinese Draak overhands toeneemt, de Chinezen in eigen land meer dan bezorgd zijn omdat de concurrentie de werkloosheid als het ware vastzet. Volgens de auteur is de privésector verantwoordelijk voor de helft van de productie in China en voor een vierde van zijn BBP. 'De armoede op het platteland, de hoge interne migratie, de liberalisering van de financiering, de scherpe nietsontziende concurrentie, de intensieve urbanisatie... al deze factoren die elkaar versterken, versnellen het hoge metabolisme van het Chinese kapitalisme.'[43] Maar dicteert de politiek nog altijd de economie? Of is het andersom? Dat gevecht is constant én intensief: het verhaal van de overzeese Chinezen illustreert dat.

2] De overzeese Chinezen of *huaqiao* spelen een belangrijke rol. Het gaat om naar schatting ongeveer 60 miljoen Chinezen. Ze zijn overal in Zuidoost-Azië aanwezig, maar numeriek zwak. Alleen in Thailand, Maleisië en Singapore is het aandeel van de overzeese Chinezen in de bevolking aanzienlijk. In het Westen – de VS, Canada en West-Europa –

Taiwan	21 000 000
Hong Kong	6 000 000
Indonesië	7 200 000
Thailand	5 800 000
Maleisië	5 200 000
Singapore	2 000 000
Verenigde Staten	1 800 000
Birma (Myanmar)	1 500 000
Latijns-Amerika	1 000 000
Vietnam	800 000
Filippijnen	800 000
Europa	600 000
Canada	600 000
Afrika	100 000

Aantal overzeese Chinezen. Zij zijn verantwoordelijk voor 80% van de buitenlandse investeringen in China.

wonen ruim 3 miljoen Chinezen. Maar de Chinese diaspora is een van de grootste financiële machten op wereldvlak. Hun economische betekenis wordt geraamd op circa 200 miljard dollar. Beijing mag dan al het politieke en diplomatieke machtscentrum zijn, de technologische knowhow, de kapitalen en de kennis van de wereldmarkt zijn geconcentreerd in Taiwan, Hongkong (40 à 50% van de kapitalen) en Singapore. Al decennialang bestaat er trouwens een Groot-Chinese handelsruimte tussen China, Taiwan en Hongkong.[44] Waar ook in China draaien tegenwoordig fabrieken of andere ondernemingen die geheel of gedeeltelijk gefinancierd worden door overzeese Chinezen. Zij introduceren opnieuw onbewust traditionele culturele waarden die Mao in de vernieling had gedreven. Zo onder meer de centrale rol van de familie in het ondernemersklimaat. Met andere woorden *guanxi*-relaties. Onderlinge verplichtingen in plaats van contractuele maken de dienst uit. In tegenstelling daarmee heeft het kapitalisme in het Westen zich ontwikkeld door familiebanden en persoonlijke relaties 'uit te drijven'. Ironisch en paradoxaal genoeg is het dat ook wat Mao dus gedaan heeft. De maoïstische modernisering *(sic)* van China is echter mislukt. Dat contrasteert scherp met Dengs modernisering. Daarin is de financiering en uitbreiding van de privésector essentieel en dus de rol van de overzeese Chinezen. En dus worden sindsdien traditionele guanxi-relaties die door Mao verketterd werden, in ere hersteld. 'Als de economie van China verder samenvalt met die van de overzeese Chinezen dan zal China een volledig kapitalistische economie worden op basis van een inheems ontwikkeld model.'[45] Het bevestigt de stelling van John Gray dat de globalisering niet impliceert dat één model van vrijemarkteconomie zich verspreidt op wereldschaal – bijvoorbeeld het Amerikaanse millenniumkapitalisme – maar dat er zich verschillende vormen van vrijemarkteconomie ontwikkelen.

Dat Chinese kapitalisme is het verst ontwikkeld in Taiwan. De jaarlijkse economische groeivoet in Taiwan bedroeg in 2004 5,7%, de hoogste in vier jaar. Het is een economie die drijft op de export. En die in 2004 met 22% groeide tot 128 miljard euro. De Volksrepubliek is de belangrijkste exportmarkt: Taiwan boekte in 2004 een handelsoverschot van 32 miljard euro. China is ook de eerste bestemming van delokalisaties van Taiwanese bedrijven. In de eerste helft van het jaar werd haast 30% van de buitenlandse bestellingen uitgevoerd in ondernemingen die zich op het vasteland bevonden, waarvan 70% in China. De economische integratie van de Volksrepubliek en Taiwan contrasteert scherp met de politieke tegenstelling tussen Beijing en Taipei. De analogie met de relatie tussen China en Japan is opvallend. Er is zelfs een heuse wapenwedloop aan de gang aan beide zijden van de Straat van Taiwan. Taipei heeft een contract afgesloten voor de aankoop van Amerikaanse wapens voor een waarde van 14,5 miljard euro, te leveren vanaf 2005 gedurende de komende vijftien jaar. Voor einde 2006 zal Beijing over 800 raketten beschikken, gericht op Taiwan, tegen 600 einde 2004.[46] In maart 2005 keurde het Nationaal Volkscongres de stelling goed dat China het recht had een militaire invasie op Taiwan te lanceren als de afvallige provincie haar onafhankelijkheid zou afkondigen (de antisecessiewet). Maar de kans is groot dat de economische integratie de doorslag zal geven en de politieke woelwaters zal temmen. Het BBP per capita bedraagt in Taiwan 14.300 dollar, dat van China 1.200 dollar. Taiwans investeringen in China zitten op een niveau van 100 miljard dollar. Omgekeerd gaat het om nul dollar. Niet minder dan 5.299 Amerikaanse patenten (2003) werden verleend aan Taiwanese bedrijven en 366 aan Chinese ondernemingen. 'In 1999 hadden we ongeveer 300 werknemers in China,' zegt Alexander Lee, directeur voor Asustek in Suzhou (China). 'Nu hebben we er meer dan 45.000.'

De Sun Yat-sen Freeway op Taiwan start in Neihu, een nieuw district in Taipei vol hightechgebouwen, en eindigt na 43 km in Hsinchu, het thuisland van twee van Taiwans beste universiteiten, van het top-research center en van een wetenschapspark met wereldwijde faam. De Neihu-Hsinchu corridor is Taiwans Silicon Valley. Asustek Computer is er gevestigd, dat fabrieken heeft in China die iPods en Mini Macs produceren voor Apple. Je vindt er Quanta Computer, de nummer één wereldwijd van notebooks. Taiwan Semiconductor Manufacturing Co (TSMC), de grootste chipproducer op onze planeet, is een cruciale partner van Amerikaanse ondernemingen als Qualcomm en Nvidia. Je vindt er nog tientallen andere bedrijven: AU Optronics en Hon Hai Precision Industry, dat zowat alles en nog wat maakt van pc-componenten tot Sony's PlayStation2 toe. Het is een snelgroeiende concurrent van Flextronics International. Het jaarlijkse inkomen van Taiwans 25 sleutelbedrijven bereikt wel 122 miljard dollar! Men kan alleen maar schatten hoeveel van China's export van informatie- en communicatiehardware geproduceerd wordt in bedrijven die eigendom zijn van Taiwanezen. Maar dat ligt zeker tussen de 40 en 80%! Russel Craig, een tech-consultant van Vericors Inc., stelt: 'De hele productiecapaciteit van China is doordrongen van management en marketingexpertise van de Taiwanezen.'[47] Het zijn ingenieurs uit Taiwan die steeds vindingrijker oplossingen ophoesten voor productie- en designproblemen. De Taiwanese bedrijven tonen zich van langsom meer bekwaam tot origineel design en domineren de productie in sleutelsectoren. Ze hebben de Japanners achter zich gelaten en de Koreanen geëvenaard in LCD-schermen. Taiwan staat aan de top in routers, notebooks en kabelmodems. De pc-industrie heeft zich geconsolideerd rond Taiwan, om de eenvoudige reden dat daar de beste ingenieurskunde te vinden is. Natuurlijk is er het voordeel van de lage lonen in de vestigingen in China, maar Taiwans succes steunt niet alleen maar op goedkope arbeid. Het is de combinatie van ondernemerscultuur en doeltreffende betrokkenheid van de overheid die doorslaggevend is. In Hsinchu is bijvoorbeeld ook het Industrial Technology Research Institute (ITRI) – een staatsinitiatief – gevestigd. Het is een van de belangrijkste verzamelplaatsen van hightechtalent in de wereld, 'the heart of Taiwan's effort to reinvent itself'. Er werken 4.300 ingenieurs in de micro-elektronica en de opto-elektronica. En het is de uitgesproken bedoeling om op langere termijn ook een R&D-centrum in China zelf uit te bouwen. Compal gaat zijn R&D-team verdubbelen. Quanta, in een partnership van 20 miljoen dollar met het MIT (Massachusetts Institute of Technology) gelinkt, onderzoekt in hoeverre het met artificiële intelligentie in staat is digitale apparaten te linken aan verschillende besturingssystemen. Op die gebieden evenaren ze het Westen, Japan én Korea. De Taiwanese vestigingen en investeringen in China zijn van primordiaal belang. Ook voor hun concurrenten in China spelen ze een vitale rol. De Lenovo Group Ltd, die onlangs de pc-divisie van IBM heeft gekocht, gebruikt onderdelen, geleverd door bedrijven uit Taiwan. Taiwanezen zijn het, die de industrie van semi-geleiders in China ontwikkelen.

Het succes van Taiwan is het succes van China: het zijn communicerende vaten. De Chinese markt is zo belangrijk en heeft zo'n potentieel, dat Taiwan er alle belang bij heeft dat de situatie niet verziekt. De globale economie – dus ook die van China – zou niet kunnen functioneren zonder Taiwans technische en inventieve capaciteit. De relatie China-Taiwan is wereldwijd van cruciaal belang. Beijing en Taipei zijn tot elkaar veroordeeld. Dat is de essentie van de zaak. Hopelijk wordt dat niet doorkruist door opgeklopte nationalistische wrevel en eisen. Die zijn allicht goed voor intern gebruik. En voor windowdressing: denk dan aan nationalistisch pathos, dat de aandacht afleidt van het legitimiteitsprobleem van het communistische dwangregime. In het welbegrepen eigenbelang van beide protagonisten is dat zeker niet.[48] De impact van de overzeese Chinezen op de economische opmars van China is enorm, wat moge blijken uit hun directe investeringen.

3] Wat de directe externe investeringen betreft, is China 'the workshop of the world'. Voor investeringen in zijn productiemachine kan het beschikken over de huizenhoge privéspaargelden van zijn burgers. Maar zijn enorme markt is ook de bevoorrechte bestemming voor rechtstreekse buitenlandse investeringen (FDI, *foreign direct investments*). In 2004 zijn die gestegen met 13,3% en bereikten ze een recordbedrag van 60,6 miljard dollar. Ten dele komen die investeerders af op de goedkope ongeschoolde arbeid. Die is goed voor 4% van de kosten in de VS, en voor een derde in een land als Maleisië. Die investeringsgraad wordt zeker bevorderd door de verbetering van de infrastructuur en door het feit dat het zakenklimaat gevoelig verbeterde sinds de toetreding tot de WTO. Multinationale ondernemingen hebben de relocatie van hun arbeidsintensieve en export-georiënteerde bedrijven naar de Volksrepubliek versneld. Ook in de dienstensector zijn de FDI sinds die toetreding sneller toegenomen dan in de landbouw en de nijverheid.[49] Het buitenlandse kapitaal komt niet alleen. De technologie volgt. Moderne fabrieken verrijzen. En de FDI zorgen voor de helft van de ontzagwekkende export van het land. Maar die investeringen komen terecht in een land dat semidictatoriaal en semianarchistisch is. De greep van de centrale overheid over het hele land is een illusie. Op het lokale vlak is belangenvermenging schering en inslag. Rechtszekerheid van contracten, brevetten en (intellectuele) eigendomsrechten is een streefdoel: er wordt dagelijks aan gewerkt, maar de realisatie ervan is nog veraf. Het zorgt voor ontgoocheling en ontnuchtering bij buitenlandse investeerders en ondernemers. Het is het bekende verhaal.

Waar gebeuren de directe externe investeringen? Tot op heden zijn ze vooral gericht op de zuidelijke kustprovincies Fujian en Guandong, op de speciale economische zones – het meest in het oog springend is Szenzhen – en natuurlijk op Shanghai, opnieuw de economisch toonaangevende metropool. De skyline van het nieuwe Shanghai verraadt onmiddellijk de impact van externe energie, kapitaal en talent van topniveau. De stad heeft zelfs opnieuw een buitenlandse enclave, namelijk de Gubei New Area. Het is de broeihaard van Shanghai's opleving. Luxeappartementen met de subtiliteit van Las Vegas. De Bund[50] staat er wat verloren bij, want verzinkt in het niet bij de Gubeicomplexen. Gubei lijkt wel een buitenlandse concessie en roept de herinnering op aan negentiende-eeuwse toestanden. De overzeese Chinezen hebben het vuur aan de lont gestoken, en dan vooral Taiwanese investeerders. Zij brachten het geld en het talent waar Shanghai zo'n behoefte aan had. Zoals meer gebeurt, heeft de stedelijke overheid geen exacte kijk op het aantal Taiwanezen in de stad. Tussen de 250.000 en 500.000, wel een heel ruwe schatting. Wat ze wél weten: er zijn meer dan 5.000 Taiwanese bedrijven in Shanghai gevestigd, die hebben gezorgd voor meer dan 10 miljard dollar investeringen. Op het einde van 2003 waren er 14.400 buitenlandse ondernemingen in Shanghai en nog eens 13.000 die steunden op buitenlands kapitaal. In 2004 trok de stad meer dan 12 miljard FDI aan. Shanghai trok dus ongeveer evenveel FDI aan als Indonesië en Mexico. Het grootste deel van die massa geld kwam van overzeese Chinezen. De Taiwanezen in Shanghai zijn *believers*: ze leven al in een groter China en trachten de politieke bekvechterij tussen Beijing en Taipei op een afstand te houden. Dat is ook volkomen bijzaak. Primordiaal zijn de zakenbelangen. En dus de geavanceerde technologie, de vertrouwdheid met de zakenwereld, en de kennis van het internationale netwerk van mondiale topbedrijven, Taiwanese banken, labo's waar research naar spitstechnologie dagelijkse kost is, betrouwbare verzekerings- en veiligheidsfirma's...[51] De integratie in dat netwerk is van fundamenteel belang. Voor de Shanghaiwereld is de strijd tussen politiek en economie een uitgemaakte zaak. Geen interesse voor achterhoedegevechten!

In fel contrast hiermee is de situatie in de westelijke en centrale provincies, die geen deel hebben aan deze snelle wedloop. De overheid beseft de dreiging: onder meer via een grootscheeps programma van transportinfrastructuur en andere incentives hoopt men FDI aan te trekken.

Het voorbeeld van Shanghai én van de achtergebleven provincies brengt meteen in herinnering dat er twee categorieën buitenlandse investeringen zijn. Enerzijds zijn er de investeringen die talrijke, meestal kleine en arbeidsintensieve bedrijven creëren. Ze worden hoofdzakelijk door overzeese Chinezen opgezet, die vertrouwd zijn met de Chinese cultuur en handelsmethodes. Deze investeringen komen dus vooral uit Taiwan en uit de Zuidoost-Aziatische landen. En de productie ervan is afgestemd op de export. Anderzijds zijn er de initiatieven van grote multinationals uit de VS, Japan de Europese Unie. Die investeerders richten zich op kapitaalintensieve ondernemingen. De reusachtige Chinese afzetmarkt heeft hen aangetrokken.[52] En zij ondervinden al vlug dat het om een tweesnijdend zwaard gaat. De baten zijn groot. Maar er is ook kommer en kwel. Hun technologie afschermen is onbegonnen werk. Kopiëren zit de Chinezen in het bloed. Namaakproducten overspoelen niet alleen de Chinese markt, maar dringen ook wereldwijd door en zorgen door hun dumpingprijzen voor tandengeknars. De Chinese prijzen zetten ook producenten wereldwijd onder druk om hun productiekosten te verlagen. Het verhaal is bekend. Spectaculair is het bericht dat Delphi, de grootste auto-onderdelenproducent in de wereld, dochterbedrijf van GM en met hoofdzetel in Troy (Michigan), bij de rechtbank in New York bankroetbescherming heeft gevraagd tegen zijn schuldeisers. Wereldwijd heeft Delphi 185.000 werknemers: 50.000 in de VS, 70.000 in Mexico en 5.000 in China. De goedkope arbeid in China heeft voor een bijzonder scherpe concurrentie gezorgd. De autoreus GM zelf heeft in 2003 voor 200 miljoen dollar aan onderdelen in China gekocht, zowel bij plaatselijke als bij globale leveranciers. Niét inbegrepen de auto-onderdelen die het in zijn eigen Chinese vestigingen – lees: Delphi – kon krijgen. Delphi kijkt aan tegen een schuldenberg van 22 miljard dollar. In de eerste helft van 2005 bedroeg het bedrijfsverlies al 741 miljoen dollar. Door zijn vraag bij de New Yorkse rechtbank hoopt het de tijd te krijgen om tegen 2007 een reorganisatie door te voeren. Lees: een zware kostenbesparing via forse looninleveringen en een hoop ontslagen. Steve Miller, CEO van Delphi, stelt dat het faillissement onafwendbaar is als het bedrijf geen financiële steun krijgt van GM en concessies van de vakbonden.[53]

Hypotheken en dreigingen voor het transitieproces

CHINA: EEN ECONOMISCHE KRACHTCENTRALE EN EEN ARMENHUIS | De opkomst van China is wereldwijd een obsessie aan het worden. Dat kan slechts verklaard worden door het massale: een bevolking van een 1,3 miljard mensen verleent de Chinese markt een potentie die bijzonder verleidelijk is. De behoefte aan grondstoffen, energie, uitrustingsgoederen, kapitaal en consumptie is zo immens en de groeimarge die het land heeft is zo enorm, dat de economische perspectieven overweldigend lijken. Toch is het goed te relativeren en te nuanceren. Volgens de Wereldbank was de economie van China in 2004 de zevende in rang op wereldvlak. Ze is iets groter dan die van Spanje en kleiner dan die van Italië. De Amerikaanse economie is zevenmaal groter. De snelle groei verblindt. Want men vergeet het zeer lage beginpunt. Zelfs als de Chinese economie jaarlijks constant 8% blijft groeien en de groeivoet in Amerika beneden de 3% blijft, zal China pas de nummer één worden in 2046. Maar stel dat de groei vertraagt tot 6%, dan duurt het tot 2066 vooraleer China de VS bijbeent. Beijing is vrij realistisch: zijn strategische planning impliceert dat het slechts in 2050 een gemoderniseerd land is van gemiddeld niveau. Waarnemers verwachten echter dat China's groei vrij snel zal vertragen. Eens het geconfronteerd wordt met de concurrentie van de VS, Europa en Japan in de hoogtechnologische sectoren – van de ontwikkeling van gentherapieën tot de productie van nanotechnologie – zal het voor China bijzonder moeilijk worden om expansie te realiseren door het ontlenen van bestaande technologieën.[54] China profiteert in hoge mate van de globalisering. Het feit dat het het derde grootste importland ter wereld is, wijst echter op zijn afhankelijkheid. Zonder zijn aankopen in het buitenland kan het niet bestaan, laat staan groeien. Daarenboven is het goed de economische groei van het land te situeren in de economische wereld van het Verre Oosten. Tussen 1978 en 2004 is zijn BBP met 370% toegenomen, wat een jaarlijks gemiddelde van 6,1% betekent. Het Japanse BBP is in de periode van 1950 tot 1973 met 460% gegroeid. Dat is een jaarlijkse groeivoet van 8,2%. De economie in Zuid-Korea heeft tussen 1962 en 1990 een toename van het BBP opgeleverd van 680%, wat gelijkstaat met een jaarlijkse groei van 7,6%. In de regio van het Verre Oosten is de prestatie van China dus zeker niet uitzonderlijk. Wel van essentieel belang is het feit dat de Chinese economie in zijn geheel een steviger basis heeft gekregen. Waar het vroeger riskant was om in China te investeren – het was maar de vraag of de financiële input een verantwoord rendement zou opleveren – hoeven de investeerders zich nu nog nauwelijks zorgen te maken over de opbrengst. China is intussen opgeklommen van een *medium-risk*-tot een *low risk*-land. Gekoppeld aan zijn immense markt met een massa consumenten is China zo wereldwijd het aantrekkelijkste land geworden voor directe buitenlandse investeringen (FDI).

Ten slotte is het zeker nodig de indrukwekkende exportprestaties van China te relativeren. Illustreren we dat met het voorbeeld van een Japanse fabriek in China die notebooks produceert. Daarbij gebruikt ze Intelchips uit de VS, schermen uit Zuid-Korea en andere onderdelen afkomstig van het moederbedrijf in Japan. Uiteindelijk worden de notebooks geassembleerd en gefinaliseerd in China. Waarde van het eindproduct: stel 1.000 dollar. En het is die waarde die geregistreerd wordt als export van China naar de VS. Maar de geïmporteerde componenten vertegenwoordigen haast 80% van de waarde van de computer. Dat vertekent de waarde van China's export dus in grote mate. Vanuit het standpunt van de toegevoegde waarde bekeken is het niveau van de export van China dus helemaal niet zo indrukwekkend als gemeenzaam wordt aangenomen. Feitelijk kun je de handel van China met de rest van de wereld alleen maar goed inschatten op basis van zijn comparatief voordeel, namelijk zijn overvloedige arbeidskracht. Als je denkt aan de 200 miljoen arbeidskrachten die vanuit het platteland de stedelijke arbeidsmarkt overspoelen, dan is het duidelijk dat China bijzonder goed geplaatst is om in de arbeidsintensieve fase van de productie in haast alle nijverheden vooraan te staan. In feite biedt China zijn arbeidskracht te koop aan. De goederen die met geïmporteerde componenten geproduceerd worden, zijn als het ware de vehikels via welke de dienstverlening van China's arbeidskrachten op de wereldmarkten wordt aangeboden. De toegevoegde waarde van 20% vertegenwoordigt de arbeidskost. Het is ook een halszaak voor China's verdere ontwikkeling dat het zijn export kan blijven opdrijven. Evenzeer is dat het geval om jobs te kunnen blijven creëren. Met de demografische evolutie in gedachten is het de enige weg om het arbeidssurplus te kunnen blijven opvangen. En het is alleen zo dat Beijing ervoor kan zorgen dat het perspectief op een verhoging van de levensstandaard in de binnenlanden haalbaar blijft. De sociaal-economische situatie van China is dus niet zo riant. Verre van.[55]

China wordt daarenboven geconfronteerd met zware uitdagingen. De modernisering van zijn economie werd vanaf de jaren 1980 afgeremd door een aantal knelpunten. Noemen we maar de gebrekkige infrastructuur, het tekort aan grondstoffen en energie, het gebrek aan expertise en geschoolde arbeidskrachten als gevolg van Mao's rampzalige beleid ('the lost generation': 'Liever Rood dan Deskundig'). Een duurzame ontwikkeling wordt ook gehypothekeerd door pollutie, verspilling en een lage recyclinggraad. De grootste bedreiging voor China's ontwikkeling is momenteel het milieu.[56] Het Rode Boekje van Mao is passé. Het Chinese volk heeft dringend behoefte aan een Groen Boekje. Ook de centralistische traditie van staat en partij hypothekeert de toekomst. Aan de ene kant zijn machthebbers in Zhong Nanhai vervreemd van het volk en wantrouwen ze het ook. Aan de andere kant is de controle over een land van continentale omvang vanuit het centrum een illusie. De regionale en lokale overheden kunnen zich heel wat permitteren, want ze hebben weinig te duchten uit Beijing. Op het vlak van de milieuproblematiek is dat een bijzonder slechte zaak. In Zhong Nanhai zijn de leiders zich immers bewust van de hoogdringendheid van de milieuproblemen. Centraal zijn er dan ook al heel wat wetten uitgevaardigd en maatregelen genomen. Maar op het regionale en zeker op het lokale vlak lappen de bestuurders die feestelijk aan hun laars. Zij zien niet verder dan hun neus lang is en geven dus voorrang aan onmiddellijk gewin en realisaties op korte termijn: investeringen, nieuwe bedrijven, tewerkstelling.[57] Ten slotte is er een schrijnend gebrek aan sociaal-economische coördinatie: van een gelijkmatige economische en sociale ontwikkeling is geen sprake. Wel integendeel. Zheng Bijan, voorzitter van het China Reform Forum, een academische, niet-gouvernementele en non-profitorganisatie, focust vooral op het laatste euvel. Daardoor heeft Beijing te maken met een reeks dilemma's: tussen een hoge BBP-groei en sociale vooruitgang, tussen de opwaardering van technologie en een groeiende tewerkstelling, tussen het handhaven van de ontwikkelingsimpuls in de kustzones en de bevordering van economische groei in het binnenland, tussen het koesteren van de verstedelijking en de zorg om de agrarische gebieden, tussen het vernauwen van de kloof tussen rijk en arm en het beveiligen van de economische vitaliteit en efficiëntie, tussen het aantrekken van meer buitenlandse investeringen en de bevordering van de competitiviteit van de eigen ondernemingen, tussen het verdiepen van de hervormingen en het bewaken van de sociale stabiliteit, tussen het openen van de binnenlandse markt en het versterken van de onafhankelijkheid (vergelijk met de interpretatie van *self-reliance*), tussen de promotie van marktgerichte concurrentie en het behartigen van de belangen van de minder bevoorrechten.[58] Kortom, er is een performant beleid nodig dat een snellere, maar vooral een evenwichtigere ontwikkeling tot doel heeft.

Het regime heeft dat begrepen. Enkele aanzetten wijzen erop dat de overheid het beleid heeft bijgestuurd om de binnenlandse vraag te stimuleren. De controles op de bankleningen en andere maatregelen moeten een oververhitting van de economie voorkomen. Belastingverminderingen voor de boeren zijn doorgevoerd, maar niet alleen voor hen. De hoge taksen op brandstof zijn echter gebleven. Met dat beleid wil de overheid duidelijk de economie stimuleren. En na een decennium van stagnatie zijn ook de lonen en de extra premies voor veel arbeiders in de industrie aan het stijgen. Maar de scherpe stijging van de voedselprijzen in 2003 en 2004 had voor gevolg dat het leven op het platteland aantrekkelijker werd en in de steden duurder. Dat is allicht goed om de plattelandsvlucht wat af te remmen. Provinciale overheden, zoals die van Guangdong, eisen van steeds meer ondernemingen dat ze basisgezondheidszorg voor hun werknemers garanderen en dat ze bijdragen betalen voor provinciale pensioenfondsen. Werknemers hoeven zich niet langer zorgen te maken over mogelijke ongevallen. Het hoeft dan ook niet langer dat ze zoveel mogelijk sparen voor hun pensioen. Zo komt er meer geld vrij voor consumptie. De mensen kunnen meer uitgeven en zijn daar ook toe bereid. In augustus 2005 is de kleinhandel met 12,5% gestegen en in september met 12,7%. Nadat de economische groei 25 jaar lang is aangedreven door export, is China een nieuwe periode van sterke groei begonnen, maar dit keer voortgestuwd door de interne vraag. Het ziet er dus steeds meer naar uit dat China erin zal slagen een zachte transitie te realiseren van exportgeleide naar consumptiegeleide groei.[59] Het zou een opmerkelijke verwezenlijking zijn, want de Aziatische buren zijn daar in een recent verleden niet in geslaagd. We denken dan aan Japan, Zuid-Korea en Thailand: na opmerkelijke economische successen, te danken aan de export, hebben zij in de jaren 1990 een serieuze terugval gekend. In genoemde landen lijkt het erop dat de binnenlandse vraag aantrekt (2004–2005) en het economische herstel niet langer louter wordt aangedreven door de export. Deze problematiek komt zo dadelijk uitgebreid aan bod in verband met Japan.

Het is belangrijk te noteren dat het om aanzetten gaat. De curve van de omzet van de kleinhandel is al wel enkele decennia aan het stijgen. Niet-

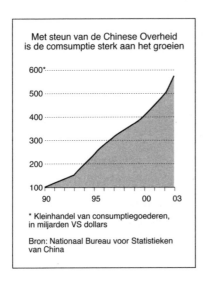

Met steun van de Chinese Overheid is de comsumptie sterk aan het groeien

600*
500
400
300
200
100

90   95   00   03

* Kleinhandel van consumptiegoederen, in miljarden VS dollars

Bron: Nationaal Bureau voor Statistieken van China

Het economische mirakel van China steunde vooral op export en buitenlandse investeringen. Intussen is er de kanteling: ook de binnenlandse consumptie zwengelt aan. (National Statistics Bureau of China / International Herald Tribune, 22-10-2005).

temin is de exponentiële stijging vrij recent. Of die trend doorzet, is maar de vraag. Als we de dreigingen en hypotheken voor het transitieproces op een rijtje zetten, gaat het om langetermijnproblemen. Het is aangewezen dan telkens in gedachten te houden dat de prille bijsturing van het beleid, waar we hier de aandacht op hebben gevestigd, allicht een milderend effect kan hebben en de scherpe kanten wat kan wegwerken.

De centralistische traditie van Staat en Partij

DE ARROGANTE, AUTORITAIRE STAAT | Primordiaal is en blijft de tegenstelling tussen de aard van het zittende regime en de vrijmarkteconomie die sinds 1978 in volle opmars is. Conservatieve modernisering is een fenomeen dat in het hele politieke spectrum wereldwijd voorkomt. Maar de geschiedenis leert dat het wel in de tijd begrensd is. We moeten in ieder geval af van de waanidee dat het kapitalisme democratie nodig heeft. De groeiende ongelijkheid, zowel ruimtelijk als sociaal, hypothekeert echter de legitimiteit van de machthebbers. Op dit moment kent het nationalisme een brutale opleving. De nationale trots – de duizendjarige beschaving; 'the venerable age' – wordt geëxalteerd en vindt een uitlaatklep in de nipponfobie. De escalatie van een eng en plat anti-Japangevoel – dat traditioneel, maar vaag en futloos is in China – is zodanig buiten proportie dat het niet vergezocht is er de hand van het regime in te zien. Manipulatie van de publieke opinie. Raddraaierij, volksverlakkerij om de ondermijnde legitimiteit van de eigen machtspositie te maskeren.⁶⁰ Maatgevoel is daarbij essentieel, maar geen automatisme. De cenakels in Zhong Nanhai dreigen hun greep te verliezen op een nationalisme dat almaar arroganter en brutaler wordt. Daarenboven is de zorg om het internationale imago bijzonder groot. En het ultranationalisme kan in de buitenwereld alleen maar de angst voor de Chinese dreiging, voor het Gele Gevaar doen opleven.

Nationalisme én communisme staan haaks op de pluriformiteit van China. Het machtsconcept van de partij en van het regime contrasteren met het meer federale bestuur en de grotere participatie waar China behoefte aan heeft. De CP handhaaft een totalitaire greep. Dat blijkt bij herhaling uit de controle over en de interventie in de economie. Dat gaat soms ver. Zo heeft het regime gedecreteerd dat de ijzer- en staalgigant Jiangsu Tieben Iron, een privébedrijf, zijn activiteiten moest stopzetten. Beijing hekelde het favoritisme van de lokale overheid inzake toekenning, zonder medeweten van het centrale gezag, van bedrijfsterreinen, leningen en vergunningen. Zoals gezegd is de greep van het centrale bestuur op het hele land een illusie. Het belet niet dat Beijing af en toe fors uithaalt, om bij tijd en wijle de centrifugale tendensen af te remmen. Het incident is bijzonder relevant, een schoolvoorbeeld van de buitensporige tussen-komst van de staat in het privébedrijfsleven. Maar het is geen alleenstaand feit. Ook in de auto-industrie is de afremming krachtig: in 2003 was de verkoop van individuele wagens met 75% toegenomen. In 2004 mocht ze een groeivoet van 15% niet overschrijden![61]

Niet weinigen zijn van mening dat het regime zijn legitimiteit verspeeld heeft. In essentie gaat het daar om. De inzet van het Volksbevrijdings-leger tegen de betogende studenten op het Tien Anmenplein op 4 juni 1989 is het breekpunt geweest. Hoe zit het met de bereidheid van de staat om de belangen van de brede lagen van de bevolking te beschermen? Tien Anmen was het antwoord: de militaire knoet om de sociale onrust te bedwingen. Het autoritarisme, het huizenhoge staatsapparaat, het machtsmonopolie van de CP, de instandhouding van het regime waren primordiaal. En dus werd de deur opengezet voor de vervlechting van cor-ruptie en monopolisering en voor de polarisering tussen rijk en arm. Het betekende de ineenstorting van het systeem van sociale welzijnszorg.[62]

Het onevenwicht tussen de kustzones en het binnenland

DE KUSTZONES | De economische activiteit concentreert zich in hoge mate in de kustzones van Oost-China. Het zijn de zones van snelle economi-sche groei. Als je een kaart van de 19de-eeuwse buitenlandse concessies langsheen de kust op een kaart van het hedendaagse China zou leggen, dan zouden die elkaar perfect dekken. In verband met Latijns-Amerika sprak Louis Baeck over 'systeemverlengende enclave-ontwikkeling'. Die zie je hier ook. Met die bedenking dat voor China de term enclave niet zo adequaat is. Die kustregio's zijn uitgestrekte ruimtelijke eenheden die tot 300 à 400 kilometer diep het binnenland binnendringen. Deze regio's vormen geen ononderbroken strook noord-zuid van meerdere duizen-den kilometer. De dynamische havensteden en de Speciale Economische Zones wisselen af met traditionelere streken.[63] Gewoonlijk verwijst men naar de zuidwestelijke en centrale zones. Noemen we de delta van de Parelrivier (o.a. Guangzhou, hoofdstad van de provincie Guandong) en de delta van de Yangtze (o.a. Shanghai).

TEDA IN DE BOHAI BAY RIM | Momenteel is de snelle groei opvallend van de Bohai Bay Rim in noordoostelijk China. In 2004 trok het gebied 14 miljard dollar aan rechtstreekse buitenlandse investeringen (FDI) aan, waarvan een belangrijk deel uit Zuid-Korea kwam. Buitenlandse kapitalen verschuiven van de Delta van de Parelrivier naar het noorden. De Bohai Bay Rim bestaat uit Beijing, Tianjin, Hebei, Shandong en Liaoning en beslaat 518.000 km². Er wonen 230 miljoen mensen (17,5% van de totale bevolking). Het BBP van

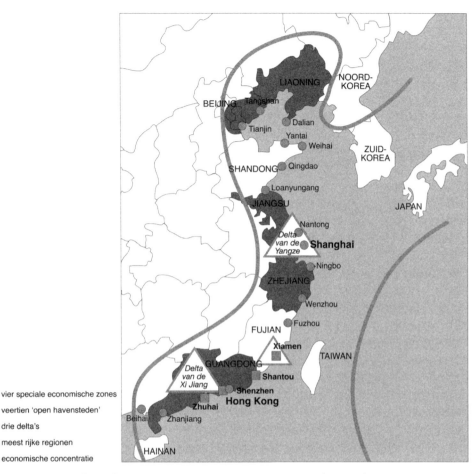

De economische 'boom' in de kustzones van China. Tegelijk ook de 'corridor' van de cruciale economische regio van het Verre Oosten, met name de Chinese kustzones, Zuid-Korea, Japan, Hong Kong en Taiwan.

de regio bedraagt 470 miljard dollar (28,2% van het landstotaal). In het centrum van het gebied bevindt zich de Tianjin Economic-Technological Development Area (TEDA). De TEDA telt 3.300 door het buitenland gestichte bedrijven. Eerst werden 's werelds topmultinationals aangetrokken: Motorola, Samsung, Toyota, Pepsi, IBM, Canon, Alcatel, GlaxoSmith-Kline, Mitsubishi... Daarna hebben de managers van TEDA hun aandacht gericht op beloftevolle kmo's en bieden financiële en technische assistentie aan. Tianjin is in de hele zone van centrale betekenis. Het management van TEDA wil van deze haven- en industriestad ook een financiële hub maken voor het hele noordoosten. Daartoe wordt een nieuwe bank opgericht, de Bohai Bank. Zelfs leningen voor hightechbedrijven worden gegarandeerd.[64]

DE REGIONALE WELVAARTSKLOOF | Het voorbeeld van de Bohai Bay Rim is exemplarisch voor de hele ontwikkeling van China. Nieuwe of expanderende groeipolen komen tot stand in de oostelijke provincies, langsheen de kusten. De gevolgde ontwikkelingsstrategie is bekend en elders ook al toegepast. Mikken op de lage loonkost in functie van de export en in een tweede fase een intern salariaat ontwikkelen, dat een hogere levensstandaard nastreeft en dus een consumptie doet groeien die complementair is aan de motor van de export. Die strategie werkt in de kustzones en in al die regio's waar TVE's zijn ontstaan. Maar de regionale breuk heeft ze niet kunnen voorkomen. Het ontwikkelingsprincipe uit de Maotijd luidde: de gelijkmatige ontwikkeling van het hele grondgebied bevorderen en de tegenstelling stad-platteland voorkomen. In China is de realiteit vandaag heel anders: de kloof tussen kustzones en binnenland is een feit. Onder een communistisch regime heeft zich een socialistische vrijemarkteconomie – of een vrijemarkteconomie met Chinese kenmerken – ontwikkeld, waarvan de economische dynamiek vooral de oostelijke provincies ten goede komt. Dat blijkt ook uit het fenomeen van de verstedelijking. Megalopolissen kennen een razendsnelle expansie. De trek naar Shanghai bijvoorbeeld is niet te stoppen. Pudong is het nieuwe zakencentrum, van het oude Shanghai gescheiden door de Huangpu-rivier. De Orient Pearl Television Tower met het International Convention Center ernaast, is voor Pudong wat de Eiffeltoren voor Parijs is. Of de Gubei New Area, waar Koreanen, Japanners, Indiërs – er is een India Town – en overzeese Chinezen zich bijzonder goed thuisvoelen.

De Chinese overheid heeft 12 miljard dollar geïnvesteerd in infrastructuurwerken in Shanghai.[65] De *building boom* is ziekelijk: de zilveren Jinmao Building, het Shanghai Grand Hyatt, razendsnelle intercityspoorwegen, drie grote bruggen, vier verkeerstunnels, een autosnelweg – kostprijs: 1,4 miljard dollar – die de stad over een 35 kilometerlange viaduct verbindt met de Hangzhou Baai. Zuidelijk is er een uitvalsweg van Cixi City naar de Zhejiang provincie. Er is geen verschil meer tussen de skyline van westerse wereldsteden en Chinese metropolen. Hun succes heeft ook een keerzijde en genereert problemen: de energievoorziening, chaotisch verkeer – het stadsbeeld werd vroeger bepaald door fietsen, nu door auto's – straatarme migranten, kinderarbeid. De sociale ongelijkheid groeit en de armoede wordt groter en dieper.

De sociale kloof tussen rijk en arm

DE OPMARS VAN DE ARMOEDE | China is de 'workshop of the world', niet in de allereerste plaats omwille van zijn goedkope arbeidskrachten, maar omdat het een relatief stabiel land is en de arbeiders er betrouwbaar, volgzaam en bekwaam zijn. Bovenal zijn ze geconditioneerd, gekneed door de discipline die hen door het maoïstische dwangregime is opgelegd. Tegen 2010 zal haast de helft van de Chinese arbeidskrachten in de stedelijke agglomeraties werken. Vele ervan zijn miljoenensteden die een aantal jaren geleden nog dorpen waren. Dat concentratiefenomeen is typisch voor de economische *boom*. De industrie is de sector waarop gefocust wordt, waar dat vroeger de landbouw was. China was en is immers een landbouwland. De boeren op het platteland maken 53% van de totale arbeidskracht uit en 75% van de actieven op het platteland zelf. Maar je kan de plattelandsbevolking niet over één kam scheren. Nuancering is ook hier aangewezen. In de kustzones vervaagt het onderscheid tussen stad en platteland en profiteren de boeren van de modernisering. Elders, in de binnenlanden, is armoede troef en de vervulling van de basisbehoeften allesbehalve vanzelfsprekend. De cijfers spreken voor zich. In de jaren 1980 was het verschil tussen de stedelijke en de plattelandsinkomens $^{1,8}/_1$. In 2003 bedroeg het $^3/_1$. Volgens de officiële statistieken. In feite is het eerder $^5/_1$, zelfs $^6/_1$! Ronduit zorgwekkend voor Beijing is de vaststelling dat de globale verrijking niet in staat is om de armoede terug te dringen. 2003 was een breekpunt. Voor het eerst in 20 jaar was het aantal armen gestegen.[66] Die trend wordt verklaard door de crisis in de plattelandseconomie, de daling van het areaal landbouwland en de grondonteigeningen van boeren die het slachtoffer zijn geworden van speculatie in de immobiliënsector. Tussen 1987 en 2001 hebben 34 miljoen boeren hun land verloren. En dat op een moment dat de Staat zich terugtrok inzake openbare dienstverlening, gezondheidszorg en onderwijsverstrekking. Er is geen sociaal vangnet! Eens te meer is het goed te herinneren aan de rol van het massale in China: problemen stellen zich steeds in overtreffende mate. Zo de plattelandsvlucht die als gevolg van de ongelijke economische dynamiek en concentratie op gang is gekomen. De schattingen lopen uiteen en zijn bijzonder vaag: het zou om 90 à 300 miljoen migranten gaan! Andere bronnen hebben het over 100 en nog andere over 180 miljoen *mingongs*. Het is de grootste migratiestroom uit de geschiedenis! Ze zenden een deel van hun inkomen naar hun familie in het binnenland, maar leven zelf onder de armoedegrens. Het zijn tweederangsburgers: niet geregistreerd, zonder rechten inzake tewerkstelling, inkomen en behuizing. Officieel zijn ze er niet, bestaan ze niet. Dat geeft alle ruimte voor exploitatie. Onder andere is kinderarbeid in die miljoenensteden een immens probleem. De overheid legitimeert die zorgwekkende situatie: er zou een demonstratie-effect spelen. Vanuit de dynamische kustzones zou er zich een onontkoombare welvaartsspreiding doorzetten naar de binnenlanden. Het is een wel opvallend liberale visie voor communisten! Van zo'n automatisme is géén sprake, zoveel is duidelijk. De welvaartskloof groeit daarentegen snel en verdiept zich. De welvaartsspreiding zal zich maar voordoen indien ze de expliciete, prioritaire doelstelling is van het beleid. Een pluspunt is uiteraard de spectaculaire ontwikkeling geweest van de TVE's (*township and village enterprises*) die heel wat arbeidskrachten op het platteland hebben tewerkgesteld.[67]

CONTAINERTRANSPORT PER SPOOR NAAR EUROPA | Een ander hoopgevend signaal is van zeer recente datum. Het gaat om een initiatief dat nog in volle ontwikkeling is, maar dat verreikende, positieve gevolgen kan hebben voor de levensstandaard van tientallen miljoenen mensen in de binnenlanden. Het gaat meer bepaald om de ontwikkeling van containervervoer over het spoor tussen China's centrale en oostelijke provincies en Europa. Daardoor zouden uitgestrekte gebieden van het land opengebroken kunnen worden voor de internationale handel. Het grootste voordeel van het spoortransport van China naar de grote Europese steden zou zijn dat het de transitafstanden met de helft zou verkorten. 'Spoorwegen zouden een substantieel deel van de handel tussen China en Europa kunnen inpikken. Het potentieel is enorm,' aldus Manmohan Parkash, een specialist van de Asian Development Bank in Manilla. Het zou ook een bijzondere stimulans kunnen worden voor buitenlandse investeringen (FDI), onder andere in Binnen-Mongolië. China Pharmaceutical, de elektronica-gigant TCL en Aluminium Corp. of China hebben al fabrieken geopend in Binnen-Mongolië. Men verwacht dat een stroom Chinese bedrijven die leven van de export naar Europa, logischerwijze van dat transportvoordeel en van de energiebesparing zullen gebruikmaken. In maart 2005 is een eerste spoorverbinding totstandgekomen tussen Hohhot, de hoofdstad van Binnen-Mongolië, en Frankfurt. Dat containervrachtvervoer omvatte elektronica, huishoudtoestellen en textielgoederen. Dat transport, over een route van 9.000 km, duurde zestien dagen. Het zeetransport van diezelfde cargo zou 40 dagen hebben gevergd. Dergelijke tijdwinst is essentieel. De nieuwe spoordienst werkt tweemaal per maand. Er zijn daartoe overeenkomsten gesloten tussen China, Mongolië, Rusland, Wit-Rusland en Duitsland. Het hele project profiteert dus van een langetermijnsamenwerking tussen landen die betrokken zijn bij de Trans-Asian Railway, een project gecoördineerd door Unescap. De Transsiberische spoorweg is de ruggengraat van het hele traject. Men denkt ook aan een spoorwegtraject vanuit Centraal-China naar Europa, dat door Kazachstan zou lopen. De verwachting is dat de containertrafiek tussen Azië en Europa tot 2011 elk jaar met 7% zal groeien. Veel zal uiteraard afhangen van de verdere uitbouw van deze nieuwe dienstverlening. Want een dergelijke nieuwe handelsroute via het spoor valt niet uit de lucht. Ze vraagt een enorme logistieke ondersteuning en samenwerking op allerlei vlakken tussen meerdere landen. Denk aan de optimalisering van de efficiëntie door vaste tijdsschema's, door de standaardisering van douaneprocedures, door het uitvlakken van prijs- en tariefverschillen.

China zal ook bereid moeten zijn om fors te investeren in infrastructuurwerken om het spoorwegennet uit te breiden en te diversifiëren. Het illustreert wat we hoger zegden: de ontwikkeling van de binnenlanden kan alleen maar verwacht worden van een expliciet, prioritair beleid. Maar de signalen uit Beijing zijn gunstig. Het Chinese Ministerie van Spoorwegen plant een investering van 2,5 miljard dollar voor de bouw van achttien gespecialiseerde spoorwegenterminals in steden, gespreid over het hele land. Op 27 september 2005 heeft de NWS Holdings uit Hongkong een joint venture gesloten met China Railway Transport, een afdeling van het Ministerie van Spoorwegen, voor de bouw en exploitatie van die terminals. Er zijn *container handling terminals* gepland tegen 2008 in Shanghai, Xian, Shenzhen, Tianjin, Beijing en nog een tiental steden.[68]

Voor de Chinese spoorwegen – een staatsbedrijf – is dat bijzonder goed nieuws. Ze kunnen er alleen maar bij winnen. De nieuwe handel en de investeringen zijn echter als manna voor de achtergebleven binnenlanden.[69]

Het bevolkingsvraagstuk

HET MASSALE, HÉT KENMERK VAN CHINA | Het massale blijkt uiteraard ten volle uit de omvang van de bevolking. In 2004 telde China 1,3 miljard mensen! In 1949 waren er dat nog 540 miljoen. Tegen 2050 zal die bevolking met 11% zijn aangegroeid en zal dan 1 miljard 437 miljoen mensen tellen. Men verwacht tegen dan een nataliteitsterugval en demografische stabilisering.[70] Het gaat om aantallen die we nauwelijks kunnen bevatten. De bevolkingsklok van China maakt het zoveel concreter. Per minuut groeit China's bevolking met 24 eenheden en per uur met 1.451. Per dag betekent dat een toename met 34.835 mensen. Per week is dat een surplus van 243.846 Chinezen. Elke maand stijgt China's bevolking dus met 1.056.666 eenheden! Onthutsend en onvoorstelbaar.

HET DEMOGRAFISCHE BELEID | In de periode van de centraalgeleide economie werden aanvankelijk de voorwaarden gecreëerd voor een herneming van de natuurlijke aangroei: het herstel van veiligheid, een meer egalitaire spreiding van de levensnoodzakelijke voorzieningen en een elementaire gezondheidszorg tot in de verste uithoeken van het land. Resultaat: een opmerkelijke daling van de mortaliteit. China zat zo in de eerste fase van zijn demografische transitie: er was een versnelde bevolkingsgroei van 2 à 3%. De rampzalige blunders van Mao – voornamelijk de Grote

Sprong Voorwaarts (1958–1961) – leidden dan tot een uitzonderlijk hoge mortaliteit, die een anachronisme was in de wereld van de tweede helft van de 20ste eeuw. In de maoïstische periode in het algemeen was het demografische beleid afhankelijk van de strijd tussen de twee elites. Zo waarschuwde Zhou Enlai, boegbeeld van de pragmatische elite, in 1956 dat zijn land 'een te grote bevolking had op te weinig land'. Mao Zedong benaderde het probleem politiek-ideologisch en streefde een verdubbeling van de bevolking na op één generatie. Dat leidde tot een enorm hoge nataliteit van 14 à 20 miljoen per jaar.

China werd toen geconfronteerd met een fundamenteel dilemma: hoe de economische groei gebruiken? Ofwel zou de overheid die gebruiken voor een vrij aangroeiende bevolking. Maar die massa zou dan blijven leven rond de armoedegrens. Ofwel zou de overheid ernaar streven de bevolkingsomvang min of meer te stabiliseren en zou ze de economische groei aanwenden om die honderden miljoenen een hogere levensstandaard te bezorgen. Vanaf 1979 – Deng Xiaoping was net gerehabiliteerd – werd het eenkindbeleid opgestart. Een motivatiecampagne voor nataliteitscontrole werd al vlug gevolgd door dwang. Kroostrijke gezinnen werden gepenaliseerd: boetes, loonverlies, gedwongen scheidingen, abortus, sterilisatie... de hele batterij maatregelen werd uit de kast gehaald. De sociale controle was navenant. Het leidde ook tot excessen. Zo de infanticide van meisjes. Wat dan weer resulteerde in een onevenwicht tussen mannen en vrouwen.

Dat demografische beleid stootte al vlug op zijn grenzen. De weerstand van de bevolking was groot. De stijgende levensstandaard stelde daarenboven velen in staat om de boetes te betalen. Het Opendeurbeleid dwong de overheid ook al vrij vlug aandacht te geven aan andere demografische excessen. Met name de kinderarbeid. Zoals al eerder is toegelicht ontsnappen tientallen miljoenen ontwortelde boeren in de steden aan elke controle. Het impliceert ook dat miljoenen jonge Chinezen wettelijk niet bestaan. Zodat het de aangewezen slachtoffers zijn van misbruik, te weten kinderarbeid.

Het *Center for Strategic and International Studies* stelt dat 'China het eerste grote land in de wereld zou kunnen zijn dat oud wordt vooraleer rijk te zijn'. Door het eenkindbeleid zijn er te weinig jongeren om de kosten van de vergrijzing te dragen. Een mooi voorbeeld is eens te meer Shanghai. De 2,6 miljoen bejaarden vertegenwoordigen er ongeveer 16% van de bevolking van de stad. Dat ligt een stuk boven het wereldgemiddelde van 7%. Het stadsbestuur relativeert het probleem en verwijst naar de 3 miljoen migranten die in Shanghai werken. De sociale wantoestanden en de misbruiken zetten deze mensen er zeker niet toe aan om meer kinderen te hebben. De migranten zullen de vergrijzing dus zeker niet stoppen. China heeft een Zilverfonds nodig, kopte *De Standaard*. Maar dat impliceert een systeem van sociale zekerheid dat China niet heeft. Dat sociale vangnet is er niet. De overheid experimenteert nu met een nieuw openbaar verzekeringssysteem voor basisgezondheidszorg dat ze in heel China wil invoeren.[71] Dat is hen geraden, aangezien de overheid steeds meer het mikpunt wordt van publieke (aan)klachten over enerzijds het in gebreke blijven van uitgerekend basisgezondheidszorg – al 20 jaar in verval – en anderzijds over de opkomst van staatsziekenhuizen die zich richten op het maken van winsten. De Development Research Center, een van de topadviesbureaus van de overheid, heeft in een rapport (juli 2005) gewezen op de exorbitante erelonen voor medische zorgen allerlei, verspillende want overbodige dienstverlening en een weidverspreide overprescriptie van geneesmiddelen. De conclusie van het rapport: de overschakeling naar een gezondheidszorg waarin de gebruiker betaalt, is een fiasco geworden. De *World Health Organization* bestempelt het Chinese gezondheidssysteem als een van de oneerlijkste ter wereld: 'Arme mensen kunnen niet eens de meeste vormen van basisgezondheidszorg betalen.' Een beleidswijziging is dan ook urgent![72]

Niet alleen de vergrijzing is een heus probleem. Een tekort aan arbeidskrachten is een ook reële dreiging. In Guangdong en Fujian zijn er ongeveer 2 miljoen arbeiders te kort. Een en ander is een gevolg van de miserabele werkvoorwaarden in die provincies. Andere verklaring: het profiel dat bedrijven hanteren voor hun werknemers. Ze wensen een bepaald soort arbeider: jong, heel mobiel, bereid om vele uren te kloppen, ver weg van hun familie. Er is nog een massa werklozen in het binnenland, maar dan wel mensen die niet beantwoorden aan dat profiel. Aan het andere einde van de rol is er in Beijing, Shanghai en andere industriële zones een verwoede concurrentie om mensen met technische expertise en administratieve kwaliteiten binnen te halen. De lonen voor dergelijke werknemers benaderen het Amerikaanse en Europese niveau. De concurrentie tussen de verschillende regio's onderling – denk aan het verhaal van de Bohai Bay Rim met Tianjin als centrum – zorgt voor druk op de lonen en de arbeidsvoorwaarden. Die verschuiving is alleszins mede een gevolg van de strikte gezinsplanning van de voorbije decennia. Het aantal jonge mensen tussen 15 en 19 jaar zal in de komende vijf jaar met 17% dalen tot 103 miljoen. Nu zijn er 124 miljoen. Het plaatselijke minimum maandloon in de steden van Guandong en in Shenzhen is gestegen van 74 tot 83 dollar. De oostkust van China is echt duur aan het worden. En de zorg grenst dan ook aan paranoia: zal China zijn competitiviteit wel kunnen behouden? Feitelijk stoelt het hele systeem van exportgerichte zones op pendelarbeid. Arbeiders verplaatsen zich soms tot 30 uur per bus of trein om in de kustzones te gaan werken. Zij slapen daar dan in slaapzalen die door het bedrijf worden ingericht. Dat hele systeem leidde er ook toe dat werknemers wel werden gebruikt, maar dat ze niet werden gevormd of getraind. Steeds meer ondernemingen werken slechts aan 80% van hun capaciteit omwille van arbeidstekort. Voor elke geschoolde, ervaren arbeider zijn er 88 vacatures en voor elke fabriekstechnicus zijn er 16.

Dat is allemaal goed nieuws voor Vietnam, Cambodja en India. In China dragen de bedrijven soms zware sociale lasten: een socialezekerheidstaks, een taks voor gezondheidszorg en een spaarplan voor behuizing. Dat loopt op tot 40 à 50% van het loon van een werknemer. In India belopen deze lasten slechts 16%, in Maleisië 12%, in Indonesië 10 à 15% en in Australië 20%! Naar het oordeel van veel bedrijfsleiders is China dus niet langer een goedkoop land om zaken te doen.[73]

Toetreding tot de WTO

ONONTKOOMBARE VERPLICHTINGEN? | Op 11 december 2001 is de Volksrepubliek China lid geworden van de World Trade Organization (WTO). Die toetreding is een stimulans geweest voor de snelheid, de omvang en de diepgang waarmee het land zich inschakelt in de globale economie. Intern zette het druk op de broodnodige hervormingen en saneringen. Dat heeft ook een externe impact. Er wordt werk gemaakt van de uitbouw van een betrouwbaar rechtssysteem. En de zakenwereld zal wat graag zien dat juridische normen die internationaal in voege zijn, uiteindelijk ook in China gerespecteerd zullen worden. De impact op de lange termijn is onontkoombaar dat de internationale concurrentie zal toenemen. China heeft zich nooit eerder zo blootgesteld aan buitenlandse concurrentie. Dat zal hoe dan ook resulteren in een aantal sociaal-economische problemen. Op het moment van de toetreding waren er 300.000 inefficiënte, overbemande staatsbedrijven. De hervorming van die hele sector, die volop in uitvoering is, leidt tot massale werkloosheid. De landbouwproducten liggen 30% boven het internationale prijsniveau. Dat heeft uiteindelijk betrekking op het bestaan van 900 miljoen mensen! Er weze opnieuw aan herinnerd dat de Volksrepubliek geen stelsel van sociale zekerheid heeft als vangnet voor die massa. De verordeningen van de WTO staan haaks op het streven van het regime om de sociale rust te bewaren en dus werkloosheid zoveel mogelijk in te perken.[74] Het aantal klachten bij de WTO tegen China neemt zienderogen toe: in de eerste negen maanden van 2004 zijn er 46 verzoeken geweest om enquêtes te organiseren. De commerciële spanningen lopen op. In 2006 moet de banksector volkomen opengesteld worden. De buitenlandse banken staan te dringen om de nodige licenties te verwerven. In 2004 mochten zij in 13 steden filialen openen. In vier steden hebben ze het effectief gedaan. Meerdere banken hebben al participaties genomen in Chinese banken. De overheid beseft dat China snel moet zijn om performante financiële instrumenten en diensten aan te bieden. De grote schoonmaak is bezig in de sector van de staatsbanken. In de eerste plaats gaat het dan om de Bank of China en de Construction Bank of China. Die mastodonten moeten erop voorbereid worden om hun kapitaal te introduceren op de lokale markten en ook om buitenlandse participaties aan te trekken. Dat illustreert mooi de verwevenheid van de verschillende aspecten van de modernisering. De beschikbaarheid van kredieten bevorderen voor kmo's is van cruciaal belang voor China's toekomst. Waar de banken tot nog toe focusten op de staatsbedrijven, doen ze er goed aan in te zien dat die kmo's doorgaans zoveel dynamischer en flexibeler zijn in het creëren van groei en van jobs. De banken moeten zoveel efficiënter worden waar het erom gaat de immense spaargelden van de bevolking op dié investeringen te richten die het hoogste rendement voor de economie sorteren. De banken moeten ook aan hun eigen winstmarges denken. Ze hebben al genoeg leningen aan staatsbedrijven uitstaan die niet winstgevend zijn. De liberalisering van de intrestvoeten in december 2004 is algemeen verwelkomd als een mijlpaal in de transitie van de centraalgeleide economie die China was naar een gestuurde vrijmarkteconomie.[75]

DE TOEKOMST VAN CHINA? | De cenakels in Zhong Nanhai zien de toekomst van China wel bijzonder eng, eensporig. Alle heil wordt verwacht van de economische modernisering. Dàt is de weg naar de status van supermacht. Maar China blijft nog steeds een land in ontwikkeling, dat vooralsnog afhankelijk is van geïmporteerde technologie en energie, van een reusachtige export ook. Alleen al omwille van het massale zijn de dreigingen reëel: de demografische evolutie, de interne migratiestromen, de ongecontroleerde verstedelijking, de megalomane infrastructuurprojecten – denk aan de Drieklovendam – die een aanslag zijn op het milieu. Niet het minst: het paternalisme van een totalitair regime dat nauwelijks enige legitimiteit heeft. De tragedie dus van conservatieve modernisering. Meerdere auteurs – buitenlandse sinologen en Chinese critici – hebben de hang naar culturele authenticiteit onderstreept die heden ten dage in China leeft. Het communistische regime heeft eerst getracht vanuit een ideologische verdwazing, namelijk de maoïstische utopie, de drie oude religieuze tradities – confucianisme, boeddhisme en taoïsme – met wortel en tak uit te roeien.[76] Nu, in een tweede fase, is het dé sponsor van een 'globalisering in westerse stijl'. Zo is het Chinese volk het slachtoffer geworden van twee kwalen. Eerst en vooral is er het brutale materialisme. Snel rijk worden is een obsessie geworden. In tweede instantie is er de staatscontrole. Onder andere op het onderwijs heeft die een rampzalige impact. Er is enorm geïnvesteerd in de alfabetisering. En met succes. Maar het regime past er wel voor om de Chinezen ook de waarde van zelfstandig denken bij te brengen. Kunnen lezen en schrijven, geen probleem. Er meningen op nahouden is politiek ondermijnend. Dat heeft ook zo zijn impact op het wetenschappelijke onderzoek. Het werk van wetenschappers en geleerden wordt ondergewaardeerd. Problemen onderzoeken en vanuit verschillende hoeken beredeneren is taboe. Die mentaliteit in het onderwijs stimuleren is uitgesloten. Volgens XuTian, een 43-jarige wetenschapper die verbonden is deels aan de Yale University en deels aan de Fudan Universiteit in Shanghai, heeft China een nieuwe culturele revolutie nodig. Doorheen heel de geschiedenis zijn de Chinezen geconditioneerd om 'zich te conformeren naar het systeem', aldus Xu Tian. De Japanners zijn volgens hem in hetzelfde bedje ziek. Dat hypothekeert in niet-geringe mate een volwassen ontwikkeling van beide Aziatische volken.[77]

De opkomst van China is overweldigend. De toekomst van China blijft bijzonder onzeker.

5 Japan. Crisis en opleving
1991–heden

Japans economie in crisis

HIROSHI NAKADA, BURGEMEESTER VAN YOKOHAMA | Yokohama ligt aan de baai van Tokyo en vormt samen met de havens van Tokyo, Chiba en Kawazaki één immens havencomplex, het grootste in de wereld. Het is een relatief open, kosmopolitische stad, met 3,6 miljoen inwoners. Het is een open poort op de wereld: er wonen 68.000 vreemdelingen (ca.10% van de bevolking). Naar Japanse normen is dat veel. De stad heeft de grootste 'China town' in de wereld. De gemeentelijke overheid moet haar mededelingen verspreiden in het Engels, Chinees, Koreaans, Spaans en Portugees. In 2004 bezochten 39 miljoen toeristen de stad. Diversiteit is er troef! In 2002 werd Hiroshi Nakada burgemeester van Yokohama. Hij was toen 37 jaar en het enfant terrible van de Japanse politiek. Hij is geen gewezen ambtenaar noch een politicus van de tweede generatie. Hij heeft evenmin gestudeerd aan de Tokyo University, de bakermat van de Japanse elite. Hij is een politicus van de gewone mensen en heeft geen banden met gevestigde belangengroepen. Nadat hij was afgestudeerd aan de Aoyama Gakuin University in Tokyo, kwam hij terecht in een presti-

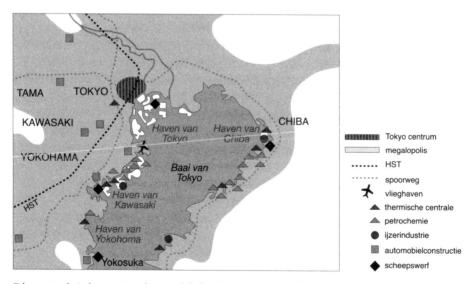

Eén reusachtig havencomplex rond de baai van Tokyo, zelf kloppend hart van de megalopolis.

gieus postgraduaatprogramma aan het Matsushita Institute of Government and Management, opgezet door Konosuke Matsushita, de stichter van het elektronicabedrijf. Aan het instituut kreeg hij de kans samen te werken met Morihiro Hosokawa, die in 1993 premier werd van de eerste niet-LDP-regering. Nakada werd in datzelfde jaar verkozen in de Diet voor de Japan New Party. Dat was een kleine partij, opgericht door Hosokawa, die vrij vlug van het toneel is verdwenen.

Op het moment dat Nakada burgemeester werd, torste Yokohama een openbare schuld van 18,6 miljard dollar. Dat was maar het topje van de ijsberg. Het eerste wat de nieuwe burgemeester deed, was inderdaad een correcte diagnose stellen en de financiële catastrofe in zijn volle omvang bekendmaken. Want al vlug bleek dat het financiële plaatje sterk werd onderschat: de financiële put bedroeg feitelijk zo'n 55 miljard dollar. Nakada lanceerde een Yokohama Revival Plan (oktober 2002), waarvoor hij de inspiratie haalde bij Carlos Ghosn, de CEO van Nissan Motors. Financiële gezondmaking en een nieuwe start voor de ontwikkeling van de havenstad stonden voorop. Hij introduceerde een aantal bezuinigingsmaatregelen, slankte het opgeblazen stadsbestuur af en linkte remuneratie aan prestaties. Initiatieven die leidden tot nieuwe openbare dienstverlening werden beloond en hoge posten werden opengesteld via vergelijkende examens. 'Als mensen de zekerheid hebben dat de organisatie waar ze voor werken niet bankroet kan gaan en ze daarenboven allemaal dezelfde wedde krijgen, los van hun individuele inspanningen en prestaties, dan kun je ervan op aan dat ze het van de gemakkelijke kant nemen,' aldus Nakada. Elke dag een steen in de vijver.

Nakada kreeg veel lof van experts in publieke administratie: 'Hij heeft de ongelooflijk logge bureaucratie duchtig dooreengehaald. Hij is er bijzonder beslagen in om de betrokkenheid van de mensen los te haken, om de pers te mobiliseren en een beroep te doen op adviseurs met veel expertise,' aldus Ueyama van de Keio Universiteit. 'Hij slaagt er ook in om ambtenaren te motiveren om met nieuwe ideeën op de proppen te komen. De manier waarop hij dat doet, verraadt een grote mensenkennis.'[78]

JAPAN EN CHINA: GELIJKENISSEN | Kortom, Hiroshi Nakada is een politicus die wars is van gestroomlijnd denken, afkerig staat tegenover gevestigde machtsposities en zich niet conformeert. In die zin staat hij haaks op het 55-systeem van de LDP en de geplogenheden van de ijzeren driehoek LDP-ambtenaren-keiretsu. Onze diagnose is wellicht verwonderlijk, maar het Japan van de LDP vertoont heel wat gelijkenissen met het communistische China. Beide landen zaten (zitten) gevangen in het keurslijf van conservatieve modernisering. In beide landen bepaalde de politiek de economie. De Japanse oligarchie heeft decennialang een dirigistisch ontwikkelingsmodel gehanteerd en een mercantilistische handelspolitiek gevoerd. Het heeft daar – profiterend van zijn strategische positie tijdens de Koude Oorlog – grote successen mee geboekt. Het zat ook in een gunstige regionale omgeving. Zuid-Korea en Taiwan, de andere Amerikaanse geallieerden, hebben in de jaren 1970–1980 voor een vergelijkbare weg gekozen en dit eveneens met spectaculaire resultaten. Die NIC's (*new industrialised countries*) hebben een levensstandaard en een ontwikkeling tot stand gebracht, vergelijkbaar met die van westerse samenlevingen. Na de revaluatie van de yen in 1985 zijn de kapitalistische landen van Zuidoost-Azië in het regionale economische netwerk van Japan geïntegreerd en hebben een soortgelijke industrialisering gerealiseerd. Het ging om een belangrijk fenomeen. Die regionalisering van de productie en van de handel leverde immers de componenten van een ontwikkeling die tegen het traditionele, klassieke systeem inging. Zo heeft zich rond Japan een coherente en autonome economische wereld gevormd. Het bevestigt de analyse van John Gray dat er zich onder de paraplu van de globalisering eigengereide vormen van kapitalisme ontwikkelen, ieder met zijn eigen kenmerken.[79]

Maar terug naar de vergelijking tussen Japan en China. In beide landen heeft één partij decennialang de dienst uitgemaakt. Dat zegt veel over het democratische gehalte van het LDP-Japan. De civiele maatschappij is er zwak. De meeste Japanners voelen zich weinig betrokken bij de democratie. De Japanse burgers vinden blijkbaar dat niet zij degenen zijn die de civiele maatschappij moeten ondersteunen. Misschien niet zo verwonderlijk als je bedenkt dat het machtsmonopolie van de LDP er ook toe geleid heeft dat informatiespreiding erg beperkt werd. En dat decennialang. Een benauwende gedachte.[80] Niettemin promoveerde Japan tot tweede economische macht en tot hét financiële centrum in de wereld. Het werkte zich op tot één van de pijlers van de Triade en domineerde samen met de VS en West-Europa de wereldeconomie.

Midden de jaren 1980 is de economische motor echter beginnen sputteren. De overheidsbemoeienis had een duale economie doen ontstaan. Bepaalde sectoren van de economie – meestal ging het om sterke, exportgerichte industrieën – stonden blootgesteld aan concurrentie en hebben een hoge productiviteit gegenereerd. Andere sectoren hebben nooit een echte marktwerking gekend. Het bleven archaïsche, traditionele bedrijfstakken. Zij zijn nooit performant geworden. Richard Katz, de hoofdredacteur van *The Oriental Economist*, noemt het de "konvooieconomie". 'De beste, snelste sectoren moeten wachten op de traagste. In plaats van winnaars te belonen, worden verliezers beschermd. Het resultaat is dat de economie in haar geheel achterop blijft.'[81]

Onder zware externe druk heeft de overheid zich teruggetrokken uit de economie, heeft de publieke sector geprivatiseerd en de financiële markt gedereguleerd. 'Financiële deregulering is onverenigbaar met het behoud van het Japanse door algemene werkgelegenheid gedreven kapitalisme.'[82] De deregulering had inderdaad een crisis van overinvestering voor gevolg. De accumulatie van enorme kapitalen zorgde voor wilde speculatie en onverantwoorde leningen. De verhoging van de vastgoedprijzen was onwaarschijnlijk groot. Resultaat: de beurscrash van 1989. John Gray noemt het de 'grote klap van 1989'. Toen is Japan in een langdurige malaise gesukkeld. De reactie van de regering was bijzonder onsamenhangend. Enerzijds trachtte ze de problemen op te lossen door een onwaarschijnlijke hoeveelheid geld in de economie te pompen. Anderzijds verhoogde ze de consumptietaks van 3 naar 5% (1997). Uitgerekend in het jaar dat de Aziatische depressie uitbrak. Het Aziatische model in crisis! Bleek dat de mondiale mobiliteit van kapitaal rampzalige gevolgen kan hebben voor de economische stabiliteit, zelfs van een reus als Japan. Speculatieve kapitaalstromen verdwenen in no time van de Aziatische markten. De maatschappelijke en politieke gevolgen waren van lange duur. De zeepbeleconomie had haar tijd gehad. De bankcrisis sleepte al aan sinds 1992. De belastinginkomsten namen een duik. Interventies in de economie moest de staat steeds meer doen met geleend geld. Gevolg: oplopende begrotingstekorten en dito staatsschuld. Ook in de privésector was de schuldenlast torenhoog. Verborgen werkloosheid was een gesel die de consumptie dan weer laag hield. Japan zelf kwam zo in een neerwaartse spiraal terecht, een deflatie die jaren zou aanslepen. Het feit dat een groot deel van de staatsschuld in binnenlandse handen was, hielp de sanering ook niet vooruit. Zeker niet als je denkt aan de belangenvermenging tussen politici en bedrijven. Veel ondernemingen werden kunstmatig in leven gehouden. De weerstand tegen veranderingen – sanering, privatisering, deregulering – was groot.[83]

De opleving van Japan

DIRIGISME EN VERSPILLING | De Japanse economie is onderworpen aan een dirigistische staat. Je kan evengoed van een semisocialistische economie spreken, waarin bureaucraten en politici beslissen over investeringen van vele miljarden. En zij stellen zich daarbij nauwelijks de vraag of het om performante investeringen gaat die de vitaliteit van de economie ten goede komen. Het fenomeen is bekend, wereldwijd. En in de LDP-staat was het al decennialang de economie aan het verzieken. Symbool voor het 55-systeem van het LDP-Japan en kroonjuweel van de Staat is de Postbank. De Japanse Post is een logge, massale instelling die het spaargeld van de brede lagen van de bevolking als een reusachtige spons opslorpt. Het gaat om een netwerk van 25.000 postkantoren, bemand met 280.000 ambtenaren, dat over het hele land is uitgespreid en met duizenden draden vastzit aan de LDP. Maar bovenal en ten gronde gaat het om een massa spaargeld van 2.750 miljard euro! De Japanners zijn wereldwijd bekend om hun spaarzin. Naar schatting deponeerden ze een vijfde van hun inkomen op een spaarboekje van de Postbank. Maar ze werden voor die ijver niet beloond. Wel integendeel. Vooreerst als gevolg van de slabakkende economie: de gewone Japanners konden hun levensstandaard maar handhaven mits minder te sparen. In het midden van de jaren 1990 konden ze nog maar 10% van hun inkomen aan de Postbank toevertrouwen en anno 2005 was dat nog maar 5%. Die barre conjunctuur had daarenboven voor gevolg dat al dat spaargeld slechts enkele tienden van een procent opbracht. Gelukkig zit de Japanse economie opnieuw in de lift.

In tweede instantie maakten bureaucraten en politici misbruik van de Postbank als een bevoorrechte grabbelton, waar ze zich te allen tijde in konden wentelen en waar ze naar hartenlust in konden graaien om hun buitensporigheden te bekostigen. Decennialang hebben de politici het normaal en vanzelfsprekend gevonden dat 90% van die gelden werd omgezet in obligaties waarmee dan financieringstekorten en – soms buitenissige – bouwprojecten werden gefinancierd.

Naast de Postbank is de sector van de wegencorporaties de tweede pijler van de ijzeren driehoek. Een almachtige bureaucratie beslist al tientallen jaren waar en wanneer wegen, bruggen, spoorlijnen worden aangelegd, waar rivieren worden rechtgetrokken en afgedamd en waar rivierbeddingen worden gebetonneerd.[84] Bijzonder spectaculair is het schandaal geweest rond de afdamming van de Yoshinorivier op het eiland Shikoku. In januari 2000 heeft de bevolking van de stad Tokushima zich daar in een referendum tegen verzet. Ander voorbeeld: recent hebben de gezagdragers in Okinawa, Japans meest zuidelijke prefectuur, een brug ingehuldigd van 1,9 km lengte naar het eiland Kourijima. Ze werd geprezen als de langste tolvrije brug van het land. Niet verwonderlijk: hoe zou de kostprijs immers ooit via tollen gerecupereerd kunnen worden, als je weet dat de brug – die 250 miljoen dollar heeft gekost – een eiland bedient met een bevolking van 361 inwoners![85] De vier grote overheidscorporaties in de wegenbouw hebben zo een schuldenberg van 300 miljard euro opgestapeld. Na tientallen jaren oeverloos geld te hebben verspild in openbare werken, torst Japan een overheidsschuld van 150% van zijn BBP. Geen enkel hoogontwikkeld land evenaart dat peil! De OESO voorziet dat als Japan op die weg voortholt, het in 2010 de laagste groeivoet in per capita BBP zal hebben van de 30 grootste economieën (rapport van mei 2005). Robert Feldman, de voornaamste economist van Morgan Stanley Japan, getuigt: 'We hebben een waanzinnige hoop geld verspild. De gezondheidszorg werd op zijn honger gelaten om de Postbank en de wegen- en bruggenaanleg toch maar draaiende te houden. In een land met een slinkende en vergrijzende bevolking is dat een systeem dat ten koste gaat van de levensstandaard.' In een derdewereldland zijn investeringen in infrastructuurwerken een stimulans voor meer economische groei. Maar in een land met een voldragen economie en een stagnerende bevolkingsgroei zoals Japan is de aanleg van een nieuwe weg of van een brug, van een haven of van een luchthaven, hooguit een investering die slechts op de korte termijn de economie stimuleert. De belangenvermenging van bureaucraten, politici en bedrijfsleiders is ontstellend en heeft Japan doen verzanden, zeker sinds de economie in zijn geheel naar adem begon te snakken.

11 SEPTEMBER 2005: A POINT OF NO RETURN | Toen premier Junichiro Koizumi zijn voornemen bekend maakte om zowel de Postbank als de wegencorporaties te privatiseren, heeft hij in de Japanse politiek – en zeker in zijn eigen LDP – een storm veroorzaakt. Het betekende immers noch min noch meer dat de grootste overheidsbank in de wereld zou worden omgevormd tot de grootste privébank. En dat de LDP tot in zijn fundamenten werd geraakt en zijn politici niet langer vrij en vrolijk over die geldstromen zouden kunnen beschikken! In juli 2005 stemde het Lagerhuis van de Diet de wet ter hervorming van de Postbank. Maar op 8 augustus werd de beoogde hervorming in het Hogerhuis met een grote meerderheid afgekeurd, niet het minst dankzij de revolte van een aantal parlementsleden van Koizumi's eigen LDP. De reactie van Koizumi was radicaal en riskant: hij ontbond het parlement en schreef verkiezingen uit voor 11 september 2005. Dat was een enorme gok. Zeker als je verrekent dat de LDP er de voorbije jaren gestaag was op achteruitgegaan en steeds meer moest rekenen op de steun van zijn coalitiepartner, de kleine en boeddhistisch geïnspireerde Nieuwe Komeito Partij. De Democratische Partij daarentegen, die sterk stond in de stedelijke agglomeraties, had de wind in de zeilen. Tijdens de verkiezingscampagne heeft Koizumi het onmogelijke gerealiseerd. Hij heeft het imago van de LDP volkomen gewijzigd. De tegenstanders van de Postbankhervorming heeft hij uitgerangeerd en vervangen door onbekende, meestal jonge én vrouwelijke kandidaten. Hij is er daarenboven in geslaagd het kiespubliek ervan te overtuigen dat zijn partij, die zich tegen zijn hervormingsplannen had gekeerd en traditioneel de status-quo verdedigt, gewonnen was voor veranderingen en dat de Democratische Partij, die het imago had pro verandering te zijn, in feite tegen hervormingen was. Hij slaagde erin om de LDP attractief te maken voor jonge en stedelijke kiezers. En om de buitenlandse politiek – denk aan de recente wrijvingen met de Volksrepubliek China en met Zuid-Korea – uit de aandacht van de kiezer te houden.[86]

De uitslag van de verkiezingen van 11 september 2005 was een triomf voor Junichiro Koizumi. De LDP veroverde 296 van de 480 zetels en heeft geen coalitiepartner meer nodig. Katsuya Okada, de leider van de Democratische Partij, erkende de nederlaag en kondigde onmiddellijk zijn ontslag aan. De thuisbasis van de partij, namelijk de steden, was overgenomen door de LDP, die tot nog toe vooral zijn heil moest verwachten van kiezers op het platteland. Koizumi heeft onmiddellijk verklaard dat de privatisering van de Postbank slechts een eerste stap zou zijn. Maar een noodzakelijke ingreep om de Japanse economie grondig te hervormen. Wat Koizumi heeft verwezenlijkt is een politieke aardverschuiving. De terugkeer naar het Japan van het 55–systeem en van de ijzeren driehoek zit er niet meer in. Toch is het geen donderslag bij heldere hemel geweest. In de jaren 1990 zijn er al een aantal belangrijke institutionele hervormingen doorgevoerd, inclusief een kieswethervorming in 1994. In de late jaren 1990 is er ook een versterking gekomen van de machtspositie van de regering en van het kabinet van de eerste minister. Die trend naar machtscentralisatie heeft zich nu doorgezet: de premier is incontournable geworden. Ook in zijn eigen partij: 'De oude LDP is vernietigd en een nieuwe partij is uit de as verrezen,' verklaarde Koizumi onmiddellijk na zijn verkiezingssucces. De oude protectionistische vleugel van de LDP is inderdaad geliquideerd. Meer dan een kwart van de LDP-verkozenen zijn nieuwe gezichten. Politiek Japan wordt geconfronteerd met een leiderschap-nieuwe-stijl. De tijd van de zwakke premiers die uit de hand aten van de leiders van de LDP-facties, is voorbij.[87]

DE OPLEVING VAN JAPANS ECONOMIE | De verkiezingsoverwinning van Koizumi had dadelijk een positieve impact op de beurs: de Nikkei-index schoot met 1,6% omhoog, tot 12896.43 punten, het hoogste peil sinds juni 2001. Dat kwam bovenop de sterke groei van 3,3% van het tweede kwartaal van 2005. Sterker dan verwacht want er was slechts 1,1% ingeschat. Opmerkelijk daarbij was dat het herstel de exportgerichte bedrijven oversteeg. Volgens economisten wees alles erop dat na een ineenstorting die haast 15 jaar had geduurd, Japan de kaap had genomen en weer op het spoor zat van duurzame, zelfstandig volgehouden groei. 'Hoe Japan kon ontsnappen aan zijn afhankelijkheid van export en een groei kon realiseren op basis van interne drijfkracht, was een van de moeilijkste vragen waar Japan mee geconfronteerd werd.' De cijfers wezen uit dat de voornaamste groei-impulsen kwamen van krachtige uitgaven zowel van consumenten als van bedrijven. Dat heeft geleid tot investeringen in nieuwe fabrieken én tot groei van de export. De ondernemingen zijn er eindelijk toe gekomen om meer werknemers in dienst te nemen en hogere lonen uit te betalen. Wat de consumenten ertoe heeft gebracht om meer uit te geven. 'Het is niet langer de export die de economie voortstuwt.' zegt Atsushi Nakajima, hoofdeconomist van de researchafdeling van Miszuho

Financial Group. Vooral de sterke groei in consumptie-uitgaven is veelbelovend, met name 2,4% op jaarbasis. Ondernemingen investeren opnieuw in kapitaalgoederen. Op jaarbasis gaat het om een groei van 15,4%. Er zit ook continuïteit in die opleving: het is een trend die zijn aanzet al vond in 2003 en zich tot op de dag van vandaag heeft doorgezet. Koploper daarbij is de Chubu-regio – ook bekend als Tokai, wat Oostzee betekent – tussen Tokyo en Osaka, met steden als Nagoya en Nagano. Die regio is als het ware de locomotief die de andere regio's als aanhangwagens voorttrekt. De index van de industriële productie staat er op 120, waar het nationale gemiddelde 101/102 bedraagt. De verkoop in de warenhuizen steeg er in juli 2005 met meer dan 7%. De ondernemingen uit de Chubu-regio hebben ook niet in dezelfde mate als andere regio's geparticipeerd in de zeepbeleconomie van de jaren 1980. Zij werden dan ook niet versmacht door niet-performante leningen, toen de aandelenmarkt implodeerde. De ondernemingswinsten in Japan bedroegen in 2003 en 2004 doorgaans 20 à 25%. In Chubu haalden ze 30 à 35%. Krachtcentrale in de regio waren de Toyotabedrijven, die uitermate performant bleken te zijn.[88]

UITDAGINGEN | Allesoverheersend is de demografische uitdaging. De daling van de nataliteit is alarmerend. Als die trend zich doorzet zal de bevolking van Japan – momenteel 127 miljoen mensen – in 2050 nog nauwelijks 100 miljoen bedragen. Dat zou betekenen dat de beschikbare arbeidskracht met één derde zou inkrimpen en de nationale welvaart flink zou dalen. Intussen blijft de levensverwachting stijgen. In 2005 zullen er in Japan twee jonge arbeidskrachten zijn voor het onderhoud van elke gepensioneerde. In 1960 waren er dat nog elf! Volgens het Tokyo Immigration Bureau zal Japan in de volgende 50 jaar 30 miljoen immigranten moeten aanvaarden. En Shintaro Ishihara, de gouverneur van Tokyo, bepleitte de toelating van miljoenen wettelijke buitenlandse arbeidskrachten. Dat zijn pleidooien vanuit het perspectief van de bedrijfswereld. Maar die staan haaks op de staatsideologie! Tot op dit moment worden zelfs borelingen van Chinese en Koreaanse arbeiders, die nog voor de Tweede Wereldoorlog naar Japan zijn gekomen, als vreemdeling geregistreerd. Buitenlandse arbeidskrachten in Japan bedragen een fractie van 1%. Japan aanvaardt amper een tiental asielzoekers per jaar! Nochtans zal Tokyo miljoenen vreemde arbeidskrachten nodig hebben en zal gecontroleerde massa-immigratie onafwendbaar zijn. Koizumi moet voor de publieke opinie het ondenkbare aanvaardbaar maken: 'de immigratiewetten versoepelen, onofficiële quota's voor vreemde arbeidskrachten "vergeten", meer vluchtelingen aanvaarden en een antidiscriminatiewetgeving stemmen'.[89] Een andere uitdaging is het doorvoeren van belastingverhogingen. Waarnemers verwachten dat Koizumi zal opteren voor een gematigde verhoging van de taksen op consumptiegoederen, gekoppeld aan een hervorming van de sociale zekerheid. Wat zou resulteren in een engagement van de overheid om een sociaal minimum te garanderen. Een andere grote uitdaging is het om Japans rol in de wereld te profileren. Wat impliceert dat Koizumi zou afstappen van de Yoshida Doctrine, die nationale veiligheid identificeerde met nationale zelfverdediging. Dat vergt een grondwetsherziening, met name de schrapping van het vermaarde pacifistische artikel 9. De doelstelling zou vrij ambitieus zijn, namelijk *equal partnership* met de vs. De traditionele relatie met Uncle Sam zou dus intact blijven. Japans behoefte aan de Amerikaanse atoomparaplu blijft overeind. Maar dat partnership betekent wel dat het Japanse leger een voorheen nooit geziene operationele verwevenheid met het Amerikaanse leger tot stand zou brengen. Japan is op weg uit te groeien tot een vooraanstaande militaire macht die zal wegen én op de machtsverhoudingen in Oost-Azië én in de wereld. Dat zal Japan ook toelaten zich te profileren in de buitenlandse politiek, niet alleen in het Verre Oosten en de Pacific, maar ook in de Indische Oceaan en op het Aziatische vasteland (Rusland).[90]

Japan én China profileren zich: geopolitiek zal dat een enorme impact hebben. De 21ste eeuw wordt allicht wel de eeuw van Azië.

Het Gouden Oosten: de cirkel gesloten...

1 Het Gouden Oosten: het oude verhaal in een nieuw kleedje

Historiek en actualiteit

De historiek van het Gouden Oosten, zowel op de lange als op de middellange termijn, geeft een ondubbelzinnig beeld. Azië had en heeft een enorme interne dynamiek. Uitdagingen, crisissen, recessies, technologische gaps, geopolitieke verschuivingen, paternalistische regimes, 'onomkeerbare en definitieve' ontwikkelingen hebben de drijfkracht op geen enkel moment lamgelegd. De creativiteit en het innovatieve vermogen van die samenlevingen is op geen enkel moment gebroken. Hun vitale veerkracht is onthutsend.[1]

Het Gouden Oosten was eeuwenlang het kerngebied van de wereldeconomie, van circa 500 tot circa 1800. Maar de technologische sprong die het Westen maakte met de Industriële Revolutie was wereldhistorisch gezien uniek. Voor het eerst werd het Gouden Oosten weggedrukt naar de periferie. De moderne wapentechnologie transformeerde de degradatie tot een vernedering. Samenlevingen, waar economische dominantie een tweede natuur voor was geworden, werden in de 19de eeuw niet alleen overspoeld door de economische potentie van de westerse industriestaten. Ze werden ook politiek geknecht en hun territorium werd opgedeeld als een taart. In Londen en Parijs, Berlijn en Washington werden beslissingen genomen over de lotsbestemming van Aziatische samenlevingen. De eeuw van de ongelijke verdragen was voor de nationale trots van de Aziaten niet te harden en heeft diepe littekens nagelaten. Natuurlijk is dat verhaal lang niet eensporig. De verminkingen zijn niet louter op het conto van de buitenlandse interventies te schrijven. Ook interne ontwikkelingen zijn mee verantwoordelijk. Het scherpe contrast tussen de reactie van China en Japan op de westerse arrogantie illustreert dat perfect.

In de korte 20ste eeuw is het Chinese volk bijvoorbeeld het slachtoffer geworden van corruptie, ideologische waanzin, totalitaire dwang en dwaze incompetentie. Daarenboven werd Azië in het tijdperk van de bipolariteit opgedeeld in invloedssferen: isolement en integratie verstoorden de natuurlijke evolutie. China, een dissidente kracht in de wereld van de communistische orthodoxie, moest op eigen krachten rekenen (*self-reliance*). De eeuwenoude banden met Indië werden verbroken. Allicht verklaart het (zelf)isolement van China wel het feit dat de periferie van Azië zo de kans gekregen heeft zich eerst te ontwikkelen. Japan, een strategische partner in de *containment* van het Aziatische communisme, werd voortgestuwd in een tweede moderniseringsgolf. Na de Meiji-tijd was dit een nieuwe editie van het Japanse mirakel. De transitie die de wereld sinds de implosie van de Sovjet-Unie beleeft, heeft heel wat zekerheden onderuit gehaald. *Nine-eleven* (11 september 2001) heeft de onzekerheid nog verdiept. De wereld is verlost uit het harnas van de bipolariteit, maar betaalt er nog altijd een zware tol aan. De doorwerking van de Koude Oorlog in deze transitieperiode zou het onderwerp van een apart boek kunnen zijn. De VS besteden jaarlijks nog altijd een onwaarschijnlijk budget aan hun militaire hard power, maar worden nu geconfronteerd met belagers zonder thuisadres. Door het internationale terrorisme is het Pentagon verplicht zijn prioriteiten en dus investeringen grondig te herdenken.

De intra-Aziatische integratie

Die geopolitieke verschuivingen hebben zich voorgedaan, samen met de globalisering en de doorbraak van het millenniumkapitalisme.[2] De *fall-out* op het Gouden Oosten is onmiskenbaar. In die jaren zijn meer dan twee miljard mensen ingestapt in de wereldwijde concurrentiestrijd: een miljard uit China, een miljard uit India en enkele honderden miljoenen uit Oost-Europa en de voormalige Sovjet-Unie. De progressie van Oost-Azië in de wereldeconomie is sindsdien ronduit indrukwekkend. De crisis van 1997 heeft die ontwikkeling afgeremd, maar niet gestopt. En sinds 2001 demonstreert de regio opnieuw een onstuitbare vitaliteit. Na de toetreding tot de Wereldhandelsorganisatie (WTO) zijn de ontwikkelingen in China niet meer terug te draaien. Aansluitend bij het verhaal dat we in dit boek gebracht hebben, schenken we eerst aandacht aan de intra-Aziatische handel. Daarna focussen we op de economische integratie in Oost-Azië.

DE INTRA-AZIATISCHE HANDEL | De intra-Aziatische handel, gedomineerd door Japan, vertegenwoordigt haast 50% van de totale handelsbeweging van de regio. In die intra-Aziatische handel is de inbreng van de Volksrepubliek China flink toegenomen. Zo groeide de handel tussen China en de landen van de ASEAN in 2004 met 36% tot meer dan 100 miljard dollar.[3] China boekte een handelssurplus van circa 58 miljard dollar (45 miljard in 2003).[4] Die opgang van China is wel degelijk hét nieuwe gegeven dat de handelspatronen grondig heeft beïnvloed. De Volksrepubliek is trekijzer én motor. Zo exporteren Zuid-Korea en Mongolië veel meer naar China en Hong Kong dan dat zij er van importeren. De handel tussen Korea en Mongolië enerzijds en Zuidoost-Azië anderzijds is verdrievoudigd en dit in combinatie met een evenwichtige handelsbalans.

De cijfers tonen aan dat de andere landen in het Gouden Oosten in hoge mate profiteren van het dynamisme van China en Hong Kong: hun handel is snel gegroeid. De export van Zuidoost-Azië naar China en Hong Kong illustreert dat. Die is sneller gegroeid dan de export in de andere richting. Er is ook bezorgdheid. China is immers een belangrijke producent én exporteur geworden van een ruime waaier afgewerkte producten en de onrust is groot dat het de andere economieën in de regio, die deze goederen ook afzetten op de wereldmarkt, zal wegdrukken. De import in de Volksrepubliek bestaat hoofdzakelijk – voor twee derde – uit onafgewerkte goederen, inclusief onderdelen en componenten, daar waar de export voor iets minder dan twee derde afgewerkte producten betreft. Minder dan 10% zowel van import als export bestaat uit grondstoffen. Voor de intra-Aziatische handel echter houden in- en uitvoer van afgewerkte producten elkaar in evenwicht. De commerciële verschuiving is dan ook het resultaat van een snellere groei in de handel van halfafgewerkte producten en componenten. Dat klopt ook met het algemene groeipatroon in de voorbije decennia inzake uitbesteding en de ontwikkeling van sectoren als elektronica, telecommunicatie en andere industriële subsectoren in Oost- en Zuidoost-Azië.[5]

DE ECONOMISCHE INTEGRATIE IN OOST-AZIË | Eerder is er al op gewezen dat er zich lang voor de aanhechting van Hong Kong een Groot-Chinese handelsruimte had gevormd tussen Taiwan, Hong Kong, Macao en de Volksrepubliek. Meer bepaald waren het China's provincies Guandong (met Guangzhou of Kanton) en Fujian die daarbij betrokken waren. Er is een intense integratie gegroeid tussen Hong Kong en het hele gebied van de Delta van de Parelrivier. Om die integratie te stimuleren is zelfs een Pan Pearl Delta Regional Cooperation and Development Forum (PPRD) opgericht. Op het vlak van 'bevolking, economie, totale volume van de buitenlandse handel en buitenlandse investeringen' is de PPRD 'te vergelijken met de tien ASEAN-landen'.[6] Het ging dus om meer dan louter om handel. Hong Kong en Taiwan maakten van de informele relaties dan toch maar gebruik om te investeren. In een eerste fase ging het dan om arbeidsintensieve investeringen naar de regio's met lage lonen in Zuid-China. In een tweede fase greep dan de verschuiving plaats naar eerder kapitaal- en technologie-intensieve investeringen. Beijing heeft dat oogluikend laten gebeuren, alleen al omwille van de technologietransfer waar het zo kon van profiteren.[7] Wat duidelijk wordt: de complementariteit tussen China, respectievelijk Hong Kong en Macao, staat buiten kijf. China profiteert van de internationale relaties van Hong Kong en Macao en sinds de toetreding van China tot de WTO is de betekenis van beide steden als toegangspoort tot de Volksrepubliek nog enorm toegenomen.

De ontwikkeling van China, inclusief de samenwerking binnen de PPRD-regio, is voor beide een enorme troef. De kans is groot dat de doelstelling – regionale synergie creëren – wordt bereikt.

CEPA en PPRD zou je kunnen beschouwen als pijlers van een ruimere integratie die heel Oost-Azië omvat. Marion Chyun-Yang Wang spreekt over 'de aziatisering' om dat nieuwe regionalisme aan te duiden.[8] Die economische integratie in Oost-Azië wordt bevorderd door verschillende samenwerkingsverbanden. In de eerste plaats is er op beperkte schaal het Close Economic Partnership Agreement (CEPA). Op 29 juli 2003 sloot Beijing dit akkoord af met Hong Kong en op 27 oktober 2003 met Macao. Vanaf 1 januari 2004 is die samenwerking ook effectief geworden. Op 17 mei 2004 heeft China ook Taiwan het aanbod gedaan om lid te worden.

Op een hoger niveau is er de samenwerking tussen de Volksrepubliek en de ASEAN Free Trade Area: samen vormen ze de grootste vrijhandelszone ter wereld.[9] Een studie, besteld door het secretariaat van de ASEAN, maakt duidelijk dat deze integratie voor de verschillende partijen bijzonder lucratief kan worden. De export van de ASEAN naar China kan met 48% stijgen en in omgekeerde richting verwacht de studie een toename van 55%.[10] De gemeenschappelijke identiteit is een ideale humus voor samenwerking. Het is bijvoorbeeld opmerkelijk dat Beijing de Chinese ondernemingen aanspoort om 'Azië als het belangrijkste werkterrein voor hun globaliseringsstrategie te kiezen'.[11]

Er wordt bij de aziatisering nog een ander spoor gevolgd, namelijk ASEAN+3. Daarmee verwijst men naar de samenwerking tussen de ASEAN en China, Japan en Zuid-Korea. Binnen dat kader proberen de betrokken staten financiële crisissen te voorkomen, zoals die van 1997. Ander heet hangijzer betreft de energievoorziening: de onderaardse aardgaspijpleiding tussen Indonesië en Singapore is een concrete realisatie. Nog een aandachtspunt: de beveiliging van de scheepvaartroutes en de uitbouw van de havens in de hele regio. 'In 2003 voerde China voor 272,9 miljard dollar (ofwel 42,4% van het totaal) aan goederen uit de rest van Azië in, waarbij de importen vanuit de ASEAN, Japan, de Republiek Korea en India voor 35% tekenden.'[12]

In 2001 werd dan het Boao Forum for Asia (BFA) opgericht, het is de eerste internationale NGO met hoofdkwartier in China. In dit forum worden op hoog niveau de strategieën voor de ontwikkeling van Azië besproken. De gesprekspartners komen uit de regeringen, de zakenwereld en de academische wereld.[13]

Dat hele verhaal toont aan dat de Aziaten beseffen dat het hoog tijd is om de opkomst van China en India en de opleving van Japan op te vangen in regionale samenwerkingsverbanden. De stichtingsvergadering van de East Asian Cooperation in Kuala Lumpur (december 2005) is een volgende stap in een evolutie, die van fundamentele betekenis is voor Azië en de wereld. De Aziatische top in Kuala Lumpur is ook een spectaculair signaal voor de globale verschuivingen die zich sinds het einde van de Koude Oorlog hebben doorgezet. Washington is op die top niét uitgenodigd. En Rusland, dat gevraagd had om te kunnen deelnemen, is beleefd afgewezen. Het relatieve verval van Rusland en de problemen waarmee de VS geconfronteerd worden, contrasteren wel scherp met de opkomst van China en India, de Aziatische reuzen, en met de profilering en het vertrouwen van Azië als geheel. Deze top is ook een unieke gelegenheid om de wrijvingen tussen Japan enerzijds en China en de Republiek Korea anderzijds te verdrinken in een ruimere context en er zo de scherpe kanten van weg te schaven.[14] De doelstelling van die geïnstitutionaliseerde bijeenkomst in Kuala Lumpur is ongetwijfeld om de stabiliteit, de handel en de samenwerking in Azië te versterken. Tegelijk wordt de invloed van China in de regio geconsolideerd. De deelnemers[15] zullen er echter niet omheen kunnen dat de VS een Aziatische mogendheid zijn en blijven. En dat de integratie die ze nastreven allang een Amerikaanse droom is voor Azië, die ze nu zelf hopen te realiseren.

HONG KONG | De opgang van China heeft op de Aziatische economie in haar geheel gewerkt als een locomotief. Voor Hong Kong kan dat normaal lijken, aangezien de economische banden binnen het kader van de Closer Economic Partnership Agreement (CEPA) bijzonder intensief zijn. De producten van Hong Kong hebben zo een tariefvrije toegang tot de Chinese afzetmarkt. Wat andere handelspartners in hoge mate irriteert. De problemen situeren zich toch veeleer op het politieke vlak. Beijing schijnt zich weinig te storen aan de bepalingen van het internationale verdrag dat het in verband met Hong Kong heeft afgesloten met Groot-Brittannië, te weten de aparte status van het territorium, engagement ten aanzien van de rechtsstaat en vooruitgang in de richting van een representatief politiek systeem. Het omgekeerde doet zich voor: een performant, maar door de executieve geleid regime, machtscentralisatie in handen van een bureaucratie en verantwoording van ministers ten aanzien van de regeringsleider en niét ten aanzien van de wetgever. De Republiek van Plato staat model en niét die van Jefferson. Belangenvermenging tussen de *business-friendly* administratie van Donald Tsang en de (dure) monopolies en oligopolies is niet van aard om vertrouwen in te boezemen.[16] De *rule of law* in plaats van een regime van decreten, een engagement voor een open en vrije markt, vrijheid van politieke vereniging, de erkenning ook van de etnische verscheidenheid van Hong Kong... dàt zouden de doelstellingen moeten zijn in Hong Kong. Slechts zo kan de geloofwaardigheid in het ene land met twee systemen behouden blijven. Maar het huidige beleid staat daar haaks op. Singapore, Sydney en Seoel, zelfs Shanghai, worden stilaan attractiever voor multinationale bedrijven. Ze staan klaar om Hong Kong weg te drukken.[17]

TAIWAN | Voor Taiwan lijkt een versterking van de economische relatie met Beijing niet zo vanzelfsprekend, maar ze is dat wel. Toen de VS in 1989 een einde maakten aan Taiwans status van Generalized System of Preference (GSP), werd China als afzetmarkt en als economische partner bijzonder aantrekkelijk voor Taipei. Taiwans positie in de wereldeconomie is ijzersterk en ook voor China *incontournable*. Het staat wereldwijd aan de top inzake de productie van chips (70% van de markt; waarde 7,6 miljard euro), notebooks (72%; 18,75 miljard euro), LCD-schermen (68%; 12 miljard euro), kabelmodems (66%; 410 miljoen euro), PDA's (79%; 1,5 miljard euro) en draadloze LAN-uitrusting (83%; 1,1 miljard euro).[18] De export van Taiwan steeg in 2004 met 20,7% en meer bepaald naar andere Aziatische landen bedroeg die groei 25%. Met China had Taiwan in 2004 een handelsoverschot van 32 miljard euro. China is uiteraard de eerste bestemming van delokalisaties. Heel wat Taiwanese bedrijven hebben vestigingen in China. De Taiwanezen zijn er ook verantwoordelijk voor de ontwikkeling van de industrie van semi-geleiders. Het is veelzeggend dat 30% van de buitenlandse bestellingen in 2004 werd geproduceerd in bedrijven, gevestigd buiten het eiland, waarvan 70% in China. De integratie van de economieën van Taiwan en China zet zich steeds verder door. En dat staat in schril contrast met de politieke spanningen tussen Taipei en Beijing.

JAPAN | De opleving van Japan, na zes jaar deflatie, is in hoge mate ondersteund door de export naar China en de VS. De privé-investeringen in de exportsectoren zijn de motor geweest van de economische groei. China is de eerste handelspartner van Japan inzake import en de tweede in rang inzake export. De handel tussen beide landen bereikte in 2003 104 miljard euro, of een verhoging met 30%. En in 2004 steeg die boven de 120 miljard euro.[19] De Japanse economie blijft, ondanks de crisisjaren, mondiaal de tweede in rang. De accumulatie van handelsoverschotten in combinatie met het hoge interne spaarvermogen heeft Japan in staat gesteld kapitalen te exporteren. Een eerste massale investeringsgolf – de jaren 1970 – heeft zich op de VS en Europa gericht. Een tweede golf viseerde evenwel Azië. Zo heeft Japan de drijfkracht geleverd voor de industrialisering van de eerste generatie van NIC's (*new industrialised countries*), met name Zuid-Korea, Hong Kong, Taiwan en Singapore. Nadien richtte het zich op een tweede generatie met landen als China, Vietnam, Thailand,

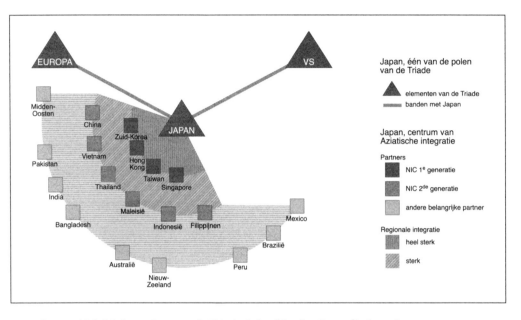

Op wereldvlak behoort Japan tot de Triade. In het 'Gouden Oosten' is Japan het centrum van de integratie van de economie van Oost-Azië.

Maleisië, Indonesië en de Filippijnen. Deze NIC's tonen een groeiende economische zelfstandigheid. Toch hebben zij zich doorheen de voorbije decennia sterk geïntegreerd en hebben een Oost-Aziatische economische ruimte gevormd. En dominant centrum van die regio én van de intra-Aziatische handel is ontegensprekelijk Japan. Japan is immers bijzonder gevoelig en kwetsbaar voor economische crisissen in de regio, zoals die van 1997. Japan speelt eveneens een grote rol in de economische ontwikkeling van Zuidoost-Azië. Het heeft er alle belang bij dat er stabiliteit is. Het steunt die landen om weerwerk te bieden tegen de Chinese ambities. Japan ziet zich graag als draaischijf van een economische ruimte Azië-Pacific, waarin China en de VS elkaar in evenwicht houden. De visie van Washington wijkt daarvan af. De Amerikanen spreken liever over de ruimte van de Pacific als economisch geheel, met de Aziatische landen aan de ene kant en de VS zelf aan de andere. De moeilijkheden binnen de APEC (Asian Pacific Economic Cooperation) zijn ten dele terug te voeren tot die uiteenlopende visies.[20]

INDIA | In april 2005 bezocht de Chinese premier Wen Jiabao voor het eerst India. Hij vloog echter niet naar New Delhi, zoals buitenlandse regeringsleiders gewoonlijk doen, maar rechtstreeks van Beijing naar Bangalore, India's Silicon Valley. Hij was vooral geïnteresseerd in een 'tech-tour' en ging pas daarna naar de Indiase hoofdstad. Bangalore heeft een grote maturiteit bereikt en als technologiecentrum een nieuwe fase aangevat. Research, productie van eigen hightechproducten, het opstarten van nieuwe bedrijven, participatiemaatschappijen (risicodragend kapitaal)... je vindt het er allemaal samen. In een confidentieel memorandum staat dat IBM 13.000 jobs snoeit in de VS en Europa en 14.000 jobs creëert in India. Geen wonder dat Wen Jiabao eerst naar Bangalore kwam. In de ICT-sector zijn beide landen complementair: China staat sterk in hardware en India in software. Op 13 april 2005 hebben beide landen handels- en grensakkoorden gesloten. Politieke wrijvingspunten hebben ze op een laag pitje gezet. Burgerluchtvaart, financiën, onderwijs, wetenschap en technologie, toerisme en cultuur zijn de domeinen waarop Chinezen en Indiërs nauwer gaan samenwerken. Het is allemaal opgenomen in een vijfjarenplan. Er gaan zelfs stemmen op om een vrijhandelszone tussen beide landen te creëren. Na de ondertekening van het akkoord zei de Indiase premier Manmohan Singh tot Wen Jiabao: 'India en China kunnen samen de wereldorde herschikken.'[21] Wollig diplomatiek gezwets? Vergeet het maar! China is op heden India's tweede grootste handelspartner, na de VS. Pragmatisme is voor beide Aziatische reuzen het wachtwoord geworden. In 1820 bedroeg China's aandeel in de wereldeconomie circa 30%. Indië zat toen rond de 15% en de VS minder dan 2%. In de jaren 1950 domineerde Amerika de wereldeconomie en was de inbreng van zowel China als India teruggezakt naar ongeveer 4%. Op de dag van vandaag is de waarde van de handel tussen China en India goed voor zo'n 20% van de wereldeconomie.[22]

Vroeger waren de VS de bron van spitstechnologie, kapitaal en winsten. Het wordt steeds duidelijker: die tijd is voorbij. Globalisering betekent interpenetratie. Onder meer tussen China en India. 'Ten gronde betekent interpenetratie dat de opkomende economische machten in de wereld elkaar beginnen te globaliseren, waarbij ze nieuwe sectoren in elkaars markt creëren, kapitalen bij elkaar inbrengen, en putten uit elkaars reusachtige voorraden aan talent.'[23] De wederzijdse investeringen zijn enorm, vooral in elkaars hyperactieve ICT-sectoren.[24] Naast reuzen als Infosys, zijn er heel bekende Indische ondernemingen als Tata en Wipro die erop uit zijn filialen te vestigen in China en er een beroep te doen op het talent van ingenieurs om software te ontwikkelen. Maar daar doet de Chinese interesse voor de Indische markt zeker niet voor onder. De bevolking van China is snel aan het verouderen en de het reservoir jonge arbeidskrachten, waar India over beschikt, is dus bijzonder aanlokkelijk voor Chinese ondernemingen. Huawei, één van China's topondernemingen inzake de uitrusting van grote netwerken, heeft een campus opgestart in Bangalore om een beroep te kunnen doen op softwaretalent van India en om aan de weet te komen hoe India erin geslaagd is om op zo korte tijd zo'n vooraanstaande plaats te veroveren in de ontwikkeling van software. In beide landen groeit een middenklasse van 400 miljoen mensen. China heeft meer dan 100 miljoen internet- en 350 miljoen gsm-gebruikers. In India komen er elke maand 2,5 miljoen gsm-gebruikers bij. In een recent rapport, *How India, China Redefine the Tech World Order*, stelt Forester Research, een groep technologieconsultants, het volgende: 'De volgende vijf jaar zal haast 40% van de PC's en een aanzienlijk deel van de gsm's in India en China verkocht worden.' Samen hebben China en India een bevolking van meer dan 2,3 miljard mensen. Dat betekent dat wanneer beide landen het eens worden over om het even welke standaard dat item onmiddellijk een ernstige mededinger wordt om de standaard wereld- wijd te bepalen. Microsoft Office, IBM, Oracle... wezen gewaarschuwd: het eenrichtingsverkeer is zo goed als voltooid verleden tijd. En dat geldt evenzeer voor de VS, Japan en West-Europa, 'the cozy club'.[25]

Azië in de wereldeconomie

De intra-Aziatische handel groeit sneller dan de trans-Pacifichandel. Ook de inbreng van Azië in de wereldhandel is sterk gegroeid. Azië is een netto-exporteur van goederen. In het decennium 1990–2001 verdrievou- digde de handel tussen China-Hong Kong en de rest van de wereld. Tus- sen Zuidoost-Azië, respectievelijk Zuid-Korea en Mongolië en de rest van de wereld was er een verdubbeling. De genoemde Aziatische regio's realiseren daarbij een handelsoverschot. De import van goederen is ook enorm toegenomen.

Daarmee is de cirkel gesloten. De economische opgang van Azië steunt op drie pijlers: Japan en China in Noordoost-Azië, India in Zuid-Azië en de landen van Zuidoost-Azië. De integratie tussen die regio's is indruk- wekkend. Die economische macht hoeft ons niet te verbazen. Eeuwenlang – van circa 500 tot circa 1800 – is Azië het kerngebied van de wereldeco- nomie geweest. De intra-Aziatische handel was er de motor van. Na twee eeuwen lang uitgerangeerd te zijn, neemt Azië weer de draad op. In haar jaarverslag van 2003 signaleerde de Asian Development Bank (ADB) al dat in Azië ingrijpende veranderingen bezig zijn. De intra-Aziatische handel wordt een enorme kracht, aldus de ADB. 'Als deze trend aanhoudt en de betrokken landen een beleid voeren dat aanstuurt op een versnelde toe- name van de binnenlandse vraag, zal Azië minder afhankelijk worden van de economische evolutie in de belangrijkste hoogontwikkelde landen.'[26] Anno 2005 is dat fenomeen een realiteit: zowel in China als in Japan is de binnenlandse vraag snel aan het groeien. Voor China gaat het om een

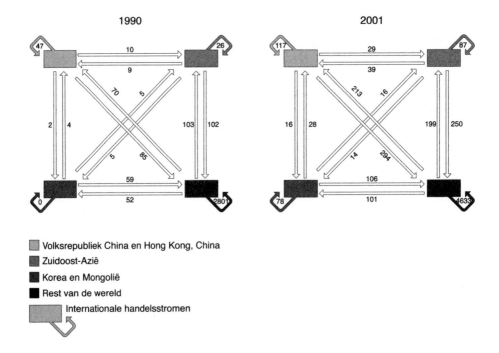

1990   2001

Volksrepubliek China en Hong Kong, China
Zuidoost-Azië
Korea en Mongolië
Rest van de wereld
Internationale handelsstromen

Intraregionale en interregionale handelsstromen, resp. in 1990 en 2001, zowel in het
Verre Oosten als wereldwijd.

consumptieniveau van 563 miljard dollar, of een toename met 13% in de
eerste drie kwartalen van 2005.[27]

NUANCEREN EN RELATIVEREN | Eerder zijn al de dreigingen en hypotheken
voor een duurzame groei van China's economie aan bod gekomen. Maar
ook voor India is het plaatje niet vlekkeloos en positief. Voor je het goed
en wel beseft, ben je totaal verkeerde conclusies aan het trekken.

In verband met China zou het fout zijn te denken dat de vrijemarkteconomie een feit is. In de transitie van een centraal geleide economie
naar een gedecentraliseerde markteconomie zijn spectaculaire successen geboekt. Wat niét betekent dat die transitie voltooid is. Vooralsnog
hebben de Chinezen niet echt gebroken met het centraal geleide model.
De staat komt immers nog altijd op allerlei manieren tussen in het economische leven. Allerlei niet-marktconforme activiteiten verstoren de
marktwerking. Bijvoorbeeld zijn de verkoopprijzen geen marktprijzen,
maar gesubsidieerde prijzen. Ook in India wordt het eigen bedrijfsleven
sterk bevoordeeld. Daar komt nog bij dat India een van de meest geslo-

ten markten ter wereld is. Het land past een systeem met dubbele bodem toe. Er zijn de officiële douanetarieven, waar graag mee uitgepakt wordt. Maar daarbovenop zijn er speciale rechten, waardoor de prijzen van de uit het Westen ingevoerde producten soms kunnen verdubbelen. De concurrentieverhoudingen zijn er niet correct. 'Onze ministers trekken naar het Oosten om België te promoten. En hopelijk vooral om in te zien dat ze onze economie moeten versterken,' aldus Fa Quix, de directeur-generaal van Febeltex. Want de overheid in de Aziatische landen is daar heel bedreven in.[28]

Tweede verkeerde conclusie zou zijn zich te laten misleiden door de overdonderende economische prestaties. China en India zijn géén *economische* reuzen. Ten eerste: het zijn nog altijd ontwikkelingslanden. En dus landen met een grote armoede. In China is een aanmerkelijke reductie van de armoede gerealiseerd in de jaren 1980, als gevolg van de modernisering van de landbouw. Dat is dus gebeurd nog voor het Opendeurbeleid de handel en de investeringen heeft gestimuleerd. In India was het zo dat in de jaren 1990, hét decennium van de grote liberalisering van de handel, de afname van de armoede werd vertraagd. Bedenken we ook dat het grootste aantal analfabeten in de wereld in India leeft. Het is dus niet toevallig dat bijvoorbeeld het handhaven van sociale stabiliteit en orde één van de grootste zorgen is in Beijing. In het voorbije decennium is de sociale onrust in China enorm toegenomen. In tweede instantie is het opvallend dat zowel China als India op dit moment nog kleine actoren zijn in de wereldhandel. India's aandeel in de mondiale export bedraagt minder dan 1%. Het aandeel van China bedraagt 6%. Ten derde is de tewerkstelling in de ICT-sector miniem als je dat situeert in de totaliteit. In India bedraagt het aantal werknemers in ICT-gelinkte beroepen minder dan één miljoen. Wat slechts een 0,25% van de totale arbeidskracht in India vertegenwoordigt. Rond de 60% van de economisch actieven in China werkt nog in de landbouw. Minder dan een vijfde verdient zijn brood in de industrie, de mijnbouw en de bouw. In vergelijking met de VS én met Japan gaat het hier om bijna ridicule getallen.[29]

Deze vaststellingen zijn niet in tegenspraak met het zegebulletin dat we eerder hebben afgestoken. Er zijn zowel in China als in India uitermate positieve ontwikkelingen. Zaak is te verrekenen vanwaar die landen komen: wat was hun vertrekpunt? Maar de transitie die zij beleven, vraagt tijd. Dat is een kwestie van vele decennia. De attractiviteit van dergelijke landen ligt in hun economische potentie, niet in hun huidige economische gewicht. Het is het toekomstperspectief dat zo verleidelijk is. De verwezenlijkingen op de korte termijn zijn de stapstenen, noodzakelijke voorwaarden om de doelstellingen te bereiken. Maar geen voldoende voorwaarden.

2 Nieuwe machtsverhoudingen op het Aziatische schaakbord

Spanningen en dreigingen

Azië lijkt inderdaad een schaakbord. De economische opleving van de Aziatische reuzen China, India en Japan zorgt voor geopolitieke verschuivingen, onzekerheid en wantrouwen. In om het even welke Aziatische regio zijn de spanningen intens en de dreigingen reëel. In de Euraziatische Balkan, met het bekken van de Kaspische Zee als kerngebied, draait de machtstrijd om aardgas en olie. Op 5 juli 2005 vergaderden China, Rusland en vier Centraal-Aziatische landen in Astana, de hoofdstad van Kazachstan. In een slotverklaring doen ze een oproep opdat de VS een deadline zouden bepalen om hun militaire bases in Kirgizië en Oezbekistan te ontmantelen. Afghanistan als legitimatie heeft in hun ogen afgedaan. In het Verre Oosten werkt China als stoorzender. De nucleaire ambities van Noord-Korea zorgen eveneens voor flink wat kopzorgen. Het geruzie tussen de Volksrepubliek en Japan ligt dan weer aan de basis van een opstoot van ultranationalisme. Wat de regio kan missen als kiespijn. De ambities van Beijing ten aanzien van zijn provincie Taiwan botsen frontaal met het groeiende identiteitsbesef van de burgers van het eiland. In Zuid-Azië is het conflict tussen India en Pakistan geluwd, maar kijkt New Delhi met argwaan naar de penetratie van China in de Indische Oceaan en de Perzische Golf en de steeds nauwere samenwerking tussen Beijing en Teheran. In heel dat kluwen zijn de VS, als hyperpower, onafwendbaar betrokken partij. Washington ziet ook wel in – zelfs onder Bush – dat het status-quo een onhaalbare kaart is. Het tracht enerzijds bestaande allianties – lees: Japan, Taiwan, Pakistan – te verstevigen en anderzijds nieuwe strategische partners te vinden (lees: India).

Krachtlijnen, relevant voor de toekomst

DE EAC | De grootste dreiging is regionale onveiligheid: Taiwan, Noord-Korea, oplaaiend nationalisme, betwiste eilanden… Die dreiging is het gevolg van het feit dat parallel met de snelle economische groei geen regionale instellingen tot stand zijn gekomen om voor stabiliteit te zorgen. Ook het in gebreke blijven van de VS speelt een cruciale rol: Aziatische problemen worden genegeerd, tenzij het om de bestrijding van terrorisme gaat. In Azië is het gevoelen vrij algemeen dat de Bush Administratie de

APEC (Asia-Pacific Economic Cooperation) laat verkommeren. Yu Xin-tian, professor aan het Shanghai Institute for International Relations, vertolkt de vrees dat de Amerikanen Azië benaderen met 'a zero-sum or cold war mentality'. Daarmee bedoelt hij een mentaliteit die de ene mogendheid uitspeelt tegen de andere en argwanend staat tegenover elke regionale alliantie, waar de VS geen deel van uitmaken. Voorbeeld: in december 2005 kwam in Kuala Lumpur (Maleisië) voor de eerste maal de East Asian Community (EAC) samen. Het betrof de oprichting van een embryonaal equivalent van de Europese Unie. De EAC zou moeten voortbouwen op de verwezenlijkingen van de ASEAN en samenwerking op economisch en veiligheidsvlak ondersteunen. Binnen EAC zouden Brunei, Cambodja, Indonesië, Laos, Maleisië, Myanmar, de Filippijnen, Singapore, Thailand en Vietnam het gezelschap krijgen van de economische reuzen China, Japan en Zuid-Korea. Die samenstelling is controversieel. De reactie van Richard Holbrooke is veelzeggend: 'Exclude America and you damage relations across the Pacific.' Washington vreest dat de EAC het speeltuig van Beijing zou kunnen worden. En dan zou Taiwan wel eens in de marge kunnen verzeilen. Uiteraard zou de aanwezigheid in de EAC van Australië, Nieuw-Zeeland en India de Amerikanen al heel wat gemoedsrust schenken. Bondgenoten van Washington, met name Japan en Indonesië, dringen eropaan dat die drie landen op de stichtingsbijeenkomst in Kuala Lumpur aanwezig zouden zijn.[30] Roger Cohen, gerenommeerde columnist internationale politiek, wijst erop dat in de huidige context – de groei van China en India, met daarbij de scherpe dreigingen voor de veiligheid in de regio – elke organisatie die een Aziatische dialoog stimuleert op de steun van Washington zou moeten kunnen rekenen.[31] Washington heeft daar alle belang bij: 'America should welcome a peaceful and prosperous East Asia community' (Yu Xin-tian). Maar tegelijkertijd is het zo dat de EAC zo ruim mogelijk zou moeten worden opgezet. India, Australië en Nieuw-Zeeland zouden China in balans kunnen houden. Maar bovenal zijn zij democratieën. En net zoals de Europese Unie de spreiding van de democratie heeft bevorderd, zou de EAC – zo de genoemde democratieën er deel van uitmaken – doorheen de komende decennia een vergelijkbaar effect kunnen sorteren. Er staat momenteel in Oost-Azië dus wel degelijk heel veel op het spel.

INDIA-CHINA-VS | Het is zeer de vraag of India bereid is om in Azië Amerika's tegengewicht te vormen tegenover China.[32] Nochtans is dat de grote hoop in Washington: de intensieve toenadering zou New Delhi tot een strategische partner moeten omvormen. Belangrijke aanpassingen van het beleid zijn doorgevoerd of staan op stapel: het beëindigen van technologiecontroles, een ruime samenwerking op de lange termijn inzake ruimtevaart, de verkoop van commerciële kernreactoren, en de integratie van India in het nonproliferatieregime als een bevriende nucleaire mogendheid. Op 18 juli 2005 heeft Bush de Indiase premier op het Witte Huis ontvangen. Bush of een andere passant, om het even welke president zou op dit moment bereid zijn de Amerikaanse invloed in te zetten om van India een vooraanstaande wereldmacht te maken in de 21ste eeuw. Dat engagement kunnen de Amerikanen al onmiddellijk waarmaken: India als volwaardig lid opnemen in de G8 en New Delhi als permanent lid van de VN-veiligheidsraad aanvaarden. Doelstelling: op een duurzame strategische partner kunnen rekenen in Azië.[33] De geloofwaardigheid van dit beleid staat wel op de helling zolang Washington president Pervez Musharraf van Pakistan voluit – militair, technologisch en economisch – blijft steunen. De hamvraag is: zal India zich ontwikkelen tot een onafhankelijke mogendheid of tot een strategische bondgenoot van de VS? De uitkomst zal zwaar doorwegen op de Aziatische geopolitieke machtsverhoudingen en dus op de wereldpolitiek.

IN HOEVERRE DEMOCRATISCH ENGAGEMENT? | Stilaan groeit echter de vrees dat India bij zijn streven naar een onafhankelijke machtspositie in Azië absolute prioriteit schenkt aan zijn strategische en economische belangen. Het lijkt er steeds meer op dat de grootste democratie in de wereld – om het zacht te zeggen – de promotie van democratische normen en waarden niet direct als een cruciale taak ziet. 'Like America during the cold war, India has determined that coddling despots is the best way to avoid losing strategic ground,' aldus Michael Vatikiotis. En dus zoete broodjes bakken met het totalitaire regime in Beijing, met de reactionaire monarchie van Nepal en met de militaire junta in Myanmar. China voert een vergelijkbaar beleid. Maar China is geen democratie, allesbehalve! Het is toch maar de vraag of het beleid van New Delhi zo doordacht is.[34] De grootste democratie in de wereld zou zich bij de rangen van de andere democratieën moeten voegen in de strijd om de promotie van vrijheid in de wereld. Geopolitiek, strategisch én economisch is dat nog altijd de veiligste route. New Delhi ambieert een permanent lidmaatschap van de VN-veiligheidsraad. Democratische geloofsbrieven zouden het helpen zijn doel te bereiken.

AZIË-MIDDEN-OOSTEN | Op 21 juni 2005 had in Singapore het *Asia-Middle East Forum* plaats. Er waren officiële vertegenwoordigers aanwezig van 21 Aziatische en 18 Midden-Oostenlanden om over gemeenschappelijke politieke, sociale en economische belangen te discussiëren. Wat oorspronkelijk als een culturele uitwisseling bedoeld was, heeft belangrijke politieke impact gekregen. Goh Chok Thong, gewezen premier van Singapore, zegt het onomwonden: 'De relaties tussen het Midden-Oosten en het Westen zijn historisch gehypothekeerd. Maar er zijn geen diepe historische, culturele, religieuze of ideologische barrières die betere relaties tussen het Midden-Oosten en Azië bemoeilijken.' Muhammad Shaaban, een adviseur van de Egyptische minister van Buitenlandse Zaken, sprak op de openingsvergadering van het Forum: 'Azië is in staat om een rol van betekenis te spelen. Wij zijn het Oosten – of het nu om het Verre, het Nabije- of het Midden-Oosten gaat. Onze gemeenschappelijke ervaring met het Westen was kolonialisme. We hebben dus meer gemeenschappelijks met elkaar dan met het Westen.'

Er zijn twee kanten aan dit verhaal, een economische en een politieke. Eén: de economische dimensie. Van beide zijden heeft men belang bij toenadering en samenwerking. Aan de Aziatische kant zijn er enorme energiebehoeften (olie). De wens ook om contacten te ontwikkelen met het gematigde deel van de Arabische wereld. Het Midden-Oosten kijkt de kant op van Azië voor handel en expertise. Dat is een reactie op het wantrouwen dat een aantal Arabische landen voelt in het Westen. Maar allesoverheersend is natuurlijk de vaststelling dat China en India de snelst groeiende markten zijn voor hun petroleum. Twee: de politieke overwegingen. Het Forum kan een impuls zijn voor politieke veranderingen. De kans bestaat dat de onveranderlijkheid van veel gevestigde regimes barsten gaat vertonen, zowel in het Midden-Oosten als in Azië. In beide regio's is het al te dikwijls zo dat gematigde stemmen overtroefd worden door extremistische. Het Forum van Singapore kun je natuurlijk negatief beoordelen. Het gaat er om *business*; de rest is franje. Autocratische Arabische staten ontmoeten er de vrij autoritaire regimes uit Azië. Slotsom: Singapore is de bevestiging, ja de versterking van het status-quo. Dat is ongetwijfeld een eenzijdige, wat simpele evaluatie. Shaaban zei op de openingszitting dat hij ervan overtuigd is dat in Azië een proces van democratisering gaande is. Dat gaat traag, maar het is volgens hem onomkeerbaar.[35]

Vanuit een mondiaal perspectief is het Forum in Singapore een signaal dat de overgangsperiode naar de wereldorde van de 21ste eeuw nog volop bezig is. In het Westen vonden we het decennialang evident dat het Midden-Oosten voor zijn toekomst en modernisering onze kant op keek. Globalisering is echter een caleidoscopisch proces met veel facetten, heeft een soms verwarrende gelaagdheid en waaiert uit in diverse richtingen. De tijd dat het Westen het vanzelfsprekende oorsprongsgebied was van vooruitgang en technologische innovaties is voorbij. Het wordt wennen in dat nieuwe mondiale spel.

EEN STRATEGISCHE DRIEHOEK | We zijn ervan overtuigd dat India ernaar streeft zich te ontwikkelen als een onafhankelijke mogendheid. Ter illustratie de Top van 2 juni 2005 in Vladivostok, waar drie ministers van Buitenlandse zaken – India's Natwar Singh, China's Li Zhaoxing en Ruslands Sergei Lavrov – confereerden. Een strategische driehoek! Ze hopen dat goede bilaterale relaties de trilaterale samenwerking zullen stimuleren. De afspraak is dat India volgend jaar het gastland zal zijn voor een conferentie waarop concrete voorstellen bekeken zullen worden om samen te werken op het vlak van transport, landbouw, energie- en informatietechnologie en tevens om rechtstreekse contacten tussen bedrijven uit de drie landen te bevorderen. In Vladivostok waren ze het eens om te focussen op de convergenties tussen de drie landen. Vladimir Poetin streeft er op die manier naar om Rusland als Aziatische mogendheid te affirmeren. Er is overeenstemming bereikt met China over grensgeschillen, waar in 1961 nog oorlog om gevoerd is. Wen Jiabao, China's premier, hoopt dat een as India-China-Rusland 'de internationale relaties zal democratiseren'. Hoe cynisch ook, de hint is duidelijk: de Amerikaanse hegemonie en de unipolaire wereldorde worden geviseerd. India wil dan weer een hechtere samenwerking met de dynamische economieën van Oost-Azië, een grotere rol in de regio én een tegengewicht voor de sponsoring van Pakistan door China en de VS.

Aansluitend op deze visie op de toenadering tussen Azië en het Midden-Oosten, is het opvallend dat in Vladivostok ook is beslist dat India in oktober 2006 gastland zal zijn voor Aziës belangrijkste olieproducenten en consumenten. India investeert nu al fors in het Sakhalin I-project van Rusland en is bereid de inspanning nog op te voeren. India's petroleumminister Mani Shankar verklaarde dat het ook de bedoeling is de banden tussen de Aziatische petroleumindustrieën te versterken en tegelijk veel aandacht te geven aan de relaties tussen de Aziatische consumenten en de belangrijke producenten van het Midden-Oosten.

3   De vitale belangen van China en van de VS

China's wereldwijde jacht op energie

CHINA, EEN MONDIALE STOORZENDER | Volgens China's strategische plan-
ning is het de doelstelling om in 2050 een modern, modaal ontwikkeld
land te zijn. Dat kan maar als het duurzame ontwikkeling kan realiseren.
In een eerste fase, van 2000 tot 2010, wil Beijing zijn BBP verdubbelen. In
2020 moet een tweede verdubbeling gerealiseerd zijn. Het per capita BBP
zou dan 2.600 euro moeten bereiken. In een derde fase, tussen 2020 en
2050, zou China een welvarend, democratisch en geciviliseerd socialis-
tisch land moeten worden. De onderontwikkeling zou dan voltooid verleden tijd moeten zijn. Naast andere uitdagingen wordt het land in heel dat
proces in de eerste plaats geconfronteerd met een gebrek aan grondstoffen en energie. En dat tekort is urgent, omdat de economische groei de
behoeften heeft opgedreven en maar in stand kan worden gehouden mits
een continue aanvoer van vooral olie. De toekomst van China staat of valt
hiermee. Want zonder economische groei ook geen sociale rust en orde.
De jacht is open: Beijing zoekt in de hele wereld naar bevoorradingska-
nalen. Wat tot een eerste conclusie leidt: de opkomst van China verstoort
niet alleen Azië en meer bepaald de regio van het Verre Oosten. Het land
is wereldwijd een stoorzender. Dat heeft mondiale implicaties.[36]

LEVERINGEN EN TRANSPORT | De wereldkaart, bij de tabel afgedrukt,
maakt duidelijk dat China's jacht op olie inderdaad wereldwijd is. Voor
meer dan 45% is het Midden-Oosten leverancier.[37] Afrika levert ruim 28%.
Latijns-Amerika profiteert, zowel via investeringen als handel, van China's economische groei. Hu Jintao maakte in november 2004 een reis naar
het subcontinent. En de minister voor Ontwikkeling van Brazilië bezocht
Beijing in 2003–2004 negenmaal! Vicepresident Zeng Qinghong ondertekende in Venezuela verschillende handels- en olieakkoorden. Tot groot
ongenoegen van de VS. De handel tussen Latijns-Amerika en China is sinds
1999 vervijfvoudigd. Een tweede bekommernis voor Beijing is uiteraard het
olietransport. In 2003 werd een belangrijke overeenkomst gesloten met de
Russische petroleumgigant Yukos voor de aanleg van een enorme pijplijn.
En onderhandelingen worden gevoerd om een pijplijn aan te leggen die
olie van aan de Kaspische Zee via Kazachstan naar China kan brengen.
Voor de olietoevoer vanuit Afrika en het Midden-Oosten is de controle van

REGIO EN TOP DRIE LEVERANCIERS	PERCENTAGE VAN HET TOTALE AANBOD	
	2003	2004
Midden-Oosten	50,9	45,4
Saoedi-Arabië	16,7	14,0
Oman	10,2	13,3
Iran	13,6	10,8
Afrika	24,3	28,7
Angola	11,1	13,2
Soedan	6,9	4,7
Congo	3,7	3,9
Europa en westelijk halfrond	9,6	14,3
Rusland	5,8	8,8
Noorwegen	1,0	1,6
Brazilië	0,1	1,3
Azië / Pacific	15,2	11,5
Vietnam	3,8	4,4
Indonesië	3,7	2,8
Maleisië	2,2	1,4

Import van ruwe olie door China (2003–2004)
Bron: berekend op basis van data in China OGP, 1 februari 2005

de grote zeestraten – de Zee-engte van Palk, de Zeestraat van Malakka, de Zee-engte van Macassar en de Zeestraat van Formosa – van cruciaal belang. Wie de Indische Oceaan en de Zeestraat van Malakka controleert, is in staat China's olietoevoer af te snijden. De Amerikaanse maritieme basis op Diego Garcia zou daartoe een ideaal instrument zijn.

China en de VS: opteren voor een win-winsituatie?

GEZAMENLIJKE BELANGENBEHARTIGING | Waar in de wereld China zich ook wendt voor de ondersteuning van zijn economische groei, botst het op de machtspositie en de invloed van de VS. China verwerft handelspartners en invloed in gebieden die Washington steeds beschouwd heeft als zijn *backyard*. Dan denken we in de eerste plaats aan Latijns-Amerika. China sluit akkoorden af met traditionele bondgenoten van de VS. Noemen we slechts Australië en Canada. Maar ook met landen die Washington gebrandmerkt heeft als *rogue states* zoals Iran, Myanmar en

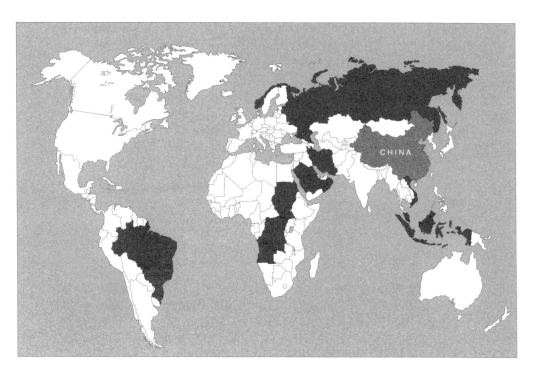

De import van ruwe olie in China (2003–2004): een wereldwijd netwerk...

Soedan. En ook het Venezuela van Hugo Chavez is een rebel. Zijn wereldwijde oliejacht heeft de relaties van Beijing met Washington ongetwijfeld
gehypothekeerd. Maar China heeft er alle belang bij om op diplomatie
en samenwerking te mikken. Confrontatie is geen alternatief. Voor de
economische ontwikkeling van Noordoost-Azië is Beijing aangewezen
op samenwerking met Japan en Zuid-Korea.[38] Voor een vrije doorvaart
door de zeestraten kan China er niet onderuit de VS, Indonesië, Maleisië,
Singapore en India te vriend te houden. Dat is geen eensporig verhaal.
Samenwerking en diplomatie zijn een wederzijds belang. Amy Myers Jaffe,
een energie-experte van de Rice University, stelt dat het aangewezen is
dat grote consumenten als China en de VS opteren voor gezamenlijke
belangenbehartiging. En die primordiale belangen betreffen regelmatige
levering en voorspelbare prijzen. Het is slechts door samenwerking dat de
consumenten een tegengewicht kunnen vormen tegen de machtspositie
van de producenten. Dat primeert op het streven van elk afzonderlijk naar
geprivilegieerde relaties met hen. Dezelfde redenering snijdt hout wat

betreft de beveiliging van de zeestraten en van het vrije maritieme transport. China en de VS hebben er dus alle belang bij een conflict om Taiwan uit de weg te gaan.[39] De wereld evolueert razendsnel. Slechts lucide leiders kunnen *worst case scenario's* afwijzen en voorkomen dat de machtsverschuivingen – zowel economische als (geo)politieke – tot blokkeringen en confrontaties leiden. Bill Clinton heeft dat geïllustreerd toen hij zijn fiat gaf aan de toetreding van China tot de WTO. In het jargon heet zoiets 'institutional envelopment'. De integratie van China in de wereldeconomie is een Amerikaans belang. Washington doet er ook goed aan steeds in gedachten te houden dat zijn financiële stabiliteit afhankelijk is van het feit of de Chinezen ermee doorgaan om Amerika's overheidsschuld aan te zuiveren door de massale aankoop van staatsbons.

Wat is het beleid van Washington?

DISCUSSIE OVER CHINA | Sinds Condoleeza Rice Colin Powell heeft opgevolgd als Secretary of State heeft het er alle schijn van dat er coherentie zit in het buitenlandse beleid van Washington en dat er op regeringsvlak eensgezindheid heerst. Behalve over China. De *panda huggers* geloven dat China de stabiliteit in Oost-Azië en de wereld zal bevorderen. De *dragon slayers* daarentegen dat China in de toekomst Amerika's vitale belangen zal schaden. Zij pleiten voor een *containment* van de Aziatische reus. De president, de Secretary of State en anderen opteren voor een derde benadering. Deze zogenaamde *panda hedgers* argumenteren dat China niet gelijmd moet worden en al evenmin bedwongen. Om de eenvoudige reden dat het zelf een (economische) ontwikkeling heeft opgestart die het zal dwingen om een meer liberaal en open politiek systeem te aanvaarden. 'Zij geloven dat China's economische veranderingen een doos van Pandora voor hervormingen hebben geopend. En die zullen Beijing ertoe brengen zich te engageren voor een wettelijk gezag, mensenrechten, eigendomsrechten en een hogere graad van politieke transparantie. Een stijgende levensstandaard kan niet eindeloos worden volgehouden in een samenleving waarin de burgers haast geen politieke stem hebben.[40] Het Opendeurbeleid dat China nu al enkele decennia in de praktijk brengt, moet door Washington aangemoedigd worden. Want dat bevordert het interne veranderingsproces dat al een tijd aan de gang is. Allemaal goed en wel, maar in hoeverre gaat dat op? Met andere woorden, wanneer gaat China volgens Washington te ver, omdat het effectief vitale Amerikaanse belangen bedreigt? Waar liggen de limieten van deze strategie?

EEN DUIDELIJKE STRATEGIE IN WASHINGTON? | Nemen we de akkoorden met Venezuela: vormen Chinese investeringen in het westelijke halfrond de niet te overschrijden grens? Of de commerciële banden tussen Beijing en staten als Iran, Soedan, Mynamar, Zimbabwe? Dat zijn volgens Washington 'outposts of tyranny'. Is dat *a point of no return*? Of het Cnooc-Unocal imbroglio.[41] Tot waar kan China zich het standpunt veroorloven: business is business? Op welk moment is Washington zodanig verbolgen over Beijings beleid dat het overschakelt op *containment*? Niemand weet het! Ook niet in het Witte Huis, waar vaagheid troef is: men volgt er een 'strategy of creative ambiguity'![42] Laat staan dat de leiders in Zhong Nanhai er zicht op zouden hebben!

Het helpt – zoals dat vaak het geval is – om de lange en de korte termijn uit elkaar te houden. Uit het hele verhaal van het Gouden Oosten moge blijken dat op de lange termijn de transitie naar een multipolaire wereld waarschijnlijk onafwendbaar is. Dat is op het geopolitieke en militaire vlak zo en dat is ook zo in de wereldeconomie. Lees er John Gray op na en je vergeet het nooit.[43] Op de korte termijn is het echter weinig waarschijnlijk dat Washington het in zijn rol als hyperpower laat afweten. Daarenboven worden de meeste rivalen geconfronteerd met ernstige interne problemen: de Europese Unie, Rusland, China, Japan. Vanuit het perspectief van Beijing is de geopolitieke superioriteit van de vs oogverblindend.

In de relatie tussen China en de vs zijn belangen primordiaal. Zwart-witanalyses zijn daarbij contraproductief. De opbouw en modernisering van China's militaire vermogen op zich hoeven niet te verontrusten. Dat vermogen is maar een fractie van de overweldigende hard power van Amerika, een druppel in de oceaan. Het zijn de doelstellingen die China ermee nastreeft, die met zin voor nuancering moeten worden geëvalueerd. Constant strategisch overleg is daarbij cruciaal. Het is in het belang van beide partijen dat de onderlinge relaties verbeteren.[44]

DE STRATEGIE VAN ZHONG NANHAI | Ten gronde opteert Zhong Nanhai[45] voor een ontwikkeling in vrede. Handel en economische integratie zijn de beste instrumenten om China's opleving te ondersteunen. De antecedenten van Japan en van West-Duitsland na de Tweede Wereldoorlog – de middellange termijn – zijn een les voor de beleidsmensen in Beijing die tegelijk de eigen zwakte en kwetsbaarheid beseffen. Zhong Nanhai heeft tijd en (manoeuvreer)ruimte nodig. 'Het regime wil in een eerste fase de transitie (perestrojka) realiseren en pas in een tweede fase transparantie (glasnost) nastreven. De verwaarlozing van die faseologie is de grote fout geweest van de Russen. De Chinezen beseffen dat ze wellicht vijftig jaar rust en vrede nodig hebben om het inhaalmanoeuvre ten aanzien van andere landen tot een goed einde te brengen en de transitie ongestoord te voltooien. Ze willen de fouten van Duitsland en Japan – in het perspectief van de lange termijn – vermijden. Hun strijd om macht, invloed en grondstoffen heeft hen in de vorige eeuw noodlottige oorlogen opgeleverd.[46] De tachtigjarige Lee Kuan Yew, grondlegger en jarenlang regeringsleider van Singapore, wijst erop dat China ook nog op andere vlakken van de Russen heeft geleerd: 'De fout van de Russen bestond erin dat ze zoveel hebben geïnvesteerd in hun militaire kracht en zo weinig in hun civiele sector. Dat heeft hun economie om zeep geholpen. Wanneer je met Amerika wil wedijveren om militaire dominantie, dan drijf je jezelf in het bankroet. En dus: hou je hoofd gebogen en lach – en dat voor de volgende veertig, vijftig jaar. ... De Chinezen hebben er ook een massa tijd en energie voor over om de staten in hun periferie bevriend te houden.'[47] Lee Kuan Yew verwijst naar de toenadering tot Rusland, India, Indonesië en Korea. Het enige land dat zich zonder aarzelen als bondgenoot van de VS heeft geprofileerd, is Japan. Al de andere staten in Azië stellen zich ten aanzien van Beijing of neutraal of vriendelijk op.

Globalisering = amerikanisering?

GEEN EENRICHTINGSVERKEER | De VS zelf hebben alle belang bij vrede en stabiliteit. Daarom is het verbazend dat Washington meer dan welk ander land ook er blijkbaar alles aan doet om China te destabiliseren.[48] Dat is alarmerend omdat het Witte Huis blijkbaar geen allesomvattende strategie heeft voor de Amerikaans-Chinese relaties. Er is geen coherentie in het Chinabeleid. Wantrouwen regeert in de relatie tussen de grootste mogendheid en de grootste mogendheid-in-wording. Washington heeft blijkbaar moeite met de globalisering. Het heeft die compleet verkeerd ingeschat. De Amerikaanse variante van het millenniumkapitalisme moet model staan voor de rest van de wereld. Globalisering wordt dan verkeerdelijk begrepen als de mondiale verspreiding van dat Amerikaanse model. Eenrichtingsverkeer! Maar waar in de wereld is dat Amerikaanse model inderdaad geïntegreerd en toegepast? Niet in de Europese Unie, niet in Japan of elders in het Verre Oosten, niet in India. Nergens. Dat globalisering niét gelijkstaat met amerikanisering, is voor de Amerikanen een brutale vaststelling. Wat nog niet betekent dat ze bereid zijn die realiteit ook te aanvaarden. Globalisering is een complex proces, dat veelgelaagd is en vanuit verschillende richtingen uitwaaiert. Dus ook vanuit China richting de Europese Unie en de VS. Het fenomeen van het vrijemarktfundamentalisme genereert analoge reacties. De illusie wordt telkens weer doorgeprikt dat de drijfkracht voor het economische liberalisme zich uitsluitend in het Westen bevindt. Het bod van CNOOC op Unocal was voor Washington – Witte Huis én Congres – een donderslag bij heldere hemel. Dat na het wegvallen van de quota in januari 2005 Europa en de VS overspoeld werden door een stroom Chinese textielproducten, was ongehoord. Als anderen zich integreren in de wereldeconomie en het spel van de vrije markt willen meespelen, is het huis te klein en schermt men de eigen markten af met allerlei protectionistische maatregelen. Tariefmuren, quota's, noem het maar. Dezelfde attitude manifesteren de Amerikanen op militair vlak. Nonproliferatie van massavernietigingswapens is het moto én de norm om andere staten al dan niet tot 'the axis of evil' te rekenen. Daarbij is het overbodig om zelf de bepalingen van het non-proliferatieverdrag na te leven en ook maar een begin te maken met de afbouw van het eigen arsenaal. Twee maten en twee gewichten. Dergelijke dubbelhartige opstelling is uiteraard bijzonder contraproductief én alarmerend in een wereld in transitie, waarin mogendheden als China en India in volle opmars zijn. De leiders in Zhong Nanhai zijn momenteel bereid zich te conformeren naar de Amerikaanse hegemonie. De Chinese wijsheid – in momenten van zwakheid vernederingen doorslikken en focussen op groei en ontwikkeling – is daarbij hun richtsnoer. Pragmatisme troef.[49] De gezamenlijke verklaring van de Amerikaanse en Japanse regeringen dat Taiwan voor hen 'a common strategic objective' was (februari 2005), was zo'n vernedering. Zowel vanwege Washington als Tokyo was het ofwel ondoordacht ofwel doelbewuste agitatie. De huidige positie van Taiwan is zowat het laatste restant van de vernederingen die China in de 19de en 20ste eeuw heeft moeten incasseren. Het verlies van Taiwan in 1895 was het resultaat van de imperialistische agressie vanwege Japan. En voor China is dat onlosmakelijk verbonden met de Japanse invasie en verknechting in de jaren 1930–1940.[50] De gezamenlijke verklaring van Washington en Tokyo wijst erop dat ze niet geremd worden door historisch besef. Vooral vanwege Tokyo is dat complete gebrek aan empathie huiveringwekkend. Noch Bush noch Koizumi hebben beseft dat de antisecessiewet ten aanzien van Taiwan vanwege de leiders van Zhong Nanhai ten gronde een pleidooi was om het status-quo te handhaven. Dergelijke blunders zijn contraproductief én typerend voor het Amerikaanse beleid. Vanuit de waan van het Amerikaanse *exceptionalism* is de economische én financiële interdependentie tussen de VS en China blijkbaar geen punt. Vanuit het perspectief van Beijing gezien zijn de vijf Amerikaanse veiligheidsallianties met staten in zijn Oost-Aziatische periferie irritant. Evenzo de groeiende aanwezigheid van de Amerikaanse marine in Zuidoost-Azië, met name in Singapore, de dramatische opbouw van de slagkracht van zee- en luchtmacht en van nucleaire wapens op Guam en in de Pacific, de versterking van de militaire banden met India en de aanwezigheid van Amerikaanse troepen in verschillende Centraal-Aziatische republieken, in Afghanistan en in Irak. Zien de Chinezen spoken? Allesbehalve!

WELBEGREPEN EIGENBELANG | Politiek en militair schijnt China te kiezen voor *a low profile*. Het heeft andere prioriteiten. En daarvoor is chaos (luan), zowel intern als in Azië, in het Verre Oosten, in de Pacific en op wereldvlak contraproductief.[51] Het welbegrepen eigenbelang op de lange termijn vergt dat de VS zich constructief opstellen in een wereld in volle transitie.[52] Een unipolaire orde handhaven is geen haalbare kaart. *Institutional envelopment* van China is de aangewezen weg. China integreren in de G8. China betrekken bij wereldproblemen. Het hete hangijzer van Noord-Korea's nucleaire ambities heeft Beijing de kans gegeven om zich te profileren als gastland voor het zeslandenoverleg. In een tijd van globalisering zijn in de hand gehouden machtsverhoudingen en ongecompliceerde relaties tussen de grote wereldregio's en de grote *state-actors* van cruciaal belang voor de wereldeconomie.

WELK GROEIMODEL? | In de jaren 1970 hebben de Nederlandse reuzen Jan Tinbergen en Sicco Mansholt gefulmineerd tegen het feit dat de westerse samenlevingen economische groei aanbaden als was hij een gouden kalf. Ze vestigden er tegelijkertijd de aandacht op dat het ondenkbaar was dat de landen-in-ontwikkeling zouden kiezen voor een economische ontvoogding die het groeipatroon van de westerse samenlevingen als model zou hebben. Volgens hen zou dat het leven in de wereld tot een hel maken. Waar zij toen voor waarschuwden, dreigt zich nu – meer dan 30 jaar later – te realiseren met de economische groei van China. Als die groei doorzet tegen hetzelfde tempo wordt dat onder andere voor het milieu, wereldwijd, een ramp. Thomas L. Friedman neemt als voorbeeld het feit dat houthakken in de bossen in China verboden is sinds 1998. Maar China's enorme behoefte aan ingevoerd hout heeft geleid tot de kaalslag van wouden in Rusland, Afrika, Birma en Brazilië. 'China just outsourced its environmental degradation.'[53] In de Amerikaans-Chinese relaties zijn geopolitieke bekommernissen, militaire machtsverhoudingen, economische en strategische belangen niet het urgentst. Het is daarentegen wél puur eigenbelang dat beide mogendheden een strategie ontwikkelen die op basis van overleg tussen overheid, zakenwereld en NGO's mikt op een vol te houden vorm van ontwikkeling. Er is dringend nood aan een groeimodel, waarbij minder grondstoffen nodig zijn en minder giftige emissies. Dat is de mondiale uitdaging van dit moment, een uitdaging zowel op het vlak van de economie, als van het milieu en van de nationale veiligheid. Dat is een probleemstelling van een totaal andere dimensie, dan waar de staten en mogendheden traditioneel op ingesteld zijn. Het belang van de mensheid is het belang van iedere samenleving en staat afzonderlijk. Eigenbelang en algemeen belang vloeien samen in de wereld van de 21ste eeuw. Dat zal bepalen of aan het eeuwenlange verhaal van het Gouden Oosten in de toekomst nieuwe hoofdstukken kunnen worden toegevoegd.

HONG KONG | Van op de controletoren, hoog boven de uitdijende containerhaven, beheert Danny Law het onophoudelijk laden en lossen van cargo, dag en nacht. (...) Op zijn computer kan Law een uiterst belangrijk onderscheid maken tussen de schepen: de beelden van schepen die uit de VS of Europa komen zijn aangestipt met een 'e'-teken, de aanduiding voor lege containers. Het is het probleem van de 'empties'. Als maat voor China's groeiende belang in de wereld, is het haast schrijnend. Voor de schippers die televisietoestellen en andere afgewerkte producten naar de VS en Europa voeren, neemt de handel met China een hoge vlucht, maar het is steeds meer eenrichtingsverkeer.

Volgens Drewry Shipping Consultants, een researchorganisatie en adviesbureau, kwamen er vorig jaar op honderd containers, die de Pacific overstaken van Azië naar Noord-Amerika, zestig leeg terug. Op de routes naar Europa kwam 41 percent leeg terug naar Azië.

'Elk jaar wordt de kloof groter', zegt Nick Hay, een senior vice-president van U.S. Lines, die daarmee verwijst naar het onevenwicht in het vrachtvervoer tussen Noord-Amerika en Azië. 'Het is zo'n enorm probleem. Er komt geen einde aan.' (...) Voor politici en gewone consumenten in de VS en Europa, is het massale en groeiende handelstekort tussen China en het Westen een zorg maar tegelijk een abstract statistisch gegeven. Maar voor degenen die in de business van het maritiem vrachtvervoer zitten, is het handelstekort een groot en nijpend dilemma. Leeg of halfleeg over de oceanen trekken, is een verspilling aan brandstof en voor de scheepsbedrijven is het steeds meer een verliespost. (...) De VS ontvangen miljoenen nieuwe afgewerkte producten en zenden tonnen rommel en grondstoffen terug.

Tien jaar geleden was het containervervoer over de Pacific volgens Drewry bijna evenwichtig te noemen. Op honderd containers die de Pacific overstaken naar de VS, kwamen er slechts zestien leeg terug. Het onevenwicht begon te groeien na 1997, toen de Chinese industrie op hoog toerental begon te werken en de Zuidoost-Aziatische landen, die gebukt gingen onder de financiële crisis die de hele regio had getroffen, hun munt devalueerden en op die manier hun economische crisis exporteerden.

Deze maand kondigde China aan dat zijn handelsoverschot met de VS in 2005 $ 114,7 miljard bedroeg. De berekening door de Amerikaanse overheid komt dichter bij de $ 200 miljard. Met de 25 landen van de Europese Unie bedroeg het handelssurplus in 2005 volgens de Chinezen $ 70 miljard, daar waar de EU zelf het op $ 125 miljard raamt. Die grote verschillen tonen hoe moeilijk het is om het onevenwicht in de handel correct te berekenen. Het onevenwicht in het containervervoer is een duidelijker maatstaf, alhoewel die enkel het volume in rekening brengt, en niet de waarde van de verhandelde goederen. (...)

Maar het handelstekort tussen China en het Westen is zo oud als de zijdeweefgetouwen die, eeuwen geleden, vreemdelingen naar het Rijk van het Midden lokten. In de 17de–18de eeuw wilden de Europeanen zijde, porselein en thee uit China, maar slechts weinige Chinezen wilden wijn en wol uit Europa. De zaak kantelde in Europa's voordeel met de export van Indische opium naar China in de 18de en 19de eeuw. Afgezien van de opiumhandel, hebben de Chinezen zelden een handelstekort gekend in hun economische geschiedenis.

Thomas Fuller, *China trade unbalances shipping: vessels sailing to Asia empty.* in *International Herald Tribune*, 30-01-2006, p. 12.

Noten

Inleiding

1 Taikonauten: Chinese term voor argonauten.
2 Martin Walker, *The Cold War and the Making of the Modern World*, 1993. De Korea-oorlog: p.78–79. De Vietnamoorlog: p.188–189.
3 Endymion Wilkinson, *Japan versus the West. Image and Reality*, 1991, p.39–46. Ten tijde van het Chinamodel: *Wakon Kansai* (Japanse geest, Chinese technieken). Ten tijde van het Europese model: *Wakon Yosai* (Japanse geest, westerse technieken).
4 Norimitsu Onishi, *'Japan Inc.' finds itself in tight spot with China*, in: *International Herald Tribune*, 13 januari 2005.
5 E. Adriaensens & D. Vanoverbeke, *Op zoek naar het nieuwe Japan*, Globe, Roeselare, 2004, p.308–311.
6 *The law of the retarding lead*, geformuleerd door J. Romein en W.F. Wertheim.
7 Letterlijk citaat uit E. Adriaensens & D. Vanoverbeke: *op.cit.*
8 Wang Hui, *China's New Order. Society, Politics and Economy in Transition*, New York, 2003. Zhong Nan-hai is het epicentrum van de macht in het hart van Beijing, waar zich de residenties van de CP-leiders bevinden.
9 Hiermee verwijzen we naar de situatie voor de verkiezingen van 11 september 2005.
10 Asian Development, *Outlook 2003*. Published for the Asian Development Bank (ADB) by the Oxford University Press, 2003. Meer bepaald het hoofdstuk: *Competitiveness in Developing Asia*, p.203–267.
11 De lange 19de eeuw en de korte 20ste eeuw zijn concepten van de Britse historicus Eric J. Hobsbawm.
12 John M. Hobson, *The Eastern Origins of Western Civilisation*, 2004. 1 *Countering the Eurocentric myth of the pristine West: discovering the oriental West*, p.1–26; part IV, *Conclusion: the oriental West versus the Eurocentric myth of the West*, p.281–322.
13 Noemen we slechts Geoffrey Barraclough, Hans Breuer, Philip D. Curtin, B. du Bois, Eric L. Jones, Joseph Needham, William H. McNeill, Maxime Rodinson, Colin Ronan, Gerald R. Tibbetts, Eric R. Wolf.
14 Auteurs van recente studies: Giovanni Arrighi, Paul Bairoch, Suzanne Berger, Sophie Bessis, James M. Blaut, Dick E.H. de Boer, Jack Goody, André Gunder Frank, Felipe Fernandez-Armesto, John M. Hobson, Janet L. Abu-Lughod, Geoffrey Parker, Kenneth Pomeranz, Clive Ponting, Edward Said, Stephen K. Sanderson, Endymion Wilkinson.

Deel 1: Het tijdperk van Azië (ca.500–ca.1800)

1 Castrum (meervoud: castra): kamp, legerplaats, kazerne, vesting.
2 Fernand Braudel gebruikt de term *économie-monde* die contrasteert met *économie mondiale*. De wereldeconomie bestaat uit een aantal componenten, economische werelden, die met elkaar verweven zijn via een aantal commerciële relaties. Een economische wereld kan ook op zichzelf bestaan en dus geïsoleerd zijn van de andere economische werelden.
3 Hans Hauben, *De Griek als wereldburger. Krachtlijnen van de Hellenistische bescha-*

ving, in: *Lessen voor de 21ste eeuw. Wetenschappelijk denken: een laboratorium voor morgen?*, Leuven, 2004.

4 Clive Ponting, *World History. A New Perspective*, London, 2000, p.256. Geoffrey Parker, *Illustrated History of the World*, New York, 1995, p.79.

5 Geoffrey Parker wijst op het feit dat geleerden waarschijnlijk tijdens de Guptadynastie het decimale stelsel hebben ontworpen, evenals een eenvoudige methode om de cijfers op te schrijven (ten onrechte bekend gebleven als Arabische cijfers).

6 Geoffrey Parker, *op.cit.*, p.86.

7 Een minder bekend gevolg van de slag bij Talas: de transmissie westwaarts van de papiertechniek. De islamtroepen brachten gevangen Chinese vaklui naar Bagdad. Daar bouwden die in 793 een papiermolen. Papier verving in de islamwereld al vlug het gebruik van perkament en ook van papyrus in Egypte. De techniek bereikte in de 10de eeuw islam-Spanje. De eerste papiermolen in Europa, in Italië, dateert van 1276. In: Clive Ponting, *op.cit.*, p.372.

8 *Ibidem*, p.355.

9 Bevolking van Vlaamse steden: Antwerpen: 18.000 (1374); Brugge: 35.000 (1340); Brussel: 40.000 (einde 15de eeuw); Gent: 56.000 (1350); Ieper: 10.736 (1412); Leuven: 20.000 (15de eeuw); Lier: 5.300 (1474). Europese steden: Parijs: 80.000 (1367); London: 40.000 (1377); Milaan, Venetië, Firenze, Napels: min. 50.000 (14de eeuw); Palermo, Bologna, Genua, Rome: 30.000 (14de eeuw); Lübeck: 25.000 (1400); Keulen: 50.000 (1400).

10 Clive Ponting noemt de gouden *dinar* en de zilveren *dirhem*: *op.cit.*, p.355–356.

11 John M. Hobson, *The Eastern Origins of Western Civilisation*, Cambridge-New York, 2004, p.121–126. Hobson verwijst ook naar het astrolabium, het kompas, het vaste roer op de achtersteven en de vierkante romp. Het gaat telkens (behalve het astrolabium) om Chinese of oosterse ontdekkingen. Het astrolabium stamde uit het Oude Griekenland, maar het waren de moslims (al-Fazari, midden 8ste eeuw) die er de belangrijkste innovaties aan aanbrachten. In het midden van de 10de eeuw werd het toestel via moslim-Spanje in Europa geïntroduceerd.

12 *Ibidem*, p.119–121. Hobson wijst op de Oosterse oorsprong – China of het Midden-Oosten – van deze financiële technieken daar waar ze traditioneel aan Europa en meer bepaald aan Italië worden toegeschreven. Zo is de commenda in het Midden-Oosten bedacht.

13 Souren Melikian, *Yong-le art: Outside Impacts. Mysteries of 15th century China on exhibit in New York*, in: *International Herald Tribune*, 9–10 april 2005, p.11. Het betreft een verslag van een expositie in het Metropolitan Museum of Art (2005). Blijkt uit het geëxposeerde porselein dat er een overgang is geweest inzake esthetiek tussen de Songperiode enerzijds en de Yuandynastie (1279–1368) en de eerste Mingkeizers anderzijds. De kenmerken van het blauwe en witte porselein, gemaakt onder Yong-le (1403–1424) bijvoorbeeld – symmetrie en ritmische herhaling – zijn typisch voor de Iraanse kunst! Opvallend is ook de toepassing van de cloisonnétechniek, in China ingevoerd via de zuidwestelijke provincie Yunnan, die onder een moslimgouverneur invloeden van volkeren uit Centraal-Azië onderging. Even vreemd aan de Songperiode zijn openluchtvoorstellingen in reliëf, uitgekerfd op dozen en kisten. Het thema is Chinees, maar niet de stijl. 'Eventually, the foreign influences were absorbed into Chinese culture. ... China's Iranian connection is only beginning to unravel.'

14 John M. Hobson, *op.cit.*, p.34–37, 297. Hobson merkt op dat niemand er in die tijd aan gedacht zou hebben een boek te schrijven, getiteld *De christelijke ethiek en de geest van het kapitalisme*. Veeleer waren de omstandigheden van die aard dat de publicatie van een boek, getiteld *De islamethiek en de geest van het kapitalisme*, zoveel waarschijnlijker ware geweest.

15 Geoffrey Parker, *op.cit.*, p.94.
16 Fernand Braudel spreekt in dit verband over *le temps géographique*. Generaties lang is de mens in zijn handelen beperkt door vaste gegevens. Bijvoorbeeld door de aardrijkskundige kaders. 'L'exemple le plus accessible semble encore celui de la contrainte géographique. ... Voyez la durable implantation des villes, la persistance des routes et des trafics...' In: F. Braudel, *Ecrits sur l'histoire*.
17 Janet L. Abu-Lughod, *Before European Hegemony. The World System A.D. 1250–1350*, Oxford-New York, 1989, p.45–49.
18 Fernand Braudel, *Le Temps du Monde*. Deel 3 van *Civilisation matérielle, Economie et Capitalisme*, Paris, 1979, p.108–109.
19 Janet L. Abu-Lughod, *op.cit.*, p.15–23.
20 Harriet T. Zurndorfer, *What the concept 'The Rise of the West' teaches us about the writing of Chinese history*, in: P.H.H. Vries & E. Jonker, *Het Westen: een apart geval?*, themanummer van het tijdschrift *Theoretische Geschiedenis*, jg.25, nr.4, Amsterdam, 1998, p.360.
21 Bagdad werd in 762 gesticht door kalief al-Mansoer. De cirkelvormige stadskern had een diameter van 2638 m en was omgeven met een vestingmuur met 360 torens. 'In 814 (de tijd van Haroen al-Rashid) was Bagdad vermoedelijk de grootste stad ter wereld.' Toen waren de eerste papiermolens er in bedrijf (G. Barraclough).
22 Kalief al-Mamoen (813–833) bouwde een observatorium in Bagdad, met ernaast een Huis van de Wetenschap, waar geleerden algebra en astronomie studeerden en de werken van Euclides, Galenus en Aristoteles uit het Grieks in het Arabisch vertaalden. In: Geoffrey Parker, *op.cit.*, p.92–93.
23 William H. McNeill, *Plagues and Peoples*, Garden City, 1976, p.134.
24 Janet L. Abu-Lughod, *op.cit.*, part II, *The Mideast Heartland*, p.135–151; chapter 5, *The Mongols and the Northeast Passage*, p.153–183. Morris Rossabi, *The Mongols and the West*, in: Ainslie T. Embree & Carol Gluck, *Asia in Western and World History*, New York-London, 1997, p.55–62.
25 Martin Gosman, *Reizen tussen vrees en hoop. Twee eeuwen contacten tussen Europa en Mongools Azië*, in: Dick E.H. de Boer (red.), *Kennis op kamelen. Europa en de buiten-Europese wereld (1150–1350)*, Amsterdam, 1998, p.211–247.
26 Martin Gosman, *ibidem*, p.227–230.
27 Martin Gosman, *ibidem*, p.247. Janet L. Abu-Lughod, *op.cit.*, p.28–32: *The problems of Testimony and Perspective*.
28 Bevolking van Europa (M.K. Bennett): 1200: 61 miljoen; 1300: 73 miljoen; 1450: 60 miljoen. China: 1200: 115 miljoen; 1400: 80 miljoen.
29 Frederic Wakeman Jr, *Voyages*, in: *American Historical Review* 98 (1993), geciteerd door Harriet T. Zurndorfer, *What the concept 'The Rise of the West' teaches us about the writing of Chinese history*, in: P.H.H. Vries & E. Jonker, *Het Westen: een geval apart?*, themanummer van het tijdschrift *Theoretische geschiedenis*, jg. 25, nr.4, Amsterdam, 1998, p.360. Harriet T. Zurndorfer verwijst ook naar het standaardwerk van Gang Deng, *Chinese Maritime Activities and Socio-economic Development, c.2100 B.C.-1900 A.D.*, Westport, 1997.
30 Clive Ponting, *op.cit.*, p.456–457.
31 Gavin Menzies, *1421. The Year China discovered the World*, Bantam Press, London-New York, 2002.
32 Gegevens en citaat ontleend aan Clive Ponting, *op.cit.*, p.453. Van juni tot 11 september 2005 werd een tentoonstelling georganiseerd in Singapore rond het thema *1421. The Year China Sailed the World*. Het opzet was de historische en economische context te tonen van admiraal Zheng He's zeven expedities. Kortom, een eerbetoon aan de

grote Chinese navigator en wereldreiziger. Op deze expo werden documenten – vooral de kaarten waren onthullend – getoond die nieuw bewijsmateriaal vormen voor de thesis van Gavin Menzies. Zo o.m. kaarten uit de tijd van Kublai Khan – met de carbonmethode gedateerd in de late 13de eeuw – waarop Noord-Amerika duidelijk herkenbaar is. Ook Koreaanse kaarten (collectie Charlotte Rees) worden getoond, die Zheng He zou hebben gebruikt. Ook gegevens over een nieuwe archeologische site op Nova Scotia, op Cape Dauphin, wijzen op de aanwezigheid van restanten van Chinese jonken. Gavin Menzies kondigde ondertussen een nieuw boek aan (publicatie in 2007): 'Een van de fouten die ik in mijn boek heb gemaakt, was te beweren dat Zheng He alles heeft gedaan. Hij kon steunen op een overlevering. Het grootste deel van de wereld was al in kaart gebracht door de vloot van Kublai Khan.' Verslag over de expo in Singapore, inclusief de uitspraken van Gavin Menzies, in: *International Herald Tribune*, 25 juni 2005, p.10.

33 Kowtow: wanneer een diplomaat aan het hof in Beijing het tribuut van zijn staat kwam aanbieden, diende hij de kowtow uit te voeren. Het was een ritueel dat bestond uit drie knievallen, die zelf ieder drie nederwerpingen voor de keizer inhielden. De kowtow was een symbool van onderwerping: de ceremonie liet er geen twijfel over bestaan wie superieur en wie inferieur was.

34 Felipe Fernandez-Armesto, *Millennium. Een geschiedenis van de laatste duizend jaar*, Amsterdam-Antwerpen, 1996, p.167 en 173. De gegevens over de mythe van de ban van de buitenlandse handel hebben we ontleend aan: John M. Hobson, *op.cit.*, p.61–73.

35 Janet L. Abu-Lughod, *op.cit.*, p.362–363. Dick E.H. de Boer, *Met eigen ogen? Het Europese perspectief omstreeks 1350*, in: Dick E.H. de Boer, *op.cit.*, p.276.

36 In de vroege 14de eeuw werden de Canarische Eilanden ontdekt. Kort daarop volgde de ontdekking van de Madeira Eilanden (1425), de Azoren (1427) en de Kaap Verdische Eilanden (jaren 1450).

37 Clive Ponting, *op.cit.*, p.479–482.

38 Margriet Hoogvliet, *Kennis op kaart. Het beeld van de wereld vanaf 1150*, in: Dick E.H. de Boer, *op.cit.*, p.81 e.v. De auteur verwijst naar Sacrobosco (Latijnse naam van John Halifax): hij schreef voor 1220 een *Tractatus de sphaera mundi*, kortweg *De sphaera*. Jean de Mandeville zou zich rond 1360 voor zijn geschriften steunen op o.m. deze *De sphaera*. In zijn *Opus maius* schreef Roger Bacon (ca.1219–ca.1292) dat het mogelijk moest zijn van Spanje naar Indië te varen, omdat beide landen aan dezelfde oceaan liggen. En in *Alexanders geesten* (kort voor 1260) over de bolvorm van de aarde en de opdeling van de wereld in drie delen, nl. Azië, Afrika en Europa: *Tot Azië behoort de volledige helft van het aardrijk*. Pierre d'Ailly (1380–1420) steunde op het *Libro del Conoscimiento* voor zijn boek *Imago Mundi*. Colombus bestudeerde deze tekst vooraleer hij aan zijn reis naar Indië begon.

39 Dick E.H. de Boer, *Met eigen ogen? Het Europese perspectief omstreeks 1350*, in: *op.cit.*, p.278.

40 Janet L. Abu-Lughod, *op.cit.*, p.19.

41 P.H.H. Vries, *Hoe het Westen rijker werd. 'The Rise of the West' in economisch perspectief*, in: *Het Westen: een geval apart?*, themanummer van het tijdschrift *Theoretische geschiedenis*, jg.25, nr.4, Amsterdam, 1998, p.298–299. Die analyse wordt bevestigd door Paul Bairoch, *Victoires et Déboires. Histoire économique et sociale du monde du XVIème siècle à nos jours*, dl.2: *L'Asie: de grands empires avancés, riches et puissants*, p.527–542.

42 Janet L. Abu-Lughod, *op.cit.*, p.361.

43 Andre Gunder Frank, *ReOrient: Global Economy in the Asian Age*, Berkeley-L.A.-London, 1998, p.57–58.

44 *Ibidem*, p.126.

45 Geoffrey Parker, *The Times Illustrated History of the World*, London, 1995, p.206.

46 Ultramar: de naam waarmee de Spanjaarden hun overzeese gebieden in Amerika aanduidden.

47 P.H.H. Vries, *Hoe het Westen rijker werd. 'The Rise of the West' in economisch perspectief*, in: *Theoretische Geschiedenis*, jg.25, nr.4, 1998, p.308.

48 *Ibidem*, p.311.

49 Fernand Braudel, *La dynamique du capitalisme*, Paris, 1985, p.67–69.

50 Zie verder 'Continuïteit: Europa in Eurazië' onder 5 Het Gouden Oosten (ca.1400–ca.1800), p.74 e.v.

51 Geoffrey Parker, *The Military Revolution. Military Innovation and the Rise of the West. 1500–1800*, Cambridge-New York, 1988, p.147.

52 *Ibidem*, p.43–44.

53 *Ibidem*, p.80–81.

54 St. Khemis (red.), *1492 – la découverte de l'Amérique. Comment l'Europe a conquis le Nouveau Monde*. Speciaal nummer van *L'Histoire*, juillet-août 1991, nr.146. B. et L. Bennassar, *1492. Un monde nouveau?*, Paris, 1991.

55 Willy J. Stevens, *Uitdagingen voor Latijns-Amerika op de drempel van het derde millennium*, Leuven, 1997, p.15.

56 Citaat van Oswald Spengler.

57 De film *The Mission* brengt deze episode meesterlijk in beeld.

58 Pierre Chaunu, *Conquête et exploitation des nouveaux-mondes (XVIème siècle)*, Paris, 1969, p.223–225.

59 B.H. Slicher van Bath, *Indianen en Spanjaarden. Een ontmoeting tussen twee werelden. Latijns-Amerika 1500–1800*, Bert Bakker, Amsterdam, 1989.

60 Maria R. Turano, *La traite atlantique (XVe-XIXe siècle)*, in: Maria R. Turano & Paul Vandepitte (red.), *Pour une histoire de l'Afrique. Douze parcours*, Lecce, 2003, p.124–142. De auteur baseert haar overzicht zelf op o.m.: J. Thornton, *Africa and Africans in the Making of the Atlantic World 1400–1800*, Cambridge, 1998; J.E. Inikori, *L'Afrique dans l'histoire du monde: la traite des esclaves à partir de l'Afrique et l'émergence d'un ordre économique dans l'Atlantique*, in: *Histoire Générale de l'Afrique*, t.V, 1999; F. Renault & S. Daget, *Les traites négrières*, Paris, 1998.

61 Maria R. Turano, *op.cit.*, p.132–135. De auteur verwijst ook naar andere evaluaties die afwijken van het door J.E. Inikore opgegeven aantal. De onderzoekers van het E.W. Dubois Institute for Afro-American Research van de Harvard University komen op een totaal van 11.569.000 voor 27.233 transatlantische transporten.

62 *Ibidem*, p.138.

63 Olivier Pétré-Grenouilleau, *La traite des Noirs*, Paris, 1997. *Que Sais-je?* Eerste deel: *L'histoire de la traite*; tweede deel: *La traite dans l'histoire*.

64 Hendrik Riemens, *Revolutie in de geschiedenis van Latijns-Amerika*, in: *Revolutie in Latijns-Amerika*. OSGN-Congres 1968, Assen, 1968. p.19–36.

65 Gilberto Freyre in: *Latijns-Amerika*, dubbelnummer van de UNESCO-Koerier, nr.56, oktober 1977. Zie ook het standaardwerk van Gilberto Freyre, *Maîtres et esclaves. La formation de la société brésilienne*, Gallimard, Coll. TEL, Paris, 1974. Oorspronkelijke uitgave: *Casa grande e Senzala*.

66 Louis Baeck, *Text and context in the thematisation on postwar development*, Leuven, 2000, p.59–61. Louis Baeck presenteert hier de dependencia-analyse, inclusief een kritiek.

67 Voor de oostwaartse traite en de mondiale zilverstroom: cf. infra: 'Continuïteit: Europa en Eurazië', onder 5 Het Gouden Oosten (ca.1400–ca.1800), p.74 e.v.

68 André Gunder Frank, *Capitalism and Underdevelopment in Latin America. Historical Studies of Chile and Brazil*, The Pelican Latin American Library, Harmondsworth, 1971.

69 Cf. supra: De eerste kanteling: Europa en de Ultramar, partim: Europa: kern, p.48–49.

70 Pierre Chaunu, *La Civilisation de l'Europe des Lumières*, Paris, 1971, p.75.

71 Y.M. Bercé, A. Molinier, M. Peronnet, *Le XVIIe siècle. De la Contre-réforme aux Lumières*, Paris, 1984, p.41: 'Vers le Nouveau Monde ne partent que peu de produits espagnols (vin, huiles, soieries), mais surtout des produits manufacturés de l'Europe.'

72 Thomas Munck, *Seventeenth Century Europe. State, Conflict and the Social Order in Europe. 1598–1700*, London, 1990, p.117–119.

73 Paul Bairoch, *op.cit.*, tome 2, 3e partie: *Les Tiers-Mondes face aux pays industrialisés (1492–1913)*. Partim over de Verenigde Provinciën: p.617–619. Stephen J. Lee, *Aspects of European History, 1494–1789*, London-New York, 1984, p.138.

74 Pierre Chaunu, *op.cit.*, p.152: kaart 'Les flottes en Europe (1786–1787)'; p.354: kaart 'L'Europe des routes et celle des chemins (18e siècle)'.

75 Pierre Chaunu, *Conquête et exploitation des nouveaux mondes (XVIe siècle)*, Paris, 1969, p.113–116. Pierre Chaunu, *La Civilisation de l'Europe des Lumières*, Paris, 1971, p.77–78.

76 Geciteerd door J. Abu-Lughod, *op.cit.*, p.276. Ashin Das Gupta, *Malabar in Asian Trade. 1740–1800*, Cambridge, 1967.

77 Pierre Chaunu, *op.cit.*, 1969, p.90.

78 *Ibidem*, p.113–116.

79 L. Denoix, geciteerd door Pierre Chaunu, *op.cit.*, p.280. De gegevens over reisduur en de verwante problemen ontleenden we aan P. Chaunu, *ibidem*, p.277–290.

80 De belangrijkste teelten waren granen als sorghum en rijst, ook rietsuiker. Minder belangrijke gewassen: citrusvruchten, sinaasappelen, citroenen, limoenen, bananen, spinazie, aubergines, kokosnoten, mango's. De import van nieuwe gewassen in Europa gebeurde vooral via Sicilië en Spanje. De import van harde granen leidde in Italië tot de klassieke pasta. Zie uitvoerige toelichting bij Clive Ponting, *op.cit.*, p.353–354.

81 *Ibidem*, p.494–497.

82 Het feit dat West-Europa een zoveel grotere tol betaalde ten tijde van de Zwarte Dood dan bijvoorbeeld China, illustreert dat Europa in die tijd een regio vormde die nog niet zo intens geïntegreerd was in het internationale handelssysteem met Azië als kerngebied. In dat kerngebied was de demografische impact opvallend beperkter.

83 Clive Ponting, *op.cit.*, het citaat op p.491.

84 *Ibidem*, hfdst. 16.2: *The Columbian World: Disease*, p.490–494. André Gunder Frank, *op.cit.*, *The Columbian Exchange and its Consequences*, p.59–61. Jared Diamond, *Zwaarden, paarden en ziektekiemen*, Utrecht, 2000, hfdst. 18: *Botsing tussen Oost en West*, p.349–370. Al de genoemde auteurs verwijzen naar Alfred Crosby, *Ecological Imperialism. The Biological Expansion of Europe, 900–1900*, Cambridge, 1986, en William McNeill, *Plagues and Peoples*, New York, 1977.

85 John M. Hobson, *op.cit.*

86 Stephen Toulmin, *Kosmopolis. Verborgen agenda van de Moderne Tijd*, Kampen-Kapellen, 1990. Oorspronkelijke uitgave: *Cosmopolis. The Hidden Agenda of Modernity*, The Free Press, New York, 1990.

87 *Ibidem*, p.11.

88 *Ibidem*, p.46–51.

89 Arthur Koestler, *De menselijke tweespalt*, Assen-Kapellen, 1981. Oorspronkelijke uit-

gave: *Janus – A Summing Up*, London, 1978.

90 Konrad Lorenz, *Der Abbau des Menschlichen*, München, 1983, geciteerd in Max Wildiers, *Afscheid van Los Alamos. Notities uit het nucleaire tijdvak*, Kapellen, 1987. p.58.

91 Maria R. Turano & Francesca Degli Atti, *Les traites négrières*, in: Maria R. Turano & P. Vandepitte, *op.cit.*, p.145–165.

92 Geciteerd in: André Gunder Frank, *op.cit.*, p.279.

93 *Ibidem*, hfdst. 3: *Money went around the World and made the World go round*, p.131–164.

94 *Ibidem*, p.356.

95 Deze vaststelling signaleerde Roland Mousnier al in de jaren 1960! Roland Mousnier, *Les XVIe et XVIIe siècles*. Deel 5 in: Maurice Crouzet, *Histoire générale des Civilisations*, Paris, 1965, p.555–556.

96 Geoffrey Parker, 1995, p.199.

97 Geciteerd in: André Gunder Frank, *op.cit.*, p.281–282.

98 A-cyclus. In de ontwikkeling van de wereldeconomie onderscheiden economisten opgaande A-cycli (met een economie in opmars) en neergaande B-cycli (met een economie in recessie of in crisis). Het onderscheid is een extrapolatie van de begrippen A-fases en B-fases die door François Simiand geïntroduceerd zijn voor korte periodes en conjuncturele variaties. Voor de betekenis waarin we ze hier gebruiken, zie o.a. André Gunder Frank, *ReOrient: Global Economy in the Asian Age*, Berkeley, 1998, p.260 e.v.

99 Paul Bairoch, *op.cit.*, 1997, tome 2, p.642–644. Kenneth Pomeranz, *The Great Divergence. China, Europe and the Making of the Modern World Economy*, Princeton University Press, Princeton-Oxford, 2000, p.43–54: *What about Technology?* en p.105–107.

100 Niels Steensgaard, *Before the World grew small. The Quest for Patterns in Early Modern World History*, London, 1990.

101 André Gunder Frank, *op.cit.*, p.185–205. Vooral de bladzijden over de scheepsbouw in China en Indië zijn bijzonder boeiend. John M. Hobson, *The Eastern Origins of Western Civilisation*, Cambridge-New York, 2004, p.144–148 en 173–189.

102 Arnold Pacey, *Technology in World Civilization*, Oxford, 1990, p.67–69.

103 Geoffrey Parker, *The Military Revolution. Military Innovation and the Rise of the West. 1500–1800*, Cambridge-New York, 1988. Hierin: hfdst. 3: *Victory at Sea*, p.82–114.

104 *Ibidem*, p.118–121. Parker geeft voorbeelden voor Latijns-Amerika, Zwart-Afrika en Indonesië.

105 Nabob: (eig.) onderkoning, gouverneur in het rijk van de grote mogol; later: inheemse vorst.

106 Geoffrey Parker, *op.cit.*, 1988, en hfdst. 4: *The 'military revolution' abroad*, p.115–145.

107 Extraterritorialiteit: in de concessies die Europeanen in gebieden buiten Europa bezaten, waren de inwoners niet onderworpen aan de wetten en rechtsregels van het land, maar waren alleen gebonden door deze van hun land van oorsprong.

108 Clive Ponting, *World History. A New Perspective*, London, 2000, p.585–592, 600–606. Loyd E. Lee, *The Rise of an Interdependent World. 1500–1990*, in: Ainslie T. Embree & Carol Gluck, *Asia in Western and World History*, M.E. Sharpe, New York-London, 1997, p.397–411.

109 *Dictionnaire de la Civilisation chinoise*, in: *Encyclopaedia Universalis*, Paris, 1998. Jonathan Spence, *Op zoek naar het moderne China. 1600–1989*, Amsterdam, 1991, hfdst. *Het gezag van Yongzheng*, p.75–89.

110 C.P. FitzGerald, *The Chinese View of their Place in the World*, Oxford University Press, London, 1970, p.29–30.

111 Voorbeeld: 'Europa's mensen zijn groot en blank. Alleen zij die in het noordoosten

leven, waar het heel koud is, zijn klein als dwergen. Ze hebben grote neuzen en diep-
liggende ogen. Maar hun ogen hebben niet dezelfde kleur: bruin, groen en zwart zijn
de meest voorkomende kleuren. Zij dragen dikke baarden, omheen hun kaken tot hun
voorhoofd. ... Sommigen scheren hun baarden helemaal weg. Sommigen scheren hun
baard weg, maar laten hun snor staan. En omgekeerd', enz. enz. In: Wang Hsi-ch'i,
Europa volgens een Chinese waarnemer, geciteerd door Franz Schurmann & Orville
Schell, *China Readings*, vol.1, *Imperial China*, Harmondsworth, 1967, p.114–119.

112 Franz Schurmann & Orville Schell, *China Readings*, vol.1, *Imperial China*, hfdst. *The
distant and strange continent of Europe*, p.114–115.

113 D. van der Horst, *Geschiedenis van China*, Utrecht-Antwerpen, 1977, p.134–135.

114 K.M. Panikkar, *Asia and Western Dominance. 1498–1945*, New York, 1955, p.461.

115 Henry D. Smith, *Five Myths about Early Modern Japan*, in: Ainslie T. Embree & Carol
Gluck, *Asia in Western and World History*, M.E. Sharpe, New York-London, 1997, p.514–
522.

116 Louis Frédéric, *Le Japon. Dictionnaire et Civilisation*, Robert Laffont, Paris, 1996.

117 Clive Ponting, *World History. A New Perspective*, London, 2000, hfdst. 19.8: *Japan Under
the Tokugawa*, p.606–608. Bob de Graaff, *Japan*, in: Hans Righart (red.), *De trage revolutie. Over de wording van industriële samenlevingen*, Open Universiteit, Heerlen, 1991,
p.357–458. Henry D. Smith, *op.cit.*, p.514–522.

118 Ronald P. Toby, *State and Diplomacy in Early Modern Japan: Asia in the Development
of the Tokugawa Bakufu*, Princeton, 1984. Een papereditie verscheen in Stanford in
1991. Een bijzonder handzame samenvatting van Toby's belangrijkste argumenten
vind je in: *Reopening the Question of Sakoku: Diplomacy in the Legitimation of the
Tokugawa Bakufu*, *Journal of Japanese Studies* 3, 1977, p.323–363.

119 Henry D. Smith, *op.cit.*, p.520. De term sakoku werd voor het eerst gebruikt in het begin
van de 19de eeuw, en dan nog door een westerling, namelijk de Duitse Dr. Engelbert
Kaempfer.

120 Clive Ponting, *op.cit.*, p.608.

121 Henry D. Smith, *op.cit.*, p.521.

122 Bob de Graaff in: Hans Righart, *op.cit.*, p.400–401.

123 *Ibidem*, p.435.

124 Dimitri Van Overbeke, *Het Japanse mirakel*, in: *Karakter. Tijdschrift voor wetenschap*,
Academische Stichting Leuven, Leuven, 2003, nr.9, p.22. De auteur verwijst zelf naar
Brian Platt, *Burning and Building. Schooling and State Formation in Japan, 1750–1890*,
Harvard University Press, Cambridge Ma., 2003.

125 Bob de Graaff, *op.cit.*, p.435.

126 Dimitri Van Overbeke, *op.cit.*, p.24.

127 Amae betekent 'een zich op loyale, op aanhankelijke, ja zelfs op behaaglijke manier
afhankelijk weten en voelen ten opzichte van een andere. Amae heeft iets te maken
met "het zich veilig geborgen weten" in een afhankelijkheidsverhouding tot iemand
anders' (een kind tot zijn ouders, een 'junior' tot een 'senior'). Het heeft dus niets te
maken met het gevoel dat in het Westen aan 'het ondergeschikt zijn' verbonden is.
Amae wijst 'in de intermenselijke relaties dat de Japanners zich aanhankelijk tonen
in hun afhankelijk zijn.' In: Paul van de Meerssche, *Japan, een blijvend onbekende*,
Leuven, 1977, p.31.

128 Endymion Wilkinson, *Japan versus the West. Image and Reality*, London-New York,
1991, p.39–40.

129 Paul A. Cohen, *Premier choc avec l'Ouest. L'arrivée des Européens en Chine et au Japon*.
Hoofdstuk in: Arnold Toynbee (red.), *L'Autre Moitié du Monde. L'Histoire et les Cultu-
res de la Chine, du Japon, du Vietnam et de la Corée*, Paris-Bruxelles, 1976, met name

de p.283 e.v. Over de rangaku-beweging: p.313–314.

130 W.H. Parker, *The Super Powers. The United States and the Soviet Union compared*, London, 1972.

131 Fernand Braudel, *Ecrits sur l'histoire*, Flammarion, Coll. Champs, Paris, 1969, p.49–55. Zie ook de conclusie van het monumentale, driedelige *De Middellandse Zee* van Fernand Braudel, met name in dl.3: *De politiek en het individu*, p.363 e.v.

132 Alexis de Tocqueville, *De la démocratie en Amérique*, Gallimard, Coll. Idées, Paris, 1968, p.215.

Deel 2: De lange 19de eeuw (ca.1800–1914)

1 Paul Bairoch, *Victoires et Déboires. Histoire économique et sociale du monde du XVIe siècle à nos jours*, Paris, 1997 p.642–643.

2 Peer Vries, *Hoe het Westen rijker werd. 'The Rise of the West' in economisch perspectief*, in: E. Jonker en P.H.H. Vries, *Het Westen, een geval apart?*, themanummer van het tijdschrift *Theoretische Geschiedenis*, jg.25, nr.4, 1998, p.305–306.

3 Paul Bairoch, *op.cit.*, p.642–643.

4 Mark Elvin, *The Pattern of the Chinese Past*, Stanford University Press, Stanford, 1973.

5 Jack A. Goldstone, *The Cause of Long Waves in Early Modern Economic History*, in: Joel Mokyr (ed.), *Research in Economic History. Supplement 6*, JAI Press, Greenwich, 1991.

6 Peer Vries, *Hoe het Westen rijker werd. 'The Rise of the West' in economisch perspectief*, Amsterdam, 1998, p.307.

7 *Ibidem*, p.304.

8 *Ibidem*, p.310–311.

9 Fernand Braudel, *La dynamique du capitalisme*, Arthaud, Paris, 1985, p.67–79. Fernand Braudel, *Les Jeux de l'Echange*. Tome 2 in *Civilisation matérielle, Economie et Capitalisme. XVe-XVIIIe siècle*, Paris, 1979 (A. Colin), p.459–494: *L'Etat envahissant*.

10 Peer Vries, *op.cit.*, p.311–312.

11 *Ibidem*, p.313.

12 *Ibidem*, p.315.

13 Jan Romein, *Historische Lijnen en Patronen*, Amsterdam, 1971. Hierin: *Het Algemeen Menselijk Patroon*, p.491–510. Zie ook: Han Fortmann, *Heel de mens. Reflecties over de menselijke mogelijkheden*, Ambo, Baarn, 1972. Hierin: *De dingen en de mens*, p.250–260. De hele Oosten-Westenproblematiek is schitterend behandeld door Arthur Koestler, *Le Yogi et le commissaire*. Koestler publiceerde deze 'klassieker' in 1944 in Londen. Wij raadpleegden de Franse pocketeditie (Calmann-Lévy, Paris, 1969).

14 Trace italienne: een nieuw verdedigingssysteem, bestaande uit hoekige bastions. Lage muren en steile torens lagen verzonken in een indrukwekkende gracht, zodat ze het kleinst mogelijke doelwit vormden voor artillerievuur. Pas in de jaren 1530 verspreidde deze militaire architectuur zich ten noorden van de Alpen. Tegen 1544 waren vijftien dergelijke bastions opgetrokken langsheen de Franse grens met de Habsburgse Nederlanden. Zie Geoffrey Parker, *op.cit.*, p.12.

15 Geoffrey Parker, *The Military Revolution. Military. Innovation and the Rise of the West, 1500–1800*, Cambridge, 1988, hfdst. 5: *Beyond the revolution*, p.146–154.

16 *Ibidem*, p.154. Zie ook: Geoffrey Parker, *Warfare*, in: *Cambridge Illustrated History*, Cambridge, 1995.

17 Roland Mousnier, Ernest Labrousse, Marc Bouloiseau, *Le XVIIIè siècle. L'Epoque des Lumières (1715-1815)*, dl.5 in: *Histoire générale des Civilisations*, P.U.F., Paris, 1963, p.107–108.

18 Voor de behandeling van de industrialisering van het militaire bedrijf raadpleegden we: D.R. Headrick, *The Tools of Empire. Technology and European Imperialism in the Nineteenth Century*, Oxford-New York, 1981; Eric J. Hobsbawm, *The Age of Capital*, London, 1975; Eric J. Hobsbawm, *The Age of Empire, 1870-1914*, London, 1987; W.H. McNeill, *The Pursuit of Power. Technology, Armed Force and Society since A.A. 1000*, Oxford, 1982; D. Pick, *The War Machine. The Rationalisation of Slaughter in the Modern Age*, New Haven-London, 1993.

19 Eric J. Hobsbawm, *The Age of Empire. 1875-1914*, London, 1987, p.58.

20 Een schitterende synthese over deze problematiek: John Gray, *Vals Ochtendlicht. De keerzijde van de globalisering*, Ambo, Amsterdam, 2004.

21 Eric J. Hobsbawm, *The Age of Capital*, London, 1975. Nederlandse vertaling: *De tijd van het kapitaal 1848-1878*, Meulenhoff, Amsterdam, 1979, p.151.

22 Alvin Toffler, *La 3ème vague*, Collection Médiations, Paris, 1980, p.40.

23 Citaat van Arthur Schlesinger.

24 Russel B. Nye & J.E. Morpurgo, *The Growth of the U.S.A.* Deel 2 in: *A History of the United States*, Penguin, Harmondsworth, 1970, hfdst. *The Gilded Age 1865-1896*, p.547-622. Het citaat op p.582-583.

25 Bij de dekolonisatie van de Spaanse en Portugese koloniën in Latijns-Amerika was de dreiging reëel dat de troepen van de Heilige Alliantie zouden interveniëren om die revoluties neer te slaan. Na de nederlaag van Napoleon (1815) had de Heilige Alliantie immers gedecreteerd dat ze een interventierecht bezat, waar ook revoluties het voortbestaan van de regimes van de Restauratie in gevaar brachten. In 1823 keerde de Amerikaanse president Monroe zich hier heftig tegen (de Monroeleer). De leer werd ruim bekend onder de slogan: 'Amerika aan de Amerikanen'.

26 Big stick-imperialisme: het beleid van president Teddy Roosevelt, waarbij militaire interventies (geweld) in Latijns-Amerika als legitiem werden beschouwd. Het dollarimperialisme: het beleid van Roosevelts opvolger William Howard Taft, waarbij financiële en economische drukkingsmiddelen de Latijns-Amerikaanse landen in de pas moesten doen lopen.

27 Karakterisering van Raymond Aron, die hiermee zijn afkeuring van alle totalitaire regimes heeft verwoord.

28 Madeleine Zelin, *Modern China. 1840-1990*, in: Ainslie T. Embree & Carol Gluck, *Asia in Western and World History*, New York, 1997, p.594-607.

29 Hakka: de linguïstische groep, waar de stichter Hong Xiuquan toe behoorde. De Hakka woonden eertijds in Noord- en Centraal-China en zijn waarschijnlijk in de 11de eeuw massaal gemigreerd naar Zuid- en Zuidoost-China. Ze hebben zich vlug tot het christendom bekeerd. De oprichting van het Hemelse Koninkrijk ervoeren zij als de verlossing voor een onderdrukte minoriteit.

30 François Gipouloux, *Chine*. Hoofdstuk in: Hartmut O. Rotermund, *L'Asie Orientale et Méridionale aux XIXe et XXe siècles*, P.U.F., Nouvelle Clio, Paris, 1999. Over de Tiaping: p.32-35.

31 Madeleine Zelin, *op.cit.*, p.598.

32 C.P. FitzGerald, *The Chinese View of Their Place in the World*, Oxford University Press, London, 1970, p.35.

33 C.P. FitzGerald, *A Concise History of East-Asia*, Harmondsworth, 1974, p.108-115. De twee citaten op p.113.

34 Franz Schurmann & Orville Schell, *China Readings*, vol.1, *Imperial China*, Penguin, Harmondsworth, 1967, p.152-153.

35 Ter herinnering... Cohong: corporatie van Chinese handelaars in Guangzhou (Kanton), die een staatsmonopolie bezaten.

36 Paul H. Clyde & Burton F. Beers, *The Far East. A History of Western Impacts and Eastern Responses. 1830–1975*, Prentice Hall of India, New-Delhi, 1976, p.88 en 102–103.

37 François Gipouloux, *Chine*, in: Hartmut O. Rotermund, *op.cit.*, p.36–38.

38 Tongzhi-restauratie (einde van de jaren 1860 en de jaren 1870). Keizer Tongzhi (1856–1875) trachtte een restauratie tot stand te brengen via een combinatie van confucianistische ethiek en westerse technologie. Voornaamste figuren van die zelfversterkingsbeweging waren Zeng Guofan, Li Hongzhang en prins Gong. Zie François Gipouloux, *op.cit.*, p.41–45.

39 Een eigenlijk ministerie van Buitenlandse Zaken – wai-wu-pu – kwam er pas in 1901.

40 Mary Wright, *The Last Stand of Chinese Conservatism*, New York, 1957, p.190–195 en p.222–250.

41 Annam: Noord-Indochina, grenzend aan Zuid-China.

42 Het verdrag voorzag in wederzijdse bijstand in geval van een Japanse agressie, het gebruik van de Chinese havens in geval van oorlog, China's toestemming voor het aanleggen van de Trans-Siberische spoorweg doorheen Mandsjoerije.

43 Franz Schurmann & Orville Schell, *China Readings*, vol.1, *Imperial China*, Pelican Books. Het citaat op p.239.

44 Benjamin I. Schwartz, *The Chinese Perception of World Order. Past and Present*, in: John King Fairbank (ed.), *The Chinese World Order. Traditional China's Foreign Relations*, Harvard University Press, Cambridge, 1974, p.276–290.

45 Jonathan Spence, *Op zoek naar het moderne China. 1600–1989*, Amsterdam, 1991, hfdst. 2: *Versnippering en hervorming*, p.137–268. Alain Roux, *La Chine au XXe siècle*, Sedes, Paris, 1998, p.11–32. Ross Terrill, *The New Chinese Empire. And what it means for the United States*, New York, 2003. p.87–117. Het citaat van sir Robert Hart in: Franz Schurmann & Orville Schell, *op.cit.*, p.244–245.

46 Paul H. Clyde & Burton F. Beers, *op.cit.*, p.195–213. Franz Schurmann & Orville Schell, *op.cit.*, p.237–245.

47 John King Fairbank, *The United States and China*, New York, 1969, p.257.

48 Geoffrey Barraclough, *An Introduction to Contemporary History*, Harmondsworth, 1969, p.106.

49 Bokseropstand: Chinese opstand tegen de westerse mogendheden (1900–1901). De nationalistische opstand brak uit in de noordoostelijke provincie Shandong. De opstand werd geleid door een geheim genootschap, nl. de 'Vuist van Gerechtigheid en Eensgezindheid', waarvan de leden boksers genoemd werden. De Chinese regering, die de opstand had gesteund, moest een enorme schadevergoeding betalen en akkoord gaan met de permanente legering van vreemde troepen in China. De vernedering was totaal en zorgde voor een opstoot van nationalisme.

50 Denken we aan de economische crisis van 1875–1895 in het Westen.

51 Fragment uit: Sun Yat-sen, *Triple Démisme*, Shanghai, 1930. Geciteerd in: Jean Chesneaux, *L'Asie orientale aux XIXe et XXe siècles*, P.U.F., Nouvelle Clio, Paris, 1966, p.143–145.

52 François Gipouloux, in: Hartmut O Rotermund, *op.cit.*, p.48–52. Madeleine Zelin, in: Ainslie T. Embree & Carol Gluck, *op.cit.*, p.596–600.

53 Carol Gluck, *Patterns of the Past: Themes in Japanese History*, in: Ainslie T. Embree & Carol Gluck, *Asia in Western and World History*, New York-London, 1997, resp. p.752 en 763.

54 Carol Gluck, *ibidem*, p.723–772. De behandeling van the inward and outward economy op p.750–757.

55 Akira Hayami, *A Great Transformation: Social and Economic Change in Sixteenth and*

Seventeenth Century Japan, Bonn, 1986.

56 '...a virtuous circle of prosperity: the pace of change might have been slightly slower than in Europa, but it also avoided some of the necessary costs of the almost continual warfare in Europe.' In: Clive Ponting, *op.cit.*, p.723.

57 Bob de Graaff, *De vlucht naar voren – Politiek-institutionele voorwaarden voor industrialisering*, in: Hans Righart (red.), *De trage revolutie. Over de wording van industriële samenlevingen*, Meppel-Amsterdam-Heerlen, 1991, p.374–398.

58 Barrington Moore Jr., *Social Origins of Dictatorship and Democracy. Lord and Peasant in the Making of the Modern World*, Peregrine Books, Harmondsworth, 1969, p.294.

59 Ian Buruma, *Inventing Japan. From Empire to Economic Miracle. 1853–1964*, London, 2003, hfdst. 2: *Civilization and Enlightenment*, p.22–47. Het citaat op p.28.

60 *Ibidem*, p.39–41.

61 Carol Gluck, *Patterns of the Past: Themes in Japanese History*, in: Ainslee T. Embree & Carol Gluck, *op.cit.*, p.731–738.

62 Citaat van Carol Gluck.

63 Carol Gluck, *op.cit.*, p.732. Gluck verwijst zelf naar Takashi Fujitani, *Splendid Monarchy: Power and Pageantry in Modern Japan*, Berkeley, 1996.

64 Carol Gluck, *op.cit.*, p.746–750.

65 Ian Buruma, *op.cit.*, p.15–16.

66 Endymion Wilkinson, *Japan versus the West. Image and Reality*, Penguin Books, London, 1991, hfdst. 6: *Out-and-out Westernization*, p.57–64.

67 Fukuzawa Yukichi formuleerde dat dilemma: 'escape from Asia' of 'to be the leader of Asia'.

68 Carol Gluck, *op.cit.*, p.562.

69 Ian Buruma, *op.cit.*, p.36.

70 'Japan generally had more succes in bringing the outside in than it did in "taking the inside out"... Time and again Japanese of the past found it easier to deal with foreign ways than with foreign peoples and more congenial to imagine the outside world than to take effective action in it.' Citaten van Carol Gluck, *op.cit.*, p.562.

71 Bob de Graaff, *Japan*, in: Hans Righart (red.), *op.cit.* Meer bepaald: *Begin- en eindpunt: van een feodale markteconomie naar een kapitalistische prestatiemaatschappij*, p.362–373, en *De bottlenecks van de industrialisering*, p.399–428.

72 Paul Kennedy, *The Rise and Fall of the Great Powers. Economic Change and Military Conflict from 1500 to 2000*, Random House, New York, 1987, p.206–207: 'Japan had to be modernized not because individual entrepreneurs wished it, but because the "state" needed it.'

73 John Gray, *op.cit.*, p.18 en 50. Het citaat op 232–233. Zelf verwijst Gray naar Murray Sayle, *Japan victorious*, in: *New York Review of Books*, 28 maart 1985. Zie ook: Walter Russell Mead, *Amerika en de wereld*, Het Spectrum, Utrecht, 2004, p.67 e.v.

74 Carol Gluck, *Japan's Modernities. 1850s-1990s*, in: Ainslie T. Embree & Carol Gluck, *op.cit.*, p.561–593. Over de mentaliteit van innovatie: p.573.

75 Dimitri Van Overbeke, *Het Japanse mirakel*, in: *Karakter. Tijdschrift voor wetenschap*, Academische Stichting Leuven, Leuven, 2003, nr.9, p.24.

76 Carol Gluck, *Japan's Modernities. 1850s-1990s*, in: Ainslie T. Embree & Carol Gluck, *op.cit.*, p.561–593. Het verhaal over de link tussen centrale overheid en lokale gemeenschappen op p.572–573.

77 Dimitri Van Overbeke, *op.cit.*, p.24.

78 Bob de Graaff, *Japan*, in: Hans Righart (red.), *op.cit.*, p.445.

79 *Ibidem*. Meer bepaald: *De epistemologische revolutie. Mentaal-culturele voorwaarden voor industrialisering*, p.429–449.

80 Dimitri Van Overbeke, *op.cit.*, p.24.

81 Geoffrey Barraclough, *An Introduction to Contemporary History*, Harmondsworth, 1967, p.107–108.

Deel 3: De korte 20ste eeuw (1917–1991)

1 Mark Heirman, *De waanzinnige twintigste eeuw. Oorlog en vrede van 1914 tot 1994*, Hadewijch, Antwerpen, 1995.

2 Eric J. Hobsbawm, *Interesting Times. A Twentieth-Century Life*, Abacus, London, 2003.

3 Stefan Zweig, *De wereld van gisteren. Herinneringen van een Europeaan*, De Arbeiderspers, Privé-domein, nr.168, Amsterdam, 1990, p.15–40.

4 Eric J. Hobsbawm, *De eeuw van uitersten. De twintigste eeuw. 1914–1991*, Het Spectrum, Utrecht, 1995. De Britse historicus heeft de begrippen 'lange 19de eeuw' en 'korte 20ste eeuw' geijkt.

5 Zie ook Ian Buruma, *Inventing Japan. From Empire to Economic Miracle. 1853–1964*, Weidenfeld & Nicolson, London, 2003, p.36–37. Cf. supra in Deel 2, De vernedering van 1895, p.145 e.v.

6 Cf. supra in Deel 2, De vernedering van 1895, p.145–149.

7 Cf. supra in Deel 2, De tweede imperialistische fase, p.149–152.

8 G Barraclough, *op.cit.*, p.105–106. Paul Kennedy, *op.cit.*, p.206–209, p.242–249. Paul van de Meerssche, *Internationale politiek 1945–2006*, Acco, Leuven-Leusden, 2006 (tweede herwerkte uitgave), dl.1.

9 Jan Romein, *Op het breukvlak van twee eeuwen. De Westerse wereld rond 1900*, Amsterdam, 1976, p.89–90: 'Het is juist het mengsel van moderne techniek met feodale geest, dat in Duitsland zo explosief is gebleken, zoals later datzelfde mengsel in Japan zo explosief zou blijken.'

10 Ian Buruma, *op.cit.*

11 De 'geest van München' verwijst naar 'appeasement'. In 1938 bespeelde Hitler in Tsjecho-Slowakije het ongenoegen van de Sudetenduiters die bij het Dritte Reich wilden aansluiten. Frankrijk en Engeland, bij monde van Chamberlain, riskeerden daarvoor geen oorlog en zetten Tsjecho-Slowakije onder druk tot afstand van Sudetenland (München, september 1938). Een principiële houding – de verdediging van de soevereiniteit van een onafhankelijke staat – werd ingeruild voor een opportunistische houding (het gunstig stemmen van een dictator en tijd winnen). Die appeasementpolitiek moest vrede waarborgen. Appeasement én de 'geest van München' kregen een smadelijke connotatie. Graham Evans & Jeffrey Newnham, *Dictionary of International Relations*, Penguin Books, London, 1998, p.27–28.

12 Jean Chesneaux, *L'Asie orientale aux XIXème et XXème siècles*, P.U.F., Paris, 1966, p.135–136. Hartmut O. Rotermund, *Japon*, in: Hartmut O. Rotermund, *L'Asie Orientale et Méridionale aux XIXe et XXe siècles*, P.U.F., Paris, 1999, p.265–270.

13 John King Fairbank, *The United States and China*, New York, 1969, p.256–257.

14 Geoffrey Barraclough, *An Introduction to Contemporary History*, Penguin Books, Harmondsworth, 1969, p.107–109.

15 Hugo Van de Voorde, *Historisch Overzicht*, in: *De Supermachten*, dl.1: *Verenigde Staten van Amerika*, BRT-TELEAC, Brussel-Utrecht, 1985, p.90–94.

16 Geoffrey Barraclough, *op.cit.*, p.109.

17 Alain Roux, *La Chine au XXe siècle*, Sedes, Paris, 1998, p.33–37. François Gipouloux, *Chine*, in: Hartmut O. Rotermund (red.), *L'Asie Orientale et Méridionale aux XIXe et XXe siècles*, P.U.F., Nouvelle Clio, Paris, 1999, p.53–63.

18 *Ibidem*, p.47–56. Madeleine Zelin, *Modern China, 1840–1990*, in: Ainslee T. Embree & Carol Gluck, *Asia in Western and World History*, M.E. Sharpe, New York-London, 1997, p.600.

19 Jung Chang & Jon Halliday, *Mao. Het onbekende verhaal*, Forum, Amsterdam, 2005, p.232–242.

20 Alain Roux, *op.cit.*, p.57–84. François Gipouloux, *op.cit.*, p.83–92.

21 Barrington Moore Jr., *Social Origins of Dictatorship and Democracy in the Making of the Modern World*, Penguin, Harmondsworth, 1969, hfdst. 5: *Asian Fascism: Japan*, p.290–291.

22 Marlene Mayo, *Attitudes Toward Asia and the Beginnings of Japanese Empire*, in: Jon Livingston, Joe Moore & Felicia Oldfather, *The Japan Reader*, vol.1, *Imperial Japan. 1800–1945*, Harmondsworth, 1976, Penguin. p.212–221.

23 Jean Chesneaux, *op.cit.*, p.154–155. Jon Livingston, Joe Moore, Patricia Oldfather, *op.cit.*, p.199–201.

24 Paul H. Clyde & Burton F. Beers, *The Far East*, hfdst 21: *Japan and China in World War* I, *1914–1918*, p.287–300. Jean Chesneaux, *op.cit.*, p.171–172.

25 Containment: een concept dat het leidende principe was van de Amerikaanse buiten-landse politiek na de Tweede Wereldoorlog. Dat beleid werd oorspronkelijk bepleit door diplomaat George Kennan, die in 1947 verklaarde dat de basis van het buiten-landse beleid van de vs 'een geduldige maar standvastige containment (bedwinging) op de lange termijn van de Russische expansionistische neigingen' moest inhouden. Uitgangspunt was de overtuiging dat de Sovjets een wereldrevolutie en de vernieti-ging van het kapitalisme nastreefden. De vs hebben een containmentbeleid gevoerd tegen de hele communistische wereld (de su, Noord-Korea, de Volksrepubliek China, Noord-Vietnam e.a.). Graham Evans & Jeffrey Newnham, *op.cit.*, p.95–96.

26 Louis Frédéric, *Le Japon. Dictionnaire et Civilisation*, Robert Laffont, Paris, 1996, p.1095. Het 'Tanaka Memorial' was een plan waarin in detail beschreven werd welke rol Japan in Azië moest spelen. Het werd gepubliceerd door het persbureau van de Chinese delegatie in Genève in 1938. De tekst van het document vonden we in Franz Schurmann & Orville Schell, *China Readings*, vol.2, *Republican China*, p.181–185.

27 Jung Chang & Jon Halliday, *op.cit.*, p.232–242.

28 *Ibidem*, p.389–402.

29 Paul H. Clyde & Burton F. Beers, *op.cit.*, hfdst. 27: *From the Marco Polo Bridge to Pearl Harbor, 1937–1941*, p.372–381; hfdst. 29: *China and Japan, 1941–1945: the Impact of World War II*, p.339–405. Franz Schurmann & Orville Schell, *op.cit.*, vol.2, *Republican China*, dl.2, hfdst. 4: *The Guomindang confronts Japan*, p.237–278. Alain Roux, *op.cit.*, p.74–81. François Gipouloux, *op.cit.*, p.86–92.

30 John Gittings, *The World and China. 1922–1972*, Eyre Methuen, London, 1974, hfdst. 1: *The Meaning of Imperialism*, p.30–34, hfdst. 2: *Semi-colonialism and the Single Spark. 1928–1934*, p.35–41.

31 Barrington Moore Jr., *op.cit.*, p.223. De auteur zegt: 'Zodoende verrichtten de Japan-ners twee essentiële revolutionaire taken voor de communisten, te weten het weg-werken van de oude elites en het bewerken van solidariteit onder de verdrukten.' Een ironisch verhaal, als je denkt aan de huidige verwijten van Beijing omdat Tokyo het vertikt zeer expliciet excuses aan te bieden.

32 John Gittings merkt op dat het document On Policy doorslaggevend is geweest om, dertig jaar later, China's toenadering tot de vs en het bezoek van president Nixon aan China te legitimeren. John Gittings, *op.cit.*, p.81.

33 FRUS (1944), p.631–632 (Service Report), geciteerd in: John Gittings, *op.cit.*, p.102–103. FRUS is het archief Foreign Relations United States.

34 Jung Chang & Jon Halliday, *op.cit.*, p.379–388.
35 John Gittings, *op.cit.*, p.90, 106–107 en 109. De bronnen (Mao's verzoek / Amerikaanse voorstellen tot militaire samenwerking) waren al vanaf 1950 openbaar gemaakt en beschikbaar. Admiraal Leahy – toen voorzitter van de Joint Chief of Staffs – verwijst ernaar in zijn memoires *I Was There*. De hele zaak paste echter niet bepaald in de Koude Oorlog-hysterie. Zie ook Barbara Tuchman, *If Mao had come to Washington: An Essay in Alternatives*, in: *Foreign Affairs*, nr.50, oktober 1972. Het essay werd opgenomen in: Barbara Tuchman, *Notes from China: The Original Uncut Text and the Newsmaking Essay 'If Mao Had Come To Washington in 1945'*, Collier Books, New York, 1972. Zie ook: Barbara Tuchman, *Stilwell en de Amerikaanse rol in China*, Agon, Amsterdam, 1988.
36 Voor de reacties in de Amerikaanse publieke opinie en in het Congres ten aanzien van dit beleid verwijzen we naar het artikel van Kenneth S. Chern in *Political Science Quarterly, The Reaction against Intervention; Launching the Marshall Mission*, p.636–643.
37 David Horowitz, *From Yalta to Vietnam. American Foreign Policy in the Cold War*, Penguin, Harmondsworth, 1969, p.105–107.
38 Kenneth S. Chern, *op.cit.*, *The China Debate in Perspective*, p.643–647.
39 Isaac Deutscher, *Ironie van de geschiedenis. Essays over het communisme*, Hilversum, 1968, p.48–49, 75–77. Isaac Deutscher was een van de knapste experts en een bijzonder scherpe criticus van het Sovjet-Russische communisme.
40 Hélène Carrère d'Encausse & Stuart Schram, *Le Marxisme et l'Asie. 1853–1964*, Armand Colin, Collection U, Paris, 1965: *L'Internationale et les problèmes de la révolution en Orient de 1928 à 1934*, p.85–89.
41 John Gittings, *op.cit.*, hfdst. 5: *From Moscow to Washington, 1943–1945*, p.93–96.
42 Isaac Deutscher, *Russia after Stalin*, Jonathan Cape London, 1969, p.86.
43 Jung Chang & Jon Halliday, *op.cit.*, p.364–378.
44 Isaac Deutscher, *Heretics and Renegades*, Jonathan Cape, London, 1969, hfdst. 2: *Two Revolutions*, p.63–65 John Gittings, *op.cit.*, *How the Russians Behaved. 1946–1948*, p.148–150. Maarschalk Josip Broz, gen. Tito (1892–1980): de leider van het Joegoslavische verzet tegen de nazi-bezetters; in 1945 minister-president van Joegoslavië; bewerker van de vroegtijdige aftocht van de sovjettroepen (maart 1945); stichter van de Volksrepubliek Joegoslavië; samen met Nasser en Pandit Nehroe boegbeeld van de Beweging van Ongebonden Landen en pro vreedzame co-existentie; dissident ten aanzien van Moskou (onafhankelijke buitenlandse politiek).
45 Paul van de Meerssche, *Internationale politiek. 1945–2001. Feiten en interpretaties*, Acco, Leuven, 2002, p.17–78.
46 Jonathan Spence, *Op zoek naar het moderne China*, Agon, Amsterdam, 1991, p.506.
47 S.R. Landsberger, *De Volksrepubliek China: van revolutie tot stagnatie*, in: D.F.J. Bosscher e.a., *De wereld na 1945*, Utrecht, Het Spectrum, 1992, p.426–427.
48 Jonathan Spence, *op.cit.*, p.660–661.
49 Zie hierover in Deel 4, Hoe is het succes van de transitie te verklaren? Taiwan, p. 274–284 Jonathan Spence, *op.cit.*, p.723.
50 Citaten in: *ibidem*, p.624.
51 *Ibidem*, p.660–665.
52 E. Zürcher, *Het Chinese model. De lusten en lasten van de traditie*, in: *Internationale Spectator*, maart 1977, p.178–185.
53 Dick Wilson (ed.), *Mao Tse-tung in the Scales of History*, Cambridge University Press, London-New York, 1977. Het boek werd gepubliceerd een jaar na het overlijden van Mao. Het wou – wat prematuur – een balans opmaken. Verschillende auteurs, en

niet van de minsten – Benjamin Schwartz, Stuart Schram, Jacques Guillermaz, John Gittings, Edward Friedman e.a. – belichtten ieder een ander aspect van de Grote Roerganger: de filosoof, de marxist, de politieke leider, de soldaat, de onderwijzer, de economist (*sic*), de patriot, de staatsman, de Chinees, de vernieuwer... Een vernietigend portret van Mao én dito evaluatie van zijn beleid: Jung Chang & Jon Halliday, *Mao. Het onbekende verhaal*, Forum, Amsterdam, 2005.

54 Francis Audrey, *Chine. 25 ans, 25 siècles*, Seuil, Paris, 1974, p.63–72. Het boek is gedateerd. Niettemin is het een bijzonder lucide boek over China. Sinoloog Francis Audrey initieert hier het concept van de twee elites.

55 Deze tekst stellen we consequent in de verleden tijd. Decennialang leverde de contradictie tussen de twee elites de drijfkracht voor het Chinese politieke leven. Zelfs tot diep in de transitieperiode van centraal geleide economie (CGE) naar gedecentraliseerde markteconomie (GME) heeft de ideologische elite weerwerk geboden. Getuige haar impact op het beleid tijdens de economische recessie in de jaren 1980, met als culminatie de gewelddadige onderdrukking van het protest op het Tien Anmen-plein (1989). Heden is de machtspositie van de functionele elite onbetwistbaar. Het ware allicht fout te beweren dat er geen restanten meer zijn van de ideologische elite. Er is echter geen perspectief meer dat zij zou kunnen doorwegen op het beleid.

56 Alain Roux, *op.cit.*, p.88. Jung Chang & Jon Halliday, *op.cit.*, p.488–503.

57 Laogai: het Chinese equivalent van de Sovjetrussische goelag, het Chinese systeem van 'heropvoeding via arbeid'. Standaardwerk hierover: J.L. Domenach, *Chine, l'archipel oublié*, Fayard, Paris, 1992. Alain Roux, *op.cit.*, p.89 en 95. Hét fundamentele document over de maoïstische laogai is: Jean Pasqualini, *Prisonnier de Mao. Sept ans dans un camp de travail en Chine*, Gallimard, Collection Témoins, Paris, 1975. We verwijzen ook naar het vernietigende rapport van Amnesty International: *Politieke gevangenen in de Volksrepubliek China*, Amsterdam-Leuven, 1978.

58 Jasper Becker, *Hungry Ghosts. China's Secret Famine*, Murray, London, 1996. Recente getuigenissen van mensen, vooral uit Hunan en Anhui, laten toe de omvang van de ramp in te schatten. Jung Chang & Jon Halliday, *op.cit.*, p.546–563.

59 John Gray, *Vals ochtendlicht. De keerzijde van de globalisering*, Ambo, Amsterdam, 2004, p.243.

60 Op basis van de officiële Chinese statistieken, gepresenteerd in: Nicolas R. Lardy, *Agriculture in China's Modern Development*, Cambridge University Press, Cambridge, 1983. Zie Alain Roux, *op.cit.*, p.161–164.

61 *Ibidem, La mortalité due à la famine du Grand Bond en Avant, 1959–1962*, p.161–164.

62 John Gray, *op.cit.*, p.243: 'Meer dan in Rusland tijdens de stalinistische periode verzwakte de Culturele Revolutie de maatschappelijke verbondenheid en solidariteit in China.'

63 Jung Chang & Jon Halliday, *op.cit.*, p.639–668.

64 Alain Roux, *op.cit.*, p.105–110. Jung Chang & Jon Halliday, *op.cit.*, p.694–698.

65 *Ibidem*, p.771–794.

66 Gerard Segal, directeur van het International Institute for Strategic Studies in Londen, geciteerd in: *Le Figaro*, 1 oktober 1999.

67 Barrington Moore Jr., *Social Origins of Dictatorship and Democracy. Lord and Peasant in the Making of the Modern World*, Peregrine Books, Harmondsworth, 1969, p.206.

68 Simon Leys, *La fôret en feu. Essais sur la culture et la politique chinoise*, Hermann, Paris, 1983, p.98.

69 John Gray, *Vals ochtendlicht. De keerzijde van de globalisering*, Ambo, Amsterdam, 2004, p.238–239.

70 Simon Leys, *La fôret en feu*, p.117–118.

71 Jung Chang & Jon Halliday, *op.cit.*, p.418–431.

72 Robert Jay Lifton, *Thought Reform and the Psychology of Totalism. A Study of 'Brainwashing' in China*, Penguin, Harmondsworth, 1967, hfdst. 22: *Ideological Totalism*, p.477–497. 'De totalitaire omgeving stimuleert in elk individu de angst voor uitschakeling en vernietiging. ... Een mens kan deze angst overwinnen en "bevestiging" vinden, niet in zijn individuele relaties, maar in de bron van al het bestaande, de totalitaire Organisatie. Het bestaan wordt volledig afhankelijk van geloof (Ik geloof, dus besta ik), van onderwerping (Ik gehoorzaam, dus besta ik) en – dat alles overschrijdend – van een volledige versmelting met de ideologische beweging' (p.494).

73 Peter L. Berger, *De Grote Piramide. Politieke ethiek en maatschappelijke verandering*, Ambo, Bilthoven, 1974, hfdst. 5: *Politiek beleid en de berekening van leed*, meer bepaald de briljante bladzijden in verband met de Volksrepubliek China, p.158–172. John Gray, *op.cit.* p.239–240.

74 Sylvain Plasschaert, *China, de nieuwe economische reus, in XXI Lessen voor de eenentwintigste eeuw*, Leuven, 1995, p.131–132.

75 Simon Leys is een van de scherpste critici geweest tijdens de hoogdagen van het maoisme. Simon Leys, pseudoniem van de Belg Pierre Ryckmans, sinoloog en kunsthistoricus, specialist in de klassieke Chinese literatuur en schilderkunst, en professor aan de universiteit van Canberra. Zie: *Ombres chinoises, Images brisées, Les habits neufs du président Mao, La fôret en feu, L'humeur, l'honneur, l'horreur*. De meeste boeken van Simon Leys zijn in het Nederlands verschenen.

76 William Pfaff, *Why Beijing's power is less than it seems*, in: *International Herald Tribune*, 25 augustus 2005, p.6.

77 Rebecca MacKinnon, *www.censored. China's Internet*, in: *International Herald Tribune*, 10 juli 2005, p.7.

78 E. Zürcher, *Het Chinese model. De lusten en lasten van de traditie*, in: *Internationale Spectator*, maart 1977, p.180–182.

79 *Ibidem*, p.180–181. Zürcher wijst op de impact hiervan op het taalgebruik. De werkelijkheid wordt gereduceerd tot stereotiepe formules: 'het tot grote perfectie opgevoerd symbolisch en indirecte taalgebruik, een voor de buitenlandse waarnemer moeilijk toegankelijke praktijk, verbijsterend door de virtuositeit en subtiliteit waarmee het wordt gehanteerd. ... Dit suggestieve taalgebruik met politieke oogmerken is al heel oud: het moet voor de beoefenaars ervan de politiek tot een zeer bijzonder spel maken, een ritueel van codering en decodering dat zich niet in een andere cultuur laat transponeren'.

80 Alain Peyrefitte, *Quand la Chine s'éveillera...*, Fayard, Paris, 1973, p.35.

81 Een zeer helder en vlot leesbaar overzicht, inclusief analyse en evaluatie, vind je in: Paul van de Meerssche, *De Deuren Open? China na Mao*, dl.1: *De Vier Moderniseringen*, Davidsfonds, Leuven, 1987, p.15–95.

82 *Duell der Giganten*, in: *Der Spiegel*, 8 augustus 2005, nr.32, p.75.

83 Theodore Huters in de inleiding tot Wang Hui, *China's New Order. Society, Politics and Economy in Transition*, Harvard University Press, London-Cambridge Ma., 2003, p.21.

84 Maurice Meisner, *The Deng Xiaoping Era: An Inquiry into the Fate of Chinese Socialism. 1978-1994*, Hill & Wang, New York, 1996, p.471 e.v.

85 Wang Hui, *China's New Order. Society, Politics and Economy in Transition*, Harvard University Press, London-Cambridge Ma., 2003, p.186.

86 *Ibidem*, p.117–119.

87 Bedoeld wordt: de grondwetswijziging van maart 2004.

88 Wang Hui, *op.cit.*, p.62–63.

89 Deze problematiek komt exhaustief aan bod in het laatste hoofdstuk. Zie ook: Wang Hui, *op.cit.*, p.141.

90 Nelly Delay, *Le Japon éternel*, Gallimard, Coll. Découvertes, Paris, 1998, p.26–29: *Nara, capitale politique et religieuse*, en p.30–41: *Le panthéon bouddhiste, source d'inspiration des artistes.* Endymion Wilkinson, *Japan versus the West. Image and Reality*, Penguin Books, London, 1991, p.39–46. Paul van de Meerssche, *Japan. Een blijvend onbekende*, Davidsfonds, Leuven, 1977, p.29–31 en 36.

91 Voor deze historiek vind je meer achtergrondinformatie in: Endymion Wilkinson, *op.cit.*, hfdst. 2: *The West as seen by Japan*, p.39–93.

92 Carol Gluck, *Patterns of the Past: Themes in Japanese History*, in: Ainslie T. Embree & Carol Gluck, *Asia in Western and World History*, M.E. Sharpe, New York, 1997, p.724–731.

93 Taika: (letterlijk) grote verandering. Meiji: (letterlijk) vernieuwing.

94 Deze visie vonden we in het briljante essay van Carol Gluck, *Patterns of the Past: Themes in Japanese History*, in: Ainslie T. Embree & Carol Gluck, *op.cit.*, 724–731.

95 Arthur Koestler, *De menselijke tweespalt*, Kapellen-Assen, 1981, p.7.

96 Doorheen de decennia is Hiroshima jaarlijks herdacht, bv. *Hiroshima. Eine Bombe verändert die Welt*, in: *Der Spiegel*, 1995, nr.30; *Hiroshima: August 6, 1945*, in: *Newsweek*, July 24, 1995. Bennet Ramberg, *Atomic weapons: To what end? 60 years after Hiroshima*, in: *International Herald Tribune*, 6 augustus 2005, p.4: '...since the bombing of Hiroshima 60 years ago on Saturday, the United States and other nuclear armed nations have demonstrated considerable resistance to repeating Truman's decision. ... Each president, however, continued to build, modernize or otherwise maintain weapons that would dwarf the explosive power of the devices that obliterated Hiroshima, and three days later, Nagasaki. But to what end?'

97 Martin Fackler, *Hiroshima and the meaning of victimhood*, in: *International Herald Tribune*, 6 augustus 2005, p.2: 'There was no need to drop this bomb. We were the victims of a scientific experiment,' zegt Masakazu Miyamoto, 62.

98 Frederick Taylor, *Dresden, Tuesday, February 13, 1945*, Harper & Collins, New York, 2004. Nederlandse vertaling: *Dresden, dinsdag 13 februari 1945*, Het Spectrum, Utrecht, 2005.

99 De stralingsdosis is de verhouding van geabsorbeerde energie en het gewicht van de bestraalde materie en wordt uitgedrukt in 'gray'.

100 Er zijn ook tegengestelde visies. Zo o.m. in: Richard B. Frank, *Downfall. The End of the Imperial Japanese Empire*, Penguin Books, New York-London, 1991 (heruitgave 2001). De auteur noemt het een verzinsel, dat het gebruik van de bom overbodig was omdat het einde van de oorlog nabij was. Zie David McCullough, *Truman*, Touchstone, Simon & Schuster, New York, 1993 (herdruk).

101 Harry Truman, *Mémoires. 1945, het jaar der beslissingen*, Elsevier, Amsterdam-Brussel, 1955, p.350–351.

102 George Steiner, *In de burcht van blauwbaard*, Bert Bakker, Amsterdam, 1991, p.37–44 en p.52.

103 Max Wildiers, *Afscheid van Los Alamos. Notities uit het nucleaire tijdvak*, Pelckmans, Kapellen, 1987, p.50–64.

104 Claude Lévi-Strauss & Didier Eribon, *De près et de loin*, Odile Jacob, Paris, 1988, p.225–226.

105 Freeman Dyson, *Infinite in All Directions*, Harper & Row, New York, 1988, p.249.

106 John Gray, *op.cit.*, p.231.

107 Carol Gluck, *Japan's Modernities. 1850–1990s*, in: Ainslie T. Embree & Carol Gluck, *Asia in Western and World History*, M.E. Sharpe, New York-London, 1997, p.562–564.

108 Tsuyoshi Hasegawa, *Racing the Ennemy: Stalin, Truman and the Surrender of Japan*, Belknap Press, Harvard University, Cambridge Ma., 2005. De auteur is van oordeel dat keizer Hirohito de grote schuldige is. Hij maakte gemene zaak met de militairen en heeft door zijn steun voor de optie voor de strijd tot het bittere einde het gebruik van de atoombom uitgelokt.

109 Frank R. Lichtenberg in: *The Wall Street Journal*, 26 augustus 1986, p.6. John Kenneth Galbraith in: *The Bulletin of Atomic Scientists*, juli 1981, sluit daarbij aan: 'De bewapeningswedloop versterkt de democratische instellingen niet en evenmin ons regime van de vrijemarkteconomie. Integendeel verzwakt het die ten zeerste. ... Het was onze economische kracht die, bij het einde van de Tweede Wereldoorlog, ons onze positie op wereldvlak heeft bezorgd. De militaire uitgaven gebeuren ten koste van deze economische kracht. ... Wij hebben onze kapitalen gebruikt om militaire doeleinden na te jagen, die industrieel gezien volkomen steriel zijn.' Lee Kuan Yew, gewezen regeringsleider in Singapore, in: *Der Spiegel*, 8 augustus 2005, p.91: 'De fout van de Russen lag hierin, dat zij zo veel hebben geïnvesteerd in hun militaire macht en zo weinig in hun civiele sector. De Chinezen hebben ervan geleerd: Als je met Amerika wil wedijveren om militaire hegemonie, drijf je jezelf naar het bankroet. Derhalve: hou je hoofd gebogen, lach – en dat gedurende de volgende 40, 50 jaar.'

110 Ian Buruma, *Inventing Japan. 1853–1964*, Weidenfeld & Nicolson, London, 2003, p.106 e.v.: *Tokyo Boogie-Woogie*.

111 Hartmut O. Rotermund, *Japon*, in: Hartmut O. Rotermund (red.), *L'Asie Orientale et Méridionale aux XIXe et XXe siècles*, P.U.F., Nouvelle Clio, Paris, 1999, p.292.

112 Die tweede fase startte met het uitbreken van de Koude Oorlog. Japan werd toen strategisch belangrijk voor de VS. De democratisering deed er nu verder minder toe.

113 In januari 1946 deed Hirohito afstand van elke aanspraak op een goddelijke natuur (ningen sengen).

114 Beide citaten in: Edward Adriaensens & Dimitri Van Overbeke, *Op zoek naar het nieuwe Japan. De Japanse politiek na 1945*, Globe, Roeselare, 2004, p.39. Ian Buruma, *Het loon van de schuld. Herinneringen aan de oorlog in Duitsland en Japan*, Atlas, Amsterdam-Antwerpen, 1994, p.267–268.

115 Ian Buruma, *Inventing Japan*, p.121. De kokutai was het heilige nationale staatsbestel, waar de keizer het centrum van was. Edward Adriaensens & Dimitri Van Overbeke, *op.cit.*, p.38–40. Herbert P. Bix, *Hirohito and the Making of Modern Japan*, Harper & Collins, New York, 2001. De titels van de hoofdstukken in dit boek spreken voor zich: hfdst. 3: *His Majesty's Wars, 1931–1945*, p.235–532; hfdst. 4: *The Unexaminded Life*, 1945–1989, en hierin *The Tokio Trial*, p.581–618 en *Salvaging the Imperial Mystique*, p.619–646.

116 Carol Gluck ziet continuïteit van 1930 tot 1950 en duidt die aan met de term 'transwar Japan'. Ze verwijst naar de bureaucratie en de rol van het MITI (Ministry of Trade and Industry) vanaf 1925 en naar de beveleconomie die tijdens de massale mobilisatie in de jaren 1930 werd opgezet en ook in het naoorlogse Japan haar werk deed. Carol Gluck, *Japan's Modernities. 1850–1990s*, in: Ainslie T. Embree & Carol Gluck, *Asia in Western and World History*, M.E. Sharpe, New York, 1997, p.583. Andere auteurs onderstrepen die continuïteit door over 'the 1940s system' te spreken, dat in het naoorlogse Japan herkenbaar aanwezig bleef.

117 Ian Buruma, *op.cit.*, p.266–267.

118 *Ibidem*, p.60 en 101.

119 Met de term '55 systeem' verwijzen de Japanners naar de decennialange machtsuitoefening door de LDP, die in 1955 aan de macht is gekomen.

120 Een uitspraak van SCAP Douglas McArthur in een speech in de Amerikaanse Senaat.

121 Hartmut O. Rotermund, *Japon*, in: Hartmut O. Rotermund, *op.cit.*, p.290.

122 Ian Buruma, *op.cit.*, p.123. Edward Adriaensens & Dimitri Van Overbeke, *op.cit.*, *Het kiesstelsel: de macht van het platteland*, p.133: 'Het kiessysteem is zo opgevat dat een stem op het platteland veel meer waard is dan in de stad. De boeren hebben altijd meer politiek gewicht gehad dan hun toekwam.'

123 Ian Buruma, *op.cit.*, p.124.

124 Joseph Dodge (een Amerikaanse bankier die Douglas McArthur naar Japan had gehaald) in zijn verslag, *US-Japan Economic Relations in the Post-Treaty Period*.

125 Martin Walker, *The Cold War and the making of the Modern World*, Vintage London, 1993, p.80–82.

126 De keiretsu, grote industriële conglomeraten, zijn de voortzetting van vooroorlogse zaibatsu.

127 William Horsley & Roger Buckley, *Japan na 45. De nieuwe wereldmacht*, TELEAC, De Haan, 1991, hfdst.5, p.197–233.

128 Paul Kennedy, *op.cit.*, p.417.

129 Martin Walker, *op.cit.*, p.80.

130 *Ibidem*, p.188–189.

131 *Ibidem*, p.80.

132 Paul Kennedy, *op.cit.*, p.418.

133 Carol Gluck, *Japan's Modernities, 1850–1990s*, in: Ainslie T. Embree & Carol Gluck, *op.cit.*, p.587–588.

134 Edward Adriaensens & Dimitri Van Overbeke, *op.cit.*, p.69–70. Ian Buruma, *op.cit.*, p.137–139.

135 Aldus William Horsley & Roger Buckley, *op.cit.*, p.215–223. Over de impact van het MITI op de economie: p.203 e.v.

136 Edward Adriaensens & Dimitri Van Overbeke, *op.cit.*, p.74: 'In 1970 … konden de schaduwkanten van het economisch succes allang niet meer worden gemaskeerd. Ontvolking van het platteland, overbevolkte steden, milieuvervuiling, sociale spanningen en zelfs terrorisme. Erger was het feit dat de nadrukkelijke keuze voor de economische groei de democratisering van Japan een nieuwe klap toebracht. Ikeda bood zijn landgenoten welvaart aan maar voorts werden ze verzocht hun mond te houden. Iedereen moest het met alles eens zijn. Elk publiek debat werd zorgvuldig vermeden. Een cynische commentator merkte op dat de bevolking in een permanente staat van politiek infantilisme werd gehouden.'

137 'De Japanse samenleving is niet alleen op eilanden tot stand gekomen, zij bestaat zelf ook uit duizenden menseneilandgroepen,' aldus Paul van de Meerssche, *op.cit.*, p.94. De auteur noemt de Japanse samenleving een concentrische samenleving. De sleutel tot enig begrip ervan is 'amae', 'het zich aanhankelijk afhankelijk voelen'. Dat geldt zeker voor de basisrelatie tussen 'oya' (ouders) en 'ko' (kind), die ook bestaat tussen meesters en leerlingen, tussen ouderen en jongeren, tussen patroons en werknemers. *Ibidem*, p.21.

138 Edward Adriaensens & Dimitri Van Overbeke, *op.cit.*, hfdst. 3: *Japan in de houdgreep van de LDP*, p.63–84. Ian Buruma, *op.cit.*, p.133–135 en 144–145.

139 William Horsley & Roger Buckley, *op.cit.*, p.330–331.

Deel 4: De wereld circa 2000: de chaos van een overgangstijd

1 *Wikipédia. L'encyclopédie libre.* http://fr.wikipedia.org/wiki/angela_Merkel.

2 M.C. Brands, *Het unieke Amerika*, Van Gorcum, Assen, 1970. Het is een rede, op maandag 2 november 1970 uitgesproken door M.C. Brands bij de aanvaarding van het ambt

van gewoon hoogleraar in de nieuwe geschiedenis aan de universiteit van Amsterdam. 'Zo werd na acht jaar voorzien in de opvolging van mijn grote voorganger Jan Romein,' aldus Brands. De tekst van de rede zou nog altijd verplichte lectuur moeten zijn voor studenten zesde jaar secundair onderwijs. Zelden vind je een tekst waarin de impact van het verleden op de hedendaagse situatie – in dit geval de opstelling van de VS ten aanzien van de buitenwereld – zo glashelder wordt aangetoond. Zie ook: Paul van de Meerssche, *Internationale politiek 1945-2006*, dl.2, Acco Leuven-Leusen, 2006 (tweede herwerkte uitgave).

3 Hugo Van de Voorde, *West-Europese of Westerse veiligheid? Amerika, Europa en Rusland in de schaduw van Reykjavik*, IPIS. Antwerpen, 1987.

4 Zbigniew Brzezinski, *The Grand Chessboard. American Primacy and Its Geostrategic Imperatives*, Basic Books, New York, 1997.

5 *Ibidem*, p.123–150.

6 Georges Sokoloff, *Métamorphose de la Russie. 1984–2004*, Fayard, Paris, 2004.

7 *Ibidem*.

8 Paul Krugman, U.S. *democracy's dirty look*, in: *International Herald Tribune*, 20 augustus 2005, p.5.

9 In zijn veralgemening is op deze evaluatie ongetwijfeld veel aan te merken. Het eigenbelang was zeker prioritair. Staatsterrorisme en internationale agressie (o.a. Vietnam), schendingen van de soevereiniteit van andere staten, o.a. via manipulatie door intelligence-diensten van het normale interne politieke leven (bv. Chili 1973) e.d.m. zijn de excessen geweest van een onmiskenbare 'arrogance of power' (J.W. Fulbright), eigen aan een supermacht. Wat zeker geen reden is om ze onder de mat te vegen. Arthur M. Schlesinger Jr., *War and the American Presidency*, W.W. Norton, New York-London, 2004, p.3–20.

10 *Ibidem*, p.3.

11 *Ibidem*, p.26–27. De auteur verwijst hiervoor zelf naar de analyse van Ivo H. Daalder & James M. Lindsay, *America Unbound*, The Brookings Institution Press, Washington, 2003. Hij roemt hun klinische benadering en wijst op het feit dat zij niet zozeer focussen op de *preventive war* van de Bush Administration, dan wel op haar doctrinaire unilateralisme en haar moralistische arrogantie.

12 In het Engels is deze karakterisering zoveel directer: 'This is a revolutionary change. Mr. Bush replaced a policy aimed at peace through the prevention of war by a policy aimed at peace through preventive war.' In: Arthur Schlesingher Jr., *op.cit.*, p.21.

13 'There were two quite separate U.S. wars – a war on terrorism, symbolized by Osama bin Laden; a war on Iraq, symbolized by Saddam Hussein. I would have given the Afghan war the highest priority. Had we done so, we very likely would have smashed Al-Qaeda and captured Osama. Mr. Bush preferred the war on Iraq.' *Ibidem*, p.31.

14 *Ibidem*, p.35 en het hoofdstuk *Imperial Presidency Redux* op p.45–67. De auteur houdt ten gronde 'the imperial presidency' verantwoordelijk voor Irak, 'the needless war'. Robert Tucker & David Hendrickson, *The Sources of American Legitimacy*, in: *Foreign Affairs*, nov.-dec. 2004, p.18–32. James Dobbins, *Iraq: Winning the Unwinnable*, en Edward N. Luttwak, *Iraq: The Logic of Disengagement*, in: *Foreign Affairs*, jan.-febr. 2005, resp. p.16–25 en p.26–36.

15 Fragment uit het boek *A World Transformed* (1998) van George H.W. Bush en Brent Scowcroft, geciteerd door Arthur M. Schlesinger Jr, *op.cit.*, p.32. Schlesinger citeert ook een evaluatie (p.32–33), in die tijd uitgesproken door 'a younger, wiser and pre-Halliburton Dick Cheney', de huidige vicepresident: 'Eens dat je Bagdad in handen hebt, is het niet duidelijk wat je er dan mee doet. Het is helemaal niet duidelijk wat soort regering je er dan plaatst. ... Hoeveel geloofwaardigheid zal zo'n regering heb-

ben, aan de macht gebracht door het Amerikaanse leger? Amerikaanse troepen betrokken bij een burgeroorlog in Irak... het is een adequate definitie voor moeras, en we verlangen er helemaal niet naar om onszelf op zo'n manier vast te zetten.'

16 John Lewis Gaddis, *Grand Strategy in the Second Term*, in: *Foreign Affairs*, jan.-febr. 2005, p.2–15.

17 Gideon Rose, *The Bush Administration gets real*, in: *International Herald Tribune*, 19 augustus 2005, p.7. 'Yet again, the global realities of power have overtaken America's overenthusiastic idealism. ... The realists – today represented most prominently by Condoleeza Rice and her team at the State Department – offer not different goals but a calmer and more measured path toward the same ones. ... They seek legitimate authority rather than mere material dominance, favor cost-benefit analyses rather than ideological litmus tests, and prize good results over good intentions.'

18 Wang Jisi, *China's search for Stability with America*, in: *Foreign Affairs*, september-oktober 2005, p.39–48.

19 Timothy Garton Ash, *Na de zandstorm*, in: *De Standaard*, 21 maart 2003, p.13.

20 Ted C. Fishman, *China Inc. How the Rise of the Next Superpower challenges America and the World*, Scribner, New York, 2005, p.214–216.

21 De shoppingcentra in China dragen inderdaad Engelse namen die breed in veelkleurige neonletters op de façades zijn aangebracht. In *Kampf um die Welt von morgen*, in: *Der Spiegel*, 8 augustus 2005, p.75–76.

22 David Barboza, *For China, new malls jaw-dropping in size. Adopting 'shop till you drop' ethos*, in: *International Herald Tribune*, 25 mei 2005, p.1 en 4.

23 David Barboza, *Net moguls in China reach rock star status*, in: *International Herald Tribune*, 12 september 2005, p.12.

24 Over Jiang Zemin: Robert Lawrence Kuhn, *The Man Who Changed China. The Life and Legacy of Jiang Zemin*, Crown, 2005. Het is een door het regime geautoriseerde biografie, in de eerste plaats bestemd voor de Chinezen. Onmiddellijk na de publicatie zijn er in China een miljoen exemplaren over de toonbank gegaan. De lectuur leert niet zoveel over China, evenmin over het politieke leven, dan wel over de geesteshouding van de Chinese leiders.

25 Tweekolommenstaat. Er is de kolom van de staatsinstellingen en daarnaast de kolom van de partij-instellingen. Tussen beide bestaat een 'personele unie'. Het is de structuur geweest van alle volksdemocratieën in Oost- en Centraal-Europa, in de USSR en in de Aziatische communistische staten.

26 Nicholas D. Kristof, *Hu keeps the lid on*, in: *International Herald Tribune*, 18 mei 2005, p.9.

27 Kishore Mahbubani, *Understanding China*, in: *Foreign Affairs*, sept.-okt. 2005, p.53.

28 Joseph Khan, *Beijing softens on Zhao rites*, in: *International Herald Tribune*, 21 januari 2005, p.3 en een redactioneel, *China's lost leader*, op p.6 van dezelfde editie.

29 Deze en andere statistische gegevens in *Asian Development Outlook 2005*, het jaarlijkse Outlook-verslag, uitgegeven door de Asian Development Bank, Oxford University Press, New York, 2005. Hierin het hoofdstuk *People's Republic of China*, p.65–71.

30 Serge Marti & Jean-Michel Bezat, *Fabriquer et vendre tout et partout. Dans tous les secteurs et sur tous les marchés, la Chine s'impose. Etat des lieux*. Eerste deel van de artikelenreeks *Le défi chinois*, in: *Le Monde*, 15 juni 2005, p.13.

31 Jim Yardley, *In China, a system designed to convict. The state asks citizens to have faith, but a fair trial can be hard to come by*, in: *International Herald Tribune*, 12 november 2005, p.2.

32 Andrew Mertha in: *Chinese antipiracy laws take root slowly*, derde aflevering in een artikelenreeks, *The Idea Economy: Laws and Orders*, in: *International Herald Tribune*,

5 oktober 2005, p.1 en 19. Andrew Mertha is verbonden aan de Washington University in St. Louis (Missouri) en auteur van *The Politics of Piracy. Intellectual Property in Contemporary China*, Cornell University Press, 2005.

33 Jiang Zhipei in: *Chinese antipiracy laws take root slowly*, in: *International Herald Tribune*, 5 oktober 2005, p.19. Zie voor deze problematiek ook het razend interessante boek van Ted C. Fishman, *op.cit.*, hfdst. 3: *To Make 16 Billion Socks, First Break the Law*, p.53–76, en hfdst. 9: *Pirate Nation*, p.231–252.

34 De State-owned Assets Supervision and Administration Commission. Linahe Zaobao, *Entreprises d'Etat toujours à réformer*, in: *La Chine des Chinois. De Tien Anmen aux JO de Pékin. Autoportrait d'une sociéte en mutation accélérée*, in: *Courrier international*, juin-juillet-août 2005, p.54. Eric Le Boucher, *Les vulnérabilités du Dragon*, dl.2 in de artikelenreeks *Le défi chinois*, in: *Le Monde*, 16 juni 2005, p.14. Ted C. Fishman, *op.cit.*, p.74.

35 Eric Le Boucher, *Les vulnérabilités du Dragon. La prodigieuse croissance de l'économie chinoise ne doit pas masquer des handicaps majeurs*. Tweede aflevering in de artikelenreeks *Le défi chinois*, in: *Le Monde*, 16 juni 2005, p.14.

36 Sylvain Plasschaert, *Wie is bang van China? Geschiedenis, economie, toekomst*, Davidsfonds, Leuven, 2001, p.186–189.

37 Deze ongelijkmatigheid komt verder uitvoerig aan bod. De cijfers over de tewerkstelling in de TVE's zijn van 1999. Niettemin zijn ze illustratief. Intussen is er een evolutie geweest, waarover zo dadelijk meer. Zie: Robert Benewick & Stephanie Donald, *The State of China Atlas*, Penguin, London, 1999, p.30–31.

38 Sylvain Plasschaert, *op.cit.*, p.187.

39 In: *People's Daily*, 13 juli 1987. Geciteerd door Ted C. Fishman, *op.cit.*, p.74.

40 *Ibidem*, p.41, 52, 74 en 242–243.

41 Voor deze toelichting hebben we uitvoerige informatie gevonden in: *ibidem*, p.62–75.

42 Gegevens ontleend aan Ted C. Fishman, *ibidem*, p.163. Het hele boek van Fishman is als het ware een vulkaan van heel concrete gegevens, informatie allerlei, over de modernisering en de opkomst van China.

43 *Ibidem*, p.75.

44 Pascal Boniface (red.), *Atlas des relations internationales*, Hatier, Paris, 1997, p.154–155. Gérard Chaliand & Jean-Pierre Rageau, *The Penguin Atlas of the Diasporas*, London-New York, 1995, p.123–144.

45 John Gray, *Vals Ochtendlicht. De keerzijde van de globalisering*, Ambo, Amsterdam, 2004, p.245–251. Het citaat op p.250. De auteur citeert Dick Wilson, *China: the Big Tiger*, Little Brown, London, 1996, p.394.

46 Serge Marti (dir.), *Bilan du Monde. Edition 2005*, Le Monde, Paris, 2005, p.125.

47 Bruce Einhorn, *Why Taiwan matters*, in: *Business Week*, 16 mei 2005, p.26.

48 Bruce Einhorn, *Why Taiwan Matters. The global economy couldn't function without it. That's why peace with China is so crucial*, in: *Business Week*, 16 mei 2005, p.24–31.

49 *Asian Development Outlook 2005*, Asian Development Bank, Oxford University Press, Oxford-New York, 2005, p.66.

50 De Bund: ten tijde van de westerse concessies in de Chinese havens (tweede helft 19de eeuw) was de Bund in Shanghai het commerciële centrum op de westbank van Huangpu-rivier.

51 Ted C. Fishman, *op.cit.*, p.25–28. Het eerste hoofdstuk van het boek, *Taking a slow boat in a fast China*, is helemaal gewijd aan Shanghai: p.19–36.

52 Sylvain Plasschaert, *Wie is bang van China? Geschiedenis, economie, toekomst*, Davidsfonds, Leuven, 2001, p.250–252. De auteur maakt het onderscheid tussen de twee categorieën investeringen, dat we hier hebben toegelicht.

53 Ted. C. Fishman, *op.cit.*, p.208–210 en 274. *Investors in Delphi file suit. Executives accused of booking sham sales*, in: *International Herald Tribune*, 6 oktober 2005, p.17, en *Bankroet Delphi doet GM pijn*, in: *De Standaard*, 10 oktober 2005, p.56.

54 Zheng Bijan, *China's 'Peaceful Rise' to Great-Power Status*, in: *Foreign Affairs*, sept.-okt. 2005, p.18–24. Eric Le Boucher, *Les vulnérabilités du Dragon*. Tweede aflevering van een artikelenreeks *Le défi chinois*, in: *Le Monde*, 16 juni 2005, p.14. Daniel Altman, *China: both a Powerhouse and a Pauper*, in: *International Herald Tribune*, 8 oktober 2005, p.16.

55 Qu Hongbin, *China can't move further on the yuan*, in: *International Herald Tribune*, 12 oktober 2005, p.8. Qu Hongbin is de hoofdeconomist-China van de Hongkong and Shanghai Banking Corporation.

56 Thomas L. Friedman, *A Cloud over China*, in: *International Herald Tribune*, 27 oktober 2005, p.7.

57 Thomas L. Friedman, *China's little green book*, in: *International Herald Tribune*, 3 november 2005, p.6.

58 Zheng Bijan, *op.cit.*, p.21.

59 Keith Bradsher, *Consumers start to drive China's economy*, in: *International Herald Tribune*, 22 oktober 2005, p.2.

60 Frédéric Bobin & Philippe Pons, *Le poison du nationalisme*. Vierde aflevering in de artikelenreeks *Le défi chinois*, in: *Le Monde*, 18 juni 2005, p.14.

61 Brice Pedroletti, *Chine. Le miracle*, in: Serge Marti (ed.), *Bilan du Monde. Edition 2005*, Le Monde, Paris, 2005, p.122.

62 Wang Hui, *China's New Order. Society, Politics and Economy in Transition*, Harvard University Press, London-Cambridge Ma., 2003, p.91.

63 J. Domingo, A. Gauthier & A. Reynaud, *L'Espace Asie-Pacifique*, Bréal, Paris-Rosny, 1997, p.174–181. Voor meer uitleg over de Speciale Economische Zones: zie verder Het China van Deng Xiaoping: conservatieve modernisering (1976–1989), p.225–230.

64 Paul Mooney, *Foreign money heads north*, in: *International Herald Tribune*, 23 september 2005, p.23.

65 Ted C. Fishman, *op.cit.*, p.30–35.

66 Officieel worden dié mensen tot de armen gerekend, die een jaarlijks inkomen beneden de 77 dollar hebben.

67 Wang Hui, *China's New Order. Society, Politics and Economy in Transition*, Harvard University Press, London-Cambridge Ma., 2003, p.67–71, 83, 91, 97, 104–105, 128–129. Frédéric Bohin, *Une société désagrégée. Le pays du miracle économique est aussi un des plus inégalitaires du monde*. Derde aflevering in de artikelenreeks *Le défi chinois*, in: *Le Monde*, 17 juni 2005, p.12. John Gray, *op.cit.*, p.253–254. Brice Pedroletti, *Chine. Le miracle*, in: *Bilan du monde. Edition 2005*, Le Monde Paris, 2005, p.123. Gilbert Achcar (dir.), *Chine, le géant émergent. Tensions internes et disparités ethniques*, in: *L'Atlas du Monde diplomatique*, Paris, 2003, p.160–161. J. Domingo e.a., *op.cit.*, p.174–194.

68 Met name in Shanghai, Kunming, Xian, Wuhan, Qingdao, Zhengzhou, Chongqing, Shenzhen, Harbin, Dalian, Lanzhou, Shenyang, Guangzhou, Chengdu, Urumqi, Tianjin, Beijing en Ningbo.

69 David Lague, *Shortcut to China's interior*, in: *International Herald Tribune*, 29 september 2005, p.15–16.

70 Gegevens ontleend aan het Population Reference Bureau (2004).

71 *China schroeft eenkindbeleid terug*, in: *De Standaard*, 17 december 2004, p.6. Boudewijn Vanpeteghem, *China wordt rijk*, in: *De Standaard*, 4 juni 2005, p.8–9 in *Trottoir*.

72 David Lague, *Health care falls short, Chinese tell leaders*, in: *International Herald Tribune*, 20 augustus 2005, p.1 en 6.

73 Jim Yardley & David Barboza, *China sees beginning of a labor shortage*, in: *International Herald Tribune*, 4 april 2005, p.13. Thomas Fuller, *China feels a labor pinch. China's worker shortage puts pressure on proces*, in: *International Herald Tribune*, 20 april 2005, p.1–2.

74 Sylvain Plasschaert, *op.cit.*, p.263–267.

75 Brice Pedroletti, *op.cit.*, p.122–123. Eswar Prasad & Steven Dunaway, *Interest-rate liberalization in China*, in: *International Herald Tribune*, 4 december 2004, p.6.

76 William Pfaff, *Why Beijing's power is less than it seems*, in: *International Herald Tribune*, 25 augustus 2005, p.6.

77 Howard W. French, *A scholar's prescription for getting to next level*, in: *International Herald Tribune*, 15 oktober 2005, p.2.

78 Miki Tanikawa, *Once lagging, Yokohama gets a jolt*, in: *International Herald Tribune*, 13 juni 2005, p.2.

79 John Gray, *Vals ochtendlicht. De keerzijde van de globalisering*, Ambo, Amsterdam, 2004, p.47 en 285.

80 Masayasu Kitagawa, gewezen parlementslid en professor aan de Waseda Universiteit, spreekt over een patroon-cliëntverhouding tussen overheid en burger: 'Dit was in feite geen democratie, maar eerder het tegendeel ervan.' Hij heeft in hoge mate de plicht tot politieke verantwoording aangemoedigd. Hij was ook de grote pleitbezorger voor het opstellen van verkiezingsmanifesten die de partijagenda's zouden expliciteren. Norimitsu Onishi, *In Japan, a disconnected democracy*, in: *International Herald Tribune*, 8 september 2005, p.1 en 8.

81 Edward Adriaensens & Dimitri Vanoverbeke, *Op zoek naar het nieuwe Japan. De Japanse politiek na 1945*, Globe, Roeselare, 2004, p.288.

82 John Gray, *op.cit.*, p.304.

83 Edward Adriaensens & Dimitri Vanoverbeke, *op.cit.*, p.290–295.

84 *Ibidem*. De auteurs spreken over 'de onophoudelijke zelfverminking' van het land (p.302). Ze zijn zelf enthousiast over het recente boek van Alex Kerr, *Dogs and Demons. The Fall of Modern Japan*, Penguin Books, 2001. Uit diezelfde publicatie wordt ook geciteerd door James Brooke, *Fight over Japan Post signals a turning point*, in: *International Herald Tribune*, 23 augustus 2005, p.11.

85 Het voorbeeld van de Ysohino-rivier vonden we bij E. Adriaensens & D. Vanoverbeke, *op.cit.*, p.303; het voorbeeld van de brug naar Kourijima in: James Brooke, *art.cit.*, in: *International Herald Tribune*, 23 augustus 2005, p.11.

86 Handboeken geschiedenis voor het Japanse onderwijs geven een misleidend beeld van de Pacific-oorlog (1941–1945) en Japans oorlogsmisdaden tijdens de bezetting van China. De Chinese overheid eist ook dat de Japanse top – keizer én premier – zijn verontschuldigingen aanbiedt voor die daden. Tokyo doet dat volgens de Chinezen niet expliciet genoeg. Ook de bezoeken van premier Junichiro Koizumi aan het Yasukuni-schrijn, een gedenkteken waar niet alleen oudstrijders maar ook in 1948 geëxecuteerde oorlogsmisdadigers worden vereerd, zorgen voor scherp ongenoegen in China. Daarenboven betwisten beide Aziatische rivalen elkaar de Senkaku Eilanden en het eiland Okinotori. Ten slotte boren de Japanners in de Chinese Oostzee naar aardgas. Japanners en Chinezen snoepen er elkaar een aantal vindplaatsen af. Zowel in China als in Japan hebben deze wrijvingen gezorgd voor een opstoot van hypernationalisme. Zie: Jing-dong Yuan, *It's time China and Japan started to get along*, in: *International Herald Tribune*, 13 augustus 2005, p.4. Jing-dong Yuan is professor internationale betrekkingen aan het Monterey Institute of International Studies.

87 Norimitsu Onishi, *Japan wonders how Koizumi will use mandate*, in: *International Herald Tribune*, 13 september 2005, p.2. Margarita Estevez-Abe, *Koizumi's new party*, in: *International Herald Tribune*, 29 september 2005, p.6.

88 Chubu betekent 'centrum'. Martin Fackler, *Japan roars out of its doldrums*, in: *International Herald Tribune*, 13 september 2005, p.17. Miki Tanikawa, *For Japan companies, the center is strong*, in: *International Tribune*, 8 augustus 2005, p.13.

89 David McNeill, *Don't bring your huddled masses here*, in: *International Herald Tribune*, 22 januari 2005, p.6. Het percentage vreemde arbeidskrachten in Australië: 24%, in de VS: 16%, in België: 13%, in Groot-Brittannië: 5%, in Ierland: 7%.

90 David Howell, *Again a land of the rising sun*, in: *International Herald Tribune*, 22 januari 2005, p.6. YiYi Lu, *A bridge to Asia*, in: *International Herald Tribune*, 29 september 2005, p.6.

Epiloog   Het Gouden Oosten: de cirkel gesloten...

1 Kishore Mahbubani, *Understanding China*, in: *Foreign Affairs*, september-oktober 2005, p.49.

2 Walter Russell Mead, *Amerika en de wereld. De Amerikaanse buitenlandse politiek in een wereld vol bedreigingen.* Het Spectrum, Utrecht, 2004, p.68–77, 182. Zie ook: Paul van de Meerssche, *Internationale politiek 1945–2006*, dl.2, Acco, Leuven-Leusen, 2006 (tweede herwerkte uitgave).

3 ASEAN: de oorspronkelijke leden: Brunei, Indonesië, Maleisië, de Filippijnen, Singapore en Thailand. Nadien toegetreden: Cambodja, Laos, Myanmar en Vietnam.

4 *Asian Development Outlook 2005*, Asian Development Bank, Oxford University. Press Oxford-New York, 2005, p.66.

5 *Ibidem*, p.8–9.

6 Marion Chyun-Yang Wang, *Groter China als drijvende kracht van de regionale integratie in Oost-Azië*, in: *Vlaams Marxistisch Tijdschrift*, herfst 2005, jg.39, nr.3, p.50. Vertaling door André Mommen. De auteur is professor aan het Graduate Institute for Political Science van de nationale Sun Yat-sen universiteit in Taiwan.

7 Marion Chyun-Yang Wang, *art.cit.*, p.47–48.

8 *Ibidem*, p.50.

9 De Asian Free Trade Area kwam tot stand op 1 januari 2002.

10 Deze gegevens zijn ontleend aan het artikel van Marion Chyun-Yang Wang, *art.cit.*, p.51. De auteur vermeldt ook nog dat de waarde van de buitenlandse handel tussen de ASEAN en de PPRD in de eerste helft van 2004 18,52 miljard dollar bedroeg, wat goed is voor 38,7% van de totale handel tussen China en de ASEAN.

11 Marion Chyun-Yang Wang citeert hier uit een rede die Hu Jin-tao heeft uitgesproken op het Boao Forum for Asia: *China's development is an opportunity for Asia*, 24 april 2004, p.4–5, http://www.china.org.cn/english/2005/Apr/126723.htm.

12 Marion Chyun-Yang Wang, *art.cit.*, p.52.

13 *Ibidem*, p.53.

14 Roger Cohen, *Asia's continental drift changes terrain for U.S.*, in: *International Herald Tribune*, 16 november 2005, p.2.

15 Deelnemers aan de Top van Kuala Lumpur: China, India, Japan, de Republiek Korea, Australië, Nieuw-Zeeland, en de tien landen van de Asean (Brunei, Cambodja, de Filippijnen, Indonesië, Laos, Maleisië, Myanmar, Singapore, Thailand en Vietnam). Sommige deelnemers bestempelen Australië, Nieuw-Zeeland en Japan botweg als 'proxies' van de VS. Waaruit ook blijkt hoe venijnig de gevoelens nog zijn in Azië ten aanzien van Japan.

16 Donald Tsang is de nieuwe zetbaas van Beijing in Hong Kong en dus de opvolger van Tung Chee-hwa.

17 Philip Bowring, *Give Hong Kong's boss a message*, in: *International Herald Tribune*, 25 oktober 2005, p.7.

18 Bruce Einhorn, *Why Taiwan Matters*, in: *Business Week*, 16 mei 2005, p.26.
19 Gegevens ontleend aan: Serge Marti (dir.), *Bilan du Monde. Edition 2005*, Le Monde, Paris, 2005, p.120–130. Gilbert Achcar (dir.), *L'Atlas du Monde diplomatique*, Paris, 2003, p.152–161.
20 De APEC werd opgericht in 1989. Deze landen waren toen lid: VS, Canada, China, Japan, Taiwan, de Filippijnen, Indonesië, Australië, Nieuw-Zeeland, Singapore, Maleisië, Thailand. Traden toe in 1991: China en Hong Kong; in 1993: Mexico en Papoea-Nieuw-Guinea; in 1994: Chili en in 1998: Peru, Rusland en Vietnam. De APEC telt momenteel 21 leden, omvat 2,6 miljard mensen (een derde van de wereldbevolking) en is goed voor 47% van de wereldhandel. APEC realiseerde 70% van de mondiale economische groei tussen 1994 en 2004.
21 Thomas L. Friedman, *Bangalore: Hot and hotter*, in: *International Herald Tribune*, 9 juni 2005, p.8. Suketu Mehta, *A passage to India*, in: *International Herald Tribune*, 13 juli 2005, p.7.
22 Howard W. French, *India-China talks hint at hugely altered globe*, in: *International Herald Tribune*, 9 april 2005, p.1 en 6. Sunanda K. Datta-Ray, *The latest version of the Great Game*, in: *International Herald Tribune*, 21 april 2005, p.8.
23 Howard W. French, *The cross-pollination of India and China*, in: *International Herald Tribune*, 10 november 2005, p.2.
24 *Ibidem*. De auteur geeft het voorbeeld van Infosys Technologies, een Indische software-reus die onlangs R&D-campussen heeft opgestart in Shanghai en Hangzhou. Op korte termijn wil de onderneming 2.000 Chinese ingenieurs in dienst nemen. 'We gaan China gebruiken als *a global development center*, juist zoals we dat met India zelf doen,' zegt Saikulmar Shamanna, hoofd van de human resources development voor China van Infosys.
25 Howard W. French, *art.cit.*, p.2.
26 *Asian Development Outlook 2003*, Asian Development Bank, Oxford University Press, Oxford-New York, 2003, p.8–9 (over de intra-Aziatische handel), p.210 (over de ICT-industrie in India), p.214 (over de opgang van China), p.205–267 (hfdst. *Competitiveness in Developing Asia*).
27 Wang Hui, *Les Asiatiques réinventent l'Asie*, in: *Le Monde diplomatique*, februari 2005, p.230–21.
28 Fa Quix, *De grote trek*, in: *De Standaard*, 7 november 2005, p.40–41.
29 Pranab Bardhan, *China and India. Giants unchained? Not so fast*, in: *International Tribune*, 3 november 2005, p.6. Pranab Bardhan is professor economie aan de University of California, Berkeley en hoofdredacteur van het *Journal of Development Economics*.
30 Michael Vatikiotis, *East Asia club leaves U.S. feeling left out*, in: *International Herald Tribune*, 6 april 2005, p.8.
31 Roger Cohen, *The roar of a new Asia is on the global horizon*, in: *International Herald Tribune*, 13 april 2005, p.2.
32 Martine Bulard, *La Chine bouscule le monde*, in: *Le Monde diplomatique*, augustus 2005, p.1, 8 en 9; Martine Bulard, *Une histoire sino-indienne mouvementée, ibidem*, p.8.
33 Karl F. Inderfurth & David Shambaugh, *Managing a ménage à trois. U.S.-India-China*, in: *International Herald Tribune*, 19 juli 2005, p.7.
34 Michael Vatikiotis, *India coddles its despotic neighbours*, in: *International Herald Tribune*, 3 juni 2005, p.6. Michael Vatikiotis is visiting research fellow aan het Institute of Southeast Asian Studies, Singapore.
35 Citaten en gegevens vonden we in: Michael Vatikiotis, *Why the Middle East is turning to Asia*, in: *International Herald Tribune*, 24 juni 2005, p.6.

36 Nayan Chanda, *The dragon swims again. China's retrun to the Indian Ocean is the logical outcome of its economic growth*, in: *International Herald Tribune*, 12 april 2005, p.6.

De Chinese overheid heeft de data-2004 van de economie vrijgegeven (december 2005). Zij overtreffen de inschattingen. De economie van China - zo blijkt - is groter dan die van resp. Frankrijk, Italië en Groot-Brittannië. China's economie is wereld-wijd nr.4, na de VS, Japan en Duitsland. Het BBP bedroeg haast 2 triljoen $ en niet de ingeschatte 1,65 triljoen. Vooral de dienstensector kende een enorme groei. Zo is China van de grotere economieën in de wereld de snelst groeiende. Voordien dacht men dat de economie van China die van VS zou evenaren rond 2050. Met de nieuwe cijfers wordt dat circa 2035–2040 verwacht.

David Barboza, *China Economy even bigger than thought*, in *International Herald Tribune*, 21–12–2005, p.17.

37 Borzou Daragahi, *China's reach into the Gulf. Huge energy needs spur growing presence*, in: *International Herald Tribune*, 13 januari 2005, p.1 en 4.

38 Gilbert Rozman, *Northeast-Asia's Stunted Regionalism. Bilateral Distrust in the Shadow of Globalization*, Cambridge University Press, Cambridge-New York, 2004, hfdst.7: *2001–2003. Unilateralism and Irrepressible Regionalism*, p.288–350; hfdst.8: *Lessons for Constructing Regionalism in Northeast-Asia*, p.351–380. Avery Goldstein, *Rising to the Challenge: China's Grand Strategy and International Security*, Stanford University Press, Stanford, 2005, hfdst. *China and the Major Powers*, p.136–176. Mike M. Machizuki, *Terms of Engagement: The U.S.-Japan Alliance and the Rise of China*, hfdst. 4, p.87–114, in: Ellis S. Krauss & T.J. Pempel, *Beyond Bilateralism. U.S.-Japan Relations in the New Asia-Pacific*, Stanford University Press Stanford, 2004.

39 De tabel en andere informatie ontleenden we aan: David Zweig & Bi Jianhai, *China's Global Hunt for Energy*, in: *Foreign Affairs*, september-oktober 2005, p.25–38. Amy Myers Jaffe, *Wasted energy. China's oil thirst*, in: *International Herald Tribune*, 28 juli 2005, p.7.

40 Deze voorstelling van de opiniestromingen in het Amerikaanse establishment vonden we bij Ian Bremmer, *The panda hedgers*, in: *International Herald Tribune*, 5 oktober 2005, p.6.

41 In 2005 heeft Cnooc, een Chinese, door de regering gesteunde, oliemaatschappij een bod uitgebracht op de Amerikaanse maatschappij Unocal. De VS voelden zich bedreigd in hun veiligheid, want het ging om de strategische sector van de energie-voorziening. En de Amerikaanse politieke wereld sloeg alarm en deed er alles aan om het bod te blokkeren. Op 10 augustus 2005 gingen de Unocal-aandeelhouders ermee akkoord dat Unocal zou worden opgekocht door Chevron. In feite was het een storm in een glas water. Chevron produceerde in 2004 1,8 miljoen vaten per dag. Cnooc produceert amper een tiende. ExxonMobil, Chevron en ConocoPhillips – de top drie in de Amerikaanse oliebusiness – produceren dagelijks 5,6 miljoen vaten. Zelfs indien Cnooc Unocal verworven zou hebben, zou dat nauwelijks een rimpe-ling veroorzaakt hebben. Het was dus zeker geen dreiging voor de belangen van de machtige Amerikaanse oliemaatschappijen, laat staan voor de veiligheid van de VS. Maar het incident is illustratief voor de overgevoeligheid en het eenrichtingsdenken in Washington.

42 Aldus Ian Bremmer, *op.cit.*

43 John Gray, *Vals ochtendlicht. De keerzijde van de globalisering*, Ambo, Amsterdam, 2004.

44 Wang Jisi, *China's Search for Stability with America*, in: *Foreign Affairs*, september-oktober 2005, p.39–48. David M. Lampton, *Don't get mad, get cracking. New challenge from the East*, in: *International Herald Tribune*, 16 maart 2005, p.8.

45 Zhong Nanhai, de residentiële wijk in Beijing van de leiders van het regime.

46 Lee Kuan Yew, *Es ist dum, Angst zu haben*, in: *Der Spiegel*, 8 augustus 2005, p.90.

47 *Ibidem*, p.91.

48 Roger Cohen, *Rumsfeld's blunt style may backfire in China*, in: *International Herald Tribune*, 11 juni 2005, p.2. David Shambaugh, *Rumsfeld ventures into the Middle Kingdom*, en Philip Bowring, *East Asian imbalances go beyond China*. Beide artikelen in: *International Herald Tribune*, 18 oktober 2005, p.8.

49 Thomas L. Friedman, *Chinese finding their voice*, in: *International Herald Tribune*, 22 oktober 2005, p.7.

50 Kishore Mahbubani, *Understanding China*, in: *Foreign Affairs*, september-oktober 2005, p.57.

51 Wang Hui, *Les Asiatiques réinventent l'Asie*, in: *Le Monde diplomatique*, februari 2005, p.20–21.

52 Edmund L. Andrews, *U.S. officials give muted response on China*, in: *International Herald Tribune*, 25 juni 2005, p.16. Thomas L. Friedman, *Another look at China*, in: *International Herald Tribune*, 10 november 2005, p.8 en een redactioneel in: *International Herald Tribune*, 12 augustus 2005, p.6.

53 Thomas L. Friedman, *A cloud over China*, in: *International Herald Tribune*, 27 oktober 2005, p.6.